ASPECTOS DA
ARBITRAGEM INSTITUCIONAL
12 ANOS DA LEI 9.307/1996

HAROLDO MALHEIROS DUCLERC VERÇOSA
(Organizador)

Colaboradores
ANDREA GOES ACERBI • ARNOLDO WALD •
EDUARDO MONTENEGRO DOTTA • EDUARDO MUNHOZ •
ELEONORA COELHO PITOMBO • FÁBIO NUSDEO •
FABIO PEDRO ALEM • FERNANDO MEDICI JÚNIOR •
FRANCISCO FLORENCE • JAIRO SADDI • JAN PAULSSON •
LUIZ FERNANDO DO VALE DE ALMEIDA GUILHERME •
MARCOS FAVA • MARCOS PAULO DE ALMEIDA SALLES •
NIGEL BLACKABY • RENATO PARREIRA STETNER •
TAISSA MACAFERRI LICATTI • UINIE CAMINHA

ASPECTOS DA ARBITRAGEM INSTITUCIONAL
12 anos da Lei 9.307/1996
© Haroldo Malheiros Duclerc Verçosa
(organizador)

ISBN: 978-85-7420-892-3

Direitos reservados desta edição por
MALHEIROS EDITORES LTDA.
Rua Paes de Araújo, 29, conjunto 171
CEP 04531-940 — São Paulo — SP
Tel.: (11) 3078-7205
Fax: (11) 3168-5495
URL: www.malheiroseditores.com.br
e-mail: malheiroseditores@terra.com.br

Composição
Acqua Estúdio Gráfico Ltda.

Capa
Criação: Vânia Lúcia Amato
Arte: PC Editorial Ltda.

Impresso no Brasil
Printed in Brazil
08.2008

SUMÁRIO

COLABORADORES 9

DOZE ANOS DA LEI DE ARBITRAGEM: ALGUNS ASPECTOS AINDA RELEVANTES
HAROLDO MALHEIROS DUCLERC VERÇOSA
   1. Introdução 15
   2. As matérias sujeitas à arbitragem 16
   3. A arbitragem e a atividade estatal 16
   4. O Direito e a eqüidade na arbitragem 18
      4.1 Aspectos gerais da eqüidade 20
      4.2 Arbitragem e regras de Direito 24
   5. O "processualismo excessivo" e a arbitragem 25
   6. A arbitragem e os princípios de probidade, de boa-fé e de lealdade 28

MATURIDADE E ORIGINALIDADE DA ARBITRAGEM NO DIREITO BRASILEIRO 33
ARNOLDO WALD

EMBARGOS INFRINGENTES NA ARBITRAGEM?
FÁBIO NUSDEO
   1. Introdução 45
   2. Os embargos infringentes no processo civil brasileiro 47
   3. Justificativa 49
   4. Compatibilidade com a lei 50
   5. A implementação 51

A CONVENÇÃO DE NOVA YORK: RATIFICAÇÃO PELO BRASIL
RENATO PARREIRA STETNER e ELEONORA COELHO PITOMBO
   1. Introdução 53

2. **Reconhecimento e execução de sentenças arbitrais estrangeiras no Brasil, após a ratificação da Convenção de Nova York**
   2.1 Sentença arbitral estrangeira – Casos de aplicação da Convenção de Nova York 57
   2.2 Execução da sentença arbitral estrangeira – Necessidade de homologação pelo Superior Tribunal de Justiça pós-ratificação? 58
   2.3 Requisitos materiais para reconhecimento e execução de sensentença arbitral estrangeira – Disposições da Convenção de Nova York 64
3. **Importância da ratificação pelo Brasil** 72

A ARBITRAGEM E SUA APLICABILIDADE NOS CONTRATOS DE ADESÃO: UMA PROPOSTA PARA O SISTEMA FINANCEIRO 75
JAIRO SADDI e EDUARDO MONTENEGRO DOTTA

ARBITRAGEM COMO INSTRUMENTO DE DESENVOLVIMENTO DO MERCADO DE CAPITAIS
UINIE CAMINHA

1. *Introdução* 93
2. **Mercado financeiro e mercado de capitais** 95
   2.1 Mercado financeiro 96
   2.2 Mercado de capitais 98
3. **A arbitragem no Brasil** 101
4. **A resolução de conflitos no mercado de capitais** 103
5. **Iniciativas no Brasil** 106
   5.1 A Câmara de Arbitragem do Mercado 107
   5.2 A reforma da Lei das Sociedades por Ações 108
6. **Conclusões** 111

AS NOVAS FORMAS DE ATUAÇÃO DO ADVOGADO NO MUNDO GLOBALIZADO EMPRESARIAL – A ARBITRAGEM NO MERCADO DE CAPITAIS 115
LUIZ FERNANDO DO VALE DE ALMEIDA GUILHERME

1. *A idéia de crise* 116
2. *A Globalização* 117

3. *O ensino jurídico* 120
4. *As novas áreas de atuação a serem exercidas pelos advogados*
   4.1 *A arbitragem no mercado de capitais. O Novo Mercado da BOVESPA* 121
   4.2 *A Cláusula Arbitral no Direito Empresarial* 123
5. *Conclusão. Regime legal da atividade do advogado e a obrigatoriedade de sua atuação no procedimento arbitral* 125

APLICAÇÃO DA DESCONSIDERAÇÃO DA PERSONALIDADE JURÍDICA À ARBITRAGEM
MARCOS PAULO DE ALMEIDA SALLES

1. *Introdução* 129
2. *A desconsideração da personalidade jurídica* 130
3. *O abuso de direito* 133
4. *O comportamento "ultra vires" como desvio de finalidade* 137
5. *Da confusão patrimonial* 139
6. *A coercitividade da abrangência do laudo arbitral* 141
   6.1 *Os bons costumes e a ordem pública* 143
7. *Conclusão* 145

ARBITRAGEM E GRUPOS DE SOCIEDADES
EDUARDO MUNHOZ

1. *Introdução* 149
2. *O caráter contratual da arbitragem no Direito Brasileiro* 153
3. *Grupos de sociedades: pluralidade jurídica "versus" unidade econômica* 156
4. *A experiência internacional* 160
5. *A formação da vontade nos grupos societários* 164
6. *A extensão da convenção de arbitragem a sociedade integrante de grupo societário no Direito Brasileiro* 172
7. *Conclusão* 178

A EXTENSÃO DOS EFEITOS DA CLÁUSULA COMPROMISSÓRIA NOS ESTATUTOS DAS SOCIEDADES ANÔNIMAS
ANDREA GOES ACERBI

1. *Introdução* 181

2. **Considerações gerais acerca da arbitragem no Direito Brasileiro** 185
3. **A arbitragem no direito societário** 187
4. **As matérias arbitráveis no contexto societário: arbitrabilidade objetiva** 189
5. **O alcance subjetivo da cláusula compromissória contida em estatuto social** 193

    5.1 *Acionista que participou da fundação da companhia, cujo estatuto contém cláusula arbitral desde a sua elaboração* 194

    5.2 *Acionista que aprovou em assembléia-geral a alteração do estatuto social que inseriu a cláusula arbitral* 197

    5.3 *Acionista que adquiriu ações de companhia cujo estatuto já continha cláusula compromissória* 198

        5.3.1 A natureza do estatuto social e a possibilidade de sua classificação como contrato de adesão 205

    5.4 *Acionista que dissentiu da deliberação, ausentou-se ou se absteve de votar na deliberação que inseriu a cláusula compromissória no estatuto da companhia* 208

        5.4.1 A regra da maioria e a deliberação de inserção de cláusula compromissória no estatuto 211

6. **Direito Comparado** 214
7. **Discussão e conclusões** 220

Novo Mercado: Influência e Aspectos Relacionados à Inserção da Cláusula Compromissória Arbitral nos Estatutos Sociais
Taissa Macaferri Licatti

1. **Novo Mercado: governança corporativa e arbitragem** 233
2. **O Mercado de Capitais**

    2.1 *Bolsa de Valores: origem, desenvolvimento e falhas* 235

    2.2 *O Novo Mercado* 236

3. **Arbitragem**

    3.1 *Arbitragem: introdução ao instituto e vantagens* 239

        3.1.1 Histórico: arbitragem no Brasil 240

        3.1.2 Natureza jurídica 242

3.2 Cláusula compromissória 242
4. Arbitragem nas sociedades por ações
    4.1 Natureza jurídica das sociedades por ações 244
    4.2 Compatibilidade da cláusula compromissória no estatuto social 245
    4.3 Limites à cláusula compromissória 247
    4.4 Questões controvertidas 248
        4.4.1 Novos acionistas 249
            4.4.1.1 Estatuto social "versus" contrato de adesão 255
        4.4.2 Deliberação sobre a inserção da cláusula compromissória: acionistas ausentes e dissidentes 258
        4.4.3 Administração e Conselho Fiscal: sócios e não-sócios .. 261
5. Cláusula compromissória no Novo Mercado
    5.1 Cláusula compromissória no regulamento do Novo Mercado: governança corporativa 264
    5.2 Câmara de Arbitragem do Mercado 265
        5.2.1 Arbitragem no Regulamento da Câmara de Arbitragem do Mercado 266
    5.3 Questões controvertidas 267
        5.3.1 Novos acionistas 267
            5.3.1.1 Alienação do controle acionário 270
        5.3.2 Administração e Conselho Fiscal 271
        5.3.3 Projeto de reforma do Regulamento da Câmara de Arbitragem do Mercado 273
6. Conclusão 275

NOVAS TENDÊNCIAS PARA SOLUÇÃO DE CONFLITOS NAS RELAÇÕES DE CONSUMO – ARBITRAGEM
FABIO PEDRO ALEM e FERNANDO MEDICI JÚNIOR

1. Introdução 281
2. O uso da arbitragem nas relações de consumo no Direito Brasileiro – Questões de arbitrabilidade 283
3. As novas tendências para solução de conflitos envolvendo relações de consumo
    3.1 Câmaras arbitrais especializadas em direito do consumidor ... 289

3.2 Arbitragem coletiva 293
4. Conclusão 297

MÉTODOS ALTERNATIVOS DE SOLUÇÃO DE CONFLITOS NO ÂMBITO DAS
EMPRESAS FAMILIARES
FABIO PEDRO ALEM

1. As empresas familiares e seus desafios 299
2. Os conflitos e as empresas familiares 301
3. Os métodos alternativos de solução de conflito 302
 3.1 Negociação 302
 3.2 Mediação 303
4. Comitê Interno para Solução de Conflitos ("Dispute Board")... 304
5. Arbitragem 306
6. A utilização de métodos alternativos na solução de conflitos envolvendo empresas familiares 307
7. Conclusão 307

A ARBITRAGEM COMO MEIO DE SOLUÇÃO DOS CONFLITOS TRABALHISTAS
MARCOS FAVA

1. Introdução 309
2. Solução de conflitos trabalhistas 310
3. Origens e delimitação do instituto 313
4. Notas do Direito não-nacional de aplicação da arbitragem no direito do trabalho 317
5. Direito do trabalho: solução de conflitos coletivos e arbitragem ... 322
6. Direito do trabalho: solução de conflitos individuais e arbitragem 327
7. Conclusões 335

RECONHECIMENTO E EXECUÇÃO DE SENTENÇAS ARBITRAIS BRASILEIRAS NA
ALEMANHA 337
FRANCISCO FLORENCE

ARBITRATION IN LATIN AMERICA: WAS CARLOS CALVO MISUNDERSTOOD?
NIGEL BLACKABY e JAN PAULSSON

1. Gunboat diplomacy 341

2. The Calvo Doctrine 342
3. The first inroad – Inter-state arbitration 344
4. The second inroad – The multilateral convention 345
5. The third inroad – International arbitration at home 348
6. The fourth inroad – Investment treaties 349
7. Whither Calvo? 350

COLABORADORES

ANDREA GOES ACERBI
Advogada.

ARNOLDO WALD
Professor Catedrático de Direito Civil da Faculdade de Direito da UERJ. Doutor *Honoris Causa* da Faculdade de Direito de Paris-II. Presidente da Academia de Direito e Economia. Membro da Corte Internacional de Arbitragem da Câmara Internacional de Comércio-CCI. Advogado.

EDUARDO MONTENEGRO DOTTA
Master of Laws (LL.M) em Direito do Mercado Financeiro e de Capitais pelo IBMEC-São Paulo. Coordenador-Adjunto do Curso de Direito do IBMEC. Advogado.

EDUARDO MUNHOZ
Doutor em Direito Comercial pela Faculdade de Direito Universidade de São Paulo. Professor da Faculdade de Direito da USP. Advogado (área de Direito Comercial, especialmente arbitragem).

ELEONORA COELHO PITOMBO
Pós-Graduada pela Universidade de Paris-II Panthéon-Assas, em Contencioso, Arbitragem e Modos Alternativos de Solução de Conflitos. Membro do Comitê Brasileiro de Arbitragem. Membro do Corpo Permanente de Árbitros da Câmara de Conciliação e Arbitragem e Membro do Comitê de Judiciário e de Arbitragem do Centro de Estudos das Sociedades de Advogados. Advogada.

FÁBIO NUSDEO
Professor Titular da Faculdade de Direito da Universidade de São Paulo. Doutor em Economia pela Universidade de São Paulo.

FABIO PEDRO ALEM
Especialista em Mediação e Arbitragem pela FGV-EDESP. Mestrando em Direito Civil Comparado pela PUC-SP. Advogado.

FERNANDO MEDICI JÚNIOR
Membro do Comitê Brasileiro de Arbitragem. Ex-Secretário da Comissão de Arbitragem da OAB-SP. Advogado.

FRANCISCO FLORENCE
Presidente da Sociedade de Estudos Jurídicos Brasil-Alemanha. Advogado.

HAROLDO MALHEIROS DUCLERC VERÇOSA
Mestre e Doutor em Direito Comercial pela USP. Professor de Direito Comercial da Faculdade de Direito da USP. Membro do Centro de Mediação e Arbitragem da Câmara do Comércio Brasil-Canadá. Consultor.

JAIRO SADDI
Doutor em Direito Econômico pela Universidade de São Paulo. Professor e Coordenador-Geral do Curso de Direito do IBMEC-São Paulo. Diretor do IBMEC/Direito. Redator-Chefe da *Revista de Direito Bancário e do Mercado de Capitais*. Vice-Presidente do Instituto Brasileiro de Executivos de Finanças-IBEF. Advogado.

JAN PAULSSON
Presidente da "London Court of International Arbitration-LCIA" e do Tribunal Administrativo do Banco Mundial. Professor de Direito dos Investimentos Estrangeiros da Universidade de Dundee (Titular da "Ibrahim Shihata Chair") e Professor Visitante na "London School of Economics".

LUIZ FERNANDO DO VALE DE ALMEIDA GUILHERME
Mestre em Direito pela PUC-SP. Professor do Mackenzie e da PUC-SP. Monitor do PAE da Faculdade de Direito da USP. Conselheiro do Centro

de Conciliação e Arbitragem da Câmara de Comércio Argentina Brasileira de São Paulo ("CCAB"). Advogado.

Marcos Fava

Juiz do Trabalho na 2ª Região. Mestre em Direito do Trabalho pela USP. Professor de Direito Processual do Trabalho na Faculdade de Direito da Fundação Armando Álvares Penteado-FAAP.

Marcos Paulo de Almeida Salles

Professor Doutor pela Faculdade de Direito da USP. Presidente do Centro de Arbitragem da Câmara de Comércio Brasil-Canadá em São Paulo. Advogado.

Nigel Blackaby

Editor de *Arbitration International* e da *Revista Brasileira de Arbitragem*. Membro executivo do Comitê para América Latina da "London Court of International Arbitration-LCIA". Professor Visitante de Arbitragem da Universidade Paris-I Sorbonne. Advogado.

Renato Parreira Stetner

Mestre em Direito (LL.M) pela Universidade da Pensilvânia. Advogado em São Paulo.

Taissa Macaferri Licatti

Advogada.

Uinie Caminha

Doutora em Direito pela Universidade de São Paulo. Especialista em Direito do Mercado Financeiro pelo IBMEC/*Business School*. Professora de Direito Comercial da Universidade Federal do Ceará e da Universidade de Fortaleza. Advogada.

DOZE ANOS DA LEI DE ARBITRAGEM: ALGUNS ASPECTOS AINDA RELEVANTES

HAROLDO MALHEIROS DUCLERC VERÇOSA

1. Introdução. 2. As matérias sujeitas à arbitragem. 3. A arbitragem e a atividade estatal. 4. O Direito e a eqüidade na arbitragem: 4.1 Aspectos gerais da eqüidade – 4.2 Arbitragem e regras de Direito. 5. O "processualismo excessivo" e a arbitragem. 6. A arbitragem e os princípios de probidade, de boa-fé e de lealdade.

1. Introdução

Ao tempo em que a Lei 9.307, de 23.9.1996, completa doze anos de vida ainda incipiente, remanescem diversos pontos que se mostram polêmicos, apesar de já existir uma extensa bibliografia pátria a respeito daquele texto legal. Pretendemos abordar alguns deles com a finalidade de contribuir para o debate destinado ao seu aclaramento.

No âmbito interno, a arbitragem, como forma de solução de uma gama particular de conflitos, vem ganhando espaço progressivo desde a promulgação da lei. De um lado, isto se tem feito sem o açodamento do *mercado*, que poderia, erroneamente, entender tratar-se de uma panacéia milagrosa para as deficiências do Judiciário. E, de outra parte, com uma utilização ainda muito aquém da extrema utilidade que ela pode apresentar.

Carlos Alberto Carmona a define como o "meio alternativo de solução de controvérsias através da intervenção de uma ou mais pessoas que recebem poderes de uma convenção privada, decidindo com base nela, sem intervenção estatal, sendo a decisão destinada a assumir a mesma eficácia da sentença judicial – é colocada à disposição de quem quer que seja, para a solução de conflitos relativos a direitos patrimoniais acerca dos quais os litigantes possam dispor".[1]

2. As matérias sujeitas à arbitragem

O campo da arbitragem é delimitado de forma precisa aos *litígios patrimoniais disponíveis*, entre *pessoas capazes de contratar*.

Litígios patrimoniais disponíveis são todos aqueles que versem sobre interesses quantificáveis em dinheiro, em respeito aos quais as partes tenham a liberdade de transigir. Não pode o instituto versar, por exemplo, sobre questões relacionadas com o regime de bens do casamento. Observe-se, a propósito, que o Código Civil de 2002 passou a permitir a mudança do regime de bens vigente ao tempo do casamento, dentro de determinadas circunstâncias (art. 1.639, § 2º). Mas dentro de cada um deles o regramento correspondente é fechado.

Os mencionados interesses apresentam-se dentro do campo da liberdade constitucional das convenções (CF, art. 5º, II, no plano individual; e art. 170, *caput*, no que diz respeito à atividade econômica empresarial, estabelecida como de *livre iniciativa*).

Pessoa capazes de contratar, por sua vez, são aquelas dotadas de capacidade jurídica, conforme determinado pelo CC, em seu art. 1º, que cuida das *pessoas* em geral, tanto *naturais* quanto *jurídicas*.

De sua parte, o Código Civil estabelece que a liberdade de contratar será exercida em razão e nos limites da função social do contrato (art. 421), a par da obrigatoriedade de que as partes venham a guardar os princípios de probidade e de boa-fé, tanto na celebração quanto na execução do contrato (art. 422). Embora importantes, estes temas não serão objeto da presente análise.

3. A arbitragem e a atividade estatal

Uma das questões que têm sido candentemente discutidas no tocante à arbitragem diz respeito à possibilidade de sua utilização quando uma das partes no contrato é o Estado, por meio de uma de suas

---

1. Carlos Alberto Carmona, *Arbitragem e Processo – Um Comentário à Lei n. 9.307/1996*, 2ª ed., p. 51.

entidades, da Administração direta ou indireta, ou, ainda, em relação a empresas públicas e sociedades de economia mista.

Qualquer que seja a natureza da uma entidade estatal, permanentemente haverá momentos em que ela necessitará contratar com o setor privado para a aquisição de bens e/ou de serviços (atividade-meio), de forma a que possa exercer sua função específica (atividade-fim).

Nos casos em que o Estado necessita contratar, ele está obrigatoriamente subordinado a fazê-lo nos termos da Lei 8.666/1993 (licitações) e do art. 109, I, da CF (competência privativa da Justiça Federal). Neste caso, poder-se-ia falar da uma *disponibilidade relativa* ou de uma *disponibilidade limitada* quanto aos direitos patrimoniais estatais, a respeito dos quais tem surgido na doutrina uma dissensão a respeito da arbitrabilidade das questões jurídicas eventualmente surgidas entre as partes.[2]

Uma posição mais flexível neste campo seria representada pela defesa da tese no sentido de que, embora o poder de contratar pelo Estado esteja condicionado aos termos da lei acima mencionada, uma vez atendidos, os direitos emanados dos acordos firmados seriam de natureza dispositiva – e, portanto, sujeitáveis à arbitragem.

De acordo com decisão recente do STJ, comentada na nota abaixo, verifica-se que a realização de licitações por sociedade de economia mista (meio obrigatório pelo qual são adquiridos bens e serviços) coloca-se no plano de *ato de autoridade*, e não de *ato de gestão*. Esta visão seria contrária, em seus desdobramentos, ao reconhecimento da possibilidade de solução arbitral dos conflitos gerados nos contratos celebrados entre aquelas sociedades e terceiros, vencedores das licitações correspondentes.[3]

2. V. a notícias dada a este respeito por Carlos Alberto Carmona, *Arbitragem e Processo – Um Comentário à Lei n. 9.307/1996*, cit., 2ª ed., pp. 62-67.
3. A Turma, ao prosseguir o julgamento, entendeu, por maioria, que o dirigente da sociedade de economia mista tem legitimidade para figurar como autoridade coatora em mandado de segurança impetrado contra ato praticado em licitação. Isso porque, tal como aduzido pela Min. Denise Arruda em seu voto-vista, a sociedade de economia mista sujeita-se aos princípios da Administração Pública quando promove licitação (art. 173, § 1º, III, da CF de 1988), a que está obrigada por força do art. 37, XXI, daquela Carta. Assim, cuida-se, na específica hipótese, de ato de autoridade, e não de gestão. Precedentes citados: REsp 598.534-RS, *DJU* 19.9.2005; REsp 430.783-MT, *DJU* 28.10.2002; REsp 299.834-MT, *DJU* 25.2.2002; REsp 533.613-RS, *DJU*

Mas, ainda que o recurso ao instituto vertente fosse possível, a Lei 8.987/1995 e o Decreto 1.719/1995 exigiriam uma prévia e específica *autorização legal*.

Como se verifica, a questão não apresenta uma solução incontroversa, dependendo a necessária segurança das partes a respeito de lei própria ou do estabelecimento futuro de uma jurisprudência predominante em favor da arbitrabilidade nas questões sob exame.

Quanto a um último tema que se apresenta neste tópico – aquele relativo ao princípio da privacidade das decisões arbitrais –, Carlos Alberto Carmona entende que sua compatibilização com a necessária transparência regedora da atividade estatal se daria pela publicidade da decisão e dos atos essenciais ao processo arbitral, preservando-se o sigilo dos debates e a confidencialidade dos documentos constantes do processo.[4] Esta solução *salomônica* certamente encontraria dificuldades de aplicação prática decorrentes de problemas de identificação dos limites em jogo – ou seja, por exemplo: como dar publicidade de atos essenciais ao processo arbitral sem referi-los eventualmente a um documento formador de sua base?

Uma coisa é certa: admitida a arbitragem para a solução das questões entre entidades estatais e o Estado, seria perfeitamente aplicável o art. 31 da Lei 9.307/1996, determinante do alcance dos efeitos da sentença arbitral – vale dizer, os mesmos da sentença proferida pelo Judiciário.

4. O Direito e a eqüidade na arbitragem

Em primeiro lugar, a lei permite às partes uma escolha no sentido de que a arbitragem seja *de direito* ou *de eqüidade*. Trata-se de uma abertura legal colocada no plano do reconhecimento da autonomia da vontade, claramente compatível com o instituto em causa, voltado para a solução de questões relacionadas com direitos dispositivos.

3.11.2003; e REsp 122.762-RS, *DJU* 12.9.2005 (REsp 683.668-RS, rel. originário Min. Teori Albino Zavascki, rel. para acórdão Min. Luiz Fux, j. 4.5.2006).

4. Carlos Alberto Carmona, *Arbitragem e Processo – Um Comentário à Lei n. 9.307/1996*, cit., 2ª ed., p. 67.

Vale dizer que os árbitros, segundo a prévia vontade das partes, deveriam aplicar o Direito (as normas jurídicas cabíveis, direito positivo) ou a eqüidade (a justiça do caso concreto, numa expressão singela), excluindo-se as alternativas reciprocamente.

Atenta Cândido Rangel Dinamarco para o fato de que, "no exercício da própria jurisdição de *direito*, o juiz esteja impedido de interpretar os textos legais a partir dos valores da sociedade, nem que ele esteja vinculado à *letra da lei*", e que, por sua vez, "julgar por eqüidade é pautar-se por critérios não contidos em lei alguma e não apenas interpretar inteligentemente os textos legais". Ao completar seu pensamento a respeito do juízo de eqüidade, segundo o autor em foco, o juiz o faz dentro de um processo em que "remonta ao valor do justo e à realidade econômica, política e social ou familiar em que se insere o conflito – a *aequitas* enfim –, para retirar daí os critérios com base nos quais julgará", alertando para o fato de que, mesmo em um julgamento dessa natureza, deverá agir com impessoalidade, no sentido de que ele não é sujeito do processo, agindo em nome e no interesse próprio.[5]

Observe-se que, segundo entende Eros Roberto Grau, o Direito tem modernamente aplicado a eqüidade sob os mantos da *razoabilidade* e da *proporcionabilidade*. Ambas atuam no momento da *norma de decisão*, ou seja, da interpretação em concreto da lei abstratamente erigida em momento anterior.[6]

Atente-se para a observação de J. E. Carreira Alvim no sentido de que as partes muitas vezes não têm uma noção adequada do que seja um juízo de equidade, atribuindo-lhe o papel de "quantificação de um dano, ou uma apreciação de oportunidade ou um modo de atenuar as valorações negativas do comportamento (ou as conseqüências negativas da violação da lei ou de cláusulas contratuais)".[7] Nestes casos, as partes (ou uma delas) esperam, erroneamente, que a decisão do árbitro seja um fator de correção de rumos ou do restabelecimento de um eventual desequilíbrio presente em um contrato, no papel de um pretenso apaziguador e mediador de interesses. Caberá aos advogados

---

5. Cândido Rangel Dinamarco, *Instituições de Direito Processual Civil*, vol. I, pp. 321-322.
6. Eros Roberto Grau, "Eqüidade, razoabilidade e proporcionalidade", *Revista do Advogado* 78/27-30.
7. J. E. Carreira Alvim, *Direito Arbitral*, p. 162.

que orientam seus clientes na escolha de uma solução por esse caminho a conscientização do seu verdadeiro sentido jurídico.

O problema do julgamento de eqüidade apresenta uma visão dúplice.

(i) Escolhida a arbitragem de direito, poderiam os árbitros chegar a uma solução por eqüidade, caso não fosse possível solucionar a pendência pela circunstância da lacuna de normas especificamente aplicáveis? Ou:

(ii) Tendo sido feita uma opção pela arbitragem de eqüidade, isto afastaria a aplicação de eventual regra de Direito no campo da questão *sub judice*, caso os árbitros a julgassem cabível no caso concreto?

Veja-se que a presente opção dá-se precisamente no campo da *eqüidade substitutiva*, aquela em que o aplicador da lei afasta a norma jurídica que seria especificamente aplicável ao caso concreto, para o fim de chegar a uma situação mais justa.[8]

4.1 Aspectos gerais da eqüidade

Observe-se que o direito positivo, na Lei de Introdução ao Código Civil (art. 4º), estabelece que, "quando a lei for omissa, o juiz decidirá o caso de acordo com a analogia, os costumes e os princípios gerais de Direito". Paralelamente o CPC dispõe, no art. 126, que: "O juiz não se exime de sentenciar ou despachar alegando lacuna ou obscuridade da lei". No julgamento da lide, caber-lhe-á aplicar as normas legais; não as havendo, recorrerá à *analogia*, aos *costumes* e aos *princípios gerais de Direito*.

É notório que a eqüidade claramente não está incluída pelo legislador entre os princípios gerais de Direito, porque a estes se destina diretamente o § 2º do art. 2º da Lei 9.307/1996, adiante abordados.

Segundo Luiz Fernando do Vale de Almeida Guilherme, a eqüidade – como elemento integrativo – é aplicável, via de regra, depois de esgotados os mecanismos estabelecidos no art. 4º da LICC, entendida como elemento de adaptação da norma ao caso concreto. Além

---

8. V. Carlos Alberto Carmona, *Arbitragem e Processo – Um Comentário à Lei n. 9.307/1996*, cit., 2ª ed., p. 77.

do quê ela tem o poder de atenuar o rigor da norma aplicável, adaptando-a à necessidade do momento.[9]

É essencial observar – como fez Renato Vecchione, ao analisar a relação entre o direito positivo e a eqüidade – se seria possível conceber-se a existência de dois ordenamentos jurídicos distintos: o das normas legais e, outro lado, o dos princípios de eqüidade, paralelos e talvez contrastantes. Continuando suas cogitações, pergunta, ainda, o autor citado se seria possível erigir-se a eqüidade como norma de conduta ou como critério de julgamento além ou mesmo em contraposição ao direito positivo.[10]

Calamandrei tomou uma posição muito clara a respeito, afirmando que o direito positivo e a eqüidade constituiriam dois ordenamentos jurídicos coexistentes e parcialmente coincidentes, tendo o ilustre processualista se utilizado da imagem de duas esferas concêntricas de volume diverso. A maior delas, correspondente à eqüidade, conteria a menor, inerente ao direito positivo. Assim sendo, colocado o juiz no centro desse *universo*, quando recorresse ao juízo de direito, o limite do *primeiro céu* (digamos assim) estaria mais próximo. No momento em que se utilizasse da eqüidade, sua vista alcançaria mais longe, ultrapassando a primeira barreira (tornada transparente), podendo enxergar outras constelações, ou seja, critérios diversos e mais amplos para a solução da questão em pauta. Desta maneira – continua o autor –, o juízo de eqüidade permite sempre verificar se o direito positivo efetivamente corresponde àquela e, assim, aplicá-lo ou não aplicá-lo, segundo exista ou não tal coincidência. De outra parte, quanto ao juízo de direito, não haveria senão como aplicar o direito positivo *stricto sensu*, uma vez que qualquer tentativa de tomar em conta outro fundamento caracterizaria excesso de poder.[11]

9. Luiz Fernando do Vale de Almeida Guilherme, *Arbitragem*, p. 49.
10. Renato Vecchione, verbete "Equità", in *Novissimo Digesto Italiano*, p. 626.
11. No original: "Il diritto positivo e l'equità costituiscono due ordinamenti giuridici, coesistenti e in parti coincidenti, come due sfere concentriche di diverso volume, di cui la più grande, che contiene in sé la più piccola, è l'equità. Il giudice, che è al centro dei due ordinamenti, ha al di sopra di sé, quali firmamento giuridico, queste due grandi volte poste una dentro l'altra; ma se egli è giudice di puro diritto, la sua vista si ferma alla più bassa e vicina; se invece egli è giudice di equità, la volta più bassa è per lui trasparente, e la sua vista può spaziare al si là, fino a scoprire, sulla più alta ed esterna, costellazioni che il giudice di diritto non vede. Insomma, per uscir dalla barocca similitudine, si vuol dire con questo che il giudice di equità ha sempre il

Deve-se concordar com Calamandrei no sentido de que, tratando-se de direitos disponíveis aqueles passíveis de arbitragem, a liberdade das partes possibilita que limitem a atuação dos árbitros à aplicação exclusiva das regras de Direito efetivamente existentes para o caso específico sob sua jurisdição.

Outra situação é aquela em que, mesmo que as partes hajam determinado a condução da arbitragem de direito, venha a se verificar uma lacuna jurídica para o caso correspondente.

Lembre-se que as discussões a respeito da aplicação da eqüidade são milenares. Em sua *Ética a Nicômaco* Aristóteles já mostrava a existência de uma tensão entre a norma (que é geral e, portanto, incapaz de conter toda a realidade de uma miríade de situações fáticas) e sua aplicação efetiva. Para aquele filósofo, a deficiência da lei não se devia a defeitos intrínsecos à mesma, mas à total deficiência da capacidade humana de prever todos os tipos de controvérsias que pudessem surgir e, de antemão, erigir uma norma para solucioná-las.

Embora longo, torna-se imprescindível, aqui, transcrever o trecho de Aristóteles em que ele cuida da *eqüidade* e do *eqüitativo*:

"Temos, a seguir, que nos referir a *eqüidade* e a *eqüitativo*, e à relação destes com a *justiça* e com o que é justo respectivamente, pois quando examinadas afigura-se que justiça e eqüidade não são nem absolutamente idênticas, nem genericamente diferentes. Por vezes, é verdade que louvamos a eqüidade e o homem eqüitativo a tal ponto que chegamos a empregar a palavra 'eqüitativo' como um termo de aprovação de outras coisas além do que é justo e a empregamos como o equivalente de *bom*, querendo dizer com mais *eqüitativo* meramente que uma coisa é melhor. Em outras oportunidades, todavia, quando submetemos a palavra efetivamente ao crivo da razão, nos parece estranho que o eqüitativo devesse ser louvável, uma vez ser ele algo distinto do justo. Se são diferentes, (um deles) o justo ou o eqüitativo não é bom; se ambos são bons, são a mesma coisa (idênticos).

potere di verificare se il diritto positivo corrisponde all'equità e quindi de applicarlo o di non applicarlo secondo ché vi scorga o non vi scorga una tale coincidenza; mentre il giudice di diritto non ha altro potere che quello di applicare il diritto com'è, ed ogni suo tentativo di guardare più oltre costituisce un eccesso di potere" (Calamandrei, "Diritto ed equità nell'arbitrato", *Riv. Proc.* II/63 e ss.).

"Eis aí as considerações, em caráter aproximativo, que fazem nascer a dificuldade no que tange ao eqüitativo, mas que, ainda assim, são todas, de uma certa forma, corretas e não realmente incoerentes; pois a eqüidade, embora superior a uma espécie de justiça, é, ela mesma, justa; não é superior à justiça ao ser genericamente distinta dela. Justiça e eqüidade são, portanto, a mesma coisa, sendo ambas boas, ainda que a eqüidade seja melhor.

"A origem da dificuldade é que a eqüidade, embora justa, não é *justiça legal*, porém retificação desta. A razão para isso é que a lei é sempre geral; entretanto, há casos que não são abrangidos pelo texto geral da lei (ou por esta ou aquela regra legal geral). Em matérias, portanto, nas quais, embora seja necessário discursar em termos gerais, não é possível fazê-lo corretamente, a lei toma em consideração a maioria dos casos, embora não esteja insciente do erro que tal coisa acarreta. E isso não faz dela uma lei errada, pois o erro não se encontra na lei e nem no legislador, mas na natureza do caso, uma vez que o estofo das questões práticas é essencialmente irregular. Quando, portanto, a lei estabelece uma regra geral e, posteriormente, surge um caso que apresenta uma exceção à regra, será, então, correto (onde a expressão do legislador – em função de ser ela absoluta – é lacunar e errônea) retificar o defeito (preencher a lacuna) decidindo como o próprio legislador teria ele mesmo decidido se estivesse na ocasião em particular e teria promulgado se tivesse sido conhecedor do caso em questão. Conseqüentemente, embora o eqüitativo seja justo e seja superior a uma espécie de justiça, não é superior à justiça absoluta, mas apenas ao erro devido à expressão absoluta. Esta é a natureza essencial do eqüitativo, ou seja, é uma retificação da lei onde a lei é lacunar em função de sua generalidade. Com efeito, essa é a razão por que não são todas as coisas determinadas pela lei; pelo fato de haver alguns casos (e situações) em relação aos quais é impossível estabelecer uma lei, é necessária a existência de um decreto especial; pois aquilo que é, ele próprio, indefinido só pode ser medido por um padrão indefinido, como a régua plúmbea usada pelos construtores de Lesbos; tal como essa régua não é rígida, podendo ser flexibilizada ao formato da pedra, um decreto especial é feito para se ajustar às circunstâncias do caso."[12]

---

12. Aristóteles, *Ética a Nicômaco*, Livro V, n. 10.

No nosso caso, este *decreto especial* será a decisão do árbitro, a ser tomada no caso concreto.

Caso não existissem lacunas legais no direito positivo, ter-se-ia que concordar com a visão restritiva de Calamandrei. Mas esta situação é bastante freqüente, como sabe qualquer operador do Direito. Disto decorre a seguinte possibilidade: as partes optam pelo juízo de direito em uma determinada arbitragem e os julgadores ficariam impossibilidades de dar uma sentença caso não se deparassem com uma norma específica de direito positivo para o caso *sub judice*.

Mas em nosso regime jurídico, conforme vimos acima, o art. 126 do CPC determina que o juiz não se exime de sentenciar ou despachar alegando lacuna ou obscuridade da lei e que, no julgamento da lide, caber-lhe-á aplicar as normas legais; não as havendo, recorrerá à analogia, aos costumes e aos princípios gerais de Direito.

Suponha-se, para argumentar, um caso-limite no qual nem pelo recurso aos meios extraordinários supracitados o juiz viesse a encontrar uma solução para o caso em suas mãos. Poderia, então, recorrer à eqüidade, que, como visto linhas atrás, não se inclui entre os princípios gerais de Direito?

A resposta é indubitavelmente afirmativa. Se não existe um parâmetro legal, se não há como solucionar a pendência com base na analogia, nos bons costumes e nos princípios gerais de Direito, então, a utilização da eqüidade se torna obrigatória e, neste caso, os árbitros não terão julgado além dos poderes que lhes foram conferidos.

4.2 Arbitragem e regras de Direito

Conforme determina a lei, o Direito aplicável em uma solução arbitral é de livre escolha das partes, desde que não haja violação aos bons costumes e à ordem pública (art. 2º, § 1º).

Desta maneira, por exemplo, não é necessária a identificação de determinados elementos de conexão do direito internacional privado (necessários à identificação do Direito aplicável entre aqueles de dois ou mais ordenamentos jurídicos) como forma de escolha de Direito estrangeiro em um contrato interno no qual ambas as partes sejam nacionais.

Mas esta liberdade – embora não mencionado – encontra limites nos próprios institutos jurídicos em jogo, muitos dos quais não permitem uma livre escolha, tendo em vista a existência de legislação nacional inafastável. É o caso, por exemplo, de uma arbitragem a respeito de uma disputa concernente ao alegado desatendimento por uma das partes sobre o *quorum* de deliberação em assembléia-geral de sociedade limitada.

As regras de Direito compreendem todo o arcabouço do direito positivo nos planos nacional e internacional (se for o caso), desde a Constituição Federal até o regulamento. Neste campo está incluída a chamada *lex mercatoria*, na qualidade de usos e costumes mercantis internacionais, assim integrados ao Direito pátrio por força do art. 4º da LICC.

Como os modelos de sociedade no Direito Brasileiro são fechados (*numerus clausus*), os sócios gozam de autonomia de vontade no campo vertente apenas no plano interno da sociedade escolhida. Assim sendo, é factível aos interessados optar tão-somente pela construção de variantes do *modelo geral* no campo das regras dispositivas, a serem identificadas segundo cada tipo societário. Por exemplo, jamais poderiam os sócios adotar um padrão de administração que não seja a diretoria ou o conselho de administração e mais a diretoria (modelos unitário e dual de administração).

A liberdade de escolha de regras de Direito dá-se mais intensamente no campo dos contratos inominados, internos ou internacionais. Mas nunca será absoluta.

A condição do atendimento aos bons costumes representa o entrelaçamento da Moral com o Direito. Carlos Alberto Carmona menciona neste passo a "honestidade e o recato que se espera das pessoas, bem como a dignidade e o decoro social".[13]

5. O "processualismo excessivo" e a arbitragem

Inicialmente, estabeleça-se que por "processualismo excessivo" se entende a arbitragem como um mecanismo de soluções jurídicas

---

13. Carlos Alberto Carmona, *Arbitragem e Processo – Um Comentário à Lei n. 9.307/1996*, cit., 2ª ed., p. 79.

que deveria apresentar o mesmo nível de proteção formal dada pelo direito processual às partes, entendido como cogente e, portanto, inafastável, no atendimento ao princípio do *devido processo legal*. Referindo-se ao chamado *garantismo* no procedimento arbitral, Carreira Alvim afirma que: "(...) para quem vê na arbitragem o exercício de verdadeira jurisdição, não há dificuldades em justificar a presença das garantias processuais presentes no processo arbitral, porquanto o devido processo legal e todos os princípios que resultam dele são de observância obrigatória tanto no exercício da jurisdição estatal quanto no da jurisdição arbitral".[14]

No entanto, se a arbitragem diz respeito a direitos patrimoniais disponíveis, nada impede que as partes optem por um regime processual mais brando, desde que um *devido processo legal mínimo* seja obedecido no aludido procedimento, sem favorecimento a qualquer uma delas. Jogar o Código de Processo Civil no colo dos árbitros e exigir destes uma plena obediência àquele diploma legal significaria reduzir enormemente a utilidade da arbitragem, tornando-a excessivamente rígida, demorada e quase tão onerosa para os interessados quanto o recurso ao Judiciário.

É justamente para tornar a arbitragem uma opção efetivamente mais eficiente que o art. 21 da Lei 9.307/1996 atribui às partes a liberdade da escolha do procedimento a ser adotado, segundo (i) as regras de um órgão arbitral institucional ou entidade especializada ou (ii) o entendimento do próprio árbitro ou do tribunal arbitral.

O *direito processual arbitral mínimo* corresponderá, nos termos do § 2º do art. 21, acima referido, ao respeito aos princípios do contraditório, da igualdade das partes, da imparcialidade do árbitro e do seu livre convencimento.

Carlos Alberto Carmona observa, com propriedade, que "a preocupação com os princípios atinge o *processo* arbitral, e não apenas o *procedimento*", uma vez que o instituto da arbitragem tutela tanto a relação jurídica existente entre as partes e o árbitro como, também, a forma e a seqüência dos atos praticados no seu âmbito.[15]

---

14. Carreira Alvim, *Direito Arbitral*, cit., p. 149.
15. Carlos Alberto Carmona, *Arbitragem e Processo – Um Comentário à Lei n. 9.307/1996*, cit., 2ª ed., p. 252.

Em primeiro lugar, quanto ao *princípio do contraditório*, este consiste, em uma imagem simplificada, no direito que as partes têm de resposta a uma *provocação processual*, no que diz respeito às razões aduzidas (quanto ao mérito e prazo para fazê-lo), às provas requeridas e à maneira pela qual tomarão conhecimento dos atos praticados no desenvolvimento da arbitragem.

Além disso, destaca Carlos Alberto Carmona a visão da moderna doutrina processual no campo do contraditório – também aplicável à arbitragem – no sentido de que ao árbitro não cabe adotar decisões a respeito de pontos fundamentais do litígio sem dar às partes a oportunidade de previamente se manifestarem a respeito.[16]

No tocante ao *princípio da igualdade*, esta é presumida no campo da arbitragem, existente no tempo desde os negócios celebrados entre as partes e a época da própria escolha desta modalidade de solução de conflitos. Tanto assim é verdade que, no direito do consumidor, o art. 51, VII, do Código de Defesa do Consumidor determina a nulidade das cláusulas contratuais que determinem a utilização compulsória da arbitragem. Isto porque o consumidor é implicitamente presumido por esse direito especial como hipossuficiente em relação ao fornecedor. Desta forma, não serão estendidos direitos ou obrigações diferenciados a qualquer das partes em uma arbitragem, diferentemente para a outra, como forma do restabelecimento de um pretenso desequilíbrio que entre elas pudesse existir.

Absolutamente desnecessária era a menção no art. 21 da Lei 9.307/1996 à imparcialidade do árbitro e ao seu livre convencimento. Estes aspectos estão indissolúvel e intrinsecamente ligados à administração da Justiça em um Estado de Direito.

Não se pode esquecer que o livre convencimento do juiz (e, portanto, do árbitro) não se dá no campo da aplicação da lei, cabendo-lhe interpretá-la segundo os princípios próprios, e não de acordo com critérios pessoais. O mencionado livre convencimento coloca-se no plano da avaliação fática e jurídica das razões aduzidas pelas partes e das provas por estas produzidas. Neste sentido, a convicção em favor da qual o árbitro venha a chegar ao final da instrução do processo arbitral deverá ser deduzida lógica e sistematicamente em sua decisão, demonstrando de forma clara os fundamentos que nortearam sua decisão.

16. Idem, pp. 252-253.

6. A arbitragem e os princípios de probidade, de boa-fé e de lealdade

Qualquer que seja a natureza jurídica da arbitragem, as partes estão obrigadas a obedecer aos princípios de probidade, de boa-fé e de lealdade, desde a celebração da convenção arbitral até o final da arbitragem efetivamente realizada, cujo descumprimento levará à aplicação das penalidades cabíveis.

Na modalidade de negócio jurídico aplicam-se, no caso, os arts. 110, 113 e 422 do CC de 2002, este último por analogia.

No sentido acima, a convenção de arbitragem subsiste mesmo que uma das partes a tenha celebrado em um contexto de reserva mental, exceto se a outra tinha conhecimento deste fato (art. 110).

Estende-se ao procedimento arbitral o dever de agir de acordo com os preceitos de ética e de moral, sendo absolutamente condenáveis o recurso à chicana e à fraude, nos termos do art. 14 do CPC, de cujo teor nasce uma obrigação de agir: (a) de acordo com a verdade; (b) com lealdade e boa-fé; e (c) praticando-se apenas os atos necessários ao exercício de defesa.

A proteção aos princípios de que se trata está presente no art. 17 do CPC, onde se estabelecem os contornos da litigância de má-fé, como sejam: (a) deduzir pretensão ou defesa contra texto expresso de lei ou fato incontroverso; (b) alterar a verdade dos fatos; (c) usar do processo para conseguir objetivo ilegal; (d) opor resistência injustificada ao andamento do processo; (e) proceder de modo temerário em qualquer incidente ou ato do processo; e (f) provocar incidentes manifestamente infundados.

Pode-se entender presente a litigância de má-fé na arbitragem diante de posição tomada por uma das partes contrária ao contrato entre elas celebrado, objeto preciso do mecanismo em causa, na busca da solução devida, tomando-se o termo "lei" com um sentido mais amplo, sendo notório que *o contrato faz lei entre as partes*.

De maneira geral, o exercício abusivo do direito de defesa acarretará a qualificação da litigância de má-fé, tendo em vista a amplitude das hipóteses legais.

Quanto ao *uso do processo para conseguir objetivo ilegal*, Cândido Rangel Dinamarco reconhece que a expressão é muito ampla e, por este motivo, vaga, abrangendo os casos em que a ação é um meio engendrado pelas partes para obter aquilo que a lei não permite, eventualmente causando danos a terceiros. Como exemplo de um caso de superlativa litigância de má-fé o autor menciona o chamado "grilo imobiliário", correspondente ao conluio de dois sujeitos que simulam um litígio em torno de terras em relação às quais qualquer deles não tem título legítimo, para o fim de obter em favor de qualquer das partes um título, desta forma lesando os legítimos proprietários.[17]

A própria convenção arbitral tem o poder de prever as penalidades aplicáveis ao litigante de má-fé, recorrendo o árbitro ao art. 18 do CPC, não as havendo. Neste último caso, o árbitro deverá condenar o litigante de má-fé a pagar uma multa não excedente a 1% sobre o valor da causa e a indenizar a parte contrária dos prejuízos que esta sofreu, além dos honorários advocatícios e das despesas efetuadas. As partes têm liberdade para a fixação de penalidades mais gravosas que as previstas no Código de Processo Civil, desde que estipuladas em patamar razoável e não representem imposição unilateral por uma delas.

A discussão do eventual abuso das penalidades aplicáveis poderá ser um dos objetos da própria arbitragem, na medida em que tal questão puder ser considerada como inserida na convenção arbitral – conclusão dependente da análise do caso concreto.

É possível visualizar uma situação em que as partes, em conluio entre si, celebrem contrato ilícito em algum dos seus aspectos ou quanto ao seu objeto e, promovendo uma falsa demanda, busquem obter uma sentença arbitral destinada justamente a alcançar um resultado proibido pela lei.

A referência à *lei* está no plano das normas cogentes, que não podem ser afastadas pelas partes, como também no da pura ilegalidade, decorrente de infringência ao ordenamento legal.

Uma vez que o árbitro verifique estar diante de tal situação, deve sentenciar de plano, com a condenação de ambas as partes, extinguindo o feito sem julgamento de mérito, nos termos do art. 267, IV, do CPC, o qual se refere à "ausência de pressupostos (...) de *desenvolvimento válido e regular do processo*" (destaques nossos).

17. Cândido Rangel Dinamarco, *Instituições de Direito Processual Civil*, cit., vol. 2, p. 261.

Duvidosa em relação aos limites da competência do tribunal arbitral é a aplicação do art. 129 do CPC, segundo o qual, como norma subsidiária, convencendo-se os árbitros, pelas circunstâncias da causa, de que autor e réu se serviram do processo para praticar ato simulado ou conseguir fim proibido por lei, deverá preferir sentença que obste aos objetivos das partes.

Uma razão prática faz pender a interpretação do dispositivo sob exame, a par do modelo de arbitragem adotado pelo Direito pátrio, no sentido de que interessa ao ordenamento jurídico frustrar de imediato no plano cível os efeitos da intenção ilícita das partes. Tal objetivo somente poderá ser alcançado precisamente quando a sentença arbitral, a par de extinguir o processo sem julgamento de mérito, determine medidas que impeçam as partes de alcançar seus fins ilícitos.

Estas, diante de sentença proferida em tal circunstância, poderão tomar a iniciativa de anulação de todos os atos ilícitos anteriormente praticados, revendo-os por sua própria iniciativa. Mas, de um lado, tal atitude não impediria a obrigação de eventual representação criminal e, de outro, sua realização se daria fora do âmbito da arbitragem, encerrada com a prolação da sentença, o que tornaria impossível o controle pelo tribunal arbitral dos atos posteriores adotados pelas partes.

Veja-se que, no tocante aos *crimes de ação pública*, pelos termos do art. 40 do CP, o juiz está obrigado a remeter ao Ministério Público as cópias e os documentos necessários ao oferecimento da denúncia.

Do ponto de vista jurídico, deve-se discutir qual o alcance da competência do tribunal em uma arbitragem encontrada em tal situação. Verifique-se que, mesmo considerando não haver Carlos Alberto Carmona tratado deste tema específico, aquele autor tem uma visão mais ampla da arbitragem, alegando que, "embora tenha origem contratual, desenvolve-se com a garantia do devido processo e termina com o ato que tende a assumir a mesma função da sentença judicial".[18]

Não se pode esquecer que o tribunal arbitral funciona na qualidade de *agente auxiliar da Justiça*, na verdade substituindo o juiz nos limites em que a lei estabelece a sua competência e o alcance da sentença proferida pelos seus membros – que tem os mesmos efeitos da

18. Carlos Alberto Carmona, *Arbitragem e Processo – Um Comentário à Lei n. 9.307/1996*, cit., 2ª ed., p. 46.

sentença proferida pelos órgãos do Poder Judiciário, conforme dispõe o art. 31 da Lei 9.307/1996.

Veja-se que, nos termos do art. 319 do CP, comete *crime de prevaricação* o funcionário público que "deixar de praticar, indevidamente, ato de ofício (...)". Equiparado o árbitro ao juiz no exercício da função judicante que lhe é atribuída pela Lei 9.307/1996, é de se indagar a respeito de sua sujeição ao dispositivo vertente, que eventualmente o levaria a tornar-se réu de ação penal por não haver representado ao Ministério Público o conhecimento de crime cuja prática foi tentada pelas partes em uma arbitragem.

Ademais, a lei penal fala em representação ou queixa do *ofendido*, conforme a ação seja pública ou de iniciativa privada (art. 100). No contexto de uma tentativa de fraude em uma arbitragem, para a consecução de fins ilícitos, não há um ofendido em particular. Ofendida está a ordem pública, cuja defesa incumbe obrigatoriamente ao juiz e, por extensão, ao árbitro. Para este efeito, lembre-se que compete ao juiz *reprimir qualquer ato contrário à dignidade da Justiça* (CPC, art. 125, III).

Resulta, portanto, que para o tribunal arbitral – na condição de juiz – não importa a diferença entre crime de ação pública e crime de ação privada, quanto ao objetivo ilícito buscado pelas partes em um procedimento arbitral. É precisamente a natureza jurídica do tribunal arbitral que não dá aos seus membros o direito de se omitirem em tal situação, sendo obrigatória a representação cabível.

No entanto, parece estreita a via de perseguição do ilícito de que se trata, na medida em que o tipo da *fraude processual*, prevista no art. 347 do CP, não se prestaria à grande maioria dos casos de conluio fraudulento das partes em uma arbitragem. Isto porque o tipo cuida do ato de "inovar artificialmente, na pendência de processo civil ou administrativo, o estado de lugar, de coisa ou de pessoa, com o fim de induzir a erro o juiz ou o perito".

Portanto, a busca de uma *cobertura lícita* de ilícitos diversos praticados pelas partes por meio da celebração de contratos simulados e/ou fraudulentos poderia encontrar-se fora do aludido art. 347.

Mas não há dúvida quanto à obrigatoriedade da representação, perdendo as partes o direito ao sigilo que envolve o processo arbitral,[19] pois acima de seus interesses privados – no caso, ilícitos – prevalece o da ordem pública.

Bibliografia

ARISTÓTELES. *Ética a Nicômaco*. Trad. e notas de Edson Bini. São Paulo, EDIPRO, 2002.

CALAMANDREI, Piero. "Diritto ed equità nell'arbitrato". *Riv. Proc.* II/63 e ss. 1930.

CARMONA, Carlos Alberto. *Arbitragem e Processo – Um Comentário à Lei n. 9.307/96*. 2ª ed. São Paulo, Atlas.

CARREIRA ALVIM, J. E. *Direito Arbitral*. Rio de Janeiro, Forense, 2004.

DINAMARCO, Cândido Rangel. *Instituições de Direito Processual Civil*. vols. I e II. São Paulo, Malheiros Editores, 2001.

GRAU, Eros Roberto. "Eqüidade, razoabilidade e proporcionalidade". *Revista do Advogado* 78. São Paulo, AASP, setembro/2004.

GUILHERME, Luiz Fernando do Vale de Almeida. *Arbitragem*. São Paulo, Quartier Latin, 2003.

PINTO, José Emílio Nunes. "A confidencialidade na arbitragem". *Revista de Arbitragem e Mediação* 6/25-36. Ano 2, julho-setembro/2006.

VECCHIONE, Renato. "Equità". *Novissimo Digesto Italiano*. Turim, UTET, 1965.

---

19. Sobre este tema, leia-se, entre outros, "A confidencialidade na arbitragem", de José Emílio Nunes Pinto, in *Revista de Arbitragem e Mediação* 6/25-36.

MATURIDADE E ORIGINALIDADE DA ARBITRAGEM NO DIREITO BRASILEIRO

Arnoldo Wald

1. Podemos afirmar que, atualmente, o direito brasileiro da arbitragem atingiu sua maturidade. Depois de quase 10 anos de aplicação da Lei 9.307/1996, centenas de casos já foram solucionados por decisões arbitrais e os tribunais, da mesma forma, tiveram a oportunidade de julgar numerosos processos referentes à matéria.

2. No plano internacional, as estatísticas da Corte Internacional de Arbitragem-CCI nos indicam um aumento progressivo das arbitragens e dos árbitros brasileiros que estão atuando. Basta lembrar que enquanto em 1995 a CCI havia examinado 203 sentenças arbitrais, das quais somente 4 partes eram brasileiras, em 2004 o número de casos envolvendo partes de origem brasileira passou a 30.[1]

3. Da mesma forma, enquanto era raro ver um árbitro brasileiro nas decisões examinadas pela Corte da CCI, temos tido nos últimos anos mais de 20 casos por ano[2] – o que prova a importância crescente da arbitragem no Brasil e a formação de nossos juristas para praticar o Direito nessa área.

4. Em menos de 10 anos as instituições de arbitragem se multiplicaram, de modo que seu número já é considerado excessivo – fenômeno, aliás, que não é particular ao Brasil.[3] Cursos especializados em

---

1. "Rapport statistique 2004", *Bulletin de la Cour Internationale d'Arbitrage de la CCI* 16-1/6, 1º semestre/2005.
2. Em 2004 foram 22, segundo dados do "Rapport statistique 2004", *Bulletin de la Cour Internationale d'Arbitrage de la CCI* 16-1/9, 1º semestre/2005.
3. Pierre Lalive, "Sur une commercialisation de l'arbitrage international", in *Mélanges Offerts à Claude Reymond – Autour de l'Arbitrage*, Paris, Litec, 2004, pp.

arbitragem foram criados e uma enorme bibliografia foi publicada, contando mais de 50 livros e centenas de artigos. Duas revistas especializadas em arbitragem são publicadas trimestralmente e divulgam a doutrina local e internacional, decisões da jurisprudência brasileira e até decisões arbitrais ou judiciais estrangeiras.

5. O direito brasileiro da arbitragem é, igualmente, objeto de conferências e de debates realizados fora do Brasil, tanto na Europa quanto nos Estados Unidos; e artigos sobre o Direito Brasileiro foram recentemente publicados em diversas revistas especializadas, como o *Boletim da CCI*, a *Revue de l'Arbitrage* ou o *Journal of International Arbitration*.[4]

6. Não se trata de uma espécie de moda jurídica, sem relação com as necessidades reais do país; mas, ao contrário, de um verdadeiro imperativo vinculado ao seu desenvolvimento.

7. Em primeiro lugar, a Justiça Brasileira não é rápida e os procedimentos são bastante longos e complexos, apesar do esforço feito recentemente para aliviá-los e torná-los mais eficazes. Uma mesma questão pode vir a ser julgada mais de quatro ou cinco vezes, sucessivamente, pelo Juiz de primeira instância, pelo Tribunal de Justiça do Estado, pelo STJ e pelo STF. Mais de 10 milhões de processos estão em curso, e cada um dos Tribunais Superiores recebe mais de 100 mil recursos por ano.

8. Por outro lado, o Brasil não conta com uma jurisdição administrativa, de modo que todos os conflitos entre a Administração Pública e as pessoas físicas e jurídicas são submetidos ao Poder Judiciário. Ora, nos últimos anos, em virtude das privatizações e concessões, de um lado, e da organização de *joint ventures*, de outro, um grande número de questões técnicas ligadas às concessões de telefonia, gás, energia elétri-

---

167-172; e em versão brasileira na *Revista de Arbitragem Mediação* 4/105, janeiro-março/2005.

4. V., entre outros: Arnoldo Wald, "La ratification de la Convention de New York par le Brésil", *Revue de l'Arbitrage* 1/91-101, 2003, e "L'évolution de la législation brésilienne sur l'arbitrage, 1996-2001", *Bulletin de la Cour Internationale d'Arbitrage de la CCI* 12-2/44-51, 2º semestre/2001; Carlos Nehring, "Arbitration and brazilian court decisions", (2003) 20 *Journal of International Arbitration* 409/409-420; Lauro Gama Jr., "La reconnaisance des sentences arbitrales étrangères au Brésil: évolutions récentes", *Bulletin de la Cour Internationale d'Arbitrage de la CCI* 16-1/71-76, 1º semestre/2005.

ca etc. foram submetidas aos tribunais, que, às vezes, não têm o conhecimento técnico necessário para julgar rapidamente esses conflitos de interesses com importantes repercussões sociais e econômicas. É a razão pela qual as leis especiais e as agências independentes de regulação previram o recurso à arbitragem como o melhor e o mais rápido modo de solução desses problemas.

9. Situação análoga ocorreu na área internacional, em virtude do aumento dos investimentos estrangeiros no Brasil, sob diversas formas de parcerias com associados brasileiros. A Lei das Sociedades Anônimas prevê, assim, em uma de suas reformas, a aplicação da arbitragem ao direito das sociedades.[5] Mais recentemente, a Lei das Parcerias Público-Privadas/PPPs (Lei 11.079, de 30.12.2004) e a Lei 11.195, de 21.11.2005, que modificou o art. 23 da Lei de Concessões (Lei 8.987, de 13.2.1995), admitiram, expressamente, o recurso à arbitragem para a solução de controvérsias oriundas desses contratos. Recentes decisões do STJ também se manifestaram no mesmo sentido.[6]

10. É preciso reconhecer, aliás, que, nos negócios internacionais, as partes estrangeiras geralmente não aceitam que os eventuais litígios sejam decididos por Tribunais Brasileiros, embora concordem em aplicar o Direito Brasileiro para a solução dos conflitos contratuais que possam vir a surgir.

11. É uma situação que lembra um pouco aquela que existia no comércio internacional entre as empresas dos países comunistas e as outras sociedades européias ou americanas, como foi o caso da Rússia e é igualmente, hoje, o caso da China.

12. Como escreveu, há mais de 30 anos, Samuel Pisar: "Não convém atribuir aos tribunais nacionais a resolução dos litígios do comércio Leste/Oeste, em razão das desconfianças recíprocas, de tomada de posições e divergências fundamentais nas concepções, de um lado e de outro, referentes à propriedade, à moral comercial e ao Direito. As partes deveriam, em conseqüência, aceitar, invariavelmente, a submissão de seus litígios a um regulamento por via da arbitragem. A sentença dos árbitros escolhidos deveria receber automaticamente

---

5. Lei 6.404/1976, art. 109, § 3º.
6. STJ, 2ª T., REsp 612.439, rel. Min. João Otávio de Noronha, j. 25.10.2005.

o *exequatur* dos tribunais da parte condenada, quer seja ela socialista ou ocidental".[7]

13. A mesma situação existe, hoje, entre os países desenvolvidos e os países em desenvolvimento, tanto mais que o Direito Brasileiro é totalmente desconhecido além de nossas fronteiras. Durante muito tempo somente alguns poucos juristas europeus que tiveram a oportunidade de viver no Brasil por algum período – como Tullio Ascarelli e René David – reconheciam o caráter original do Direito Brasileiro.

14. René David escreveu, há meio século, que:

"Qualquer que seja o título, de aparência geral, dado aos seus trabalhos, diversos comparatistas, em suas 'introduções ao Direito Comparado', quiseram estudar, efetivamente, apenas as diferenças entre Direitos da Europa Continental e common law. Mesmo que, nessa oportunidade, eles tivessem mencionado os Direitos ou certos Direitos da América Latina, não parece que eles tenham focalizado, em seu conjunto, o problema da classificação de tais Direitos.

"Este problema, no entanto, foi enfrentado por alguns autores, que o resolveram negando a autonomia dos Direitos da América Latina e catalogando-os, sem exceção, na família do Direito Continental."[8]

15. A transcrição do texto justifica-se por indicar a reação construtiva de René David, cujas afirmações continuam atuais em 2006. Desta forma, quando examinamos, por exemplo, a 3ª edição, publicada em 1988, do livro intitulado *An Introduction to Comparative Law*, dos professores Konrad Zweigert e H. Kotz, verificamos que a América Latina não merece mais que uma página e meia, e o Brasil apenas cinco linhas.

16. Mesmo nos cursos e monografias de Direito Comparado os países da América Latina, em geral, não foram objeto de muitos estudos, apesar de um esforço recente no sentido de publicar um certo número de teses de estudantes estrangeiros que vão se especializar na

---

7. Samuel Pisar, *Les Armes de la Paix: l'Ouverture Économique vers l'Est*, trad. livre, Paris, Denoël, 1970, p. 287.
8. René David, *L'Originalité des Droits de l'Amérique Latine*, trad. livre, Paris, Institut des Hautes Études de l'Amérique Latine/Centre de Documentation Universitaire, pp. 5-6, e *Le Droit Comparé, Droits d'Hier, Droits de Demain*, trad. livre, Paris, Economica, 1982, pp. 164-165.

França e tratam de assuntos que lhes permitem aproveitar o conhecimento de seu Direito nacional.

17. É, portanto, surpreendente que, enquanto existem inúmeros trabalhos de Economia e Sociologia relacionados aos países em vias de desenvolvimento, o Direito Comparado durante muito tempo não se ocupou da América Latina de maneira sistemática.

18. A globalização permitiu, no entanto, uma recente reação construtiva nesta área. Quando das comemorações do bicentenário do Código Napoleão, assistimos a uma espécie de ressurreição ou, ao menos, de renovação do Direito Comparado partindo do interesse manifestado pelos juristas franceses em relação às legislações estrangeiras, como já tinha ocorrido no centenário do *Code Civil*, em 1904, e no seu sesquicentenário, em 1954. Efetivamente, em todas essas ocasiões os comparatistas quiseram reexaminar a influência exercida pelo Código Napoleão em outros países. Mas desta vez, em 2004, a América Latina estava presente.

19. No livro do bicentenário, o excelente relatório do professor Blanc-Jouvan, intitulado "L'influence du Code Civil sur les codifications étrangères récentes", reconhece a existência da pluralidade de modelos e de vários sistemas concorrentes, cabendo a cada legislação, ao final, encontrar a solução que lhe parece mais adequada nos vários assuntos dos quais trata.[9]

20. Essas considerações nos provam que um importante progresso se realizou, na medida em que certos Direitos de países em desenvolvimento – em particular aqueles da América Latina – já não estão excluídos das preocupações dos comparatistas.

21. Em 2001, Vernon Valentine Palmer publicou seu livro *Mixed Jurisdiction Worldwide – The Third Legal Family*,[10] que estuda os Direitos mistos em sete Estados – a Escócia, o Quebec, a Louisiana, a África do Sul, Porto Rico, Filipinas e Israel –, representando um total de 150 milhões de habitantes. Trata-se de legislações que não têm grande importância mundial e que podem ser consideradas como Direitos pe-

---

9. Xavier Blanc-Jouvan, in *Le Code Civil (1804-2004) – Livre du Bicentenaire*, Paris, Dalloz/Litec, 2004, p. 483.

10. Vernon Valentine Palmer, *Mixed Jurisdiction Worldwide – The Third Legal Family*, Cambridge, Cambridge University Press, 2001.

riféricos. Na nota bibliográfica que fez sobre esse assunto, o professor Blanc-Jouvan salientou, todavia, a importância deste trabalho e, até, seu caráter pioneiro, já que o caráter construtivo da simbiose entre as influências do direito civil e da *common law* tem, igualmente, um efeito enriquecedor para a Ciência Jurídica.[11]

22. O Direito tendo evoluído cada vez mais rapidamente, passando de uma progressão aritmética a uma progressão geométrica, faz-se necessário examinar as famílias jurídicas sob uma nova perspectiva, que deve ser dinâmica. Existe, assim, em cada Direito a possibilidade da presença ou da coexistência de diferentes modelos, cuja influência é variável, segundo as épocas e os campos de aplicação – de tal modo que podemos, mesmo, pensar numa competição entre os diversos modelos e numa ponderação variável de sua influência nas várias legislações.

23. Se admitirmos os Direitos mistos como uma terceira família, será necessário acrescentar aos exemplos citados por Vernon V. Palmer, em sua obra, outros países, dentre os quais o Brasil, que é normalmente incluído no sistema romano-germânico pelos civilistas, mas cujos direitos constitucional e comercial inspiraram-se nos Estados Unidos. Este é o caso, igualmente, do nosso direito da arbitragem.

24. O direito brasileiro da arbitragem é, portanto, igualmente um direito original, o que não deve ser esquecido.

25. Com efeito, a oposição tradicional entre os sistemas da *common law* e do direito civil, no que se refere à arbitragem, encontra soluções harmoniosas no Direito Brasileiro. Podemos até dizer que, em nosso país, tanto o legislador quanto a jurisprudência, a doutrina e a prática puderam compor os aspectos positivos dos dois sistemas e superar as eventuais divergências.

26. Em primeiro lugar, no que se refere à atividade dos árbitros – que não era exercida, tradicionalmente, da mesma forma nos Estados Unidos e na Europa – não existe no Brasil uma real oposição entre, de um lado, os acadêmicos e, de outro, os práticos, ou entre os *notables*

---

11. Xavier Blanc-Jouvan, nota bibliográfica sobre o livro de Vernon Valentine Palmer, *Mixed Jurisdictions Worldwide – The Third Legal Family* (2002), 3 *Revue Internationale de Droit Comparé*, pp. 889-891.

e os *technocrates*, à qual fazem alusão Dezalay e Garth.[12] No Brasil o exercício da arbitragem, tanto do lado do árbitro como do lado dos advogados das partes nos procedimentos arbitrais e nos processos judiciais, nos quais se discute a validade de uma cláusula compromissória ou da decisão arbitral, une os professores de Direito e os grandes escritórios de Advocacia, que encontram um denominador comum.

27. Da mesma forma, a diferença entre os procedimentos inquisitório e contraditório foi ultrapassada por aquilo que o professor Bernardo Cremades chamou de "procedimento interativo", com a utilização dos dois métodos na busca da eficácia, sendo que a liberdade de escolha dos árbitros é exercida com um crescente profissionalismo.[13]

28. Assim, tanto os árbitros como os advogados brasileiros discutem exaustivamente os fatos e questionam longamente as testemunhas e os peritos, seguindo o exemplo dos advogados americanos. O único limite imposto consiste nas restrições que a legislação brasileira e os tribunais estabelecem com relação a certos aspectos da *discovery*, que não é admitida de forma ampla pela nossa lei processual.

29. De um lado, como observou Robert Briner, ex-Presidente da Corte Internacional de Arbitragem da CCI, a prática da arbitragem na Europa Continental, para poder ser flexível, está se tornando cada vez mais híbrida. Este exemplo é seguido pelos advogados brasileiros, sobretudo quando se trata de arbitragem internacional. De outro lado – como é igualmente por ele afirmado –, assistimos a um movimento em virtude do qual "the so-called adversarial process end to move in the direction of what is called the inquisitorial approach"[14] – movimento que se desenvolve igualmente no Brasil.

30. Robert Briner assinalou também a aproximação entre o novo direito inglês da arbitragem e a prática continental para reconhecer a atribuição ao árbitro de poderes implícitos, cuja utilização não pode

---

12. Yves Dezalay e Bryant G. Garth, *Dealing in Virtue*, Chicago, The Chicago University Press, 1996, p. 41.
13. Bernardo Cremades, "Overcoming the clash of legal cultures: the role of interactive arbitration", in Stefan N. Frommel e Barrry A. K. Rider (dirs.), *Conflicting Legal Cultures in Commercial Arbitration, Old Issues and New Trends*, Londres, Kluwer, 1999, p. 151.
14. Robert Briner, "Domestic arbitration: practice in Continental Europe and its lessons for arbitration in England" (1997), 13-2 *Arbitration International*, pp. 155-166.

mais ser considerada abusiva nem caracterizada como *misconduct*. É o que se passa com as arbitragens brasileiras. Podemos, pois, aplicar ao nosso país a afirmação de Robert Briner segundo a qual: "There exists no such thing as a civil law or continental arbitration proceeding. Obviously there are certain directions in which proceedings are evolving, as shown by Sir Michael Kerr, but there exists no uniformity whatsoever. With only slight exaggeration could one almost say that there exist as many procedures as there exist arbitral tribunals. Each arbitrator, each chairman and each experienced counsel will have developed his own idiosyncratic style".[15]

31. Esta flexibilidade da arbitragem conduz também ao fato de que os peritos às vezes são nomeados pelos árbitros mas que eles normalmente preferem ouvir primeiro os assistentes das partes, reservando o recurso a um terceiro em caso de divergência entre as perícias apresentadas pelas partes, ou limitando o trabalho do terceiro à apreciação dos pontos sobre os quais as partes e seus assistentes não estão de acordo.

32. É necessário, aliás, salientar que arbitragens internacionais nas quais foi aplicado o Direito Brasileiro tiveram presidentes e membros tanto europeus quanto americanos e brasileiros, incidindo na maioria dos casos as regras da CCI mas se submetendo, às vezes, às da *American Arbitration Association*. Esta dupla influência criou para os profissionais brasileiros da arbitragem uma dupla cultura, que pode ser caracterizada como uma espécie de coquetel ou, segundo a fórmula de um professor americano, uma "omelete".[16] O ensinamento pluralista que dominou nosso direito da arbitragem complementou-se pela colaboração com os grandes escritórios americanos, que participam da maioria das arbitragens brasileiras. Nós tivemos, assim, árbitros como Berthold Goldman, Robert Briner, Bernard Hanotiau e Gerald Asken atuando ao lado de árbitros brasileiros, aplicando o Direito de nosso país, em procedimentos nos quais advogados americanos, suíços, franceses, espanhóis ou portugueses atuaram simultaneamente com advogados brasileiros. Se é verdade que existem "tan-

---

15. Idem, ibidem.
16. Andreas F. Lowenfeld, "International arbitration as omelette: what goes into the mix", in Stefan N. Frommel e Barrry A. K. Rider (dirs.), *Conflicting Legal Cultures in Commercial Arbitration, Old Issues and New Trends*, cit., p. 19.

tos estilos quanto árbitros", foi necessário conciliar modos de proceder muito diversos – o que não é difícil para um país que recebe grande número de imigrantes, os quais acabam formando a consciência nacional, e no qual todo jurista que se preze é um pouco um comparatista consciente ou subconsciente.

33. Podemos concluir dizendo que o jurista brasileiro pode ser um exemplo de catalisador da acomodação de diversos sistemas da arbitragem. É o que aconselha um advogado americano que escreveu: "(...) imagining and achieving accommodations between the world's two great arbitration systems is the most significant professional task that practitioners of transnational commercial arbitration now face. We must achieve those accommodations. We must confront the confrontation".[17]

34. Por outro lado, a prática brasileira dá uma grande importância à motivação jurídica das decisões, que, em geral, são fundamentadas não apenas na lei, mas também na jurisprudência e na doutrina, tanto nacionais quanto estrangeiras. Segue-se, assim, a tradição dos acórdãos brasileiros, que data da época em que a bibliografia nacional era relativamente reduzida, obrigando os juristas a serem comparatistas para resolver questões de Direito que não eram aprofundadas pelos autores pátrios e sobre as quais havia poucas decisões da Justiça Brasileira. Segundo a melhor doutrina e a jurisprudência, a obrigação constitucional de motivar os julgamentos judiciais aplica-se igualmente à arbitragem (art. 93, IX e X, da CF).

35. A Constituição garante, igualmente, o processo contraditório e a ampla defesa (art. 5º, LV), como também o *due process of law* (art. 5º, LIV) – o que acaba por obrigar as partes e os árbitros a examinar todos os fatos e argumentos suscitados.

36. Assim, há, hoje, no Brasil uma simbiose construtiva entre os diversos sistemas adotados pelo Direito dos outros países na prática arbitral. A confrontação entre esses sistemas é, assim, substituída por uma espécie de acomodação, ou conciliação, e pela ultrapassagem dos eventuais conflitos, o que é, aliás, constatado pela maioria dos autores

---

17. Ewell E. Murphy, "Confronting the confrontation of the world's two greats arbitration systems", *The International Arbitration News*, Summer 2003, p. 11.

que estudaram "the clash of legal cultures"[18] ou "The reconciliation of conflicts between common law and civil law principles in arbitration process".[19]

37. Finalmente, a preocupação ética e social se faz sentir nas decisões arbitrais brasileiras, tanto no que se refere às relações dos árbitros com as partes e seus advogados como na interpretação da legislação aplicável ao litígio. O Direito Brasileiro considera que a boa-fé é um elemento-chave do Código Civil de 2002, para o qual o contrato deve assumir, especialmente, uma função social e econômica.[20] É necessário, assim, reconhecer a importância do princípio da confiança, que as partes devem depositar umas nas outras, e que não deve ser frustrado pela conduta de uma delas. O Direito Brasileiro não admite a alteração injustificada de conduta, proibindo o *venire contra factum proprium*.[21]

38. Ainda que esses princípios sejam reconhecidos pela *lex mercatoria* e pela maioria das legislações de outros países, eles adquiriram no Direito Brasileiro uma maior densidade, de forma que a jurisprudência estabeleceu, a cargo dos contratantes, a obrigação de respeitar o equilíbrio do contrato privado ou administrativo, reconhecendo, pela mesma razão, a teoria da imprevisão, contrariamente a outros Direitos.

39. Num mundo dominado pela volatilidade e pelas mudanças constantes, é cada vez mais freqüente que as partes não tenham podido prever todas as circunstâncias futuras, especialmente nos contratos de longa duração. A função do árbitro é, portanto, a de gerir o contrato para manter a equação econômico-financeira que existia no momento da celebração do acordo entre as partes.

18. Cremades, "Overcoming the clash of legal cultures: the role of interactive arbitration", cit., in Stefan N. Frommel e Barrry A. K. Rider (dirs.), *Conflicting Legal Cultures in Commercial Arbitration, Old Issues and New Trends*, p. 147.
19. Christian Borris, "The reconciliation of conflicts between common law and civil law principles in arbitration process", in Stefan N. Frommel e Barrry A. K. Rider (dirs.), *Conflicting Legal Cultures in Commercial Arbitration, Old Issues and New Trends*, cit., p. 1.
20. Código Civil de 2002, arts. 421 e 422, e Miguel Reale, *História do Novo Código Civil*, São Paulo, Ed. RT, 2005, p. 247.
21. Anderson Schreiber, *A Proibição de Comportamento Contraditório*, Rio de Janeiro, Renovar, 2005, *passim*.

40. Em uma época em que a empresa deve ser flexível, o Direito deve igualmente sê-lo, como salientava Jean Carbonnier.[22] Trata-se de uma verdadeira condição para que ele seja ao mesmo tempo eficaz e ético.

41. A função do árbitro brasileiro consiste, portanto, em analisar os fatos minuciosamente, seguindo o exemplo do árbitro americano, e discutir as questões jurídicas profundamente, examinando todos os argumentos das partes, mesmo aqueles que podem parecer secundários ou sem importância. Cabe-lhe adaptar a regra de Direito ao caso concreto, levando em consideração todas as circunstâncias e utilizando, se necessário, formas construtivas de interpretação da lei, para que sua decisão seja justa, moral e eficaz.

42. O ideal do árbitro brasileiro consiste, assim, em ser, ao mesmo tempo, justo e eficaz para resolver os conflitos do passado e evitar aqueles que poderão surgir no futuro, restabelecendo, desta forma, as relações entre as partes de maneira a minimizar suas perdas e a permitir a continuidade do contrato, num clima de paz e harmonia, na medida do possível.

43. Sob este aspecto, o árbitro brasileiro se aproxima da escola francesa da arbitragem – se é que podemos chamá-la assim –, que faz da arbitragem internacional a expressão fundamental dos valores do Humanismo, como escreveu Bruno Oppetit,[23] na medida em que a arbitragem "est à la fois l'essence et l'existence du juridique", na lição de François Terré.[24] Este Humanismo deve ser eficaz e preservar todos os interesses, porque, como lembrava o saudoso mestre Philippe Fouchard, o árbitro deve ser o garantidor do respeito tanto ao Direito quanto aos valores fundamentais da civilização.[25]

---

22. Jean Carbonnier, *Flexible Droit: pour une Sociologie du Droit sans Rigueur*, Paris, LGDJ, 1992.
23. *Apud* Pierre Lalive, "Sur une commercialisation de l'arbitrage international", cit., in *Mélanges Offerts à Claude Reymond – Autour de l'Arbitrage*, p. 172.
24. François Terré, "L'arbitrage, essence du juridique", in *Mélanges Offerts à Claude Reymond – Autour de l'Arbitrage*, cit., pp. 309-316.
25. Philippe Fouchard, "L'arbitrage et la mondialisation de l'économie", in *Philosophie du Droit et Droit Économique, Quel Dialogue? Mélanges en l'Honneur de Gérard Farjat*, Paris, Frison-Roche, p. 395.

EMBARGOS INFRINGENTES NA ARBITRAGEM?

FÁBIO NUSDEO

1. Introdução. 2. Os embargos infringentes no processo civil brasileiro. 3. Justificativa. 4. Compatibilidade com a lei. 5. A implementação.

1. Introdução

Por ocasião do primeiro decênio da lei brasileira sobre arbitragem parece justo e oportuno realizar não apenas uma avaliação quanto aos efeitos por ela trazidos para a sociedade brasileira, mas, também, excogitar de possíveis aperfeiçoamentos ao seu texto ou à praxe de sua aplicação, destinados a consolidar o instituto no País e a lhe dar cada vez maior prestígio.

É indiscutível ter a lei vingado e se imposto. Crescente é o número das partes que procuram esta nova (no Brasil) modalidade para a solução de seus litígios. E as razões para tanto são as de há muito conhecidas: celeridade, tecnicidade, sigilo, menor formalismo – entre várias outras.

Importa salientar, por outro lado, uma característica própria dos procedimentos arbitrais, que vem a ser sua capacidade de esvaziar o diferendo de sua componente de animosidade ou de belicosidade, quase sempre presentes nos feitos judiciais. Com efeito, o clima que normalmente paira nas cortes arbitrais – talvez, mesmo, por seu menor formalismo – não estimula, antes arrefece, os rasgos de maior agressividade, levando a uma argumentação mais objetiva e ao *fair-play* na conduta das partes.

Ademais disso, em diversas situações concretas podem se encontrar em posições divergentes quanto à interpretação de determinadas cláusulas contratuais duas empresas geridas por administradores profissionais, os quais precisam de um suporte jurídico inconteste a respaldar pagamentos ou transações a serem feitos sob a égide daquelas cláusulas. Ora, tal suporte inconteste é dado por uma sentença arbitral, inapelável, proferida em prazo exíguo e, muito provavelmente, por especialistas na questão em testilha, permitindo, assim, àquelas mesmas empresas uma solução indolor para o problema, sem deixar maiores marcas ou cicatrizes. Mesmo porque os executivos de ambas estarão muito menos interessados na contenda em si que nas oportunidades de negócios recíprocos que se abram à sua frente no futuro, quando, juntas, poderão formar um consórcio ou desenvolver outras modalidades de parceria.

Todas essas considerações é que, certamente, levaram a lei brasileira não apenas a "pegar", mas a atrair os aplausos e a adesão do empresariado local como, também, do de outros países. Ela, com efeito, apresenta-se bastante positiva e tecnicamente bem-estruturada – como, aliás, seria de se esperar dos consagrados autores do seu Anteprojeto – e, sobretudo atenta à realidade da vida negocial, por sua natureza dinâmica e pragmática. Essas qualidades estimulam todos quantos nestes 12 anos empenharam-se em implantá-la e enraizá-la no mundo jurídico do país, a contemplar possíveis mecanismos destinados a dotá-la de maior leque de alternativas, com vistas a capacitá-la para atender às necessidades ou à conveniência das partes no contexto das peculiaridades de cada situação por elas vividas.

Dentro desse espírito, permite-se o autor a ousadia de sugerir aos especialistas uma análise – e as devidas críticas – sobre a possibilidade de se prever a adoção de embargos infringentes às sentenças arbitrais.

Deixe-se claro desde logo que não se trata de introduzir inovação de caráter cogente. Muito menos de o fazer por meio de uma alteração à respectiva lei – o que estaria a contrariar um de seus maiores objetivos, que vem a ser justamente a desburocratização e a flexibilidade da prestação jurisdicional. Não, longe disso.

O que ora se alvitra restringe-se única e exclusivamente a criar não a obrigatoriedade mas apenas a possibilidade desse recurso, abrindo-o às partes que dele quisessem se servir. Para tanto, não haverá necessidade de qualquer iniciativa de ordem legislativa. Bastará apenas a previsão em nível de regulamento interno de cada centro de arbitragem que se decida a adotá-lo.

Qual a justificativa para tanto? É o que se procurará desenvolver a seguir, partindo, porém, de um breve escorço histórico do instituto.

2. Os embargos infringentes no processo civil brasileiro

Segundo apontam os historiadores e cultores da processualística pátria, entre eles Pinto Ferreira, Rogério Lauria Tucci, Moniz de Aragão, Moacyr Lobo da Costa e Barbosa Moreira,[1] os embargos são uma contribuição tipicamente lusitana ao processo civil, tendo surgido ainda sob o reinado de D. Alfonso III, no século XIII, sob a forma de uma impugnação a determinados julgados, posteriormente incorporados às Ordenações Afonsinas, repristinando-se nas Ordenações seguintes, Manuelinas e Filipinas, já com a designação de *embargos*.

Em termos históricos, como salienta Pinto Ferreira, alguns autores querem associar essa impugnação a alguns tipos de recursos adotados em outros países, como a *opposition* (França) e a *revocazione* (Itália). No entanto, tal hipótese representa posição isolada e minoritária, havendo virtual consenso quanto à originalidade portuguesa com relação aos embargos, subdivididos desde então em três tipos: os declaratórios, os modificativos e os ofensivos. Daí deram entrada no processo brasileiro, sendo contemplados inclusive no Regulamento 737, que acompanhou a edição do vetusto Código Comercial de 1850, e, mais tarde, em vários Códigos de Processo dos editados pelos Estados Brasileiros, consoante competência outorgada pela Constituição Republicana de 1891, que cairia com a Constituição de 1934. Mantiveram até então a subdivisão já clássica que os distinguia em declaratórios, modificativos e ofensivos.

Em 1939 o Decreto-lei 1.608 promulgou o Código de Processo Civil Federal, o qual manteve os chamados *embargos de nulidade e infringentes do julgado* e os simplesmente *declaratórios*. Com o Código de Processo Civil de 1973 eliminou-se a designação "de nulidade", dos primeiros, os quais passaram a se chamar apenas "infringentes",

---

1. V., a respeito, na bibliografia indicada ao final.

mantidos os declaratórios com relação a obscuridade, contradição ou omissão das sentenças.

Os embargos infringentes são cabíveis contra acórdãos não-unânimes dos tribunais e nas ações rescisórias. Claramente, somente podem ter como objeto a parte da sentença onde se verificou a divergência, como expresso no art. 530 do CPC.

Seu fundamento dispensa maiores comentários. Repousa na idéia de que uma maioria em qualquer órgão colegiado pode ocorrer casual ou aleatoriamente, não implicando, por si só, maior razão para aqueles que a compuseram, frente ao voto dissidente, de tal sorte que ela, maioria, poderá ser revertida num reexame da mesma matéria com a inclusão de novos julgadores. Corresponde àquilo que os ingleses chamam de *double check*, ao proporcionar às partes e mesmo à jurisprudência uma tranqüilidade maior quanto ao acerto da decisão e ao seu amadurecimento, reforçando-lhe, por conseguinte, a autoridade e a segurança.

Sem dúvida, o recurso não se apresenta para muitos processualistas envolto em aura de grande simpatia, pois, como diz o próprio nome, ele significa uma trava, um empecilho, um obstáculo ou impedimento ao curso normal da decisão judicial rumo à sua plena execução. Ele traz consigo uma conotação negativa de protelação ou retardo, de falta de economia processual. E, com base nisso, nas várias reformas por que tem passado o Código de Processo Civil ele acabou por ver diminuídos seu escopo e sua extensão. Interessante registrar o ocorrido em Portugal, onde foram extintos, para ao depois verem-se restaurados e mais tarde novamente abolidos, como lembra Sérgio Bermudes.

Nessas condições, a Lei 10.352/2001 restringiu a possibilidade de agravos infringentes apenas aos casos de acórdãos não-unânimes que houverem reformado, total ou parcialmente, a decisão de mérito de primeira instância ou deram pela procedência de ação rescisória. Como ressaltam Nélson Nery Jr. e Rosa Maria de Andrade Nery no seu consagrado *Código de Processo Civil Comentado*, os acórdãos não-unânimes proferidos em agravo de instrumento, recurso especial ou recurso extraordinário não comportam embargos infringentes. Nos casos de agravo de instrumento ao qual se deu provimento, com extinção do feito sem julgamento de mérito, o recurso torna-se cabível.

Como se vê, houve prestígio para a sentença monocrática, a qual a partir de 2002 passou a ter peso ponderável quanto à admissibilidade desse tipo de embargo. Ou seja, ela agora ombreia-se ou se soma ao voto majoritário do tribunal, quando ele deu pela sua mantença.

3. Justificativa

A breve e superficial digressão acima apresentada revela uma trajetória de restrição e estreitamento para os embargos infringentes ao longo de sua evolução já multissecular. A linha condutora dessa evolução, sem dúvida, é marcada pelo justificado afã da economia processual, com vistas a evitar julgamentos repetitivos e, sobretudo, a coartar manobras protelatórias das partes.

Se esta é a tônica, como, então, justificar preconize-se, agora, sua edição em sede de procedimento arbitral, todo ele concebido e articulado para conferir agilidade e pragmatismo aos seus julgamentos?

A resposta é simples: no campo arbitral ambos esses desideratos – segurança e rapidez – podem coexistir e ser obtidos sem prejuízo para qualquer um deles. Tal compatibilidade decorre da própria índole do procedimento arbitral.

Com efeito, a segurança está implícita na própria composição do tribunal, formado, na esmagadora maioria dos casos, por três árbitros, todos eles com notório ou presumido conhecimento da matéria decidenda. A possibilidade, prevista em lei, de árbitro único não elide essa segurança, pois, se tal ocorrer, estará mais que patenteada a máxima confiança depositada por ambas as partes no conhecimento e na idoneidade moral desse julgador. Ademais disso, com árbitro único *tolitur quaestio*, ou seja, a sugestão ora aviltrada pura e simplesmente não se coloca, pois, por definição, não haverá divergência.

Para a generalidade dos tribunais arbitrais, compostos por três julgadores, os requisitos da segurança jurídica e da autoridade da coisa julgada muito se reforçarão pela revisão da sentença não-unânime com o concurso dos dois novos membros a integrarem-nos. Assim ampliados, eles ou alterarão o *decisum* ou o confirmarão, com o natural desestímulo ao inconformismo que sói se instalar no espírito da parte perdedora ao ver sua posição acolhida, pelo menos, por um dos julgadores.

Muito embora a lei brasileira, na esteira de todos os diplomas sobre arbitragem, tenha limitado a apenas algumas hipóteses a possibilidade de anulação do laudo arbitral, nenhuma delas baseada no mérito da decisão, parece indiscutível que quando esta for simplesmente majoritária, mas reforçada pela prolação de votos por parte de dois novos julgadores, tornará mais problemático o pleito anulatório, salvo se fundado em patentes irregularidades formais e amparado por nítida boa-fé processual. Ao mesmo tempo, dará às partes e seus advogados maior tranqüilidade, segurança e acatamento no tocante à aceitação do laudo, sobretudo por realçar a aplicação do princípio do menor formalismo, sempre presente nos procedimentos arbitrais. Em outras palavras, quer confirmado, quer revertido, o laudo ganhará maior autoridade, desestimulando o recurso ao juiz togado com vistas à sua anulação com base em formalismos, os quais, dentro desse novo quadro, perderão boa parte do seu suporte.

4. Compatibilidade com a lei

Como já ressaltado no início, a sugestão ora lançada afigura-se plenamente consentânea com a Lei 9.307/1996, que regula os procedimentos arbitrais e não afronta em nada as normas integrantes do vigente direito processual. *ou* a sugestão ora alvitrada.

Quanto a este último – o direito processual brasileiro –, o preceito do art. 530 do CPC, que limita seu cabimento apenas às decisões proferidas em grau de apelação ou em casos de ação rescisória e, portanto, em instância superior, não é ofendido pelo fato de as partes estatuírem a possibilidade de se adotar o mesmo mecanismo nos juízos arbitrais sempre que o painel de árbitros for composto por três ou mais membros. Lembre-se determinar a Lei de Arbitragem número impar de árbitros, sem lhe fixar qualquer limite (art. 13, §§ 1º e 2º) e sem estatuir seja o julgado proferido em único turno. Como se verá no tópico seguinte, para a plena eficácia do mecanismo alvitrado, os dois árbitros adicionais a comporem o painel deverão estar escolhidos desde a instalação do procedimento.

Não há que se falar, neste contexto, em "instância superior", pois, como sabido, ela é única, não comportando o laudo arbitral qualquer recurso ou homologação pelo Poder Judiciário (arts. 17 e 18). Ademais disso, os embargos infringentes, mesmo no âmbito do processo civil, são sempre processados e julgados na mesma instância, e, portanto, não "sobem" à superior, caracterizando-se mais como uma revisão do julgado com a ampliação do número de julgadores, situados todos eles no mesmo nível judicante.

Por fim, nunca será demais repisar o caráter essencialmente contratual da arbitragem, consubstanciado na respectiva convenção, assim entendidos a cláusula compromissória e o compromisso arbitral (art. 3º), sendo de acrescentar o chamado "termo de arbitragem" assinado pelas partes, árbitros e advogados, quando de sua instalação, segundo praxe adotada pela generalidade dos centros ou câmaras onde se desenvolvem os procedimentos de cunho institucional; o mesmo ocorrendo no caso das arbitragens *ad hoc*, conforme as partes acordem.

Ora, seja na convenção de arbitragem ou no subseqüente termo, estão as partes autorizadas pela lei a escolher livremente as regras de Direito a serem aplicadas, desde que sem ofensa aos bons costumes e à ordem pública (art. 2º, § 1º), e, nessas condições, é-lhes inteiramente lícito prever a possibilidade de embargos infringentes regrando-lhes o respectivo processamento.

Não há, pois, qualquer incompatibilidade entre sua adoção e a lei aplicável a tais procedimentos.

5. A implementação

Como já suficientemente ressaltado, a proposta ora submetida à avaliação dos doutos não envolve qualquer obrigatoriedade ou cogência. Ela é eminentemente dispositiva.

Será, porém, de todo conveniente seja a possibilidade de embargos infringentes agasalhada e prevista pelos regulamentos dos órgãos de arbitragem institucional, de maneira sucinta e direta.

Em síntese, verificada a divergência de votos, estaria autorizada a convocação de dois julgadores adicionais, já adrede escolhidos para integrarem o painel arbitral, assinando-se-lhes um prazo limitado a algo entre 30 e 60 dias para tomarem conhecimento dos autos e neles proferirem os seus votos, sem qualquer nova diligência ou produção de provas.

Seria facultado aos árbitros originais proferir novo voto dentro do mesmo prazo, caso assim o entendessem, computando-se todos os cinco votos (por hipótese) na mesma ocasião, quando, então, mantido o relatório da sentença infringenda, o resultado final e definitivo seria proclamado.

De qualquer maneira, o ponto crucial em termos de implementação concreta da sistemática alvitrada será sempre a escolha dos novos julgadores, a qual, por razões óbvias, não poderá ser deixada para o momento da manifestação dos votos dos três árbitros originalmente atuantes, pois aí haveria uma "caça" ao julgador cuja posição se anteveja como favorável a essa ou àquela tese com relação à qual se produzira a dissidência. Para a incontestabilidade da lisura, eqüidistância e impessoalidade da escolha, esta deverá se dar de antemão, ou seja, na própria ocasião em que se instale o procedimento, seja em sede de compromisso arbitral ou de termo de arbitragem. E aí pareceria natural e lógico fossem desde logo convocados a assumir os dois suplentes já indicados pelas respectivas partes, na hipótese de virem a ser interpostos os embargos. A neutralidade e a objetividade da escolha não poderiam ser alvo de qualquer dúvida ou impugnação, por ter tal escolha ocorrido *ab initio*, quando ainda não se poderia vaticinar o resultado a que chegariam os três árbitros titulares, e muito menos as teses a estribá-lo.

Dentro do ritmo do procedimento arbitral, 30 ou 60 dias adicionais para uma decisão final não se afiguram como uma dilação excessiva e, sempre ao juízo e alvedrio das partes, poderão lhes trazer frutos apreciáveis em termos de segurança, conforto e certeza.

Bibliografia

BARBOSA MOREIRA, J. C. *Comentários ao Código de Processo Civil*. Rio de Janeiro, 2003 (arts. 530 e ss.).

BERMUDES, Sérgio. *Comentários ao Código de Processo Civil*. vol. 7. São Paulo, 1975.

LOBO DA COSTA, M. *Origens dos Embargos no Direito Lusitano*. Rio de Janeiro, 1973.

MONIZ DE ARAGÃO, E. D. *Embargos Infringentes*. São Paulo, 1974.

NERY, N., e ANDRADE NERY, R. M. *Código de Processo Civil Comentado*. São Paulo, 2006 (arts. 530 e ss.).

PINTO FERREIRA. "Embargos infringentes I". *Enciclopédia Saraiva de Direito*. vol. 31. São Paulo, 1977.

TUCCI, Rogério Lauria. "Embargos infringentes II". *Enciclopédia Saraiva de Direito*. vol. 31.

A CONVENÇÃO DE NOVA YORK: RATIFICAÇÃO PELO BRASIL

RENATO PARREIRA STETNER
ELEONORA COELHO PITOMBO

1. Introdução. 2. Reconhecimento e execução de sentenças arbitrais estrangeiras no Brasil, após a ratificação da Convenção de Nova York: 2.1 Sentença arbitral estrangeira – Casos de aplicação da Convenção de Nova York; 2.2 Execução da sentença arbitral estrangeira – Necessidade de homologação pelo Superior Tribunal de Justiça pós-ratificação?; 2.3 Requisitos materiais para reconhecimento e execução de sentença arbitral estrangeira – Disposições da Convenção de Nova York. 3. Importância da ratificação pelo Brasil.

1. Introdução

Em 23.7.2002, por meio do Decreto 4.311 foi, finalmente, ratificada pelo Brasil e incorporada ao seu ordenamento jurídico interno a "Convenção sobre o Reconhecimento e Execução de Sentenças Arbitrais Estrangeiras", celebrada em 1958 em Nova York, mais conhecida como Convenção de Nova York.

A Convenção de Nova York veio a ser elaborada e, de início, celebrada no âmbito das Nações Unidas por sugestão da Câmara de Comércio Internacional (CCI). De acordo com o interesse de tornar a arbitragem um modo eficaz de solução dos litígios internacionais nas intensas relações econômicas pós-Segunda Guerra, bem como em face das deficiências da Convenção de Genebra de 1927 (que, aliás, não havia sido assinada pelos Estados Unidos da América e pela então União Soviética), a CCI elaborou e submeteu às Nações Unidas, em 1953, o que gostaria fosse o "anteprojeto" da Convenção de Nova York. Apesar de tal texto ter sido, de certa forma, retomado na elaboração da Convenção, os juristas das Nações Unidas incumbidos da elaboração do texto, em 1955, acabaram por reformulá-lo, tornando-o mais "tímido" do que aquele originalmente sugerido pela CCI. Assim, em 20 de junho de 1958, foi realizada conferência de plenipotenciários, sob os auspícios das Nações Unidas, que acabou redundando na assinatura da Convenção de Nova York, com texto bem mais liberal do que aquele sugerido pelos juristas das Nações Unidas e, portanto, bem semelhante ao "anteprojeto", no início apresentado pela CCI.[1]

Depositou-se o instrumento da Convenção de Nova York na sede da ONU em inglês, francês, espanhol e russo, para assinatura, em 10 de junho de 1958, onde permaneceu até 31 de dezembro de 1958, tendo entrado em vigor em 7 de junho de 1959.

Como é pacífico, a Convenção de Nova York é o mais relevante diploma internacional multilateral atinente à arbitragem – de maior relevância, tanto por sua vocação mundial,[2] quanto por ter sido, e continuar sendo, a principal "mola propulsora" do desenvolvimento da arbitragem internacional, ao garantir aos diversos signatários a efetividade de decisões arbitrais, por meio de procedimentos conhecidos e simplificados de reconhecimento e execução.

Assim, como não poderia deixar de ser, a ratificação pelo Brasil, ainda que tardia, deve ser comemorada e vista como o elemento que confirma a consolidação definitiva da arbitragem em nosso país.

Apesar de a ratificação da Convenção de Nova York pelo Brasil não ter trazido alterações de maior monta na ordenação jurídica interna vigente, uma vez que a Lei 9.307/1996 trazia disposições sobre reconhecimento e homologação de sentenças arbitrais estrangeiras iguais àquelas contidas na Convenção,[3] não há dúvida de que a ratificação aumenta a segurança jurídica de partes estrangeiras de participarem de procedimentos arbitrais com partes brasileiras,[4] e coloca à disposi-

1. Philippe Fouchard, Emmanuel Gaillard, Berthold Goldman, *Traité de l'arbitrage commercial international*, Litec, Paris, 1996, pp. 142 e 143.
2. Atualmente a Convenção já foi assinada e/ou ratificada por mais de 130 países de todo o mundo, tendo o Brasil sido o último país da América do Sul a ratificá-la.
3. Carlos Alberto Carmona, afirma que "driblando os trâmites ministeriais, verifica-se que nos seis incisos do art. 38 e no art. 39 foram relacionados todos os casos de recusa de homologação previstos no art. V da convenção nova-iorquina" (*Arbitragem e Processo – Um comentário à Lei 9.307/96*, Malheiros Editores, 1998, p. 295).
4. Mesmo que a lei brasileira sobre arbitragem trouxesse as mesmas disposições da Convenção de Nova York, tal fato, em si, não era suficiente à obtenção da

ção do Brasil, como bem observa José Maria Rossani Garcez, "uma via de mão dupla para obter, entre os Estados signatários, execução das sentenças arbitrais proferidas em seus territórios".[5]

Tampouco é a Convenção de Nova York o primeiro tratado multilateral internacional ratificado pelo Brasil sobre a matéria. Dentre tais tratados,[6] destaca-se a Convenção Interamericana sobre Arbitragem Comercial firmada na cidade de Panamá, em 30.1.1975, e ratificada pelo Brasil em 6.6.1995, por meio do Decreto-Legislativo 90. A Convenção do Panamá, como se fez conhecida, traz disposições muito semelhantes àquelas existentes na Convenção de Nova York.[7] Ocorre que a Convenção do Panamá tem vigência apenas no continente americano,[8] muito menor, portanto, do que a Convenção de Nova York, que já foi firmada e/ou ratificada por mais de 130 países.

De acordo com comando contido no artigo 34[9] da Lei brasileira de Arbitragem, a ratificação da Convenção de Nova York pelo Brasil

confiança da comunidade internacional, eis que, normalmente, o teor das legislações internas dos países é desconhecido no exterior. Daí, a importância da adesão a tratados internacionais de conteúdo amplamente conhecido.

5. José Maria Rossani Garcez, "Homologação de Sentenças Arbitrais Estrangeiras – Direito Brasileiro e Comparado", in Pedro A. Batista Martins e José Maria Rossani Garcez, *Reflexões sobre Arbitragem*, LTr, 2002, p. 453.

6. O Brasil também ratificou, em 27.11.1995, a Convenção Interamericana sobre Eficácia Extraterritorial das Sentenças e Laudos Arbitrais Estrangeiros, firmada em Montevidéu, em 8.5.1979, por meio do Decreto-Legislativo 93 e, em 19.4.1994, o Protocolo de Las Leñas, celebrado em 27.7.1992.

7. Apesar de a Convenção do Panamá ter sido instrumento de uniformização das regras sobre arbitragem internacional no âmbito do Hemisfério Norte, bem como ter âmbito de aplicação mais abrangente do que o da Convenção de Nova York – posto que traz disposições sobre instância arbitral – foi objeto de críticas quanto a indefinições de seu campo de aplicação e problemas de conteúdo. Nesse sentido, ver a lição de João Bosco Lee, "A Convenção do Panamá sobre Arbitragem Comercial Internacional de 1975: Existência e Vicissitudes do Sistema Interamericano de Arbitragem Comercial Internacional", in Pedro A. Batista Martins e José Maria Rossani Garcez, *Reflexões sobre Arbitragem*, cit., p. 547.

8. Apesar do título denotar um caráter eminentemente regionalista, a Convenção do Panamá traz em seu bojo (artigo 9) a possibilidade de sua ratificação por todos os países do mundo. Todavia, na prática, continua sendo convenção regional. Para saber mais sobre o assunto, v. João, Bosco Lee, ob. cit., p. 548.

9. "Art. 34. A sentença arbitral estrangeira será reconhecida ou executada no Brasil de conformidade com os tratados internacionais com eficácia no ordenamento interno e, na sua ausência, estritamente de acordo com os termos desta Lei."

lhe confere primazia absoluta sobre as disposições legais existentes no ordenamento jurídico doméstico, fazendo, dessa forma, com que imperem suas disposições acerca do reconhecimento e execução de sentenças arbitrais estrangeiras no Brasil.[10]

Sendo as disposições da Convenção de Nova York e as da Lei de Arbitragem bem parecidas,[11] a ratificação de tal Convenção não traz mudanças práticas significativas, sem que se desconsiderem os efeitos simbólicos importantes dela decorrentes.

Ressalte-se, ademais, como se verá, que a ratificação e incorporação da Convenção de Nova York pelo Brasil, em especial do disposto no artigo III, trouxe à tona acirrada discussão acerca da manutenção, ou não, da exigência de se obter a homologação das sentenças arbitrais estrangeiras perante o Supremo Tribunal Federal (atualmente, depois da EC 45/2004, pelo Superior Tribunal de Justiça).

Controvérsias à parte, a ratificação da Convenção de Nova York pelo Brasil representa um dos mais importantes marcos na consolidação da arbitragem internacional no Brasil[12] como método eficiente de solução de conflitos.

---

10. Nesse sentido, Pedro A. Batista Martins afirma que "Impera na arbitragem a doutrina monista radical que advoga a efetiva e constante supremacia do direito internacional". Ainda neste sentido, e para que não restem dúvidas sobre tal prevalência, afirma: "O contido no art. 34 em questão contém comando cristalino e categórico: somente na ausência de tratados internacionais com eficácia no sistema legal doméstico é que o reconhecimento ou a execução da sentença arbitral estrangeira sujeitar-se-á aos termos da Lei Marco Maciel" ("A Recepção Nacional às Sentenças Arbitrais Prolatadas no Exterior", in Pedro A. Batista Martins, Selma M. Ferreira Lemes e Carlos Alberto Carmona, *Aspectos Fundamentais da Lei de Arbitragem*, Rio de Janeiro, Forense, 1999, pp. 440 e 441.

11. Note-se que os autores do anteprojeto da Lei de Arbitragem propositadamente "copiaram" as disposições da Convenção de Nova York, para, dentre outros motivos, tentar amenizar as conseqüências práticas da ausência de sua ratificação pelo Brasil.

12. Conforme já exposto, antes da ratificação da Convenção de Nova York, o Brasil caminhava para a eficácia e consolidação da arbitragem internacional, tanto que já havia ratificado outros tratados internacionais regionais sobre a matéria, bem como havia editado a Lei brasileira de Arbitragem com disposições idênticas àquelas contidas na Convenção de Nova York no tocante ao reconhecimento e à execução de sentenças arbitrais estrangeiras.

2. Reconhecimento e execução de sentenças arbitrais estrangeiras no Brasil, após a ratificação da Convenção de Nova York

2.1 Sentença arbitral estrangeira – Casos de aplicação da Convenção de Nova York

A Convenção de Nova York traz, no artigo I, dois critérios de definição do que seja sentença arbitral estrangeira para aplicação respectiva.[13] O primeiro critério mostra-se territorial, qual seja: considera-se estrangeira a sentença arbitral que for proferida em outro território que não aquele onde se pretenda reconhecê-la e ou executá-la. O segundo deles é o de ser aplicável a sentenças arbitrais consideradas *não-nacionais* no Estado que se lhe pretenda o reconhecimento e/ou execução.[14]

A Lei brasileira de Arbitragem, em seu art. 34, parágrafo único, seguindo a linha da Convenção de Nova York, adotou o critério territorial ou geográfico funcional e dispôs ser sentença arbitral estrangeira a que tenha sido proferida fora do território nacional.[15]

Assim, mesmo no caso, por exemplo, de uma arbitragem que envolva uma parte estrangeira e outra brasileira, com a aplicação de regras internacionais (*lex mercatoria*, p. ex.) – o que dá a este procedimento inequívoco caráter internacional – basta que a decisão seja proferida em território brasileiro para que esta seja considerada, à luz da legislação pátria, sentença arbitral nacional. Em procedimento análogo,

---

13. A Convenção de Nova York, em seu artigo I, parágrafo 1, estipula: "A presente Convenção aplicar-se-á ao reconhecimento e à execução de sentenças arbitrais estrangeiras proferidas no território de um Estado que não o Estado em que se tencione o reconhecimento e a execução de tais sentenças, oriundas de divergências entre pessoas, sejam elas físicas ou jurídicas. A Convenção aplicar-se-á igualmente a sentenças arbitrais não consideradas como sentenças domésticas no Estado onde se tencione o seu reconhecimento e a sua execução".
14. Philippe Fouchard, Emmanuel Gaillard, Berthold Goldman destacam o fato de a Convenção de Nova York não ter restringido o campo de aplicação às arbitragens internacionais, não havendo no texto nenhuma exigência de internacionalidade (ob. cit., p. 146).
15. "Art. 34. (...) Parágrafo único. Considera-se sentença arbitral estrangeira a que tenha sido proferida fora do território nacional."

caso a decisão seja proferida fora do território nacional, esta será tida como sentença arbitral estrangeira.[16]

O critério escolhido pela legislação brasileira, apesar de pragmático, é criticável por sua rigidez e falta de precisão. Melhor teria andado a Lei brasileira de Arbitragem se tivesse seguido o critério puramente jurídico constante da Lei-Modelo da Uncitral – CNUDCI, permitindo também às partes estabelecerem se uma arbitragem é nacional ou internacional.[17]

Estabelecido este critério, conclui-se que ele é suficientemente claro para que as partes envolvidas em procedimento arbitral possam prever a nacionalidade que, no Brasil se atribuirá à sentença arbitral nele proferida, para fins de aplicação da Convenção de Nova York.[18]

2.2 Execução da sentença arbitral estrangeira – Necessidade de homologação pelo Superior Tribunal de Justiça pós-ratificação?

Considerando-se, como já exposto, que, no direito arbitral, a legislação brasileira consagrou primazia absoluta dos tratados interna-

---

16. A esse respeito, Carlos Alberto Carmona afirmou: "Esta solução 'territorialista' encampada pela Lei brasileira – a um mesmo tempo simplista e objetiva – foi a escolhida pela *Ley de Arbitraje* espanhola e é preconizada pela Convenção de Nova York (1958), justificando-se até politicamente sua adoção, eis que escudou-se o legislador na idéia de equiparação entre a decisão arbitral e as sentenças proferidas pelos órgãos jurisdicionais estatais" (ob. cit., p. 282).

17. A Lei-Modelo da Uncitral estipula no parágrafo 3 do artigo 1 que a arbitragem é internacional: "a) se as partes numa convenção de arbitragem tiverem, no momento da conclusão desta convenção, o seu estabelecimento em Estados diferentes; ou b) um dos lugares a seguir referidos estiver situado fora do Estado no qual as partes têm o seu estabelecimento: i) o lugar da arbitragem, se este estiver fixado na convenção de arbitragem ou for determinável de acordo com esta; ii) qualquer lugar onde deva ser executada uma parte substancial das obrigações resultantes da relação comercial ou o lugar com o qual o objeto do litígio se ache mais estreitamente conexo; ou c) as partes tiverem convencionado expressamente que o objeto da convenção de arbitragem tem conexões com mais de um país".

18. O critério escolhido pela lei brasileira também pode suscitar problema de sentenças de nacionalidades plúrimas. A esse respeito, ver ensaio de Edoardo Ricci e Mariullza Franco, publicado na *Revista de Direito Processual Civil Gênesis*, da Universidade Estadual do Paraná, n. 10, *apud* José Maria Rossani Garcez, ob. cit., p. 458.

cionais sobre leis ordinárias internas,[19] questionou-se a incorporação da Convenção de Nova York ao ordenamento jurídico brasileiro não implicaria a dispensa de homologação prévia, pelo Supremo Tribunal Federal (atualmente, pelo Superior Tribunal de Justiça, de acordo com a EC 45/2004), das sentenças arbitrais estrangeiras,[20] como era expressamente previsto no art. 35 da Lei de Arbitragem.[21]

Indaga-se, ademais, se a exigência de homologação das sentenças arbitrais estrangeiras pelo STJ poderia ser considerada como aplicação de uma condição mais onerosa do que aquelas aplicadas a sentenças arbitrais nacionais, vedado pela Convenção de Nova York em seu artigo III.

A resposta a esses questionamentos depende de dois fatores: da aplicação a ser dada ao art. 105, I, "i", da Constituição Federal,[22] e da interpretação do mencionado artigo III.

No que diz respeito à primeira questão, entende-se ser a homologação prévia de sentenças arbitrais estrangeiras pelo STJ o procedimento natural a ser adotado, não em função do que dispunha o art. 35 da Lei de Arbitragem, mas em decorrência do art. 105, I, "i", da Constituição Federal, que lhe confere competência para "a homologação de

19. Nesse sentido, Pedro A. Batista Martins afirmou: "Com efeito, os preceitos da legislação nacional têm aplicação, unicamente, quando em caráter subsidiário. (...) Assim, exclusivamente, na falta de tratados ou convenções internacionais é que o requerente sujeitar-se-á às regras que imperam no nosso sistema legal interno para o reconhecimento e a execução de sentenças arbitrais estrangeiras" (ob. cit., p. 440).
20. Nesse sentido, Eduardo Grebler afirmou, antes da ratificação da Convenção de Nova York pelo Brasil, que: "Vale notar que o sistema vigente está em vias de sofrer significativa alteração, pois se encontram em curso providências no sentido de adesão, pelo Brasil, à Convenção de Nova York sobre o Reconhecimento e Execução de Laudos Arbitrais Estrangeiros. Efetivando-se tal adesão, deixará de ser aplicável a norma da LA que requer a prévia homologação da sentença arbitral estrangeira, a qual passará, então, a ser diretamente executável no território nacional" (apud Marcelo Andrade Féres, "Repensando as Condições de Reconhecimento e Execução de Sentenças Arbitrais Estrangeiras no Brasil", Jus Navigandi, Teresina, ano 5, n. 50, abril de 2001, disponível em http://jus2.uol.com.br/doutrina/texto.asp?id=1989).
21. Para muitos doutrinadores, dentre os quais se pode citar José Carlos Magalhães, o art. 35 da Lei de Arbitragem era inconstitucional, pois ampliaria a competência do Supremo Tribunal Federal ("Art. 35. Para ser reconhecida ou executada no Brasil, a sentença arbitral estrangeira está sujeita unicamente à homologação do Supremo Tribunal Federal").
22. "Compete ao Superior Tribunal de Justiça: (...) i) a homologação de sentenças estrangeiras (...)"; (alínea incluída pela EC 45, de 2004).

sentenças estrangeiras", assim entendidas as sentenças judiciais, arbitrais ou administrativas estrangeiras.[23]

O texto constitucional trata de sentenças, sem distingui-las entre sentenças judiciais, arbitrais ou mesmo administrativas. Não parece possível ao intérprete fazer tal distinção quando o constituinte não quis fazê-lo.[24]

Além disso, é da tradição brasileira que decisões estrangeiras passem pelo crivo do. Judiciário (anteriormente pelo STF, atualmente, pelo STJ). Não faria sentido desviar-se dessa regra apenas para sentenças arbitrais.

Logo, pode-se afirmar que a ratificação da Convenção de Nova York pelo Brasil não dispensou a homologação de sentenças arbitrais estrangeiras pelo STJ, eis que tal exigência decorre não do, ora derrogado, art. 35 da Lei de Arbitragem, mas da disposição constitucional acima transcrita que, hierarquicamente superior aos tratados incorporados ao ordenamento interno, permanece em plena vigência.

Respondida a primeira questão, analisa-se, ainda, se a necessidade de prévia homologação pelo STJ não caracterizaria contradição com o artigo III da Convenção de Nova York, podendo ser enquadrada como "condição substancialmente mais onerosa" do que as que existem para execução de arbitragens nacionais.

---

23. A esse respeito Carlos Alberto Carmona afirmou: "O legislador, prudentemente, ao redigir o art. 35, não quis estabelecer confronto com o Supremo Tribunal Federal e adotou a tese de que cabe à ordem jurídica pátria estabelecer o que seja sentença estrangeira para efeito de homologação no fórum: por isso mesmo determinou que, à semelhança do direito nacional, os laudos proferidos no exterior terão a mesma eficácia das sentenças estatais, merecendo exame direto na Suprema Corte para efeito de reconhecimento de sua eficácia no território nacional, independentemente da qualificação que lhes seja dada pela lei do Estado em que foram proferidas as decisões. Obedece-se, assim, ao disposto no art. 102, I "h", da Constituição Federal, que estabelece a competência originária do Supremo Tribunal Federal para homologar sentenças estrangeiras *tout court*" (ob. cit., pp. 285 e 286; as referências ao STF e ao art. 102, I, "h", são anteriores à EC 45/2004).

24. Tal opinião é defendida por Pedro A. Batista Martins ao afirmar que: "Decisão arbitral é sentença de conteúdo prático idêntico à decisão judicial e que produz os mesmos efeitos que esta; logo, é sentença estrangeira, cujas espécies são decisões judiciais arbitrais e administrativas (restringida esta última, àquela categoria admitida como homologável pelo STF [*hoje pelo STJ*])" (ob. cit., p. 446).

Com efeito, pode-se dizer que uma das disposições mais importantes da Convenção de Nova York encontra-se em seu artigo III, o qual estabelece que os Estados signatários reconhecerão a autoridade de uma sentença arbitral e a executarão em conformidade com as regras de procedimento do território no qual a sentença é invocada, sempre, todavia, de acordo com as condições previstas na própria Convenção.

Dispõe este artigo, ainda, que para o reconhecimento e execução de sentenças arbitrais estrangeiras não serão aplicadas condições sensivelmente mais rigorosas do que aquelas aplicadas ao reconhecimento ou execução de sentenças arbitrais nacionais.[25]

No que tange à interpretação de mencionado artigo, há, de um lado, a opinião de Philippe Fouchard, que afirma que o fato de se exigir dos Estados Signatários que não imponham condições sensivelmente mais rigorosas para reconhecimento e execução das sentenças arbitrais estrangeiras do que aquelas aplicáveis às sentenças arbitrais nacionais não significa que o regime de reconhecimento e execução de ambas deva ser alinhado.

Entende esse mesmo eminente professor, todavia, que os procedimentos a serem adotados pelos signatários para reconhecimento e execução – que segundo ele, não devem ser confundidos com as condições materiais de reconhecimento e execução – não podem, em razão de sua ineficiência e peso, transformarem-se em obstáculos à execução rápida das sentenças arbitrais estrangeiras, esvaziando o principal objetivo da Convenção de Nova York.[26]

De outro lado, há defensores de que o principal intuito do aludido artigo seria o de evitar que os países signatários criem condições materiais, ou substantivas, mais onerosas ao reconhecimento e execução das sentenças arbitrais estrangeiras do que aquelas previstas na própria Convenção – e não necessariamente daquelas previstas para execução das sentenças domésticas –, concedendo liberdade aos paí-

---

25. "Artigo III – Cada Estado signatário reconhecerá as sentenças como obrigatórias e as executará em conformidade com as regras de procedimento do território no qual a sentença é invocada, de acordo com as condições estabelecidas nos artigos que se seguem. Para fins de reconhecimento ou de execução das sentenças arbitrais às quais a presente Convenção se aplica, não serão impostas condições substancialmente mais onerosas ou taxas ou cobranças mais altas do que as impostas para o reconhecimento ou a execução de sentenças arbitrais domésticas."
26. Fouchard, Philippe, Gaillard, Emmanuel, Goldman, Berthold, ob. cit., p. 982.

ses signatários para definirem os procedimentos que entendam cabíveis para seu reconhecimento e execução.[27]

Compartilha-se tal opinião, desde que, como preceituado pelo ilustre professor francês acima mencionado, tais procedimentos não sejam também absurdos e contrários ao espírito da Convenção de Nova York.

Com efeito, cada país signatário poderá atribuir o reconhecimento e execução das sentenças arbitrais ao órgão judiciário que melhor lhe aprouver, respeitadas as normas processuais domésticas, desde que não se criem condições adicionais àquelas previstas na própria Convenção e/ou que tais procedimentos, em si, sejam contrários aos preceitos da Convenção.

A nosso ver, a exigência de homologação prévia das sentenças arbitrais estrangeiras pelo STJ não constitui, em si, violação ao artigo III da Convenção, porque as condições materiais do *exequatur* são coincidentes com aquelas previstas na própria Convenção[28] e o seu procedimento exibe-se simplificado,[29] apesar de relativamente moroso.

Ressalte-se, por fim, que o procedimento de homologação de sentenças arbitrais estrangeiras por Tribunais Superiores apresenta-se prática comum em diversos países signatários da Convenção de Nova York, dentre os quais Inglaterra, França, Itália e Estados Unidos.[30]

O que se espera é que o Superior Tribunal de Justiça, no curso de homologações de sentenças arbitrais estrangeiras, restrinja ao máximo a análise às condições previstas na Convenção de Nova York (como é a tendência mundial), utilizando-se da farta jurisprudência

27. José Emilio Nunes Pinto, defendendo tal opinião, afirmou: "Ao utilizar a expressão 'condições mais onerosas', a Convenção se refere especificamente às condições para reconhecimento ou execução, nada tendo a ver, portanto, com os denominados procedimentos para reconhecimento e execução" ("Solução de Conflitos – A Arbitragem no Brasil e a Convenção de Nova York", *Revista Consultor Jurídico*, 4.12.2002).
28. As condições para homologação encontram-se nos arts. 5º e 6º da Resolução n. 9, do STJ, de 4.5.2005, que "Dispõe, em caráter transitório, sobre competência acrescida ao Superior Tribunal de Justiça pela Emenda Constitucional n. 45/2004".
29. O procedimento está previsto nos arts. 3º e 8º e ss., da citada Resolução n. 9, do STJ, de 4.5.2005.
30. Veja-se, nesse sentido, Chaves, Natália Cristina, "Comercial Internacional: Comentários acerca do procedimento de *exequatur* no exterior", no *site* www.praetorium.com.br.

internacionais resultante de mais de quarenta anos de aplicação de tal Convenção, para buscar resolver as questões controvertidas da maneira mais rápida e eficiente possível.

Finalmente, um aspecto importante é o de se saber se a homologação perante o STJ mostra-se necessária apenas nos casos em que haja recalcitrância da parte vencida ou se é requisito para que esta se torne eficaz no Brasil.

Esta questão suscita interesse, pois, em princípio, não haveria razão para qualquer intervenção estatal na hipótese de a parte vencida em determinado procedimento arbitral resolver cumprir, *sponte propria*, a sentença arbitral.

Ressalte-se que sentenças arbitrais ou judiciais estrangeiras são perfeitamente válidas mesmo que não homologadas pelo STJ, pressupondo sua validade à luz do ordenamento jurídico sob o qual foram proferidas. Não sendo homologadas pelo STJ, no entanto, não adentram, a nosso ver, o plano da eficácia no Brasil, não tendo aqui o condão de gerar efeitos legais inerentes a sentenças.[31]

A legislação brasileira[32] nega efeitos a sentenças estrangeiras não homologadas pelo STJ.[33]

31. Nesse sentido, afirma Lauro da Gama e Souza Junior: "Já no plano internacional, a sentença judicial ou o laudo arbitral não possuem a mesma eficácia das decisões nacionais, circunstância que decorre da noção de soberania estatal e que traça, a seu turno, os limites da jurisdição estatal. Logo, a decisão proferida por autoridade estrangeira não adquire eficácia extraterritorial automática, sujeitando-se, na forma das convenções internacionais sobre a matéria ou da legislação nacional do Estado em que se lhe pretenda validar, a algum mecanismo de incorporação na ordem interna" ("Reconhecimento e Execução de Sentenças Arbitrais Estrangeiras", in *Arbitragem: lei brasileira e praxe internacional*, São Paulo, LTR, 2ª ed., 1999, p. 408.

32. Citamos, a esse respeito, o artigo 105, I, "i", da Constituição Federal já transcrito e o artigo 483 do Código de Processo Civil que dispõe: "A sentença proferida por tribunal estrangeiro não terá eficácia no Brasil senão depois de homologada pelo Supremo Tribunal Federal [*leia-se, Superior Tribunal de Justiça, conforme alteração introduzida em nosso sistema pela citada EC 45/2004*]".

33. Veja-se o que dizia José Carlos de Magalhães, antes da ratificação da Convenção de Nova York: "Para ser reconhecida ou executada no Brasil, diz a lei, a sentença arbitral deve ser homologada pelo Supremo Tribunal Federal [*atualmente pelo STJ*], daí podendo-se concluir que não poderá ser cumprida voluntariamente pela parte vencida sem essa homologação. Isso pode parecer absurdo, mas é o que dispõe a lei. Se a parte vencida tiver de remeter recursos ao exterior para cumprir uma decisão arbitral proferida fora do país, estará impedida de fazê-lo, pois o Banco Central do

Desse modo, nos casos em que se objetive que a sentença arbitral estrangeira produza no Brasil verdadeiros efeitos de sentença e não de mero ato jurídico privado[34] – independentemente de cumprimento espontâneo pela outra parte – far-se-á necessária a homologação (para reconhecimento) pelo Superior Tribunal de Justiça .[35]

2.3 Requisitos materiais para reconhecimento e execução de sentença arbitral estrangeira – Disposições da Convenção de Nova York

Conforme o exposto, a competência para reconhecimento e execução de sentenças arbitrais estrangeiras, no Brasil, é atribuída privativa e originariamente ao Superior Tribunal de Justiça pelo art. 105, I, "i", da Constituição Federal, por meio de processo chamado de "homologação de sentença estrangeira".

Como o Brasil ratificou a Convenção de Nova York pelo Brasil, o STJ deverá respeitar as disposições de tal Convenção, no que tange aos requisitos materiais para reconhecimento e execução de sentenças arbitrais estrangeiras.

Na prática, isso sempre ocorreu antes, uma vez que o STF, nos processos de homologação de sentenças arbitrais estrangeiras, sempre procurou respeitar os requisitos da Lei de Arbitragem sobre reconhe-

---

Brasil poderá exigir a homologação como condição para autorizar a remessa. Da mesma forma, as autoridades do imposto de renda poderão não aceitar a contabilização de uma despesa dedutível, para cálculo de imposto de renda, se a decisão, em cumprimento da qual o pagamento foi feito, não estiver homologada. O pagamento poderia ser considerado mera liberalidade, e não cumprimento de uma prestação exigível, em virtude de uma decisão arbitral exeqüível no Brasil" ("Reconhecimento e execução de laudos arbitrais estrangeiros", *Revista de Informação Legislativa* 134, abr./jun. 1997, p. 45).

34. A esse respeito, afirmava Pontes de Miranda: "O problema aparece quando se apresenta a carta de sentença ou certidão autenticada, como ato estrangeiro, quer ao Supremo Tribunal Federal, quer às outras justiças, e se pretende que lhe seja dispensável a homologação. Aqui, tem de ser apreciada a sentença como ato jurídico, talvez mesmo como fato jurídico; porém levanta-se a questão de se saber qual a projeção da sentença somente como ato jurídico e onde começam os efeitos e força que são da sentença" (*Comentários ao Código de Processo Civil*, Rio de Janeiro, Forense, 1974, t. VI – arts. 476 a 495, p. 104).

35. Carlos Alberto Carmona considera que o reconhecimento é providência defensiva que faz valer na ordem interna do Estado requerido a autoridade de coisa julgada que provém da decisão, evitando nova discussão sobre a matéria (ob. cit., p. 281).

cimento e execução de sentenças arbitrais estrangeiras que eram verdadeiras reproduções dos requisitos preconizados na Convenção de Nova York.

A grande questão é se o STJ deve acolher a vasta doutrina e jurisprudência comparada existente sobre o assunto, após mais de cinqüenta anos de vigência da Convenção.

Passemos à análise dos requisitos de reconhecimento e execução previstos na Convenção de Nova York.

O pedido de homologação ao STJ deverá[36] ser requerido pela parte interessada, devendo a petição inicial satisfazer os requisitos processuais previstos no artigo 282 do Código de Processo Civil e ser necessariamente instruída com: (i) "certidão ou cópia autentica do texto integral da sentença estrangeira"; (ii) "com outros documentos indispensáveis, devidamente traduzidos e autenticados"; e (iii) a convenção de arbitragem original ou sua cópia devidamente autenticada. A apresentação de tais documentos é exigida pelo artigo IV da Convenção de Nova York.[37]

O artigo V da Convenção traz hipóteses de denegação do pedido de reconhecimento e execução da sentença arbitral estrangeira que deverão invocados pela parte contra a qual a sentença é invocada.

Como se vê, por meio de tais artigos, a Convenção exige que o requerente do *exequatur* apresente tão somente documentos que provem a autenticidade da sentença e convenção de arbitragem, deixando à parte contra a qual a sentença é invocada que sustente a existência de eventual causa de denegação de seu reconhecimento e execução. Trata-se de grande evolução, comparativamente à Convenção de Genebra de 1927, que exigia do requerente todas as provas de que a

36. Conforme o art. art. 3º da Resolução n. 9, do STJ, de 4.5.2005.
37. "Artigo IV – 1. A fim de obter o reconhecimento e a execução mencionados no artigo precedente, a parte que solicitar o reconhecimento e a execução fornecerá, quando da solicitação: a) a sentença original devidamente autenticada ou uma cópia da mesma devidamente certificada; b) o acordo original a que se refere o Artigo II ou uma cópia do mesmo devidamente autenticada. 2. Caso tal sentença ou tal acordo não for feito em um idioma oficial do país no qual a sentença é invocada, a parte que solicitar o reconhecimento e a execução da sentença produzirá uma tradução desses documentos para tal idioma. A tradução será certificada por um tradutor oficial ou juramentado ou por um agente diplomático ou consular."

sentença apresentava todos os requisitos para seu reconhecimento e execução.[38]

Os requisitos previstos no artigo V são atinentes à capacidade das partes, validade da convenção arbitral, respeito ao contraditório e *status* jurídico da própria sentença arbitral.

Tais hipóteses são exaustivas e restringem o leque de impugnações possíveis a serem apresentadas pela parte interessada, consideradas, portanto, como matérias de exceção.[39]

O primeiro requisito, o da capacidade das partes, está estabelecido no artigo V, 1, a) da Convenção.

Ora, se qualquer das partes na arbitragem não tinha capacidade jurídica para submeter-se a ela, o resultado é que todo o procedimento arbitral restará prejudicado, na medida em que a capacidade é requisito universal do ato jurídico.[40] Sendo a arbitragem procedimento de jurisdição voluntária, exige de cada parte que quiser a ela se submeter manifestação válida da vontade.

Questão complexa, no entanto, é a de se saber sob qual ordenamento jurídico há de ser analisada a questão da capacidade das partes.[41]

A Convenção de Nova York não traz essa resposta, o que poderá suscitar controvérsias.

Com efeito, existem duas correntes doutrinárias sobre o assunto, uma que entende que a escolha pelas partes de certo Direito implica necessariamente na escolha das regras de conflito de tal Direito e a outra corrente que pretende que a adoção de um determinado ordenamento jurídico esteja apenas relacionada às suas regras materiais e não às suas normas de Direito Internacional Privado.[42]

38. A esse respeito, Fouchard, Philippe, Gaillard, Emmanuel, Goldman, Berthold, ob. cit., p. 983.
39. Nesse sentido, Carlos Alberto Carmona, ob. cit., p. 295.
40. Lauro da Gama e Souza Jr., ob. cit., p. 416.
41. Sobre o assunto afirmou Irineu Strenger: "A matéria não é de simples solução, pois, segundo a disciplina do direito internacional privado, pode se dar a ocorrência do chamado "interesse nacional lesado" pelo qual deve prevalecer, mesmo no caso de incapacidade segundo a lei estrangeira, o nacional, como também em sentido contrário a capacidade, consoante o direito alienígena, não ser reconhecida na sede do *exequatur*" (*Comentários à Lei Brasileira de Arbitragem*, São Paulo, LTr, 1998, p. 193).
42. Sobre o tema: Carlos Alberto Carmona, ob. cit., pp. 297 e 298.

A segunda corrente, a qual merece guarida, prestigia a autonomia da vontade das partes, aplicando-se à análise da capacidade das partes as regras substantivas do direito material por elas escolhido e não as regras de Direito Internacional Privado de tal direito. Na ausência de indicação de tal direito pelas partes, caberá aos árbitros decidir a regra de conflito aplicável ao caso.[43]

Ressalte-se, no entanto, que, no momento da homologação, o STJ deverá analisar a capacidade das partes pela lei de qualificação escolhida pelos árbitros, não lhe cabendo avaliar se tal lei era a que seria, na sua perspectiva, a mais adequada.

O requisito da validade da convenção arbitral encontra-se no mesmo artigo V, 1, a). De acordo com os termos de tal artigo, sua validade deverá ser analisada à luz da lei à qual as partes submeteram a disputa, ou, na falta de sua indicação, à luz da lei do local onde foi proferida a sentença arbitral.

Privilegiou a Convenção o princípio da autonomia da vontade, adotando, subsidiariamente, a lei do local em que foi proferida a sentença.

O critério subsidiário adotado pela Convenção pode levar a resultados indesejados às partes contratantes. Basta pensar numa arbitragem em que não tenha sido determinado nenhum ordenamento jurídico nacional para dirimir a questão, mas tenha sido esta submetida, por exemplo, a julgamento por equidade, ou com base nos usos e costumes comerciais de um setor de atividade específico, ou à *lex mercatoria*, situações estas bastante comuns.[44]

Assim, um local escolhido por razões em nada relacionadas ao teor de sua legislação, poderá acabar tendo uma influência insuspeitada na aferição de validade da convenção arbitral. Criticável, portanto, o critério subsidiário adotado pela Convenção de Nova York para definição da validade da convenção arbitral.

Quanto à análise de respeito às garantias processuais, visou a Convenção, no artigo V, 1, b), basicamente a assegurar o contraditório e

43. Em sentido contrário ver a opinião de Lauro da Gama e Souza Jr., ob. cit., p. 416.
44. V. Philippe Fouchar, Emmanuel Gaillard e Berthold Goldman, ob. cit., p. 1.000.

a ampla defesa – garantir às partes o recebimento de notificação apropriada acerca da designação do árbitro ou do processo de arbitragem e lhe ser possível apresentar seus argumentos –, princípios processuais universalmente consagrados.[45]

De se salientar, que a análise desses procedimentos deve ser feita sob a perspectiva do ordenamento jurídico aplicável ao caso e não à luz do ordenamento jurídico do Estado no qual se busca o reconhecimento e/ou execução da sentença arbitral.

Todavia, dependendo da gravidade da infração a tais princípios, poderá ela ser qualificada como violação à soberania ou à ordem pública e, portanto, suscetível de análise *ex officio* pelo STJ (cf. art. 6º da referida Resolução n. 9), como permitido pelo artigo VI da Convenção de Nova York.[46]

Quanto à questão, prevista no artigo V, 1, c), trata-se de respeito à regra processual, a qual estabelece dever o árbitro somente decidir a lide que lhe foi submetida, nada mais, nada menos.

No caso do árbitro ter decidido *extra petita*[47] ou *ultra petita*,[48] caberá ao STJ buscar separar a parte da sentença que extrapolou ou foi exterior à lide, homologando a sentença quanto ao restante de suas disposições (cf. art. 4º, § 2º, da referida Resolução n. 9). Ao invés de denegar o reconhecimento e homologação à totalidade da sentença que decidir *extra* ou *ultra petita*, determinou a Convenção que se tentasse ao máximo "separar o joio do trigo". Apenas se isto for impossível, deverá o STJ negar a homologação à sentença como um todo.[49]

Já a avaliação sobre o respeito às regras de instauração do procedimento arbitral ou do tribunal arbitral, conforme estabelecido na convenção arbitral ou, na ausência de disposições a esse respeito,

---

45. Veja-se que a Convenção autoriza a recusa de reconhecimento e/ou execução com fundamento em violação do contraditório e da ampla defesa, independentemente de qualquer prova de dano pela parte contra a qual se pretende a execução.
46. Lauro da Gama Souza Jr., ob. cit., p. 419.
47. Decisão sobre divergência que não está prevista nos termos da cláusula ou compromisso arbitrais.
48. Decisão sobre divergência que ultrapassa àquelas indicadas pelas partes na cláusula ou compromisso arbitrais.
49. Trata-se de regra de *dépeçage*, por meio da qual se pode destacar trecho da sentença que extrapole a competência do tribunal arbitral, reconhecendo-se ou executando-se parcialmente a decisão.

o estabelecido na lei do país em que a arbitragem ocorreu – análise ditada pelo artigo V, 1, d) – relaciona-se apenas à correta instituição do tribunal arbitral, no que diga respeito à sua forma, número e qualificação dos árbitros.

Neste ponto, podem ocorrer maiores problemas para o reconhecimento e execução de sentenças arbitrais. Isto porque, nem sempre as partes, ao celebrarem um contrato, têm pleno domínio dos detalhes envolvidos na instituição de um procedimento arbitral, sendo comuns as cláusulas arbitrais – ou mesmo compromissos arbitrais – incompletos ou contendo disposições de difícil cumprimento ou mesmo com disposições contraditórias entre si.[50]

O artigo V, 1, e) estipula que, caso a sentença arbitral não seja obrigatória para as partes, tenha sido anulada ou esteja submetida a recurso com efeito suspensivo, no país onde foi prolatada, não poderá ser reconhecida e ou executada nos termos da Convenção de Nova York.

O termo "obrigatória" há de ser entendido como "vinculante", ou seja, não se sujeitar a sentença a recursos e/ou impugnação no âmbito do próprio procedimento arbitral.[51]

A melhor interpretação do mencionado artigo é no sentido de haver impedimento de reconhecimento e execução de decisões liminares proferidas em sede de medidas cautelares. Nesse sentido, aliás, diversos doutrinadores e estudiosos sobre o assunto sugerem que haja uma reforma da Convenção para que haja inserção de dispositivos que prevejam o reconhecimento e ou execução de tais decisões.[52]

50. Citem-se, por exemplo, convenções arbitrais nas quais as partes atribuem a determinadas autoridades e ou a certas personalidades (diretores de faculdades, ministros etc.), à revelia destas, a missão de atuar como árbitro. Após instaurada a arbitragem, torna-se impossível a aceitação da missão pelos árbitros escolhidos, redundando em descumprimento da disposição da convenção de arbitragem quanto à qualidade dos árbitros.

51. Carlos Alberto Carmona ressalta que a obrigatoriedade nada tem que ver com a exeqüibilidade e/ou eventual necessidade de homologação no país de origem, isto é, a sentença poderá ser reconhecida e/ou executada em outro país independentemente de homologação no seu país de origem (ob. cit., p. 304).

52. A esse respeito, afirmou o professor José Maria Rossani Garcez: "A sugestão dos autores, neste sentido, é a de que a Convenção de Nova York, após mais de quarenta anos, possa ser aditada através de uma Convenção Suplementar, para passar a permitir entre os países signatários, com maior efetividade e simplificação o reconhecimento e execução das medidas cautelares, ampliando-se o critério limita-

Quanto às decisões que tenham sido anuladas no país de origem, há diversos doutrinadores, dentre os quais citamos o professor Albert Jan van den Berg, que sugerem seja retirada tal exigência, possibilitando-se o reconhecimento e execução de sentenças arbitrais que tenham sido anuladas no país de origem.

Já o artigo V, 2, da Convenção, lida com questões envolvendo a arbitrabilidade do litígio e a infração à ordem pública, questões estas que poderão ser suscitadas *ex officio* pelo STJ, no curso da homologação.

Tal artigo estabelece que não serão reconhecidas, ou executadas, as sentenças arbitrais que cuidem de matérias não suscetíveis de serem resolvidas por arbitragem à luz do país em que se busca seu reconhecimento e respectiva execução; ou que sejam contrárias à ordem pública daquele país.

Uma forma clássica que a doutrina internacional tem buscado para tentar restringir o alcance do controle de arbitrabilidade a ser feito pelo país no qual se busca o reconhecimento e ou execução da sentença arbitral estrangeira, é a de se criarem conceitos de arbitrabilidade distintos para litígios internos e litígios internacionais.[53]

Entretanto, entendemos que tal atitude não foi adotada pelo STF, e não o será pelo STJ, que, aferirá a arbitrabilidade da matéria submetida à arbitragem, nos termos do art. 1º da Lei brasileira de Arbitragem.

O referido dispositivo estabelece que podem ser resolvidas por arbitragem controvérsias envolvendo direitos patrimoniais disponíveis. Tendo em vista as divergências que por certo surgirão quanto à extensão da aplicação deste artigo, caberá ao STJ dirimi-las.

O artigo V, 2, b), trata da infração à ordem pública do país no qual se pretenda reconhecer e/ou executar a sentença arbitral estrangeira.

A questão que se coloca, neste caso, é a de se saber se a intenção da Convenção foi a de denegar homologação a sentenças arbitrais estrangeiras que contrariem a ordem pública interna do país no qual se busca seu reconhecimento e/ou execução, ou a sentenças arbitrais estrangeiras que violem a ordem pública internacional.

---

tivo atualmente contido no art. V, 1, (e), da referida Convenção, no sentido de que o reconhecimento e execução das sentenças arbitrais estrangeiras dependa de terem as mesmas transitado em julgado e delas não mais pender qualquer recurso, ou seja, de serem sentenças *de meritis*, definitivas" (ob. cit., p. 474).

53. Philippe Fouchard, Emmanuel Gaillard e Berthold Goldman, ob. cit., p. 1.011.

Philippe Fouchard assevera que, não obstante tal artigo não ser explícito, a intenção foi a de negar efeitos a sentenças arbitrais estrangeiras que contrariem a ordem pública internacional e não a ordem pública interna. Corroborando tal opinião é a jurisprudência majoritária formada com base nos inúmeros casos nos quais se aplicou a Convenção de Nova York, desde sua celebração. Nesse sentido, afirma que "somente a desconsideração pela sentença dos princípios considerados no Estado de recepção como integrantes de suas convicções fundamentais e dotados de um valor universal absoluto são capazes de justificar uma tal denegação".[54]

Segundo ainda o mencionado professor, as exigências relacionadas à ordem pública internacional, que podem ser de natureza procedimental ou substancial, são muito mais flexíveis do que aquelas referentes à ordem pública interna. Trata-se aqui da ordem pública internacional na concepção que lhe dá o Estado, no qual será a sentença arbitral reconhecida e/ou executada, e não da ordem pública realmente internacional.

Saliente-se, no entanto, que tal entendimento poderá não ser compartilhado pelo STJ, seja por não estar a Corte acostumada com tais princípios, seja porque a Lei de Arbitragem, em seu art. 39, previa que o reconhecimento e a execução seriam negados em caso de ofensa à "ordem pública nacional".[55]

Tratando-se de arbitragens internacionais – e de sentenças proferidas no estrangeiro – é certo que "a noção a ser levada em conta é a de ordem pública internacional e não a de ordem pública nacional, como posto na norma examinada."[56]

Assim, no caso de o STJ utilizar conceitos inerentes à ordem pública nacional, deverá procurar adaptá-los ao máximo à realidade das arbitragens internacionais privadas, nas quais a autonomia da vontade é a chave-mestra.[57]

---

54. Ob. cit., p. 1.012.
55. Criticando a opção que fora feita pela Lei de Arbitragem, Lauro da Gama e Souza Jr. assevera: "Parece-nos, aqui, que o legislador nacional optou por seguir na contramão da tendência legislativa, doutrinária e jurisprudencial verificada no direito comparado".
56. Ob. cit., p. 422.
57. Saliente-se que um grande avanço, nesse sentido, foi introduzido pelo art. 39 da Lei de Arbitragem que dispensou a necessidade de citação por carta rogatória da

3. Importância da ratificação pelo Brasil

A ratificação da Convenção de Nova York pelo Brasil, ainda que com mai de 40 anos de atraso, é um marco na consolidação da arbitragem internacional em nosso país e deve ser comemorada.

Isto porque a Convenção de Nova York é o mais importante tratado sobre reconhecimento e execução de sentenças arbitrais estrangeiras do mundo e foi o responsável pela proliferação do uso da arbitragem nos negócios internacionais – sendo hoje utilizada na esmagadora maioria dos conflitos internacionais – ao assegurar que as decisões delas emanadas fossem regular, rápida e efetivamente reconhecidas e/ou executadas em qualquer país signatário. Desse modo, a Convenção acabou garantindo mais segurança jurídica aos negócios internacionais.

Quem quer que já tenha mantido relacionamentos comerciais com parceiros no exterior – seja com exportação de produtos ou serviços, seja com investimentos de longo prazo – sabe que um dos grandes riscos a que se está submetido é a dificuldade de obtenção de execução forçada de decisões insatisfeitas. Tudo fica mais difícil quando se lida com partes estrangeiras.

A arbitragem, desde os primórdios de sua utilização, serviu de amparo frente a estes receios. Ao permitir que uma parte estrangeira não tivesse que submeter uma eventual demanda perante os tribunais nacionais do país de domicílio da outra parte, acabou com o problema de suspeita de parcialidade nos julgamentos envolvendo negócios internacionais.

A Convenção de Nova York permitiu que as decisões arbitrais tivessem eficácia garantida, o que viabilizou de uma vez por todas o uso freqüente da arbitragem como meio de solução de controvérsias nas relações comerciais internacionais.[58]

---

parte domiciliada no Brasil, fazendo com que tal formalidade deixasse de ser considerada uma ofensa à ordem pública, sendo considerada suficiente a citação nos moldes definidos na convenção de arbitragem ou da lei onde se realizou a arbitragem.

58. Ressalte-se que, os tratados internacionais anteriormente celebrados, sobre a matéria, também tiveram sua importância.

Ao ratificar a Convenção, o Brasil adquiriu efetiva reciprocidade de seus parceiros comerciais, a grande maioria dos quais era já signatária da Convenção.[59]

Apesar de, em termos jurídicos, não ter havido muitas mudanças pós-ratificação – pois, por meio da Lei de Arbitragem, já se haviam incorporado ao ordenamento, praticamente, as mesmas disposições da Convenção –, a ratificação tem efeito psicológico muito importante.

Ademais, o nosso Superior Tribunal de Justiça, pode utilizar-se da jurisprudência e doutrina comparadas de décadas da aplicação como fonte para interpretação e integração em casos de reconhecimento e/ou execução de sentenças arbitrais estrangeiras.

O uso da arbitragem em negócios internacionais envolvendo o Brasil fica, portanto, definitivamente consolidado por meio da ratificação da Convenção.

Ao finalmente aderir à Convenção de Nova York, o Brasil passou a partes estrangeiras maior confiança de que aquelas têm à sua disposição os meios necessários para fazer valer seus eventuais direitos. Esta maior confiança leva à diminuição da percepção de risco de se fazer negócios com/no Brasil.

Por fim, parece correto dizer que, do ponto de vista político e de simbologia, o Brasil precisava aderir definitivamente à Convenção de Nova York, e a Convenção também precisava da adesão de um partícipe tão importante nos negócios internacionais como o Brasil.

---

59. O artigo I, 3, da Convenção de Nova York, prevê a reserva de reciprocidade, por meio da qual os signatários poderão reservar-se o direito de aplicar as disposições e facilidades da Convenção somente aos Estados Signatários.

A ARBITRAGEM E SUA APLICABILIDADE NOS CONTRATOS DE ADESÃO: UMA PROPOSTA PARA O SISTEMA FINANCEIRO

JAIRO SADDI
EDUARDO MONTENEGRO DOTTA

Antes de tratar da aplicabilidade da arbitragem nos contratos de adesão e tentar alinhavar uma proposta para o Sistema Financeiro mensurando seus possíveis efeitos, vale, inicialmente, tecer alguns comentários acerca da Lei da Arbitragem (Lei 9.307/1996).

A referida lei, promulgada em 1996, veio para estabelecer novo parâmetro e *utilidade* ao já existente, e agora revogado, juízo arbitral.

É certo que a noção de solução alternativa de conflito por meio da escolha de um terceiro crível, enquanto remediação, não é instituto novo no ordenamento jurídico. Ao contrário, sua utilização remonta à Antigüidade e Idade Média, períodos em que já se evitavam confrontos (na ocasião, bélicos) por meio da instituição de um árbitro. Da mesma maneira que é atualmente efetuado em vários países.

Nesse contexto, a Lei da Arbitragem não pode ser considerada uma inovação, mas a codificação de normas de direito material e processual preexistentes relativas à mediação de solução de conflitos extrajudicialmente.[1]

---

1. Conforme anotaram Luiz Gastão Paes de Barros Leães, José Carlos Magalhães e Alcides Jorge Costa, "o procedimento arbitral existe, em teoria, há longos anos no Brasil, já estando previsto no Código Civil Brasileiro, que data de 1916" ("Juízo arbitral", *RT* 652/222-226). No mesmo rumo é o registro de Aclibes Burgarelli, "Juízo arbitral, instituto existente há 2000 anos", *Revista da Escola Paulista de Magistratura*, setembro/1996, pp. 45-52.

Por certo, a intenção do legislador quando da promulgação dessa lei era a de acelerar a solução de conflitos, minimizando os efeitos nocivos da lentidão do Judiciário na solução de contendas que versassem única e exclusivamente sobre direitos disponíveis.[2]

Nesse particular, a Lei da Arbitragem, em seu art. 1º, prevê que "as pessoas capazes de contratar poderão valer-se da arbitragem para dirimir litígios relativos a *direitos patrimoniais disponíveis*" (sem grifos no original).

Portanto, qualquer pessoa capaz juridicamente para ser sujeito passivo ou ativo de uma relação jurídica, que possa dispor livre e voluntariamente de seus direitos, poderá valer-se dos precedentes da arbitragem.

Já os direitos patrimoniais disponíveis, aqueles de que seus titulares têm plena disposição, apresentam, naturalmente, caráter patrimonial, econômico, não se confundindo com os que não podem ser objeto de transação, de livre apreciação negocial entre as partes.[3]

Ainda de acordo com a Lei da Arbitragem, as partes que optarem por esse meio de solução de conflitos poderão se valer da escolha das regras de Direito, desde que não haja violação das regras de ordem pública e dos bons costumes (art. 126 do CPC e art. 4º da LICC).[4]

Podem, assim, as partes dispor sobre quais regras de Direito deverão nortear o julgamento do árbitro. Não podendo, contudo, estipular a aplicação de preceitos que ofendam comandos normativos de ordem

---

2. Também se destacam como vantagens apresentadas pela solução arbitral a confidencialidade sobre a existência da pendência e de sua solução e a possibilidade de escolha, pelas partes envolvidas, de árbitros especializados na questão a ser julgada.

3. Sobre a distinção entre direito *disponível* e *indisponível*, Nelson Nery Jr. explica que "os direitos patrimoniais em geral podem ser objeto de exame no procedimento do juízo arbitral. Estão dele excluídos os direitos indisponíveis (*v.g.*, questões de estado e capacidade das pessoas, direitos difusos, falimentares etc.), que somente poderão ser examinados na jurisdição estatal. É disponível o direito sobre o qual as partes podem dispor, transigir, abrir mão. Em suma, todo direito que puder ser objeto de transação (CC-841; CC/1916-1.035) pode ser examinado e julgado por meio do juízo arbitral" (*Código de Processo Civil Comentado e Legislação Extravagante*, 7ª ed., São Paulo, Ed. RT, p. 1.430).

4. O que também está conforme o disposto pelo § 1º do art. 2º da Lei da Arbitragem, ao dispor que "poderão as partes escolher, livremente, as regras de Direito que serão aplicadas na arbitragem, desde que não haja violação aos bons costumes e à ordem pública".

pública, ou contrários aos bons costumes, como – para os objetivos da presente proposta – determinar a ignorância pelo árbitro das regras atinentes à interpretação do sentido e alcance das cláusulas presentes nos contratos de adesão.

Outrossim, ao submeter um conflito à decisão do juízo arbitral as partes podem fazê-lo através da cláusula compromissória ou do compromisso arbitral.

A cláusula compromissória é aquela que integra um contrato e prevê que as partes pretendem, no futuro, dirimir qualquer questão advinda do contrato por meio da arbitragem.[5]

Assim, as pessoas com capacidade para contratar podem prever, expressamente, no texto do contrato, que, havendo conflitos, estes serão solucionados por um árbitro.

Por sua vez, o compromisso arbitral ocorre no ato conseqüente. Depois de instaurado o conflito, as partes podem acordar que um árbitro decidirá por elas a solução do conflito.[6]

No entanto, nunca é demais frisar que, uma vez eleito o juízo arbitral para a solução do conflito e dele emanando uma decisão, esta as partes não poderão derrogar, posto que é definitiva e tem força de tí-

---

5. A cláusula compromissória "é negócio jurídico de direito privado celebrado como pacto adjeto dentro de outro contrato, entre pessoas capazes, tendo por objeto direito disponível, por intermédio do qual as partes se comprometem a, no futuro, instituir a arbitragem. A obrigação que as partes pactuam, por meio da cláusula compromissória, é de fazer (...). O inadimplemento dessa obrigação enseja obrigação específica (LArb-7º). (...). A cláusula compromissória deve ser pactuada dentro de outro contrato, sendo da essência do ato a forma escrita. Não se admite a cláusula compromissória verbal. Pode estar inserta no instrumento do contrato principal ou em instrumento apartado, mas sempre deve dizer respeito a outro contrato, isto é, fazer referência ao contrato principal" (Nelson Nery Jr., *Código de Processo Civil Comentado e Legislação Extravagante*, cit., 7ª ed., pp. 1.431-1.432). Sobre a possibilidade de coerção ao cumprimento da cláusula arbitral, cf. o artigo de Celso Barbi Filho in *RT* 732/64, com o título "Execução específica de cláusula arbitral".

6. Na explicação sempre precisa do professor Arnoldo Wald: "Devemos distinguir o compromisso pelo qual as partes submetem o litígio a árbitros da cláusula compromissória pela qual as partes se obrigam a submeter-se à decisão de um juízo arbitral no tocante a todas as divergências que entre elas possam surgir em relação a determinado negócio. A cláusula compromissória é promessa de sujeição ao juízo arbitral, (...)" (*Obrigações e Contratos*, 7ª ed., São Paulo, Ed. RT, p. 78).

tulo executivo e não está sujeita a recurso ou homologação judicial, conforme prevê o art. 18 da Lei.[7]

Este, inclusive, é o entendimento do Poder Judiciário, que tem extinguido processos sem julgamento do mérito quando verificado que as partes anteriormente optaram expressamente pelo juízo arbitral.[8]

Ademais, a cláusula arbitral é tida como adjeta ao contrato, em razão do quê se considera uma avença – na qual se estabelece a convenção de arbitragem – inserida em outro contrato, o que permite afirmar que a alegação de vício do contrato ou mesmo sua nulidade não implicará, necessariamente, a invalidade da cláusula arbitral.[9]

As partes, então, podem, por escrito, inserir em contratos a cláusula compromissória, condicionando-se à solução arbitral das eventuais controvérsias que surjam no desenrolar da relação contratual.

O mesmo ocorre nos contratos de adesão, porém nestes, especificamente, será necessário conceder ao aderente a opção de instituir, ou não, a arbitragem para a solução de qualquer conflito.

Tal opção tem forma rígida para se aperfeiçoar, já que deve vir inserida no contrato ou em termo anexo escrito em negrito, com visto ou assinatura específica para a cláusula compromissória.[10]

7. "Art. 18. O árbitro é juiz de fato e direito, e a sentença que proferir não fica sujeita a recurso ou a homologação pelo Poder Judiciário."
8. Enfrentando a referida questão, o colendo STF, quando da análise do AgRg 5.206/EP-Espanha, decorrente de pedido de homologação de sentença estrangeira que homologou laudo arbitral, ponderou que: "3. Lei da Arbitragem (Lei n. 9.307/1996) – Constitucionalidade, em tese, do juízo arbitral – Discussão incidental da constitucionalidade de vários tópicos da nova lei, especialmente acerca da compatibilidade, ou não, entre a execução judicial específica para a solução de futuros conflitos da cláusula compromissória e a garantia constitucional da universalidade da jurisdição do Poder Judiciário (CF, art. 5º, XXXV) – Constitucionalidade declarada pelo Plenário, considerando o Tribunal, por maioria de votos, que a manifestação de vontade da parte na cláusula compromissória, quando da celebração do contrato, e a permissão legal dada ao juiz para que substitua a vontade da parte recalcitrante em firmar o compromisso não ofendem o art. 5º, XXXV, da CF. (...). Constitucionalidade – aí por decisão unânime – dos dispositivos da Lei da Arbitragem que prescrevem a irrecorribilidade (art. 18) e os efeitos de decisão judicial da sentença arbitral (art. 31)" (Tribunal Pleno, j. 12.12.2001, rel. Min. Sepúlveda Pertence).
9. Art. 8º da Lei 9.307/1996.
10. É o que explica a doutrina: "Como medida protetiva ao aderente, a norma dispõe que, nos contratos de adesão, a cláusula compromissória pode ter eficácia, desde que seja de iniciativa do aderente. Sendo de iniciativa do estipulante, deve vir

Sobreditos quesitos devem ser regiamente seguidos para garantir que a transparência e a boa-fé das partes, especialmente do aderente (historicamente considerado parte mais vulnerável), sejam observadas quando da anuência ao pacto arbitral – o que, incorrendo, abrirá a possibilidade para o futuro questionamento acerca da ocorrência de vício de consentimento na respectiva exaração de vontade do contratante aderente e na própria validade da cláusula arbitral.

No vértice oposto, compreendemos que, devidamente cumprido o ritual destinado à validação da convenção arbitral para os pactos de adesão, não poderá a parte aderente sustentar o desconhecimento, o descontentamento ou, mesmo, que fora levada a erro ao concordar com a cláusula arbitral, sob pena de atentar contra a boa-fé que deve presidir as relações contratuais legalmente estabelecidas (conforme, inclusive, estabelece o art. 422 do CC, elegendo a boa-fé contratual como princípio formador da nova codificação privada).[11]

Preenchidos esses requisitos, podem as partes nomear um árbitro ou, se preferirem, eleger uma das inúmeras instituições de arbitragem existentes para mediar o caso concreto.

expressa em caracteres destacados (negrito), em contrato escrito. A cláusula compromissória de iniciativa do estipulante deve ser pactuada em documento anexo e não no próprio formulário do contrato de adesão. Isto para não deixar dúvidas de que o aderente concordou expressamente com a cláusula compromissória. O regime jurídico da LArb-4º-§ 2º aplica-se a todo e qualquer contrato de adesão, seja de relação civil, comercial ou de consumo. O contrato de adesão encontra-se regulado no CDC-54" (cf. Nelson Nery Jr. e Rosa Maria de Andrade Nery, *Código de Processo Civil Comentado e Legislação Extravagante*, cit., 7ª ed., p. 1.432).

11. No mesmo rumo desse entendimento, Eduardo Montenegro Dotta escreveu que: "Caso se pretendesse interpretar de forma diversa, o novo Código estaria maculado pela existência de grave contradição interna entre suas premissas basilares, visto que de um lado estaria prestigiando a função social e a boa-fé como princípios regedores dos pactos, o cumprimento das obrigações e o desenvolvimento econômico da propriedade; e, de outro, negando a necessidade de obediência aos institutos, como a necessidade de cumprimento dos contratos, a vinculação ao necessário desempenho das obrigações validamente assumidas ou o respeito à propriedade alheia. Admitindo, por hipótese, que desnecessário fosse o cumprimento do contrato validamente concebido, estar-se-ia negando a sua função social enquanto elemento viabilizador da distribuição de riquezas entre partes que o integram, e atentando contra a sua boa-fé objetiva, visto que a legislação que defenda a conduta civil assim orientada ao mesmo tempo contemplaria a possibilidade do rompimento não justificado do ajuste cuja execução é aguardada pela parte que razoavelmente não desejava tal possibilidade" (*A Responsabilidade dos Administradores de Fundos de Investimento no Novo Código Civil*, São Paulo, Textonovo, 2005, pp. 31-32).

Para os contratos de adesão, distribuídos normalmente de forma pulverizada no mercado, visando à uniformização do comportamento humano e das respectivas conseqüências contratuais, com a decorrente minimização do custo das operações, estes poderão conter a cláusula compromissória.

Tais contratos, cujo crescimento da utilização acompanhou o desenvolvimento tecnológico, financeiro e industrial experimentado a partir da segunda metade do século XX, denominados também de *contratos-tipo*, conglomeram cláusulas-padrão, as quais são formalmente denominadas de *condições gerais* do contrato.

Mesmo que a parte aderente tenha a faculdade de modificar algumas de suas cláusulas – o que raramente ocorre –, ainda assim não poderá modificar substancialmente o teor do documento, o que mantém sua característica maior de padronização, necessária que é ao desenvolvimento da atividade econômica registrada na avença.

Se tomarmos como exemplo uma operação corriqueira de concessão de financiamento destinado à aquisição de bens móveis, verificaremos que não é possível que o banco, em cada operação realizada, formule um contrato diferente. Esta constatação fica ainda mais evidente se sopesarmos que as instituições voltadas ao mercado de crédito realizam inúmeras operações por dia, não sendo economicamente viável manter estruturas operacionais em gigantesca escala que desenvolvam milhares de avenças diversas para cada financiamento concedido.

A análise do custo de transação, também recorrente para as demais atividades econômicas, é, para a hipótese dos contratos massificados, ainda mais importante à viabilidade das transações neles descritas, que dependerão diretamente, para seu sucesso e disseminação, do estabelecimento de uma organização de custos condizente com o ganho de pequenas margens de lucro em cada operação realizada.

De modo que somente com a utilização de contratos de adesão é que inúmeras atividades econômicas podem se desenvolver; do que também se depreende que a intromissão excessiva em referidos pactos – por intermédio de novas interpretações legais, precedentes jurisprudenciais ou, mesmo, orientações fixadas em julgamentos por arbitragem –, que desnature sua essência, acabará por gerar externalidades ao negócio jurídico original, o que poderá inviabilizar o fornecimento de bens e serviços veiculados por referidos pactos.[12]

Quanto à aplicabilidade da Lei da Arbitragem aos contratos de adesão, temos que é perfeitamente possível, haja vista previsão legal contida no § 2º do art. 4º da Lei 9.307/1996, conforme, inclusive, já expusemos acima.[13]

No entanto, essa orientação é ainda muito discutida atualmente, já que o aderente, tido como hipossuficiente, tem alguns obstáculos a transpor para se valer do procedimento da arbitragem,[14] mas que, insistimos, desde que observados, permitem sua utilização.

É certo, contudo, que a arbitragem traria a solução mais célere e ágil à maioria dos conflitos; mas ela encontra algumas dificuldades de estrutura, informação e custos, já que a parte aderente, como dito, naturalmente mais vulnerável e de baixa condição econômica, teria o acesso dificultado, dado principalmente o elevado custo da nomeação de um árbitro. Isso sem mencionar que ainda falta conhecimento por parte da sociedade quanto à tecnicidade e confiabilidade do procedimento, não sendo, outrossim, adequadamente veiculadas maiores informações ao público quanto aos benefícios gerados pela arbitragem.

Outro ponto a ser observado é que o regramento atinente aos contratos de adesão – da mesma forma que as novas leis que surgem no panorama jurídico brasileiro que têm caráter eminentemente princi-

12. Fábio Ulhoa Coelho situa bem o referido dilema ao escrever que: "Na Economia, podem ser mencionados dois diferentes modelos de internalização da externalidade: a 'economia do bem-estar social' e a 'análise econômica do Direito'. A primeira considera a externalidade uma falha do mercado, que cabe ao Estado corrigir através principalmente do direito tributário. Para a segunda, os próprios interessados devem negociar a internalização das externalidades, sendo função do Direito apenas reduzir ao máximo os custos de transação. (...). Há normas jurídicas que importam aumento do custo da atividade produtiva. Conceitua-se 'direito-custo' como as normas dessa categoria (...). O direito-custo exige interpretação o mais objetiva possível para possibilitar o cálculo empresarial, isto é, a definição dos custos da atividade econômica e dos preços dos produtos ou serviços correspondentes" (*Curso de Direito Comercial*, 8ª ed., vol. 1, São Paulo, Saraiva, 2004, pp. 36-39).

13. Art. 4º, § 2º: "Nos contratos de adesão, a cláusula compromissória só terá eficácia se o aderente tomar a iniciativa de instituir a arbitragem (...)".

14. Nesse rumo, cf. a opinião de Aclibes Burgarelli, "Juízo arbitral, instituto existente há 2000 anos", *Revista da Escola Paulista de Magistratura*, setembro/1996, pp. 45-52, e a de Carlos Alberto Etcheverry, "A nova Lei da Arbitragem e os contratos de adesão", *Revista de Direito do Consumidor* 21.

piológico – deve ser interpretado de acordo com as diretrizes que o regem (o que normalmente está inserto em seus primeiros artigos, *v.g.*, dos princípios que informam o Código Civil de 2002 e o próprio Código de Defesa do Consumidor). Para os contratos de adesão, primordialmente aqueles que envolvem relações de consumo, salvo poucas exceções, o aderente tende a ser principiologicamente considerado como parte vulnerável, seja por questões intelectuais, econômicas, sociais etc. Referidas diferenças tendem – ao menos é o que os preceitos legais criados almejam – a ser equilibradas quando da aplicação da lei, adequando-se a interpretação dos pactos à condição do contratante aderente.

No pertinente à aplicação da arbitragem no contexto desses contratos, ressaltamos que a observância do microssistema normativo que envolve os pactos de adesão não poderá ser desconsiderada pelos árbitros, da mesma maneira que também não poderia ser ignorado o emaranhado normativo aplicável aos contratos desenvolvidos no âmbito do Sistema Financeiro, bem como a organização e o funcionamento das estruturas que permitem a troca saudável entre os detentores de capitais e os tomadores necessitados de recursos para seus projetos pessoais ou profissionais.[15]

Porém, em que pese aos 15 anos do Código de Defesa do Consumidor e aos 9 anos da Lei da Arbitragem, ainda há muita resistência na aplicação conjugada dessas normas.

Essa resistência se dá, geralmente, por questões culturais. Pois no Brasil outros meios de soluções de conflitos normalmente ainda são repelidos pelas partes, que tendem a atribuir credibilidade unicamente à solução disponibilizada pelo Judiciário, acreditando que apenas o Poder Estatal poderá oferecer soluções isentas, confiáveis e a baixos custos (*v.g.*, dos Juizados Especiais Cíveis).

15. Deve-se nortear, como registra Roberto Senise Lisboa, pela busca do equilíbrio econômico e jurídico na relação de consumo, para que esta seja "harmônica e justa, a fim de que o vínculo entre o fornecedor e o consumidor seja constituído de maneira tal que se estabeleça o equilíbrio econômico da equação financeira e das obrigações jurídicas pactuadas e contraídas pelos interessados. (...). O equilíbrio econômico e jurídico é princípio informativo da relação de consumo que possui por fundamento a justiça distributiva, harmonizando-se os interesses legítimos das partes (art. 4º, III, parte final)" (*Responsabilidade Civil nas Relações de Consumo*, São Paulo, Ed. RT, p. 108).

O que se observa é que a intervenção arbitral, por ser proposta pelo contratante que detém maiores informações e controle sobre o contrato firmado, poderia estar voltada à tutela dos interesses dele, em detrimento do contratante aderente. No que tange aos custos envolvidos, pondera-se que o procedimento arbitral, por ser eminentemente privado, seria sempre mais custoso que acionar a máquina judiciária tradicional.

No entanto, tal cultura se vem modificando com o passar dos anos; isto porque a tutela dos contratos de adesão, das relações de consumo, das questões financeiras, entre outras que hoje são o tema central da maioria dos processos distribuídos ao Poder Judiciário, não tem recebido – no prazo e na forma desejadas – as respostas esperadas por ambas as partes envolvidas nos contrato de adesão.

Importante destacar, nesse tema, que a aplicabilidade das disposições do Código de Defesa do Consumidor aos serviços de natureza bancária, financeira de crédito e securitária foi assegurada pelo julgamento da Ação Direta de Inconstitucionalidade (ADI 2.591-1, TP, Rel. p/Acórdão Min. Eros Grau, j. 7.6.2006, *DJU* 29.9.2006; ED ADI 2.591-DF, TP, Rel. Min. Eros Grau, j. 14.12.2006, *DJU* 13.4.2007).

Tratando-se de discussões judiciais em que se debatem as cláusulas presentes em contratos de adesão voltados a operações financeiras, o volume das demandas se destaca, sendo que não raras vezes os temas ventilados acabam abordando questões já sedimentadas pelos tribunais (*v.g.*, possibilidade da capitalização de juros em contratos bancários; não-aplicação da Lei de Usura aos juros de mercado; impossibilidade da aplicação plena e imediata do disposto pelo art. 192, § 3º, da CF – não obstante a edição da Emenda Constitucional 40 –, que reduziria a 1% os juros remuneratórios nos contratos de financiamento; possibilidade de utilização da comissão de permanência enquanto encargo moratório – Resolução 1.129/1986 do CMN; validade da cobrança do valor residual garantido de forma antecipada nos contratos de *leasing* – entre outras, apenas para citar as mais correntes).

Devemos lembrar que a arbitragem, se corretamente aplicada – o que implica a preparação da sociedade e de pessoal técnico (árbitros e instituições adequadas) –, reduziria a grande massa de processos hoje aguardando provimento jurisdicional, com a possibilidade de constante especialização e aperfeiçoamento dos julgamentos realizados.

É correto também dizer que o cidadão comum – exceção feita a algumas questões encaminhadas aos Juizados Especiais Cíveis[16] – não tem amplo e especializado acesso ao Poder Judiciário quando se vê ultrajado por contrato de consumo *viciado*, mesmo porque o custo de se intentar contra o fornecedor em muitos casos acaba sendo superior ao valor do benefício envolvido, o que acaba inviabilizando a consecução do direito, incentivando, assim, o abandono pelo consumidor do exercício de seus direitos materiais.[17]

O inverso também acaba ocorrendo; não tendo as instituições financeiras garantias de um julgamento célere e eficaz – no sentido de resguardar eficientemente seu direito violado –, é imperioso que a razão econômica prevaleça quando da análise do custo/benefício que a demanda judicial poderá gerar, ocasionando também aí o abandono da via judicial, quando as despesas e a eficácia da persecução processual demonstram-se desarrazoadas quando comparadas ao benefício que seria gerado caso o direito material fosse obtido.

Assim sucedendo, dois incentivos são naturalmente criados: (1) abandonar a exigibilidade judicial de um direito quando o respectivo custo se demonstra incompatível e (2) utilizar negativamente a máquina judiciária dado que sua organização estrutural auxilia o retardamento e a qualidade do exercício do direito pela parte adversa.[18]

16. Mas que, não obstante a celeridade do procedimento adotado pelos Juizados, não tem efetivamente contado com a especialização que poderia ser obtida por intermédio do procedimento arbitral. Devendo também ser registrado que o acúmulo de demandas em alguns Juizados Especiais tem feito com que a prestação jurisdicional almejada delongue excessivo prazo para ser obtida e posteriormente executada.
17. Compartilhando dessa opinião, o Promotor de Justiça Christiano Augusto Corrales de Andrade escreveu que: "Às vezes não se considera uma atitude muito realista apresentar-se perante os tribunais para a solução dos pequenos litígios, porquanto as despesas com o processo acabam por superar o valor da causa e a solução judicial pode tardar por longos períodos, elevando ainda mais o custo para a parte vulnerável, que termina por abandonar o processo ou aceitar acordo extrajudicial pouco vantajoso" (*Da Autonomia da Vontade nas Relações de Consumo*, São Paulo, Editora de Direito, 2002, pp. 140-141).
18. Exatamente nessa direção é que Jairo Saddi e Armando Castelar Pinheiro ponderam: "As partes envolvidas podem ter incentivos diversos para litigar: algumas têm interesses de longo prazo, outras, de curto prazo. Há, ainda, menor ou maior interesse patrimonial no conflito e na sua solução. O argumento de Paul Rubin é que, se o sistema jurídico for eficiente, não haverá incentivo para desafiar as leis e os procedimentos que definem a sua aplicação, já que será caro desrespeitar os contratos. Se,

Mas também a aplicação da arbitragem não tem ainda, atualmente, surtido os resultados esperados, enquanto possibilidade integralmente idônea à substituição da via judicial tradicional, tal qual se planejou com a edição da Lei da Arbitragem.

Hodiernamente, verificamos que a maioria dos conflitos solucionados por esse método ainda vem da área trabalhista, na qual reclamante e reclamado optam pelo árbitro e findam em poucos meses processos que levariam anos.[19]

Entretanto, nas questões cíveis de menor complexidade, justamente aquelas que envolvem a grande massa de consumidores que aderem diariamente a contratos de telefonia, seguros, financiamento, transporte, ainda não se observa a utilização da arbitragem como meio de pacificação e solução para pequenos conflitos; mesmo assim já se denota a existência de interesse de fornecedores no desenvolvimento dessa modalidade arbitral.[20]

Por outro lado, a lenta, consideravelmente custosa e não primorosamente especializada estrutura organizacional à disposição do Po-

---

por outro lado, as partes se beneficiarem das ineficiências – como acontece no Brasil –, tais direitos, leis ou normas serão contestados a todo instante" (*Direito, Economia e Mercados*, Rio de Janeiro, Elsevier, 2005, p. 141).

19. Conforme matéria veiculada no periódico *Valor Econômico*, ed. de 18.2.2005, n. 1.201, a aplicação da arbitragem cresceu em 45% no Brasil – conforme pesquisa realizada pelo Conselho Nacional das Instituições de Mediação e Arbitragem (CONIMA), é relatado, outrossim, na notícia que: "De acordo com o levantamento, em 2004, das 3.375 arbitragens realizadas, 3.198 foram no campo trabalhista. Os 177 casos restantes correspondem a conflitos relacionados a contratos cíveis ou comerciais. O Presidente do CONIMA afirma que, apesar de os casos cíveis serem menores, estes vêm crescendo anualmente. Na comparação de 2004 com 2003, o aumento foi de 17%, e em relação ao ano de 1999 o incremento chega a 60%" (matéria de autoria de Zínia Baeta, com o seguinte título: "Justiça privada – Estudo mostra aumento dos últimos seis anos – Aplicação da arbitragem cresce 45% no Brasil").

20. Em outra matéria também fornecida pelo *Valor Econômico*, ed. de 28.2.2003, n. 709, é relatado que: "O uso da arbitragem nas relações de consumo ainda é incipiente no Brasil. Mas há quem aposte no crescimento do mecanismo como alternativa à lentidão do Judiciário. Além da GE, o CAESP já foi consultado por mais de 15 empresas interessadas em sugerir a seus consumidores o uso da arbitragem, segundo o Presidente da instituição, o advogado Cássio Telles Ferreira Neto. Mesmo sem convênio com empresas separadas, o CAESP já resolveu cerca de 150 casos relacionados ao consumo. As solicitações saltaram de 15 em 2001 para 138 no ano seguinte" (matéria de autoria de Maira Evo Magro, com o seguinte título: "Justiça privada – *General Electric* estuda projeto de arbitragem para questões de consumo – Empresas buscam novas soluções para problemas com consumidor").

der Judiciário também não justifica sua utilização para a postulação dos direitos "massificados", haja vista os problemas acima já identificados.

De seu turno, a funcionalidade da arbitragem também é dificultada por aspectos econômicos, pois apenas grandes empresas utilizam hoje em dia a cláusula arbitral para solução de conflitos complexos e de valor expressivo, já que desfrutam de condição econômica para tanto.

Assim, uma alternativa para o desenvolvimento e difusão da arbitragem no contexto ora trabalhado seria a racionalização de seus custos, viabilizando o acesso do público, conjugada ao trabalho de divulgação e conscientização dos benefícios trazidos pela solução arbitral.

Sobre isso, e sumariamente trabalhados os temas que se interligam ao objeto da presente análise, é que realizamos uma proposta de arbitragem para o Sistema Financeiro e os contratos de adesão nele utilizados.

Nossa proposta de arbitragem para os contratos de adesão e o Sistema Financeiro visa, de um lado, a criar para as instituições financeiras uma via célere, eficaz e pouco custosa para a solução das pendências ligadas aos contratos em massa até então encaminhadas somente ao Poder Judiciário, por intermédio, como dissemos, da racionalização dos custos do procedimento e maior divulgação de seus benefícios.

Em relação ao tomador de crédito, poupador, correntista, enfim, ao aderente, também se almeja a criação de uma via célere, eficaz e pouco custosa para a resolução das pendências ligadas aos bancos e instituições de crédito, que até então somente poderiam ser dirigidas ao Poder Judiciário.

Do lado das instituições financeiras, o maior dilema que identificamos é a inserção de cláusulas compromissórias naqueles contratos em que a instituição possui ampla garantia de recuperação de seu crédito, por intermédio de procedimentos judiciais céleres (exemplo clássico dos contratos de financiamento de automóveis com cláusula de alienação fiduciária em garantia). A questão da participação no custo do procedimento arbitral também se apresenta como um ônus para as instituições.

Da parte do aderente, a maior problemática é a compreensão de que a arbitragem, conduzida por estruturas particulares – portanto, desvinculadas do Poder Público –, além de serem céleres, proferem julgamentos isentos, atentando também para os seus direitos.

Ademais, para viabilizar a adoção do procedimento arbitral para os contratos de adesão ligados ao Sistema Financeiro, compreendemos que sua *performance* não poderá, obviamente, ser mais custosa, lenta ou menos especializada que aquela já apresentada pelo Poder Judiciário.

O que queremos pregar é que a proposta de arbitragem jamais poderá representar um retrocesso para ambas as partes envolvidas, implicando custos elevados, no retardamento da consecução do direito material ou na obtenção de decisões qualitativamente piores que aquelas que se retiram do Poder Judiciário atualmente, sob pena de simplesmente não ser utilizada, caindo definitivamente em descrédito.

Nossa proposta, então, consiste na criação de câmaras de arbitragem, disseminadas inicialmente nos maiores centros urbanos e nas demais cidades de acordo com o registro de existência de demandas que justifiquem sua instalação, especializadas nos diversos procedimentos bancários, de crédito e, mesmo, de investimentos massificados; divididas por especialização e por valores.

Propomos o critério da especialização por área de atuação pautados na constatação de que a imposição às câmaras e aos árbitros da cognição de inúmeras matérias desconexas poderá levá-los ao acúmulo de processos, com a conseqüente lentidão dos julgamentos e comprometimento da especialização dos julgamentos. Justamente porque um dos méritos da arbitragem é proporcionar a solução das pendências por alguém que, efetivamente, tem condições de conhecer aquela determinada questão, não faria sentido atribuir a todas as câmaras o conhecimento de todas as questões ligadas ao Sistema Financeiro e à sistemática dos pactos de adesão.

Nessa mesma linha, é corriqueira a crítica feita à estrutura tradicional do Poder Judiciário, muitas vezes por parte de seus próprios integrantes, aos quais é imposto o conhecimento de inúmeras questões, ligadas ou não à sua área de especialização e interesse vocacional, prejudicando a celeridade e a qualidade dos julgamentos. Vê-se, no entanto, que o próprio Poder Judiciário vem buscando a especialização, o que pode ser observado, no Estado de São Paulo, com a criação das Varas especializadas em procedimentos falimentares e de recuperação judicial.

Também se observa que nos organismos administrativos reguladores (CADE, CVM, Conselho de Recursos do SFN, entre outros) a especialização nos julgamentos tem gerado decisões que raras vezes são alteradas pelo Poder Judiciário – o que não se observa dentro do próprio Judiciário, em que muitos recursos são providos revisando as decisões das instâncias inferiores.

Com efeito, não procuramos, aqui, realizar críticas ao Poder Judiciário, mas apenas buscamos demonstrar que o critério de especialização é fundamental para acelerar a cognição das demandas, aprimorar a qualidade da prestação jurisdicional, diminuir o custo dos litígios e até mesmo desafogar a máquina judiciária, que poderá ocupar-se melhor daquelas questões em que sua atuação é imprescindível à população brasileira.

A divisão que propomos criaria quatro modalidades de câmaras:

(1) câmaras especializadas em questões ligadas à recuperação de crédito bancário, visando inicialmente à conciliação das partes, com a repactuação dos passivos, adentrando posteriormente na exigibilidade dos valores e, se for o caso, na realização das respectivas garantias;

(2) câmaras especializadas em questões ligadas à revisão das cláusulas presentes nos contratos de adesão do Sistema Financeiro, bem como renegociação e repactuação dos respectivos passivos;

(3) câmaras especializadas em questões ligadas à responsabilidade civil (danos morais e patrimoniais) das instituições que operam no Sistema Financeiro, buscando inicialmente a conciliação entre as partes, e posteriormente a análise da responsabilidade da instituição e respectiva extensão, se o caso, da condenação; e

(4) câmaras especializadas em questões ligadas a investimentos disseminados de forma massificada por instituições financeiras (*v.g.*, fundos de investimento, certificados de depósito bancário), atuando inicialmente na tentativa de conciliação e posteriormente apurando eventual responsabilidade da instituição administradora.

Referidas câmaras, tal qual se procede na organização atual do Poder Judiciário (entre Justiça Comum e Juizados Especiais), também seriam divididas, além do critério de especialização, por valores.

Na estruturação das câmaras por valor, nossa proposta seria a divisão das câmaras em três segmentos de especialização, quais sejam:

(1) câmaras que atuam na resolução de questões limitadas ao valor equivalente a 20 salários mínimos;

(2) câmaras que atuam na resolução de questões com valor superior a 20 salários mínimos, mas limitadas ao valor de 200 salários mínimos; e

(3) câmaras que atuam na resolução de questões com valor superior a 200 salários mínimos.

A operacionalização da distribuição por número de câmeras e respectivos árbitros poderia acompanhar a estatística fornecida pelo próprio Poder Judiciário, divulgando a atual distribuição de litígios propostos em face dos bancos, financeiras e demais instituições, com divisão por valores e espécies de ações, o que permitiria a compreensão da atual demanda processual existente, daquelas que são julgadas com maior celeridade, quais representam maiores dificuldades em termos de processamento, facilitando a modelagem do mecanismo arbitral ora proposto.

Sabe-se que atualmente os procedimentos voltados à recuperação de crédito bancário (ações de busca e apreensão de veículos, ações monitórias e execuções) representam relevante percentual do movimento processual, o que também se observa nas ações que buscam a revisão de contratos de financiamento, abertura de crédito, desconto de títulos, cédulas de crédito, entre outros instrumentos financeiros. Em menor escala são registrados alguns litígios ligados à área de investimentos.

Também já é conhecido que a maioria dos litígios ligados a instituições financeiras refere-se a questões de menor valor.

Com isso, agregando-se a especialização por área e por valor, propomos a divisão das câmaras, acreditando, como já dissemos, que o árbitro especializado em resolver determinado tipo de questão, com determinado segmento por valor, poderá aprimorar a questão da celeridade e da qualidade dos julgamentos.

No pertinente ao custo de manutenção de tais câmaras, a participação das instituições financeiras é decisiva, primordialmente nas questões de valor inferior a 20 salários mínimos, seja através de convênio com o Conselho Arbitral do Estado de São Paulo, seja por meio de parcerias com organismos ligados à tutela do consumidor e do mercado financeiro (v.g., Procons, IBDC, Febraban, Acrefi, Bovespa, entre outras entidades).

O que merece destaque, nesse ponto, é que atualmente as instituições já têm elevados centros de custos ligados aos litígios em massa em que são partes ativas ou passivas, sem contar a necessidade de provisionamento contábil e financeiro de tais questões no Banco Central do Brasil.

De seu lado, os aderentes – com destaque para os processos que envolvem valores superiores a 20 salários mínimos – também necessitam desembolsar somas consideráveis para aforar as demandas e acompanhá-las até o final.

Por sua vez, o Estado já tem que comprometer parcela substancial de seu orçamento com o Poder Judiciário, que muito se tem ocupado com a resolução de questões referentes aos contratos de adesão do Sistema Financeiro.

A formação desses convênios também seria útil na indicação dos árbitros, sendo primordial a composição das câmaras por membros com formação, treinamento e dedicação compatíveis com a função, com disposição para realizar inúmeras arbitragens por dia, especialmente nas câmaras que se ocupariam dos menores valores, ou mesmo aqueles árbitros com maior especialização, convocados extraordinariamente, para conhecer e arbitrar litígios de maior complexidade e vulto econômico.

Em suma, o esforço de todos os envolvidos, adequado a um plano racional e eficiente, poderá redundar em substanciais melhorias na resolução dos litígios relacionados ao Sistema Financeiro – o que, em última análise, contribuirá para a redução do custo das operações financeiras, abrindo margem para a redução dos juros ora praticados e, mesmo, ao desenvolvimento econômico do país, dado que o capital poderá circular ainda mais entre as unidades superavitárias e aquelas deficitárias.

Nesse ponto, a crescente falta de credibilidade no funcionamento célere e eficaz da Justiça, a dificuldade de se aprimorar a estrutura atual de conhecimento das demandas e de seus julgamentos, têm impedido não só a obtenção de uma melhora na distribuição do Direito como no quadro econômico, emperrando também o crescimento de todo o país.

Em conclusão, lembramos que a harmonização do fato concreto com a aplicação da lei deve buscar o ideal. Ainda que estejamos, como sempre, longe dele, pois o real tarda a ser transposto, não podemos esquecer que os instrumentos acima trabalhados permitem a melhoria na solução das controvérsias ligadas aos contratos de adesão no Sistema Financeiro.

Mesmo que o pensamento humano naturalmente impeça a harmonização de seus interesses, dada a sempre presente convicção subjetiva de que devemos levar vantagem sobre os demais membros da sociedade, em vez de buscar a conciliação e uma solução equânime para os conflitos de interesses, é primoroso retomar que tal postura acaba inviabilizando o crescimento social e jurídico de institutos nobres como o Código de Defesa do Consumidor, Juizados Especiais, a regulamentação dos mercados financeiros e a arbitragem, estes apenas como exemplos genéricos, dentre tantos outros.

Ademais, não é crível que a organização jurídica arquitetada pela Lei da Arbitragem, que já conta com quase uma década, ainda tenha que ser objeto de constantes debates e pesquisas acerca de novos métodos que a tornem eficaz.

Cremos, por fim, que a não-aplicação imediata da lei leva ao perecimento do Direito, ou à idéia de ilusão, que é apenas o que se tem quando se verifica que a busca do Direito é mais árdua do que poderia ser caso fossem adequadamente utilizados os instrumentos jurídicos já existentes. Quando se constata que o que entendemos por "nossos direitos" é pouco respeitado e que a nossa pretensão, mesmo justa e prevista no ordenamento jurídico, nada mais é que mera pretensão, é que efetivamente são necessários aprimoramentos, mudanças, que restabeleçam o Estado de Direito, tal qual concebido.

ARBITRAGEM COMO INSTRUMENTO DE DESENVOLVIMENTO DO MERCADO DE CAPITAIS

UINIE CAMINHA

1. Introdução. 2. Mercado financeiro e mercado de capitais: 2.1 Mercado financeiro – 2.2 Mercado de capitais. 3. A arbitragem no Brasil. 4. A resolução de conflitos no mercado de capitais. 5. Iniciativas no Brasil: 5.1 A Câmara de Arbitragem do Mercado – 5.2 A reforma da Lei das Sociedades por Ações. 6. Conclusões.

1. Introdução

O mercado de capitais, de uma maneira geral, pode ser entendido como o ambiente no qual se realizam operações de investimento e financiamento desintermediadas, ou seja, onde os agentes superavitários transferem, diretamente, recursos para aqueles agentes que deles necessitam.

O Brasil, cultural e tradicionalmente, é um país que tende a se utilizar do financiamento/investimento via mercado financeiro, ou seja, intermediado por uma instituição bancária. Todavia, diversas têm sido as iniciativas, tanto por parte do Governo quanto por parte de entidades de auto-regulação e mesmo dos entes privados, no sentido de desenvolver o mercado de capitais brasileiro.

Com efeito, diversos estudos[1] demonstram que o desenvolvimento pautado no mercado de capitais mostra-se, a longo prazo, mais constante e apto a alocar poupança de longo prazo, além de, em diversos setores, desonerar o Poder Público do financiamento de alguns

---

1. Cf., por todos, Bacha e Oliveira Filho (2005).

setores da economia que, tradicionalmente, lhe são imputados, como, por exemplo, a habitação.

Ocorre que, em que pese à boa vontade da maioria dos setores da economia brasileira, existem fatores difíceis de serem alterados, que dificultam o incremento do mercado de capitais brasileiro. Estudos profundos foram desenvolvidos buscando identificar esses fatores, dentre os quais se destacam os de Black (2000), Novaes (2005) e Teixeira (2005).

Há, todavia, uma constante nesses estudos: em todos eles identificam-se aspectos ligados ao arcabouço legal de um país como um fator de desenvolvimento ou enfraquecimento do mercado de capitais em determinado mercado. Com efeito, tanto o aparato legislativo, regulatório, quanto a efetividade desse aparato são levados em conta – e é a esse ponto que o presente trabalho pretende se ater.

O mercado de capitais envolve relações jurídicas bem mais complexas que o mercado financeiro propriamente dito; se não por outras razões, pelo simples fato de envolver, via de regra, maior número de investidores e oferta difusa de títulos a pessoas indeterminadas, bem como por se tratar, geralmente, de relações de longo prazo. Essas características fazem como que o mercado de capitais necessite, para seu desenvolvimento, de certeza e segurança nas relações jurídicas nele implementadas, e essas certeza e segurança não dependem apenas da qualidade das leis, mas, sim, de sua interpretação e aplicação pelo Poder Judiciário.

No mesmo sentido, as eventuais divergências oriundas das relações entre emissores e investidores, bem como entre acionistas controladores e minoritários, por sua própria natureza, não podem aguardar longos períodos para serem solucionadas, sob pena de se prejudicar o andamento dos negócios sociais, gerando prejuízos que vão muito além das pessoas diretamente envolvidas nessas questões.

Ainda deve-se considerar a especificidade da matéria societária e do mercado de capitais, com a qual nem sempre os magistrados são familiarizados. Da mesma forma, o excesso de processos faz com que nem sempre tenham disponibilidade para estudar a fundo a matéria, de modo que o conteúdo das decisões judiciais por vezes é questionável.

Esses fatores, que alguns autores chamam de incerteza jurisdicional, são apontados como um dos empecilhos ao desenvolvimento de poupança interna e investimentos externos de longo prazo no Brasil, e, por conseguinte, do desenvolvimento do mercado de capitais. É nesse ponto que se acredita que a arbitragem possa contribuir para o incremento desse mercado no Brasil.

A possibilidade de afastar o Judiciário da solução de uma controvérsia, submetendo-a, ao invés, à arbitragem, é uma manifestação da disponibilidade de determinados direitos subjetivos dos indivíduos (Pucci, 1997:27).

Assim, de acordo com a Lei 9.307, de 23.9.1996 (Lei da Arbitragem), podem ser submetidas ao juízo arbitral questões relativas a direitos disponíveis, de natureza patrimonial, que não afetem a ordem pública e, ainda, que sejam passíveis de transação.[2]

O objetivo do presente trabalho não é fazer uma análise do instituto da arbitragem, suas peculiaridades ou características, mas sim, fazer uma sucinta abordagem do impacto de sua utilização no mercado de capitais e analisar a possibilidade de essa utilização ser considerada um fator de desenvolvimento para esse mercado.

Para isso, serão analisadas as peculiaridades do mercado financeiro e do mercado de capitais, como o intuito de se explicar as razões da maior complexidade desse último. Em seguida será feita uma breve análise do instituto da arbitragem no Brasil, sem, contudo, se pretender esgotar o tema. Após, a resolução de conflitos no mercado de capitais será abordada, considerando-se estudos recentes que demonstram sua relação com o desenvolvimento desse mercado. Serão ainda estudadas duas iniciativas brasileiras no sentido de se inserir a arbitragem como meio de solução de controvérsias no Direito Brasileiro; e, por fim, serão apresentadas as conclusões do estudo.

2. Mercado financeiro e mercado de capitais[3]

A diferença entre os mercados financeiro e de capitais reside na forma como os recursos financeiros transitam entre aqueles que bus-

---

2. Note-se que a transação, regulada no Código Civil Brasileiro em seus arts. 840 a 850, em si, já é uma maneira alternativa de resolução de disputas, uma vez que, através dela, as partes resolvem, em conjunto, fazer concessões mútuas a fim de evitar ou pôr fim a controvérsias.

3. Sobre o assunto, cf. Caminha (2005).

cam formas de aplicar sua renda não consumida e aqueles que procuram financiamento para seus projetos e negócios. Assim, investimento e poupança constituem o cerne dessa distinção, através da qual se procura identificar mecanismos que possibilitem o aproveitamento dos fluxos de poupança e investimentos da forma mais eficiente possível.[4]

De acordo com Andrea Andrezo e Iram Lima (1999:3): "O mercado financeiro é composto por um conjunto de instituições e instrumentos financeiros destinados a possibilitar a transferência de recursos dos ofertadores para os tomadores, criando condições de liquidez do mercado".

Ainda de acordo com os autores, o mercado financeiro é o lugar onde o dinheiro é gerido, intermediado, oferecido e procurado, por meio de canais de comunicação que se entrelaçam na formação de sistemas.

No que diz respeito aos prazos das operações, o mercado financeiro pode ser divido em mercado de crédito, composto, basicamente, de instrumentos e instituições que viabilizam operações de curto e médio prazos ou, ainda, de prazo indeterminado, como os depósitos à vista; e mercado de capitais, que, em contrapartida, se destinaria ao financiamento de operações de prazo mais alongado. Há ainda o que se chama de mercado monetário, que trata de operações de curtíssimo prazo, como as interbancárias e de *overnight*.

Para os fins deste trabalho, o parâmetro para diferenciação do mercado financeiro em sentido amplo e mercado financeiro em sentido estrito, ou simplesmente mercado financeiro, e mercado de capitais não é o prazo das operações, mas sim a utilização, ou não, da intermediação bancária tradicional para a obtenção e aplicação de recursos.

2.1 Mercado financeiro

A distinção entre o financiamento via mercado financeiro e de capitais é apresentada de maneira bastante clara por Roberto Quiroga Mosquera (1999:20 e ss.). Para o autor, o mercado financeiro é aquele da intermediação bancária ou intermediação financeira. Caracteriza-se, assim, pela interposição de uma instituição financeira entre aqueles que têm recursos disponíveis e aqueles que necessitam de fundos. Nes-

---

4. Sobre o assunto, cf. Andrezzo e Lima (1999).

se caso, "a instituição financeira aparece como captadora de dinheiro junto ao público, para posterior cessão desses valores àqueles que necessitam de financiamento. Daí por que tal mercado também é denominado 'mercado de crédito'".

A intermediação financeira tem um elemento que, no caso de operações de mercado de capitais, não assume os mesmos contornos. Aqui, a instituição atua como parte nas operações que intermedeia. Quando ela capta os recursos, e aparece no lado passivo da relação comercial, é, de certa forma, devedora daquele que deposita seus recursos. Por outro lado, quando dá crédito, o banco está no pólo ativo da relação, e é credor dos recursos emprestados. Embora o escopo seja a transferência de recursos entre os agentes superavitários e os deficitários do mercado, há dois negócios jurídicos distintos, sendo que a instituição financeira participa de ambos em posições diferentes.

Uma das funções essenciais de um banco é a de transferir o saldo financeiro daqueles agentes que apresentam excesso de poupança àqueles que precisam de fundos para financiar seus empreendimentos. Os negócios jurídicos básicos para a realização dessa função são os contratos de depósito e de mútuo. No depósito a instituição recebe dos depositantes os recursos necessários para o financiamento daqueles que com a instituição irão celebrar o contrato de mútuo.

No contrato de depósito a instituição financeira está no pólo passivo da relação, ou seja, ela é a depositária dos recursos a ela confiados pelo depositante, que poderão ser reclamados a qualquer tempo por este, acrescidos de eventuais frutos que tenham rendido, ou descontados os encargos cobrados por serviços prestados. Na maioria das vezes os depósitos feitos em instituições financeiras são de coisas fungíveis – especialmente dinheiro –, e, nesse caso, o contrato de depósito é disciplinado pelas mesmas regras relativas ao contrato de mútuo, conforme dispõe o art. 645 do CC.

De acordo com o art. 586 do CC, "o mútuo é o empréstimo de coisas fungíveis. O mutuário é obrigado a restituir ao mutuante o que dele recebeu em coisas do mesmo gênero, qualidade e quantidade".

Ainda de acordo com a lei substantiva civil, em seu art. 587, o mútuo transfere o domínio da coisa emprestada, e, por isso mesmo, o banco pode dispor dos recursos depositados em outras operações.

No caso do mútuo propriamente dito, a instituição financeira está no pólo ativo da relação, ou seja, ela empresta recursos para seus clientes, que se comprometem a devolvê-los acrescidos dos encargos combinados.

Apesar de exercer outras funções, especialmente a prestação de serviços menos típicos de sua atividade tradicional, o banco comercial tem na intermediação de recursos sua função precípua. Os demais serviços são chamados de "atividades acessórias" por Nelson Abrão (1982:6); e, ainda de acordo com o autor, sempre objetivam a viabilização da operação principal, e, como tal, estão conectados a ela. Não obstante, a gama de serviços considerados acessórios vem crescendo de forma diretamente proporcional ao crescimento da desintermediação financeira. Esse crescimento diz respeito não somente ao número de operações realizadas, mas também à representatividade dessas atividades nas receitas dos bancos.

Nesse sentido, os mercados financeiro e de capitais, que anteriormente tinham limites e contornos bem definidos, têm-se misturado e se tornado cada vez mais interpenetrados.

2.2 Mercado de capitais

O mercado de capitais, também chamado de mercado de valores mobiliários, é essencialmente caracterizado pela desintermediação. De acordo com Roberto Quiroga Mosquera (1999:22-23), no mercado de capitais, "a entidade financeira não se interpõe entre o indivíduo que dispõe de poupança e aquele que está necessitando dela: o trânsito de recursos financeiros do detentor de poupança para o necessitado de financiamento se dá diretamente. A instituição financeira insere-se na operação apenas como interveniente obrigatória, atuando como instrumento para viabilizar a realização das operações realizadas no âmbito do mercado de capitais".

Diferentemente do que ocorre no mercado financeiro, os recursos saem diretamente das reservas do poupador, para suprir as necessidades dos tomadores de recursos. O intermediário age, no mercado de capitais, de forma bem diferente que no mercado financeiro. Enquanto no mercado financeiro ele é parte de dois negócios jurídicos, no pólo ativo e passivo, alternadamente, no mercado de capitais ele não é parte nas operações.

De fato, nas operações típicas de mercado de capitais, a única relação que o intermediário financeiro terá com o tomador de recursos será formalizada por um contrato de corretagem ou outra prestação de serviços correlata. Ele não faz parte do negócio jurídico principal, que poderia ser, por exemplo, um empréstimo via emissão de debêntures.

Em tese, num mercado eficiente[5] não haveria necessidade da presença de um intermediário financeiro nas operações de captação de fundos via mercado de capitais. Entretanto, a Lei 6.385/1976 estabelece que é obrigatória a presença de um agente financeiro nas operações que envolvam distribuição pública de valores mobiliários. Da mesma forma, as informações incompletas ou incompreensíveis aos leigos fazem com que a presença de um intermediário, mais que uma exigência legal, seja uma necessidade.

É assim que no mercado de capitais, mesmo tratando-se de um canal direto de financiamento, há necessidade de um intermediário – ainda que com função diversa daquela exercida pelo banco, que deverá promover, colocar e por vezes subscrever os valores mobiliários emitidos.

Sua função está mais ligada a aspectos formais da relação entre investidores e poupadores, bem como aos procedimentos junto às bolsas de valores e mercado de balcão organizado, e ao suprimento de deficiências de informação.[6] A instituição financeira, nesse caso, é mera interveniente, não assumindo, via de regra, risco de crédito.

5. Segundo a teoria, o *mercado eficiente* é aquele no qual os preços de bens negociados refletem as expectativas de todos os participantes. Seus adeptos consideram inútil procurar ações subavaliadas ou fazer previsões de movimentos de mercado. Qualquer novo desenvolvimento reflete-se sobre o preço das ações de uma companhia, tornando impossível vencer o mercado (Downes e Goldman, 1986:145). Ou, ainda, de acordo com Damondaram (1999:184), o *mercado eficiente* é aquele em que o preço de mercado é uma estimativa não tendenciosa do valor real do investimento.
6. Praticam-se, no mercado de capitais, as chamadas "operações de bolsa", expressão que, apesar de pouco usada nos dias de hoje, ainda pode definir as operações de mercado de capitais. De acordo com J. X. Carvalho de Mendonça (1947), as operações de bolsa são "contratos concluídos, com a mediação de um corretor, no local e nas horas da bolsa, tendo por objeto valores ou mercadorias nela admitidos à negociação." Ainda de acordo com o autor, no sentido legal, a definição deve ser ampliada de modo a compreender os contratos que podem ser efetuados fora de bolsa, mas que, devido a seu objeto, estão incluídos neste tipo de atividade.

As operações do mercado de capitais normalmente se dão por meio de contratos de compra e venda de títulos, que se distinguem da compra e venda simples por conta das formas especiais de que se revestem, pelas modalidades que apresentam, pelas reservas de direitos por parte dos contratantes e por ser a especulação um elemento de especial importância para o contrato. De acordo com Carvalho de Mendonça (1947:339), não obstante suas formas e modalidades de fins peculiares, são aplicáveis a essas operações as normas legais sobre compra e venda mercantil compatíveis.

O mercado de captais é subdividido em primário e secundário. Tal subdivisão diz respeito exclusivamente à relação do emissor dos títulos com o seu adquirente.

No mercado primário, aquele que necessita de recursos se coloca diretamente em contato com o financiador, através da emissão de títulos. É nessa fase, segundo Roberto Quiroga Mosquera (1999:24), que ocorre o real trânsito de recursos entre os agentes superavitários e os deficitários do mercado. É nesse segmento que o mercado de capitais cumpre sua função precípua de levar recursos àqueles que deles necessitam.

Já o mercado secundário constitui fase necessariamente posterior ao mercado primário. A partir do momento em que são adquiridos no mercado primário, os títulos se tornam, via de regra, livremente negociáveis. A essa negociação posterior dá-se o nome de mercado secundário, cuja função é promover a circulação de riquezas, mais que o financiamento de projetos.

Se analisado em sua essência, o mercado de capitais traz como principal vantagem conceitual em relação ao mercado financeiro a mobilização das riquezas. Isto é, a possibilidade que o mercado de capitais tem de fazer circular a riqueza com maior eficiência. Todavia, essa mobilização de riquezas traz exatamente como conseqüência a maior complexidade das relações entre as partes envolvidas, até porque o número de partes pode ser considerável.

Enquanto no mercado financeiro, geralmente, não há mercado secundário para os recursos depositados,[7] no mercado de capitais o

---

7. Note-se que essa afirmação é correta em tese: a cada dia, novas técnicas de securitização possibilitam que os recursos depositados no mercado financeiro possam

fato de a poupança se dar através de títulos ou valores mobiliários traz uma vantagem importantíssima: essa poupança pode circular, mudar de mãos, gerar mais riquezas.

A função precípua do mercado secundário é dar liquidez aos títulos negociados no mercado de capitais. O investidor que comprar um valor mobiliário no mercado primário pode a qualquer momento transferi-lo. Quanto maior for a liquidez de um mercado, mais eficiente ele será, e isso faz com que a existência de um mercado secundário forte seja imprescindível para a captação das companhias através desse mecanismo.

O desenvolvimento desse mercado, em grande medida, depende da certeza e segurança que o aparato legal e regulatório dá aos negócios jurídicos realizados. E, mais ainda, à interpretação e aplicação desse aparato por parte de juízes que tenham que se manifestar sobre eventuais controvérsias surgidas.

3. A arbitragem no Brasil

As formas alternativas de soluções de conflitos têm-se intensificado nos últimos tempos, em decorrência, dentre outros fatores, da incapacidade do Judiciário de prestar um serviço de solução de demandas em tempo razoável.[8] Em especial no que se refere a questões empresariais, o tempo de resolução de uma disputa é fator de extrema relevância, sendo que, na maioria dos casos, esperar o tempo necessário a uma decisão judicial definitiva é inviável.

Se isso é verdade no direito empresarial em geral, muito mais em questões ligadas ao mercado de capitais, no qual o dinamismo das controvérsias decorre exatamente da complexidade e rapidez das relações, bem como do potencial número elevado de partes envolvidas.

Note-se que esse fenômeno não é tipicamente brasileiro. Na verdade, na maioria dos países, os jurisdicionados, especialmente na área comercial, não estão satisfeitos quer com a morosidade, quer com o conteúdo das decisões judiciais, na resolução de disputas.[9] Com efei-

---

circular. Mesmo assim, deve-se observar que há uma utilização secundária do mercado de capitais. É o que ocorre, por exemplo, com a securitização de créditos bancários.
8. A esse respeito, cf. Lima Jr. (2002).
9. Sobre o assunto, cf. Baptista (1997:8 e ss.).

to, o fenômeno, que, nos Estados Unidos, ficou conhecido como *Alternative Dispute Resolution*, tem sido freqüentemente apontado como meio de melhorar o acesso à Justiça (Pucci, 1997:20).

De acordo com Irineu Strenger (1996:33), o termo "arbitragem" pode ter significado bastante amplo, abrangendo um sistema de solução de pendências, desde pequenos litígios pessoais, até grandes controvérsias empresariais ou entre Estados, sobre quaisquer questões que não estejam expressamente excluídas pela legislação.

Ainda de acordo com o autor (1996:34), a arbitragem, em sentido mais estrito, encerra três aspectos relevantes: o primeiro seria o contratual, uma vez que a submissão à arbitragem decorre de convenção entre as partes; o segundo aspecto é o jurisdicional, em razão da decisão que encerra o procedimento; e o terceiro é o aspecto processual, em razão do desenvolvimento dos atos que constituem o procedimento.

A arbitragem é prevista no ordenamento jurídico brasileiro desde a Constituição de 1824, tendo ainda constado como norma excepcional de procedimento nos Códigos Civil e de Processo Civil. Porém, apenas em 1996, através da Lei 9.307, o instituto foi regulado por lei específica. Assim, foi introduzida no ordenamento jurídico brasileiro a possibilidade de as partes outorgarem ao juízo arbitral competência substitutiva da jurisdição estatal com relação a direitos disponíveis (Carvalhosa e Eizirik, 2002:179).

O fundamento dessa possibilidade está na autonomia privada, que constitui, ainda de acordo com os autores, o poder de auto-regulamentação ou autodisciplina dos interesses patrimoniais. Assim, as partes renunciam a um direito essencial, qual seja, o de recorrer ao Poder Judiciário para dirimir determinada controvérsia.

Os árbitros, embora não estejam investidos de poder pelo Estado, têm suas decisões reconhecidas como impositivas pelas partes. Trata-se, nas palavras de Carvalhosa e Eizirik (2002:180), de "jurisdição privada com força obrigatória para as partes que convencionaram, devendo ser cumprida direta e suficientemente, sem qualquer interferência da jurisdição estatal (...)".

Válido ressaltar que não se descarta a importância da Justiça Estatal, uma vez que não são todas as lides que podem ou devem ser resolvidas por meio privado. Porém, em algumas matérias, especialmente ligadas às relações negociais, os meios alternativos de solução de conflitos se apresentam mais adequados, seja pela maior presteza, seja pela especificidade da matéria, que requer árbitros especializados.

Note-se que, ainda que se considere que a arbitragem ideal é aquela que transcorre sem a interferência do Poder Judiciário, e, ainda, o esforço do legislador em excluir da apreciação estatal as questões submetidas ao procedimento arbitral, como, por exemplo, excluindo a necessidade de homologação do laudo arbitral interno, existem diversos casos em que o juiz togado não é afastado de controvérsias mesmo quando as partes escolheram a arbitragem para solução de seus conflitos.

É, por exemplo, o caso da execução específica da convenção de arbitragem; da solicitação de medidas coercitivas ou cautelares pelo árbitro; da condução de testemunhas renitentes; da sobrevinda, no curso do procedimento arbitral, de questão que, por sua natureza, não pode ser submetida à arbitragem, e, especialmente, no caso do pedido de anulação de sentença arbitral (Tannuri, 2005:1).[10]

4. A resolução de conflitos no mercado de capitais

É grande a importância do sistema jurídico no desenvolvimento do mercado de capitais, especialmente no que tange à tipificação de instrumentos utilizados nesse mercado.[11]

Aqui, vale frisar mais uma vez a importância do Direito na regulação dos mecanismos econômicos, fazendo-os tornar-se mais eficientes e com contornos mais claros e definidos, com uma conseqüente diminuição de custos de transação (Sztajn, 1998).

Com efeito, Bernard Black (2000) entende que há relação direta entre a forma e intensidade com que são protegidos os direitos dos

---

10. A esse respeito, opina Tannuri (2005:2) que o processo anulatório de sentença arbitral tem sido utilizado indiscriminadamente, afirmando que: "Assim, mesmo após um procedimento arbitral não tão célere quanto imaginavam os teóricos da arbitragem, a parte vencida recorre ao Poder Judiciário para pleitear a anulação da sentença arbitral (art. 33 da Lei da Arbitragem), estendendo-se ainda mais o conflito no tempo, aumentando o custo da tutela, abrindo mão de um julgamento especializado, do sigilo e da confidencialidade, enfim, abdicando de todas as vantagens oferecidas pelo procedimento arbitral".
11. Sobre o assunto, cf. Caminha (2005).

acionistas minoritários e o grau de desenvolvimento do mercado de capitais em dado ordenamento jurídico.[12]

Nesse mesmo sentido, porém sob outra ótica, em artigo disponível no *site* da Universidade de Stanford, Franco Modigliani e Enrico Perotti (2000) apontam como fator essencial para o desenvolvimento do mercado de capitais a possibilidade de efetivamente aplicar (ou seja, o *enforcement*) as regras que regulam o mercado de capitais.

A intensidade com que se recorre ao financiamento bancário, ao invés do financiamento via mercado de capitais – ou, em outras palavras, o grau de desintermediação de determinado mercado – seria determinada pela possibilidade de serem efetivamente protegidos os investidores contra a ação danosa de administradores e controladores de companhias abertas. Os autores chegam, inclusive, a afirmar que a falta de proteção adequada aos acionistas minoritários "empurra" as empresas ao financiamento via mercado financeiro (2000:5).

Isso porque a falta de confiança de que obrigações assumidas contratualmente, e aqui se incluem obrigações oriundas de títulos e valores mobiliários, no âmbito do mercado de capitais, serão respeitadas, quer espontaneamente, quer por intervenção de agentes externos a essas relações, como, por exemplo, o Poder Público, pode levar à própria degeneração da negociação privada.

Afirmam os autores que, sendo ineficiente o aparato legal de proteção aos investidores, há tendência de concentração no mercado acionário, com conseqüente prejuízo à liquidez desse mercado. Parece óbvio que deter percentuais elevados no capital de determinada sociedade é uma maneira de se proteger contra conflitos de interesse. Assim, o investidor evitaria que fossem tomadas decisões À sua revelia e em seu prejuízo. Todavia, o grau de liquidez, como já comentado, é um dos principais parâmetros para se determinar o nível de desenvolvimento do mercado, o que faz com que essa técnica seja nociva.

Mais ainda, "the relative attractiveness of security *versus* intermediated finance is most sensitive to the quality of legal enforcement. Securities are standardized arm's length contractual relationships, and

---

12. Há diversos estudos sobre esse assunto, sendo o mais completo o de autoria de La Porta, Lopez de Silanes, Shleifer e Vishny (2004).

their associated investor rights depend largely on security law; proper enforcement depends on the quality of the legal system".[13]

Entende-se, nesse caso, que os autores consideram ainda mais importante a eficiência do Poder Judiciário ao tutelar os interesses dos minoritários, que a própria existência de regras de direito material específicas para o mercado de capitais. Na verdade, afirmam que: "Public enforcement of contract law facilitates private arrangements by providing a vehicle for contractual commitments. In addition, regulatory rules complement private contracts by providing default and standard clauses (...). It is important to realize, however, that legal rules alone are not sufficient to create a favorable legal framework, their proper enforcement is just as important".[14]

Nesse ponto, trata-se de se analisar não o direito material, mas a própria interpretação/aplicação desse direito, o que leva, inevitavelmente, a uma análise do sistema judiciário ao qual está sujeito o mercado.

Estudos locais também chegam à mesma conclusão. Com efeito, afirma Novaes, em estudo realizado com o intuito de comparar o mercado de capitais brasileiro e suas estruturas com o de outros países (2005:47 e ss.), que investidores podem optar por não ingressar no mercado de capitais caso entendam que poderão ser prejudicados eventualmente por decisões judiciais inadequadas. Continua a autora, ensinando que, "em outros termos, a proteção dos investidores minoritários e dos credores por intermédio de um arcabouço legal eficiente é necessária para elevar a oferta de capital e a conseqüente diminuição do custo do dinheiro".

Na conclusão do estudo a autora lista uma série de recomendações visando ao desenvolvimento do mercado de capitais brasileiro. Dentre essas recomendações, destaca-se aquela que constata que o prin-

---

13. "A relativa atratividade do mercado de capitais com relação ao mercado financeiro é bastante sensível à eficácia das normas legais. Valores mobiliários são relações contratuais padronizadas e os direitos dos investidores dependem grandemente da regulação do mercado de capitais; eficácia adequada depende da qualidade do sistema legal."
14. "A eficácia das normas contratuais facilita acordos privados, disponibilizando veículo para os compromissos contratuais. Ademais, normas regulatórias complementam os arranjos contratuais fornecendo cláusulas padrão (...). É importante notar, todavia, que as normas jurídicas sozinhas não são suficientes para criar ambiente favorável, sua eficácia é tão importante quanto."

cipal problema jurídico relativo ao mercado de capitais brasileiro não está nas normas de direito material, mas sim na "morosidade da Justiça".

Na mesma esteira, Teixeira (2005:115 e ss.) afirma, baseado em diversos estudos, que há forte correlação entre a estrutura jurídica de determinado mercado e o grau de desenvolvimento de seu mercado de capitais. De forma mais contundente, o autor atribui o incipiente volume do mercado de capitais brasileiro, dentre outros fatores, à "baixa qualidade do foro" ou ao risco jurisdicional, que se traduz, especialmente, na incerteza quanto ao cumprimento dos contratos firmados, alteração das regras e interpretações desfavoráveis a credores.

Afirma ainda que a incerteza jurisdicional, especialmente quanto ao cumprimento dos contratos, impede o surgimento de mercado de longo prazo no país, sendo essa, essencialmente, a natureza do mercado de capitais. O autor afirma, ainda, que "a ineficiência da Justiça, além de grande fator de risco na economia brasileira, deteriora o ambiente de negócios do país" (2005:129).

O recurso à arbitragem é, assim, uma maneira de superar – enquanto as reformas do Poder Judiciário não trazem, na prática, os efeitos pretendidos – essa dificuldade do mercado brasileiro. Com efeito, Rocca, em estudo que aponta algumas sugestões também visando ao desenvolvimento do mercado de capitais brasileiro, traz a adesão à Câmara de Arbitragem do Mercado – CAM como uma das medidas que possibilitam esse desenvolvimento (2002:132).

5. Iniciativas no Brasil

A tese de que a arbitragem é um mecanismo que, unido a outros fatores, pode ajudar no incremento do mercado de capitais brasileiro tem ganhado força nos últimos anos. Tanto assim é, que algumas iniciativas têm sido adotadas, em frentes diversas, para que a arbitragem passe a ser mais utilizada para a solução de questões específicas do mercado de capitais.

Assim foi que, na criação pela Bolsa de Valores de São Paulo – BOVESPA dos segmentos diferenciados de listagem – Nível 1, Nível 2 e Novo Mercado –, há a exigência, nos dois últimos, da adesão das companhias à Câmara de Arbitragem do Mercado – CAM.

No mesmo sentido, a reforma da Lei das Sociedades por Ações de 2001 incluiu no texto legal a possibilidade de cláusula compromissória estatutária pela qual as questões envolvendo matérias ligadas a direito societário devem ser dirimidas por arbitragem.

Os próprios agentes financeiros, através de entidades de auto-regulação, incluíram em seus códigos de conduta regras visando à submissão de questões relativas ao mercado de capitais ao juízo arbitral.[15]

Analisam-se, em seguida, as duas primeiras iniciativas.

5.1 A Câmara de Arbitragem do Mercado

Com o intuito de dotar o mercado de capitais de maior credibilidade, a BOVESPA criou segmentos especiais de listagem, nos quais as companhias devem, além de cumprir as formalidades legais, adotar práticas as diferenciadas de governança corporativa que vão além do que a legislação exige.

Foram criados três segmentos especiais de listagem, quais sejam, os Níveis 1 e 2 de governança corporativa e o Novo Mercado. Dentre outras exigências relativas à transparência e direitos dos acionistas minoritários, as companhias que ingressem no Nível 2 ou no Novo Mercado têm, necessariamente, que aderir à Câmara de Arbitragem do Mercado – CAM para dirimir, através da arbitragem privada, controvérsias envolvendo a companhia e seus acionistas.

A Câmara de Arbitragem do Mercado foi instituída em 2001, com o intuito de oferecer um "foro adequado para a solução de controvérsias relacionadas ao mercado de capitais e às questões de cunho societário, decorrentes da aplicação, por exemplo, das disposições contidas na Lei das Sociedades por Ações, nos estatutos sociais das companhias, nas normas editadas pelo Conselho Monetário Nacional, pela Comissão de Valores Mobiliários e pelo Banco Central".[16]

Até o presente momento, 36 companhias aderiam ao regulamento da CAM, além de outras emissoras de títulos de renda fixa, compro-

---

15. Nesse sentido, cf. "O Código de Auto-Regulação ANBID para as Ofertas Públicas de Títulos e Valores Mobiliários", disponível no *site* da Associação Nacional do Bancos de Investimento, *www.anbid.com.br*.

16. "Câmara de Arbitragem do Mercado", documento disponível em *www.bovespa.com.br* (acesso em 10.4.2006).

metendo-se a se submeter ao juízo arbitral para dirimir conflitos entre as companhias aderentes, seus controladores, administradores, membros do conselho fiscal, além de investidores que tiverem aderido ao regulamento da Câmara e a própria Bolsa.

Dentre as vantagens da CAM, apontadas pela BOVESPA, com relação ao Poder Judiciário, destacam-se, por corroborar a hipótese deste trabalho, a rapidez do procedimento e a especialidade dos árbitros. Com efeito, a CAM apresenta três tipos de procedimentos arbitrais diferentes – ordinário, sumário e *ad hoc*, conforme a complexidade do litígio, e à escolha das partes; porém, em qualquer caso, o procedimento não deve ultrapassar 180 dias. No mesmo sentido, os árbitros da CAM são escolhidos entre pessoas com reputação ilibada e profundo conhecimento sobre o mercado de capitais e devem ter, no mínimo, 30 anos de idade.[17]

Além da CAM, que é obrigatória para as companhias listadas no Nível 2 e no Novo Mercado, companhias abertas que não façam parte de nenhum dos dois segmentos podem aderir a outras câmaras de arbitragem, submetendo à jurisdição privada os conflitos entre seus acionistas e entre estes e a própria companhia, conforme faculta a Lei das Sociedades por Ações.

5.2 A reforma da Lei das Sociedades por Ações

Em 2001, a Lei 6.404/1976 – Lei das Sociedades por Ações sofreu uma série de modificações, por meio da Lei 10.303. O objetivo inicial da reforma foi, de acordo com a doutrina dominante, o fortalecimento do mercado de capitais, pelo estabelecimento de um sistema de proteção aos investidores, bem como a incorporação, ao texto legal, de boas práticas de governança corporativa.[18]

Em que pese ao objetivo inicial, durante a tramitação do projeto de lei, algumas disposições protetivas dos minoritários foram retiradas, como, por exemplo, o direito a valor igual ao pago pelas ações do bloco de controle no caso de alienação e a possibilidade de participação dominante dos minoritários no conselho fiscal. Não é objetivo

---

17. Informações disponíveis no *site www.bovespa.com.br* (acesso em 10.4.2006).
18. Cf., por todos, Carvalhosa e Eizirik (2002).

deste trabalho analisar a oportunidade de tais modificações, nem o atendimento dos objetivos iniciais do projeto, mas, sim, atentar para uma modificação específica.

Com efeito, a Lei 10.303/2001 incluiu o § 3º no art. 109 da Lei 6.404/1976, facultando a previsão estatutária de que as divergências entre acionistas e a companhia, ou entre acionistas controladores e acionistas minoritários, sejam dirimidas por meio de arbitragem. Essa disposição, note-se, é oriunda do projeto originário do deputado Emerson Kapaz, e não sofreu alterações durante sua tramitação.

Portanto, as companhias podem ter previsão estatutária da utilização do juízo arbitral, impossibilitando o recurso ao Poder Judiciário para as questões e nos termos ali especificados. Todavia, em que pese à sua oportunidade, a inserção dessa disposição legal trouxe uma série de dúvidas relativas à sua aplicação.

De acordo com Carvalhosa e Eizirik (2002:186-187), há duas etapas que devem ser observadas para que seja validamente instaurado o juízo arbitral. A primeira etapa é a cláusula compromissória expressa no estatuto da companhia, conforme faculta o § 3º do art. 109 da Lei das Sociedades por Ações. Assim, antes de instaurado qualquer litígio, o estatuto deve prever o compromisso assumido pelas partes de adotar a arbitragem na solução de conflitos que a ela possam ser submetidos.

Posteriormente, e já instaurado um litígio, advém o compromisso arbitral propriamente dito, que institui o juízo arbitral. Esse compromisso deve ater-se aos termos da cláusula compromissória prevista no estatuto e às disposições da Lei 9.307/1996.

Na opinião de Carvalhosa e Eizirik (2002:184-185), entretanto, a cláusula compromissória estatutária apenas vincula aqueles acionistas que expressamente aceitaram essa cláusula. Segundo os autores, "não há presunção de renúncia de direito essencial de qualquer acionista, tanto mais em se tratando de pacto parassocial, cuja natureza é a da cláusula compromissória estatutária. Não se pode presumir que alguém haja deferido a solução de controvérsias a um colégio arbitral pelo simples fato de estar ele previsto no estatuto. Não há implícita renúncia a direito essencial do acionista. Não pode, assim, a sociedade ou a maioria dos acionistas impor a cláusula compromissória estatutária a quem não a tenha constituído ou a ela não tenha aderido expressamente, por documento formal".

Carvalhosa e Eizirik (2002:197-198) ensinam, ainda, que há diversas formas de vinculação ao pacto parassocial[19] que determina a submissão de controvérsias à arbitragem. Com efeito, a sociedade manifesta-se através da declaração de vontade de seus fundadores em sua constituição, ou da maioria de seus acionistas no caso de alteração estatutária. Em qualquer das hipóteses, também se vinculam os fundadores ou os acionistas que consentiram com a inclusão da cláusula compromissória no estatuto. Os demais acionistas submetem-se à cláusula compromissória, nos termos da Lei 9.307/1996, que dispõe que: "Nos contratos de adesão, a cláusula compromissória só terá eficácia se o aderente tomar iniciativa de instituir a arbitragem ou concordar, expressamente, com sua instituição, desde que por escrito em documento anexo ou em negrito, com assinatura ou visto especialmente para essa cláusula".

Assim, haveria realmente a necessidade de adesão formal à cláusula, não importando, a mera compra das ações da companhia, submissão tácita à arbitragem.

Em que pese a essa interpretação parecer adequada ao sistema jurídico brasileiro, ela não é pacífica. Com efeito, alguns autores advogam a vinculação de todos os acionistas à cláusula compromissória inserida no estatuto social, independentemente de expressa concordância, baseando-se, para tanto, no princípio majoritário.

Ocorre que, interpretando-se a legislação sobre arbitragem de forma literal, ou seja, considerando-se o estatuto social um contrato de adesão, e, portanto, a necessidade de concordância expressa do acionista para que ele se submeta ao juízo arbitral, cria-se um sistema inconsistente dentro da sociedade. Obviamente existem questões que podem envolver, ao mesmo tempo, diversos acionistas e a companhia, por exemplo. Considere-se que alguns aderiram à cláusula compromissória e outros, não. Como se admitir que uma mesma lide seja decidida por mecanismos diversos, podendo-se chegar a soluções diver-

---

19. De acordo com Carvalhosa e Eizirik (2002:195 e ss.), a cláusula compromissória tem a natureza de pacto parassocial pois é uma convenção entre a sociedade e determinados acionistas que, expressamente, manifestaram-se no sentido de se submeter à arbitragem. Não se deve, assim, confundir a cláusula compromissória com regras estatutárias impostas a todos os acionistas, coletiva e individualmente, independentemente de manifestação expressa.

sas? Além de gerar incerteza aos acionistas, gera um custo maior para a companhia e para o mercado, de uma forma geral.

Em trabalho disponível na Internet, Krueger (2002) realiza detida análise do problema, concluindo, com propriedade, pela necessidade de o legislador se manifestar sobre a inconsistência criada pela interpretação das duas leis.

6. Conclusões

De todo o exposto, conclui-se que, em que pese ao fato de a arbitragem ainda ser utilizada de forma bastante incipiente no Brasil, quer pelo desconhecimento, quer pelos custos envolvidos, nota-se, todavia, um movimento no sentido de expandir seu uso.

No que se refere ao mercado de capitais há iniciativas sérias em curso no sentido de se estimular sua utilização como forma de resolução de conflitos oriundos das complexas relações inerentes a esse mercado.

Acredita-se que o desenvolvimento da economia baseado no mercado de capitais é um modelo a ser perseguido pelo Brasil e que o risco jurisdicional é um fator de retração desse mercado.

Mesmo considerando-se a importância do Poder Judiciário no Estado Democrático de Direito, reputa-se que a arbitragem pode contribuir bastante para o desenvolvimento do mercado de capitais brasileiro, trazendo-lhe mais segurança jurídica.

Referências bibliográficas

ABRÃO, Nelson (1982). *Curso de Direito Bancário*. São Paulo, Saraiva.

ANDREZZO, Andréa, e LIMA, Iran Siqueira (1999). *Mercado Financeiro: Aspectos Históricos e Conceituais*. São Paulo, Pioneira.

BACHA, Edmar, e OLIVEIRA FILHO, Luiz Chrysostomo (orgs.) (2005). *Mercado de Capitais e Crescimento Econômico. Lições Internacionais, Desafios Brasileiros*. Rio de Janeiro/São Paulo, Contra Capa Editora/ANBID.

BAPTISTA, Luís Olavo (1997). "Prefácio" à obra de PUCCI, Adriana Noemi. *Arbitragem Comercial nos Países do Mercosul*. São Paulo, LTr.

BLACK, Bernard S. (2000). "Strengthening Brazil's securities markets". *RDM* 120/41-55.

──────. "The legal and institutional preconditions for a strong securities market". *UCLA Law Review* 48, Working Paper 179 da John M. Ollin Program in Law and Economics.

CAMINHA, Uinie (2005). *Securitização*. São Paulo, Saraiva.

CARVALHO DE MENDONÇA, José Xavier (1947). *Tratado de Direito Comercial Brasileiro*. 4ª ed., vol. VI, Livro IV. Rio de Janeiro, Freitas Bastos.

CARVALHOSA, Modesto, e EIZIRIK, Nelson (2002). *A Nova Lei das S/A*. São Paulo, Saraiva.

DAMONDARAM, Aswath (1999). *Avaliação de Investimento: Ferramentas e Técnicas para a Determinação do Valor de Qualquer Ativo*. Rio de Janeiro, Qualitymark.

DOWNES, John, e GOLDMAN, Elliot (1986). *Dicionário de Termos Financeiros e de Investimento*. São Paulo, Nobel/BOVESPA.

KRUEGER, Juliana (2002). "Notas sobre a eficácia da cláusula compromissória estatutária". Disponível na Internet: *www.socejur.com.br/artigos/compromissoria.doc* (acesso em 13.4.2006).

LA PORTA, Rafael, LOPEZ DE SILANES, Florencio, SHLEIFER, A., e VISHNY, Robert (2004). "What works in securities law". Disponível na Internet: *www.management.wharton.upenn.edu.impresso* (acesso em 15.3.2006).

LIMA JR., José Natan Bezerra (2002). *A Arbitragem em Face da Decadência do Poder Judiciário*. Fortaleza, Premius/Livro Técnico.

MODIGLIANI, Franco, e PEROTTI, Enrico (2000). "Security *versus* bank finance: the importance of a proper enforcement of legal rules". Disponível na Internet: *http://papers.ssrn.com/sol3/papers.cfm?abstract_id=200559* (acesso em 5.4.2006).

MOSQUERA, Roberto Quiroga (1999). *Tributação no Mercado Financeiro e de Capitais*. São Paulo, Dialética.

NOVAES, Ana (2005). "Mercado de capitais: lições da experiência internacional". In: BACHA, Edmar. e OLIVEIRA FILHO, Luiz Chrysostomo (orgs). *Mercado de Capitais e Crescimento Econômico. Lições Internacionais, Desafios Brasileiros*. Rio de Janeiro/São Paulo, Contra Capa Editora/ANBID.

PUCCI, Adriana Noemi (1997). *Arbitragem Comercial nos Países do Mercosul*. São Paulo, LTr.

ROCCA, Carlos Antonio (2002). *Soluções para o Desenvolvimento do Mercado de Capitais Brasileiro*. 2ª ed. Rio de Janeiro, José Olympio Editora.

SZTAJN, Rachel (1998). "Os custos provocados pelo Direito". *RDM* 112/75-79.

TEIXEIRA, Nilton (2005). "Mercado de capitais brasileiro à luz de seus avanços e desafios". In: BACHA, Edmar, e OLIVEIRA FILHO, Luiz Chrysostomo (orgs.). *Mercado de Capitais e Crescimento Econômico. Lições Internacionais, Desafios Brasileiros*. Rio de Janeiro/São Paulo, Contra Capa Editora/ANBID.

AS NOVAS FORMAS DE ATUAÇÃO DO ADVOGADO NO MUNDO GLOBALIZADO EMPRESARIAL – A ARBITRAGEM NO MERCADO DE CAPITAIS

LUIZ FERNANDO DO VALE DE ALMEIDA GUILHERME

1. A idéia de crise. 2. A Globalização. 3. O ensino jurídico. 4. As novas áreas de atuação a serem exercidas pelos advogados: 4.1 A arbitragem no mercado de capitais. O Novo Mercado da BOVES-PA; 4.2 A Cláusula Arbitral no Direito Empresarial. 5. Conclusão. Regime legal da atividade do advogado e a obrigatoriedade de sua atuação no procedimento arbitral.

As perguntas específicas devem receber respostas específicas; e se a série de crises que temos vivido desde o início do século XX pode nos ensinar alguma coisa é, penso, o simples fato de que não há padrões, nem regras gerais a que subordinar os casos específicos com algum grau de certeza.

HANNAH ARENDT[1]

No campo privado, a arbitragem começa a ganhar corpo. Timidamente, é certo, se comparado com o desenvolvimento em outros países. No entanto, sobretudo em operações que envolvem partes mais afeitas à arbitragem, os números indicam uma tendência de crescimento, ainda que longe do que poderia ser a realidade nacional.

JOSÉ EMÍLIO NUNES PINTO

Este artigo tem por escopo tratar a arbitragem como uma saída vantajosa dentro do momento vivido hoje nos bancos escolares e na advocacia brasileira, sendo o meio ideal para solucionar conflitos

---

1. Hannah Arendt, *Responsabilidade e julgamento*, São Paulo, Companhia das Letras, 2004, p. 7.

na esfera comercial, principalmente pela celeridade necessária no mercado de ações.

1. A idéia de crise

A idéia de crise aparece quando as racionalidades parciais já não mais se articulam umas com as outras, gerando assim graves distorções ou disfunções estruturais para a consecução do equilíbrio social. A crise, portanto, seria a sociedade eivada de incoerências e distorções. Assim, observa José Eduardo Faria,[2] a idéia de crise configura um conceito analítico que serve para opor uma ordem ideal a uma desordem real, na qual a ordem jurídica é contrariada por acontecimentos para os quais ela não consegue oferecer soluções ou respostas técnicas eficazes. Baseado nas idéias de Kuhn e apontando os efeitos do fenômeno da globalização sobre a sociedade contemporânea, afirma que a Ciência do Direito está em crise e que se vive um período de exaustão paradigmática.

Para Kuhn,[3] "uma disciplina somente se converte em ciência quando uma comunidade de especialistas firma uma opinião comum quanto ao seu paradigma, isto é, ao conjunto de problemas relevantes e de padrões estandardizados de abordagem. Ao apreender um novo paradigma, afirma ele, o cientista adquire conjuntamente teoria, métodos e padrões, 'formando uma mistura inextricável'. Constituído à imagem de uma matriz disciplinar, um paradigma implica assim uma teoria básica, uma fórmula epistemológica geral, uma tradição científica, um princípio explicativo e interpretativo fundamental e algumas aplicações exemplares, que são aceitas pelos cientistas ao ponto de suspenderem o esforço crítico de discussão de seus pressupostos e de suas possíveis alternativas substitutivas". Quando o paradigma vigente não consegue mais lidar com novos fatos, nem fornecer orientações e estabelecer normas capazes de balizar o trabalho científico, quando para cada problema solucionado outros mais complexos são gerados, o paradigma vigente entra em crise e outros paradigmas vão emergindo no horizonte científico. O processo em que eles aparecem

---

2. José Eduardo Faria, *O direito na economia globalizada*, São Paulo, Malheiros Editores, 2001, p. 29.
3. *Apud* José Eduardo Faria, *O direito na economia globalizada*, cit., p. 48.

e se consolidam constitui justamente o que Kuhn chama de revolução científica. Ela só termina quando um novo consenso se impõe na comunidade científica, mediante a afirmação hegemônica de outro paradigma, instaurando-se, deste modo, mais um período de ciência normal.

Neste diapasão, José Eduardo Faria discute a idéia de exaustão paradigmática na Ciência do Direito à luz das transformações mais intensas provocadas pelo fenômeno da globalização, como a dissolução da importância das fronteiras geográficas, a desterritorialização da produção, a desregulamentação dos mercados, a interdependência funcional e patrimonial das esferas produtiva e financeira, a fragmentação dos procedimentos de representação e decisão política, a desconstitucionalização, a deslegalização e a desformalização dos direitos sociais, o crescente aparecimento de riscos não calculáveis e previsíveis, os novos processos de formação da normatividade e o advento de mecanismos de solução de conflitos.

2. A Globalização

Na medida em que o processo de globalização se torna cada vez mais veloz, origina situações em que a idéia de um sistema econômico nacional auto-sustentável passa a ser visto como anacronismo. Neste contexto, o direito positivo enfrenta dificuldades crescentes, já que as regras postas pelo Estado têm sua efetividade desafiada pelo aparecimento de regras espontaneamente geradas em diferentes ramos e setores da economia, a partir de suas necessidades específicas (como é o caso, por exemplo, dos procedimentos normativos oriundos das práticas mercantis adotadas pelas empresas transnacionais na economia mundial).

Paralelamente ao Direito Interno (Público, inclusive o Direito Privado Internacional, ou Privado) e ao Direito Internacional Público, assistimos o surgimento de um "Direito Comunitário", direito, este, supranacional, e que se integra e se incorpora aos direitos nacionais (inclusive, conforme o caso, sem que haja recepção formal, o que transcende às questões de disputa de soberania) com aplicabilidade direta.

Na nova ordem global, os problemas internacionais não só passam a estar acima dos problemas nacionais como também a condicioná-los. O Direito positivo e os conceitos jurídicos construídos pela tradição dogmática – tais como soberania, legalidade, validez, hierarquia das leis, segurança e certeza jurídicas... – não são adequados para operar os problemas suscitados. A soberania e a centralização normativa levada a cabo pelo Estado-Nação são colocadas em cheque pela formação de um centro de poder que se afirma como mercado transnacional. Também a própria idéia de Constituição-Dirigente parece sofrer revisão. A constituição vem perdendo seu estatuto de norma fundamental e centro emanador do ordenamento jurídico, tendência comprovada empiricamente pelo crescente esvaziamento da força normativa dos textos constitucionais perante os novos esquemas regulatórios e as novas formas organizacionais e institucionais supranacionais.

Na medida em que a interpenetração das estruturas empresariais, a interconexão dos sistemas financeiros e a formação dos grandes blocos comerciais regionais se convertem em efetivo centro de poder o sistema político deixa de ser o *locus* natural de organização da sociedade por ela própria. Em vez de uma ordem "soberanamente produzida", o que se passa a ter é uma ordem "recebida" dos agentes econômicos. A política acaba sendo substituída pelo mercado e a *lex mercatória* vai ocupando o lugar das normas de direito positivo; a adjudicação é trocada pelos procedimentos de mediação e arbitragem.[4]

O jurista vem se mostrando cego a essa realidade. A formação acadêmica, não o prepara para essas transformações, seguindo voltada somente para a atuação forense.[5]

---

4. V. Luiz Fernando do Vale de Almeida Guilherme, *Arbitragem*, São Paulo, Quartier Latin, 2003; quanto ao investimento externo e o seu regime, cf. Eugenia C. G. de Jesus Zerbini, *O regime internacional dos investimentos sistemas regional, multilateral, setorial e bilateral (balanço da década de 1990, seguido do estudo de dois casos: o Mercosul e o projeto da ALCA)*, tese de doutorado defendida na FADUSP, 2003; e quanto à auditoria jurídica, cf. Jayme Vita Roso, *Auditoria Jurídica para a Sociedade Democrática*, São Paulo, Escolas Profissionais Salesianas, 2001.

5. Sob a influência direta e perniciosa da globalização, verifica-se, nos dias atuais, que a sociedade tem exigido de qualquer profissional habilitação legal para exercer uma profissão, mas isso é um sonho. O sonho de ser bacharel no Brasil não faz com que o profissional se estabeleça no mercado e passe a ganhar dinheiro, até porque o vestibular não é mais garantia de que somente os melhores consigam passar. Recentemente foi noticiado com muito alarde, na imprensa, a aprovação do analfabeto Severino da Silva em 9º lugar no curso de Direito de uma Faculdade do Rio de Janeiro, mesmo entregando em branco a redação. Já em relação ao Provão, em 2001, segundo levantamento realizado pelo Conselho Federal da OAB, as 273 Faculdades que parti-

Analisando um poema de Carlos Drummond de Andrade ("Ponteei viola, guiei Ford e aprendi na mesa dos bares que o nacionalismo é uma virtude. Mas há uma hora em que os bares se fecham e todas as virtudes se negam"), José Eduardo Faria[6] descreve que tal texto ilustra bem o panorama do pensamento jurídico no final do século XX, especialmente o que tem prevalecido nos cursos de direito: "Nas salas de aula, todos aprendemos que a abordagem dogmática é uma virtude, ao mesmo tempo em que também testemunhamos a contínua desqualificação das discussões interdisciplinares por professores de formação normativista e legalista. Essas discussões podem ser interessantes, dizem eles, mas são empreendimentos acadêmicos 'metajurídicos'. Ou seja: não teriam maior serventia para o preparo técnico dos operadores do direito positivo. No entanto, do mesmo modo como há uma hora em que os bares fecham e todas as virtudes se negam, conforme o poema

ciparam do Exame Nacional de Cursos jogaram no mercado 50.933 bacharéis de Direito. Esse número é seis vezes a quantidade de médicos e está no topo das carreiras de ensino superior. Verifica-se que em 2001 existiam 273 Faculdades instaladas no território nacional, hoje em dia já são aproximadamente 600.

A OAB, por sua vez, tem dado sinais no sentido de estar fazendo sua parte para evitar colocar no mercado de trabalho, à disposição da sociedade, profissionais despreparados para o exercício da advocacia, ou seja, mais da metade dos 47.801 bacharéis em Direito que fizeram as provas do Exame da Ordem no País, segundo o último relatório anual estatístico foram reprovados. Os dados fornecidos pelas Seccionais acusam uma média nacional de reprovação, nos dias atuais, de mais de 60% (dados obtidos em Antônio Laért Vieira Júnior, *Responsabilidade Civil do Advogado*, Rio de Janeiro, Lumen Juris, 2003, pp. 13).

O Estado de S.Paulo publicou em 12.3.2004 a matéria: "OAB SP divulga lista de aprovados" onde informou que "cerca de 7.700 bacharéis em Direito foram aprovados no exame da seção paulista da Ordem dos Advogados do Brasil (OAB SP). A aprovação pela Ordem é condição obrigatória para obter a carteira profissional de advogado. O exame de 2004 teve quase 30 mil bacharéis na primeira etapa, em dezembro, e só 15 mil passaram para a segunda fase, cuja prova foi aplicada em 1º de fevereiro" (p. A-12). Mas, nem sempre foi assim, quando o Brasil se tornou independente: "a profissão de advogado ainda não estava organizada como atividade autônoma. As Ordenações Afonsinas e Manuelinas estabeleceram as primeiras normas a respeito, determinando que somente poderia advogar aqueles que cursassem Direito Canônico ou Direito Civil por oito anos, na Faculdade de Direito de Coimbra, e esperassem mais dois anos para iniciar a carreira. Quem advogasse sem estar habilitado, poderia até ser preso, o mesmo ocorrendo com o causídico que abandonasse a causa" (Marcus Cláudio Acquaviva, *O advogado perfeito – atualização profissional e aperfeiçoamento moral do advogado*, São Paulo, Ed. Jurídica Brasileira, 2002, p. 13).

6. José Eduardo Faria, "Prefácio" do livro de Ronaldo Porto Macedo Jr., *Contratos relacionais e defesa do Consumidor*, São Paulo, Max Limonad, 1998, p. 15.

de Drummond, no ensino jurídico também há um momento em que as virtudes do paradigma normativista se esgotam e a pretensão de exclusividade e pureza da abordagem dogmática é negada".

3. O ensino jurídico

Frente à crise no ensino, a advocacia, como não poderia deixar de ser, dá sintomas de completo desajuste às exigências da realidade social e o advogado é analisado pelo senso comum sob um prisma extremamente negativo. Isto é um consenso entre a ampla maioria dos profissionais.[7] A crise no objeto de ensino do direito, aliado a proliferação desenfreada de cursos de baixa qualidade se reflete na desestabilização do exercício da advocacia. O número excessivo de inscrito nos quadros da Ordem, muitos de qualidade duvidosa, tolhe as oportunidades de trabalho e põe em risco o exercício do Direito.

Nas faculdades, aprende-se a prática jurídica através de uma dogmática de tradição romanística, enquanto o mercado exige cada vez mais que o advogado tenha familiaridade com o direito de tradição anglo-saxônica, já que as grandes corporações transnacionais são tributárias desta outra realidade jurídica.

O curso de graduação nas faculdades de Direito prosseguem num terreno pantanoso, que vem desde o século XIX. E, como a graduação não se mostra apta para preparar os profissionais, os cursos de especialização, *MBAs, LLMs,* pós-graduação *lato sensu,* escolas superiores da magistratura e do ministério público etc., surgem como o mais lucrativo nicho de mercado e o ensino do Direito se converte em negócio.

A arbitragem e a mediação podem constituir uma resposta possível à exaustão paradigmática apontada. Sua implantação efetiva, pela própria Ordem dos Advogados do Brasil, permitirá a expansão das atividades da classe dos advogados, gerando mais ocupações dignas.

Desloca-se o enfoque da advocacia do ambiente forense para o organizacional, assumindo o profissional relevante papel, tanto na pre-

---

7. A Professora Lídia Reis de Almeida Prado defende um novo pensamento para os operadores do Direito neste novo século mais emotivo. Ela entende que o Direito, como prestação jurisdicional, não evoluiu como as outras ciências do conhecimento, conforme idéias extraídas de sua tese de doutorado e publicada sob o título: *O juiz e a emoção,* Campinas, Millennium, 2003.

venção de litígios, como – quando desencadeados – em sua solução por procedimentos alternativos.

De outra parte, em lugar da especialização excessiva, enfatiza-se a prática da arbitragem e da mediação, uma formação generalista – já que a sua própria abrangência exige visão ampla do fenômeno jurídico – e interdisciplinar (indispensável para o trabalho do árbitro e/ou do mediador).

José Eduardo Faria[8] também observa uma alteração na organização empresarial. O modelo de organização fordista, baseado em grandes contingentes de trabalhadores, em rotinas de trabalho padronizadas, fragmentadas e especializadas, em uma burocracia altamente hierarquizada, etc., é substituído pelo paradigma da especialização flexível. Neste novo paradigma, há redução drástica do número de trabalhadores que apresentam poliqualificação e se concentram em tarefas multiqualificadas, têm alto poder decisório e assumem grandes responsabilidades. A gerência da empresa, no modelo fordista, era elitista e distanciada das bases laborais. Já no modelo da especialização flexível, a empresa é estruturada por uma hierarquia informal e horizontal, em que não se acentuam as diferenças funcionais. Todos têm enorme importância e de certa forma exercem poder de direcionar os rumos da empresa, tanto na administração pública como na privada. Portanto, este acréscimo de responsabilidade exige, em contrapartida, maiores exigências de fiscalização das atividades funcionais, no caso de desvio de poder, de desvirtuação funcional, etc.

4. As novas áreas de atuação a serem exercidas pelos advogados

4.1 A arbitragem no mercado de capitais.
O Novo Mercado da BOVESPA

Com o processo de globalização, que resultou num intenso intercâmbio entre os países, tanto de pessoas como de divisas, cada vez mais o mercado acionário vem adquirindo uma crescente importância no cenário financeiro internacional.

Seguindo a tendência mundial, o Brasil abriu sua economia para poder receber investimentos externos; assim, quanto mais desenvolvi-

---

8. José Eduardo Faria, *O direito na economia globalizada*, cit.

da foi se tornando a economia brasileira mais ativo se tornou seu mercado de capitais.

Com o crescimento do mercado de capitais brasileiro, houve uma maior preocupação com a defesa dos interesses dos investidores, tendo em vista as enormes quantias aplicadas.

Uma das soluções encontradas pela Bovespa, para proteger os investidores, foi a adequação das empresas abertas a uma política de governança corporativa, ou seja, a criação de um conjunto de práticas com escopo de melhorar a prestação de informações aos investidores e mais bem difundir o mercado acionário.

Existem três níveis de governança corporativa, dependendo do grau de compromisso adotado pela empresa: o "1", o "2" e o "novo mercado".

Para ilustrar o grau de transparência das empresas, que se comprometeram com a política de governança corporativa, as companhias de nível "2" e do "novo mercado" são obrigadas a aderir à Câmara de Arbitragem da própria Bovespa para dirimir conflitos societários – ao passo que as companhias de nível "1" não necessitam adotar tal medida – propiciando uma maior confiança dos investidores na empresa, haja vista a transparência da administração, valorizando seus ativos.

Como dito, as companhias nível "2" e as relacionadas no "novo mercado" são obrigadas a se vincularem ao regulamento da Câmara de Arbitragem do Mercado, ou seja, o procedimento da arbitragem será utilizado por essas empresas para dirimir e solucionar controvérsias em matérias relativas à Lei das S.A., aos seus estatutos sociais, às normas editadas pelo Conselho Monetário Nacional, pelo Banco Central do Brasil e pela Comissão de Valores Mobiliários (CVM), aos regulamentos da BOVESPA e às demais normas aplicáveis ao funcionamento do mercado de capitais em geral.

Os participantes da Câmara de Arbitragem do Mercado, instituída pela BOVESPA, são: a própria BOVESPA, companhias abertas do "novo mercado" e do nível "2", controladores das companhias, administradores, membros do conselho fiscal, investidores e acionistas (todos vinculados a companhias listadas no nível "2" e "novo mercado"). Para participar deverão concordar com o regulamento da Câmara e assinar o termo de anuência, que implica vinculação obrigatória à cláusula compromissória e obrigação de firmar o compromisso arbitral.

A arbitragem no mercado de capitais oferece inúmeras vantagens, já que a arbitragem assume no mercado financeiro grande importância, por ser capaz de agilizar a solução dos conflitos societários e, em conseqüência, dar maior fluidez ao próprio mercado de capitais, fazendo com que seja proferida rapidamente uma decisão, a fim de que os investidores não se prejudiquem com a longa demora da justiça togada, ou seja: há celeridade no procedimento arbitral. A autonomia privada das partes, permitindo que o interessado escolha o seu juiz – o árbitro –, optando por um entre vários, elegendo o que lhe inspirar maior confiança e o mais especializado em dirimir aquela espécie de litígio é, por fim, outra vantagem do instituto da arbitragem. Não há olvidar, também, que se mostra benéfico o sigilo vigorante nessa forma de composição dos conflitos, já que o procedimento arbitral só transcorre na presença das partes e dos árbitros, constituindo um sistema reservado de solução de conflitos.

Mas, existe uma ressalva na arbitragem no mercado de capitais brasileiro: a grande resistência das empresas abertas em aderirem ao nível "2" e ao "novo mercado" da BOVESPA pela obrigação de terem que abrir mão da morosidade da Justiça comum, em favor da Câmara montada pela própria Bolsa brasileira.

Esta resistência deve ser atribuída ao desconhecimento do instituto da arbitragem por grande parte da sociedade brasileira.

A arbitragem não almeja, porém, substituir a jurisdição normal, mas é um sucedâneo dela em certas áreas – como no mercado financeiro, por exemplo, por serem os árbitros especialistas nesta área tão específica –, trazendo mais rapidez à solução do litígio e, por fim, dando mais transparência ao investidor – ou seja, a arbitragem acaba dando maior fluidez ao mercado de capitais.

4.2 A Cláusula Arbitral no Direito Empresarial

Já a maior alteração ocorrida no direito comercial nos últimos anos, no Brasil, em conjunto com o novo Código Civil, foi a promulgação da Lei 10.303/2001, dita de reforma da Lei das Sociedades Anônimas. Esta Lei acrescentou ao art. 109 o § 3º, o qual dispõe que o estatuto social pode estabelecer que as divergências entre os acionistas e a companhia, ou entre os acionistas controladores e os acionistas minoritários, poderão ser solucionados mediante arbitragem.

Note-se que a cláusula arbitral constante do estatuto social deve ser explícita quanto às partes e às relações societárias entre elas e sobre os limites da competência arbitral. A respeito da cláusula compromissória, o Professor Modesto Carvalhosa, já citado em diversos de nossos trabalhos, diz que a questão fundamental gira em torno da identificação das pessoas que se vinculam à cláusula compromissória estatutária, ou seja, quais são as partes que a instituem e se submetem aos seus efeitos.

A cláusula compromissória não adquire caráter associativo, conforme o § 2º do art. 4º da Lei 9.307/1996: "A cláusula compromissória é a convenção por meio da qual as partes em um contrato comprometem-se a submeter à arbitragem os litígios que possam surgir, relativamente a tal contrato. (...) § 2º: Nos contratos de adesão, a cláusula compromissória só terá eficácia se o aderente tomar a iniciativa de instituir a arbitragem ou concordar, expressamente, com a sua instituição, desde que por escrito em documento anexo ou em negrito, com a assinatura ou visto especialmente para essa cláusula". Porém vincula a sociedade e, individualmente, os acionistas que a instituíram nos atos de constituição da sociedade ou em alteração estatutária, seja para dirimir divergências e litígios entre eles, acionistas compromissados, e a sociedade, seja para fazê-lo nas pendências que entre eles, acionistas compromissados, surgirem no futuro.

Como sugestão, o Mestre Modesto Carvalhosa preleciona que a entidade arbitral deve ser indicada desde logo na cláusula compromissória estatutária, a fim de que, posteriormente, não tropece o compromisso com argüições em juízo. Ademais, é mister analisar a cláusula estatutária no contrato social da sociedade limitada, ora regida pelo novo Código Civil. O art. 1.053 do Código Civil dispõe: "A sociedade limitada rege-se, nas omissões deste Capítulo, pelas normas da sociedade simples. Parágrafo único. O contrato social poderá prever a regência supletiva da sociedade limitada pelas normas da sociedade anônima".

Verifica-se que a nova estrutura adotada pelo Código Civil de 2002 tende a perdurar as dúvidas que já existiam na anterior vigência do Decreto 3.708/1919, a respeito de se identificar as regras das sociedades anônimas passíveis de aplicação às limitadas. No caso, a aplicação subsidiária da Lei das Sociedades Anônimas ao contrato social de uma limitada, tendo como escopo incluir a cláusula arbitral nesse contrato, é plenamente aceita porque não há conflitos entre a estrutura organizacional da sociedade limitada e a da sociedade anônima.

Exemplificativamente, não podem ser aplicadas às sociedades limitadas as regras da sociedade anônima atinentes à constituição da sociedade; à limitação de responsabilidade dos sócios; aos direitos e obrigações dos sócios entre si e para com a sociedade; à emissão de títulos estranhos ao capital social, tais como debêntures, partes beneficiárias e bônus de subscrição; à emissão de quotas sem valor nominal; à emissão de certificados de quotas e a subsidiária integral.

De outro lado, são plenamente aplicáveis às sociedades limitadas as regras da sociedade anônima no que respeita, sobretudo, à sua estrutura organizacional, aos direitos, deveres e responsabilidades dos seus administradores.

Esses critérios, embora não sejam taxativos, permitem ao intérprete guiar-se no caminho da aplicação supletiva da lei do anonimato às omissões das regras das limitadas, como no caso em tela aplicar supletivamente o art. 109, § 3º da Lei das Sociedades Anônimas ao contrato social de uma sociedade limitada, tendo em vista que o critério de razoabilidade permite a aplicação desta regra na outra forma societária.

5. Conclusão. Regime legal da atividade do advogado e a obrigatoriedade de sua atuação no procedimento arbitral

A Constituição Federal dispõe em seu artigo 133: "o advogado é indispensável à administração da Justiça, sendo inviolável por seus atos e manifestações no exercício da profissão, nos limites da lei".

Já a Lei 8.906/1994 (Estatuto da OAB) prevê em seu art. 1º: "São atividades privativas da advocacia: (...) II – as atividades de consultoria, assessoria e direção jurídicas". O art. 2º dispõe: "o advogado é indispensável à administração da Justiça".

Portanto, a atuação do advogado é obrigatória em toda e qualquer atividade que envolva administração da Justiça.

Porém, a Lei 9.307/1996, no art. 21, dispõe: "a arbitragem obedecerá ao procedimento estabelecido pelas partes na convenção de arbitragem, que poderá reportar-se às regras de um órgão arbitral institucional ou entidade especializada, facultando-se, ainda, às partes delegar ao próprio árbitro, ou ao tribunal arbitral, regular o procedimento. (...) §3º As partes *poderão* postular por intermédio de advogado, respeitada, sempre, a faculdade de designar quem as represente ou assista no procedimento arbitral" (grifamos).

Conclusão: a arbitragem por ser estruturada pela autonomia da vontade, prestigia ou privilegia a mais ampla e plena vontade das partes.

Obrigatória ou não, a atuação do advogado é essencial – até porque, normalmente, é impossível recorrer da decisão arbitral. Portanto, todo o cuidado é pouco, como diz o ditado popular.

Em relação às formas de atuação dos advogados na arbitragem é importante mencionar que elas podem ser de várias formas neste meio alternativo de solução de controvérsias:

1) como advogado da parte: a) na contratação da convenção de arbitragem (cláusula compromissória e compromisso arbitral); b) na defesa dos interesses do seu cliente no juízo arbitral, tal qual faria no processo judicial estatal: b.1) Cuidado para observância dos princípios jurídicos e das regras processuais, notadamente nas arbitragens de direito (risco de o julgamento por eqüidade, mesmo quando não eleito pelas partes, prevalecer); b.2) tendência de atuação do advogado, na arbitragem, como: "caçador de soluções", afastando-se da postura de "soldado beligerante", tradicionalmente vinculada ao procedimento judicial; 2) Como assessor (não representante) da parte; 3) Como assessor do órgão arbitral institucional ou do tribunal arbitral; 4) Como árbitro; 5) Patrocinando os interesses do cliente em eventual ação ordinária de nulidade do laudo arbitral ou execução do laudo arbitral; 6) Patrocinando os interesses do cliente em medidas coercitivas judiciais que sejam proposta pela parte (antes da instauração do tribunal arbitral) ou requeridas pelo próprio tribunal arbitral; 7) Homologação do laudo arbitral – no caso de arbitragem internacional.

"Atualmente, a competência do profissional da advocacia vem sendo aferida, cada vez mais, pela capacidade de solucionar os problemas de seus clientes pela via menos dolorosa (aqui incluídos os critérios temporal, financeiro e psicológico), de modo que a quantidade exagerada de feitos judiciais patrocinados pelo advogado não quer mais significar competência, prestígio e satisfação do cliente. A modernização, pois, não deve passar somente pela legislação e pela estrutura estatal, mas, também, pelos escritórios de advocacia" ("O papel do advogado no procedimento arbitral", Professor Gil Ferreira de Mesquita).

A APLICAÇÃO DA DESCONSIDERAÇÃO DA PERSONALIDADE JURÍDICA À ARBITRAGEM

MARCOS PAULO DE ALMEIDA SALLES

1. Introdução. 2. A desconsideração da personalidade jurídica. 3. O abuso de direito. 4. O comportamento "ultra vires" como desvio de finalidade. 5. Da confusão patrimonial. 6. A coercitividade da abrangência do laudo arbitral: 6.1 Os bons costumes e a ordem pública. 7. Conclusão.

> *"Chamamos raciocínios jurídicos os raciocínios efetuados pelo jurista enquanto tal. Importa, manifestamente, conhecê-los, nem que seja para evitar mais facilmente os erros de raciocínio que se insinuam por todos os lugares."*
>
> GEORGES KALINOWISKI,
> *Introduction à la Logique Juridique*, Paris, 1965
> (*apud* Waldírio Bulgarelli, *Problemas do Direito Brasileiro Atual*, Rio de Janeiro, Renovar, 1998, p. 267)

1. Introdução

A tarefa de se apreciar uma norma jurídica, algum tempo após sua entrada em vigor, implica preliminarmente a escolha de um tema que haja resultado do entrosamento entre normas que se sucedem. A par de se valer da Lei de Introdução ao Código Civil para que se exprima a revogação tácita, há também que se ter em conta os efeitos da recepção, quando revogação não há.

É o caso do Código Civil Brasileiro de 2002 (Lei 10.406/2002), posterior à Lei de Arbitragem (Lei 9.307/1996), mas que muito lhe diz respeito, uma vez que o objeto desta jurisdição prende-se tão-somente a direitos patrimoniais disponíveis, valendo, assim, tratar, com fulcro no Código Civil, não só das figuras objetivas que envolvem o patrimônio e sua disponibilidade, como, também, das pessoas a quem pertence o patrimônio que será afetado pela decisão arbitral.

E, nesse terreno, nosso diploma civil oferece, em seu art. 50, norma dispositiva do que venha a ser a autorização passada ao julgador para que estenda os efeitos de certas e determinadas relações obrigacionais aos bens particulares dos administradores ou sócios das pessoas jurídicas, uma vez hajam sido estas condenadas ao seu cumprimento, mas que àqueles seja dado atribuir responsabilidade.

Ao se levar em consideração que "o árbitro é juiz de fato e de direito", conforme dispõe o art. 18 da Lei Marco Maciel, nada mais lógico que a ele também se dirija o disposto no art. 50 do CC, dirigido que está ao juiz ("... pode o juiz decidir"), em casos onde haja abuso da personalidade jurídica, caracterizado pelo desvio de finalidade ou pela confusão patrimonial.

Escolhido, assim, o tema com que pretendemos homenagear esses 10 anos que já se passaram, e com os quais estivemos amplamente envolvidos, só nos resta tentar elucidar nossas próprias incertezas sobre essa matéria, que têm origem na doutrina do *disregard of legal entity*.

2. A desconsideração da personalidade jurídica

Como se vê da introdução, estaremos tratando de uma cláusula compromissória, ou compromisso arbitral, em que haja entre os promitentes, na convenção arbitral, ao menos uma pessoa jurídica, que, vindo a ser condenada em sentença arbitral, possa ver seus efeitos coercitivos estendidos aos bens particulares de seus sócios ou administradores, sem que estes hajam participado pessoalmente do compromisso e, portanto, sem estarem, em princípio, sujeitos aos efeitos da arbitragem postulada por aqueles.

Lembrando com Eduardo Munhoz, "o modelo societário vigente, forjado sob as exigências econômicas do século XIX, assenta-se fundamentalmente no instituto da personalidade jurídica e no princípio da responsabilidade limitada, ambos intimamente relacionados"[1] – vale

---
1. Eduardo Secchi Munhoz, *Empresa Contemporânea e Direito Societário*, São Paulo, Juarez de Oliveira, 2002, p. 63.

dizer que é da economia do século XIX que se evidencia a necessidade de aglutinação de recursos substanciais que, ou se valeriam da figura da sociedade por ações, ou tiveram que aguardar o nascimento das sociedades por quotas de responsabilidade limitada. Essas sociedades limitam ao patrimônio social a responsabilidade pelas dívidas sociais, evitando, assim, sua extensão aos bens particulares dos sócios.

Neste estado de coisas, o aparecimento da pessoa jurídica, dotada, assim, de personalidade e patrimônio próprios, estaria apto a permitir o desenvolvimento da atividade mercantil, limitando-se o risco de seus constituidores tão-somente à importância com que viessem a integralizar integralmente o capital social que subscrevessem, na formação do patrimônio da pessoa jurídica.

Mesmo que não venhamos a restringir este raciocínio às sociedades que limitam plenamente a responsabilidade dos sócios pelas dívidas sociais, os demais tipos societários, à vista da autonomia patrimonial da pessoa jurídica, somente permitem sejam os sócios responsáveis subsidiariamente em relação aos bens sociais, como rezava o art. 350 do vetusto CComercial de 1850, ora ratificado pelo art. 1.024 do CC de 2002, ainda que de modo solidário entre si.

Pois bem, seja esta relativa limitação, seja aquela absoluta limitação da responsabilidade dos sócios pelas dívidas sociais, foi ela que passou a ser alvo de preocupação dos magistrados, frente à possibilidade de ocorrerem usos abusivos da faculdade constitutiva ou instituidora da pessoa jurídica, por meio do atributo de personalidade, que decorre do registro público dos correspondentes atos constitutivos.

Como nos lembra Calixto Salomão, "o conceito de personalidade jurídica, teoricamente elaborado pela pandectística, foi durante longo tempo considerado intocável. Essa rigidez demorou muito para ser superada. Apenas na segunda metade da década de 50, com a publicação do trabalho de R. Serick, ganharam impulso teorias que admitiam desconhecer a personalidade jurídica".[2] Esse trabalho veio aos poucos chegando ao Brasil, para encontrar na década de 60 do século passado a curiosidade cientifica do saudoso professor Rubens Requião, Catedrático de Direito Comercial da Universidade Federal do Paraná, que tratou pioneiramente entre nós da *disregard doctrine*.

2. Calixto Salomão Filho, *O Novo Direito Societário*, São Paulo, Malheiros Editores, 2002, p. 73.

"A doutrina desenvolvida pelos Tribunais Norte-Americanos, da qual partiu o professor Rolf Serick para compará-la com a moderna jurisprudência dos Tribunais Alemães, visa a impedir a fraude ou abuso através do uso da personalidade jurídica, e é conhecida pela designação de *disregard of legal entity*."[3]

A importância, no entanto, da matéria veio, desde sua tese de concurso a Professor Titular da Faculdade de Direito da USP, sendo reconhecida pelo ilustre professor Fábio Comparato, quando afirma que "a *causa*, na constituição das sociedades, deve, portanto, ser entendida de modo genérico e sob uma forma específica. Geralmente ela equivale à separação patrimonial, à constituição de um patrimônio autônomo, cujos ativo e passivo não se confundem com os direitos e as obrigações dos sócios. De modo específico porém, essa separação patrimonial é estabelecida para a consecução do objeto social, expresso no contrato ou nos estatutos".[4] Em seguida, prossegue Comparato: "Decorre que esse efeito jurídico fundamental da personificação – a separação de patrimônios – e que pode ser atingido por outras técnicas de direito, deve ser normalmente afastado quando falte um dos pressupostos formais estabelecidos em lei; e, também, quando desapareça a especificidade do objeto social de exploração de uma empresa determinada, ou do objeto social de produção e distribuição de lucros – o primeiro como meio de se atingir o segundo; ou ainda, quando ambos se confundem com a atividade ou o interesse individuais de determinado sócio. A sanção jurídica, em tais casos, não deve ser, indistintamente, a nulidade (absoluta ou relativa) do ato, negócio ou da relação, mas a *ineficácia*. Não deve ser a destruição da entidade pessoa jurídica, mas a suspensão dos efeitos da separação patrimonial *in casu* (*disregard of legal entity*)" (grifos no original).

Como relembra o saudoso professor Miguel Reale, "por emenda do Relator [*no Senado, Josaphat Marinho*] ao art. 50, admitiu-se a 'desconsideração da personalidade jurídica' em caso de abuso 'caracterizado pelo desvio de finalidade, ou pela confusão patrimonial', me-

---

3. Rubens Requião, "Abuso de direito e fraude através da personalidade jurídica", *RT* 410/12, republicado na *Enciclopédia Saraiva de Direito*, vol. 2, São Paulo, Saraiva, 1977, p. 58.

4. Fábio Konder Comparato, *O Poder de Controle na Sociedade Anônima*, São Paulo, Ed. RT, 1986, p. 292.

diante fórmula provinda do conhecimento e da experiência do professor *Fábio Konder Comparato*"[5] (grifos no original).

O disposto do art. 50 do CC de 2002 atribui ao juiz – e, por via de conseqüência, também ao árbitro – o poder-dever de analisar, quando da prolação de sua sentença, se na formação de sua convicção não vê caracterizado o abuso da personalidade jurídica, se eventualmente condenada a pessoa jurídica a obrigação à qual não possa dar cumprimento em decorrência daquele fato abusivo, decidindo, então, pela extensão dos efeitos condenatórios de seu *decisum* aos bens particulares, conforme seja o caso, dos administradores ou dos sócios da pessoa jurídica.

3. O abuso de direito

A primeira observação que acreditamos deva ser feita sobre esta tipificação no campo da desconsideração da personalidade jurídica é a de que se não trata da desconstituição da pessoa jurídica pretendendo seu desaparecimento, mas tão-somente pretendendo a suspensão específica dos seus efeitos segregadores dos patrimônios, de modo a amparar tão-somente aquela situação fática vislumbrada pelo julgador, no exercício da jurisdição.

Como aquilo que é revolucionário desde seus primórdios é a existência do ente dotado de personalidade, parece-nos indispensável dele compreender, para em seguida ver-se de sua utilização abusiva.

Apenas para recordar, surgiram a partir de Savigny – para quem a pessoa jurídica consiste em uma simples ficção jurídica, ou mesmo ficção legal, pela sua aceitação no ordenamento jurídico *ex lege* – outras correntes de pensamento, que viam na pessoa jurídica ora um complexo de bens destinado a um objetivo; ora apenas decalques da pessoa humana no mundo jurídico, como sujeito das relações jurídicas; ora apenas patrimônios personalizados para um fim determinado pelo seu instituidor (é o caso das fundações regidas pelo Código Civil); ora, uma realidade técnica. Não se pode olvidar a posição pregada por Ascarelli, pois o ilustre jurista italiano se posiciona como mentor da presença da intelectualidade do ser humano por trás de uma pessoa jurídica, dela fazendo sua técnica jurídica de atividade exercida com

---

5. Miguel Reale, *O Projeto do Novo Código Civil*, São Paulo, Saraiva, 1999, p. 134.

segregação patrimonial, porém com determinada causa que não deve ser subvertida.

A perquirição inicia-se, assim, pela causa, objetivo a ser atingido, que deu motivação à sociedade e que dela se tornou objeto social.

Ao tratar da pessoa jurídica em crise, José Lamartine Correa de Oliveira não avança em seu trabalho sem antes tratar do "ponto de partida: uma concepção ontológico-institucionalista da pessoa jurídica, com especial apoio na noção de analogia",[6] que convém seja repetida.

Citando Binder (Julius Binder, 1907), J. Lamartine informa que "com tal expressão *[pessoa jurídica]* quis aquele eminente jurista do início deste século *[XX]* deixar claro o desconhecimento pelos romanos, pelos glosadores, pelos canonistas, de um problema teórico da pessoa jurídica, tal como objeto da Ciência Jurídica do século XIX"; continuando, mais adiante: "Só com Savigny, e portanto só no século XIX, é que teria surgido, na cena da História do Direito, uma tentativa de elaborar a teoria das pessoas jurídicas a partir de um ponto de vista geral".

Estes argumentos nos vêm bastando para sustentar o grande valor atribuído juridicamente à pessoa da "fênix" nascida das "cinzas", ou, melhor, nascida da associação das pessoas físicas, ou seres humanos que acabam na base da pessoa jurídica, valendo-se ou não de eventuais coligações, grupamentos ou controles. Uma vez levado ao Registro Público das Empresas Mercantis, ou, se for sociedade simples, ao Registro Civil de Pessoas Jurídicas, o ato constitutivo de qualquer sociedade legalmente admitida, ser-lhe-á outorgada a condição de pessoa jurídica – e, conseqüentemente, a possibilidade de ser agente capaz nas relações jurídicas de que vier a participar.

Assim sendo, poderá ela sempre vir a estar presente em um negócio jurídico de arbitragem, como postulante na obtenção da tutela jurisdicional privada, voluntária e consensualmente desejada, por meio do compromisso. Isto posto, a sentença arbitral condenatória poderá vir a ensejar ao árbitro o poder de dizer da desconsideração da personalidade jurídica, para aplicação dos efeitos da condenação à pessoa dos sócios, na medida em que for justificável tal decisão, com fulcro na norma do art. 50 do CC.

6. José Lamartine Correa de Oliveira, *A Dupla Crise da Pessoa Jurídica*, São Paulo, Saraiva, 1979, p. 1.

No campo do abuso de direito valem as lições de Cunha de Sá[7] quando, da análise por ele feita, em 1972, sobre o Anteprojeto do Código Civil Brasileiro, fez notar como o abuso do direito se tem vindo a impor à consideração do pensamento jurídico geral, informando que "quanto ao Direito Brasileiro vigente [*à época*] (de 1916), não contempla expressamente a figura do abuso do direito" – fazendo-nos ver que o espírito do nosso legislador do final do século XIX e princípio do século XX só mesmo de modo indireto admitia a idéia de abusividade, com fulcro no exercício irregular de um direito.

Ainda sobre o Direito Brasileiro, relembra o Mestre português que "o primeiro Anteprojecto de Código de Obrigações, de 1941 (Parte Geral), considerava obrigado a reparar o dano quem o causasse por exceder, no exercício do direito, os limites do interesse por este protegido ou os decorrentes da boa-fé, independente de qualquer intenção emulativa. E a mesma doutrina vinha fundamentalmente mantida no Projecto de Código de Obrigações de 1965".

Já no que tange ao Anteprojeto do Código Brasileiro de 2002, em meio à escorreita análise que Cunha de Sá faz sobre todos os pontos então mencionados pela exposição de considerações preliminares de autoria de Miguel Reale, salienta ele que "no livro relativo ao direito das obrigações põe-se, nomeadamente, o acento tônico na preocupação de 'dar aos contratos estrutura e finalidade sociais, implicando os valores primordiais da boa-fé e da probidade', (...), quer na harmonização das regras relativas ao incumprimento das obrigações, com as que 'firmam novas directrizes ético-sociais em matéria de responsabilidade civil', quer nos princípios respeitantes à resolução do negócio jurídico por onerosidade excessiva".

Deste modo vê o ilustre jurista, por olhos voltados à comparação, quão grande é a transformação que acabou por se operar no campo do direito obrigacional brasileiro, que ora compete ao juiz analisar, ora compete ao árbitro fazê-lo, para a formação de sua convicção e quiçá a aplicação da norma do art. 50 do CC de 2002, como corolário da abusividade assim constatada. E, mais à frente, afirma que "a expressa qualificação de ilicitude para o chamado acto de exercício abusivo de

---

7. Fernando Augusto Cunha de Sá, *Abuso do Direito*, Coimbra, Livraria Almedina, 1997, p. 89.

um direito conduz, logicamente, a colocá-lo no plano sancionatário em pé de total igualdade com a violação do direito alheio".[8]

Para nos atermos à amplitude que se deseja dar a estas linhas, vamos à tradução intelectualmente produzida por Cunha de Sá, que se enquadra no espírito que norteia nossa preocupação com a aplicação do art. 50 pelo árbitro: "O abuso do direito traduz-se pois, num acto ilegítimo, consistindo sua ilegitimidade precisamente num excesso de exercício de um certo e determinado direito subjectivo: hão de ultrapassar-se os limites que ao mesmo direito são impostos pela boa-fé, pelos bons costumes ou pelo próprio fim social ou econômico do direito exercido".[9]

A ilação de Cunha de Sá foi extraída da noção legal contida no art. 334º do CC Português, que integra as disposições gerais sobre o exercício dos direitos, do mesmo modo que podemos ler o art. 50 do CC Brasileiro (2002).

Deste modo, convicto o árbitro, no exercício de sua jurisdição, de que, ainda que dependente da qualificação que lhe é dada pelas características *ex lege*, deu-se a prática do ato abusivo na utilização da pessoa jurídica, de modo a causar dano a um dos postulantes do juízo arbitral, especialmente condenatório, não lhe será dado elidir a aplicação do art. 50 em relação àquele que deve ser consorciado na responsabilidade pela solução do dever surgido da condenação.

Estar-se-ia, no exercício da jurisdição privada, frustrando a expectativa da elaboração de um lado que, revestido da condição de título executivo, implicasse desconhecer um litisconsórcio necessário, a integrar o pólo passivo da execução que daquele decorresse.

A condição de processo de conhecimento de que se reveste o juízo arbitral implica arregimentar em seu procedimento todos os fatos que impliquem a mais justa condenação, circunscrita pelos preceitos gerais do Direito que regem as causas que envolvam direitos patrimoniais disponíveis, quer objetiva, quer subjetivamente; quer no que respeita ao objeto analisado, quer no que respeita aos sujeitos envolvidos direta ou indiretamente no negócio jurídico subjacente.

8. Fernando Augusto Cunha de Sá, *Abuso do Direito*, cit., p. 95.
9. Idem, p. 103.

Sobre abuso de direito, vale também lembrar a passagem de Jorge Americano, fundado em Ihering, no sentido de que "o *animus nocendi* está implícito no acto damnoso de que não resulta proveito algum para o autor",[10] e assim pensarmos em que na caracterização do abuso de direito, a que se pode vir ater o árbitro na aplicação do art. 50, há que se levar em conta o *animus* eventualmente não provocador de enriquecimento sem causa do autor do abuso. Continuando, mais adiante, Jorge Americano invoca Remy, "que afirma que a justa medida dos direitos individuais se determina pela comparação de sua importância econômica e social, com as dos interesses que eles contrariam",[11] levando-nos à prudência na análise do abuso de direito praticado por aquele a quem se pretende estender os efeitos de sentença a ser proferida.

Não se trata da figura do litisconsórcio, uma vez que não se está trazendo ao pólo processual a pessoa ou grupo de pessoas que não tenha participado do negócio jurídico do compromisso, mas tão-somente de, ao se examinar a amplitude da eficácia da decisão arbitral, atender ao pedido colocado na amplitude da arbitragem, que possa ver a condenação estendida em seus efeitos.

4. O comportamento "ultra vires" como desvio de finalidade

Cabe, neste momento da exposição, induzir o árbitro a meditar sobre as razões da formação da pessoa jurídica, seus objetivos sociais e a conseqüente possibilidade da aplicação das teoria *ultra vires*.

Quanto ao relacionamento que se possa fazer entre a desconsideração e a teoria *ultra vires*, convém relembrar, com Alexandre Couto Silva, que "a pessoa jurídica age por intermédio de atos que se exteriorizam através daqueles praticados pelos diretores e administradores, que, como pessoas naturais, também são sujeitos de direitos e obrigações com capacidade para agir em nome próprio ou da sociedade. A teoria *ultra vires* funda-se no objeto social (especificado no contrato ou nos estatutos sociais), englobando a atividade e o fim, que é sempre o lucro. Os atos *ultra vires* serão quando estiverem em desacordo

---

10. Jorge Americano, *Do Abuso do Direito no Exercício da Demanda*, São Paulo, Saraiva, 1932, p. 32.
11. Idem, p. 39.

com a atividade ou a finalidade da empresa, quando incorrerem em violação aos estatutos ou contratos sociais, ou quando não forem expressamente autorizados pelos estatutos por serem dispensáveis à realização do objeto social".[12] É o caso do art. 1.015 do Código Civil de 2002, em especial seu parágrafo único. Neste caso caberá ao árbitro aquilatar da possibilidade de se valer do art. 50 do mesmo Código para estender o cumprimento da condenação ao administrador, com fundamento no excesso praticado por ele e admitido nesse dispositivo do parágrafo único do art. 1.015. Não se trata, aqui, a nosso ver, da desconsideração da personalidade jurídica para atingir apenas a figura do sócio, mas a utilização da norma do art. 50 para atingir aquela do administrador, seja ele sócio ou não, tenha sido eleito por assembléia, no contrato social ou em ato separado. Trata-se de um desvio de finalidade praticado pelo órgão administrador da sociedade, além das forças de seu objeto social e quiçá do seu patrimônio, que, assim, não poderia responder pela condenação sem o transbordamento sobre o patrimônio do gestor.

Em seu *Questões de Direito Societário*, Waldírio Bulgarelli relembra que "a teoria *ultra vires*, no campo societário, é de origem anglo-saxônia e não obstante, hoje, se encontre bastante abalada, não só pela amplitude interpretativa como pela corrente organicista, ainda possui seu valor, sobretudo no âmbito das sociedades por ações. Liga-se essa doutrina estreitamente aos limites impostos à sociedade pela cláusula do objeto social".[13] O que nos leva a pensar em desvio de finalidade quando é do árbitro dever de analisar os atos *sub* arbitragem que tenham relação com o comportamento do órgão gestor da sociedade, esquecendo que a sociedade existe para dar cumprimento ao objeto social, elemento subjetivo dos sócios que o desejaram como objetivo da sociedade.

Assim sendo, mais uma vez percebemos que o texto do art. 50 do CC de 2002 não se limita à desconsideração da personalidade jurídica, levando conseqüências às pessoas dos sócios, mas também estendendo os efeitos da sentença à pessoa do administrador pela prática de atos

---

12. Alexandre Couto e Silva, *Aplicação da Desconsideração da Personalidade Jurídica no Direito Brasileiro*, São Paulo, LTr, 1999, p. 147.
13. Waldírio Bulgarelli, *Questões de Direito Societário*, São Paulo, Ed. RT, 1983, p. 1.

em *ultra vires*, uma vez que esta não deixa de ser um desvio de finalidade, a se julgar pela análise da causa de existir da sociedade, regida pelo seu objeto social.

Neste caso se estaria a interpretar conjuntamente os arts. 50 e 1.015 do diploma de 2002, sendo necessário ler com atenção a parte final do primeiro, "os efeitos de certas e determinadas relações de obrigações sejam estendidos aos bens particulares dos administradores", ante os limites do segundo dispositivo.

5. Da confusão patrimonial

Conforme disposto no mencionado art. 50 do CC, para se ter o abuso de direito autorizador da aplicação da norma nele contida, além do desvio de finalidade, para o qual se pode dizer essencial a causa definida no objeto social da sociedade, temos alternativamente de levar em conta também a confusão patrimonial.

Ainda com Alexandre Couto Silva, "outro fato relevante para aplicação da desconsideração é a confusão de ativos e passivos entre sócio e sociedade – como pagamento de contas pessoais do acionista por meio da conta bancária da sociedade, dominação do ativo e passivo da sociedade e situações em que controladora e controlada levam o credor a achar que está tratando com uma sociedade, mas na verdade negocia com outra".[14] Apesar de meramente exemplificativas, as menções do ilustre autor servem de base aos árbitros para julgarem da possibilidade, ou não, de estender os efeitos de suas decisões àqueles que, embora não tendo participado diretamente da convenção arbitral, por esses possam se ver atingidos.

Segundo Marçal Justen Filho: "É abusiva a utilização da pessoa jurídica quando conduzir ao perecimento de um interesse indisponível. Porém nem sempre será abusiva sua utilização quando provocar o perecimento de interesse disponível".[15] E prossegue, mais à frente, o Mestre paranaense: "Quando estão em confronto interesses disponíveis, cabe aos titulares a escolha sobre a defesa de suas prerrogativas ou a

---

14. Alexandre Couto e Silva, *Aplicação da Desconsideração da Personalidade Jurídica no Direito Brasileiro*, cit., p. 151.
15. Marçal Justen Filho, *Desconsideração da Personalidade Societária no Direito Brasileiro*, São Paulo, Ed. RT, 1987, p. 128.

renúncia a elas (...) por tudo isso não basta o simples risco do sacrifício para a desconsideração da personalidade societária, quando colidem interesses disponíveis".

É de se entender, então, que quando se trata de interesses indisponíveis, sobre os quais não cabe arbitragem, nada há que se arbitrar em relação à atitude abusiva do administrador ou do controlador ao induzir o comportamento *ultra vires*, ao passo que, havendo interesses disponíveis, quando cabe a prática da arbitragem sobre controvérsias que versem sobre eles, esta há de ser considerada na apreciação para a conclusão em *ultra vires*. Ainda com Marçal: "A grande complexidade da aplicação da teoria da desconsideração encontra-se no campo dos *interesses disponíveis*, especialmente quando se trata de avaliar a anormalidade no uso da sociedade", definindo a seguir que "abusivo é o uso da pessoa jurídica quando, especificamente, ocorre um desvio dos padrões usuais admitidos e previstos pela comunidade". "Inexistem por isso indicações ou esquemas estáticos, rígidos e genéricos para indicar exaustivamente os casos de desconsideração"[16] (grifos no original).

Estas observações do ilustre professor paranaense são expressas de modo preliminarmente entre, pelo menos, três ramos do Direito: o tributário, o do trabalho e o comercial. No que tange ao direito comercial, Marçal ressalva que a "vinculação à realidade social não é peculiaridade exclusiva da teoria da desconsideração. Muito mais do que isso, é peculiaridade do próprio direito mercantil. Nada há, então, de excepcional na teoria da desconsideração, sob esse ângulo. A incerteza e a fluidez com que se possam localizar na teoria da desconsideração são exatamente as mesmas incerteza e fluidez encontradiças nos demais aspectos do direito comercial".[17]

Ainda no mesmo capítulo, Marçal, entendendo que a confusão patrimonial não deveria ser vista como causa, mas tão-somente como produto ou conseqüência de um abuso na utilização da sociedade, invoca: "Suponham-se duas situações, essencialmente idênticas, onde se verifique, em ambas, confusão patrimonial. A diferença entre as duas situações residiria em que em uma delas ocorreria a insolvência da pessoa jurídica, contrariamente ao que se passa na outra. Ter-se-á que

---

16. Marçal Justen Filho, *Desconsideração da Personalidade Societária no Direito Brasileiro*, cit., p. 133.
17. Idem, p. 134.

reconhecer que se cogitaria de desconsideração da personalidade societária só relativamente à hipótese em que ocorresse a insolvência da pessoa jurídica. Portanto, a simples confusão patrimonial não se configura como requisito da desconsideração".[18] Marçal conduz o leitor à conclusão de que a confusão patrimonial deve ser tomada como indício de abuso do instituto da pessoa jurídica e não necessariamente como caracterizadora do abuso como o pretendeu o legislador do Código Civil de 2002 (art. 50).

A desconsideração não trata de validade de negócio jurídico, em especial o ato jurídico constitutivo de uma sociedade, que recebe legitimamente os efeitos da personificação, que se verão suspensos por causa de um exercício abusivo da faculdade, outorgada pela lei, de constituir validamente uma nova relação patrimônio/pessoa, relação, esta, que define independência subjetiva entre sócios e sociedade.

O exercício abusivo desta técnica jurídica para o desenvolvimento é que poderá induzir o juiz – e conseqüentemente o árbitro – a responsabilizar alguém que esteja limitado nessa responsabilidade pelo fato da personificação da sociedade, isto é, desonerar o patrimônio de sociedade devedora da obrigação, para onerar aquele dos sócios.

Esta mesma visão já nos apresentara José Lamartine Correa de Oliveira,[19] que vê, como nós, que, ao se aplicar a teoria dualista das obrigações àquela da desconsideração, passa-se a responsabilidade para um sócio que não foi quem contraiu a obrigação, mas por ela passa a responder.

6. A coercitividade da abrangência do laudo arbitral

A propósito deste tema, esclarecemos desde logo que não colocamos a expressão "sentença arbitral" propositadamente, pois queremos pensar em ver da coercitividade que a qualidade de sentença dá ao *laudo*, justamente com vista a admitir a coercitividade no aplicar o art. 50 do CC, na sentença arbitral condenatória.

Com a recente alteração havida na lei processual pelo Projeto Athos Gusmão Carneiro, que intencionalmente alterou a sistemática

---

18. Idem, p. 137.
19. José Lamartine Correa de Oliveira, *A Dupla Crise da Pessoa Jurídica*, cit., p. 610.

da execução por título judicial – e nela estão incluídas as sentenças arbitrais –, vemos que, para se não dar azo a pretensões anulatórias, seja pela via ordinária, seja por meio dos embargos à execução ou ao cumprimento de sentença, é necessário analisar a amplitude do fato coercitivo de que se reveste a sentença arbitral, a ponto de poder, ou não, o árbitro entender de aplicar a faculdade que é outorgada ao juiz pelo aludido art. 50.

A matéria da coercitividade do árbitro toma vulto na medida em que deixa ele a prática tão-somente de um juízo equivalente ao processo de conhecimento, às vezes praticado sob o prisma das medidas cautelares, que encontram amparo na Lei 9.307/9196, a possibilidade de tutela antecipada, que nos deixa sempre a pensar na necessidade do pré-julgamento, ainda que efêmero, do mérito e na aplicação eventual da desconsideração da personalidade jurídica, ou outro fato que justifique a abrangência de terceiros que não hajam comparecido ao compromisso, mas que possam vir a ser constrangidos pelos efeitos da sentença arbitral.

Já tivemos oportunidade de mencionar o art. 18 da Lei Marco Maciel, que dá ao árbitro a investidura na condição de juiz de fato e de direito, assim o equiparando ao magistrado em relação aos planos da existência, validade e eficácia do ato jurídico da sentença, em especial no caso arbitral de instância única.

Os efeitos da sentença arbitral se produzem a partir do trânsito do período da jurisdição arbitral, o intervalo que medeia entre o dia da aceitação pelo árbitro, declinando sua independência, até o término do prazo assinado pela lei para os efeitos do questionamento a que se referem o art. 30 e seu parágrafo único da Lei 9.307/1996.

O art. 31 do mesmo diploma ratifica que "a sentença arbitral produz, *entre as partes*, os mesmos efeitos da sentença proferida pelos órgãos do Poder Judiciário e, sendo condenatória, constitui título executivo" (grifos nossos).

Para sua análise, vamos nos valer dos conhecimentos do ilustre jurista Carlos Alberto Carmona,[20] que minuciosamente analisou as modalidades da sentença arbitral, entre declaratória, condenatória ou constitutória, frente à possibilidade de decisões que transcendam os limites subjetivos das partes postulantes.

---

20. Carlos Alberto Carmona, *Arbitragem e Processo*, São Paulo, Atlas, 2004.

Para dar continuidade ao nosso raciocínio sobre a aplicabilidade do art. 50 do CC à arbitragem, cabe também uma incursão aos limites da ordem pública e dos bons costumes.

6.1 Os bons costumes e a ordem pública

Como trata Carmona: "Quando a Lei de Arbitragem foi promulgada, em 1996, muito saudamos o novo diploma legal como um verdadeiro hino à independência dos contratantes, pois a lei ampliava de forma considerável as possibilidades de escolha do contratante. Basta uma vista d'olhos no art. 2º para certificar-se do que digo: as partes têm a liberdade de escolher as regras que pretendem ver aplicadas na hipótese de conflito; podem determinar que o árbitro julgue de conformidade com determinado estatuto; podem apegar-se apenas aos usos e costumes; podem pretender a aplicação dos princípios gerais; e – suma liberdade! – podem afastar a aplicação de todas as leis, outorgando ao julgador poderes para julgar *segundo su leal saber y entender*, ou seja, substituindo as regras postas pelo juízo de eqüidade"[21] (grifos no original).

A amplitude que se focaliza neste momento é aquela do comportamento do árbitro que, frente à lei brasileira, venha a proceder ao seu julgamento estendendo as conseqüências a pessoas que não houvessem participado diretamente do compromisso, mas que, como sócios ou administradores da postulante, em razão da permanente possibilidade de aplicação do art. 50 dentro dos limites da ordem pública e dos bons costumes, devessem saber que a sociedade, ao se valer da arbitragem, assim como da jurisdição estatal, está colocando seus sócios e administradores sob os efeitos da norma do art. 50, mesmo sem participar diretamente do ato, mas com ele se integrando por força do exercício abusivo do instituto da personalidade jurídica, por meio do desvio de função ou da confusão patrimonial em posição essencial para sua existência, validade ou eficácia.

No juízo de eqüidade o árbitro vê-se dispensado de aplicar fundamentos legais, desde que não apresente solução que viole a ordem pública e os bons costumes; contudo, mesmo dentro destes limites lhe

---

21. Carlos Alberto Carmona, *Arbitragem e Processo*, cit., p. 328.

é dado também valer-se de dispositivos legais para formar e justificar seu juízo, como seria o caso da invocação ao art. 50, para proferir laudo de caráter condenatório que atingisse os sócios da pessoa jurídica condenada, desde que se encontrasse nos limites dos requerimentos eventualmente formulados pelas postulantes, na instalação da arbitragem.

A desconsideração não precisará necessariamente ser abrangida pela plenitude da decisão arbitral, mas tão-somente pela parcela que dela resultar e que se veja ocasionada pela abusividade na utilização, pelos sócios da postulante, da pessoa jurídica condenada à obrigação, como reconhecido pela sentença arbitral, necessariamente dentro da amplitude da controvérsia postulada.

Na atitude do juiz ou do árbitro em aplicar o art. 50 do CC de 2002 há a geração de uma subsidiariedade entre sócios e sociedade pela aplicação da teoria da desconsideração da personalidade jurídica.

Como se manifesta Sílvio Venosa: "O abuso da personalidade jurídica deve ser examinado sob o prisma da boa-fé objetiva que deve nortear os negócios jurídicos. Nem sempre deverá ser avaliada com maior profundidade a existência de dolo ou culpa. A despersonalização é aplicação do princípio da eqüidade trazida modernamente pela lei (...) cabe ao juiz avaliar esse aspecto no caso concreto, onerando o patrimônio dos verdadeiros responsáveis, sempre que um injusto prejuízo é ocasionado a terceiros sob o manto escuso da pessoa jurídica".[22]

Na esfera trabalhista, onde de há muito vem causando perplexidade a generalizada extensão da responsabilidade dos encargos para a pessoa de sócios, Alexandre Couto Silva conclui que "o dispositivo do art. 2º da lei trabalhista não consagra a teoria da desconsideração, mas apenas trata da responsabilidade civil das sociedades coligadas, juntamente com a principal, as quais se vêem responsabilizadas solidariamente, valendo dizer que, ao não se tratar de desconsideração, é de se acautelarem os julgadores, inclusive os árbitros, para que os fatos inerentes à responsabilidade civil, reparados por meio de indenização, não são suficientes para implicar na desconsideração, sem, no entanto, deixarem de poder estar cobertas pelos dizeres do art. 50".[23]

22. Sílvio de Salvo Venosa, *Direito Civil*, São Paulo, Atlas, 2003, p. 303.
23. Alexandre Couto e Silva, *Aplicação da Desconsideração da Personalidade Jurídica no Direito Brasileiro*, cit., p. 114.

Isto é, nem toda aplicação da norma do art. 50 do CC é desconsideração, mas deve ser fato decorrente do uso abusivo da personalidade jurídica que implique desvio de finalidade ou confusão patrimonial, acarretada pelo comportamento dos sócios em relação ao comando social, em qualquer área do Direito, inclusive naquelas em que a matéria diga respeito a interesses patrimoniais disponíveis, em que poderemos vê-la aplicada pelo árbitro, nos limites da controvérsia.

7. Conclusão

O escopo a que nos propusemos ao enfrentar este tema, após todas essas considerações, continua o mesmo: atentar para a possibilidade da aplicação das disposições do art. 50 do CC Brasileiro pelo árbitro, uma vez que ele é juiz de fato e de direito, no ditado da Lei 9.307/1996.

Ocorre, no entanto, que mesmo após as considerações anteriores, e ainda que haja atendimento aos princípios gerais de Direito, respeito aos bons costumes e à ordem pública, o árbitro, tendo que se ater à lei e às disposições do negócio jurídico subjacente ensejador da convenção arbitral, poderia estar a exorbitar de sua competência no aplicar a lei, caso ele estendesse os efeitos de sua sentença arbitral condenatória àqueles que, embora legalmente praticantes do abuso de direito na condução da personalidade jurídica, caracterizado pelo desvio de finalidade ou pela confusão patrimonial, não se pudessem ver abrangidos pela decisão, por não se haverem manifestado na instituição do compromisso.

Embora tenhamos examinado que na constituição do sujeito de direito que é a pessoa jurídica, a partir da entrada em vigor da Lei 10.406/2002, seus constituidores, ou os que os vierem a suceder na posição de sócios, em especial os controladores, estariam sujeitos à possibilidade de se verem alvo dos efeitos jurídicos da aplicação do art. 50 de dito diploma legal; embora tenha o árbitro a competência para dizer do direito, como juiz de fato e de direito, conhecendo-o nos limites da controvérsia – limites, estes, postos no ato de instalação da arbitragem –, continua-se argüindo se a ele é dado aplicar este dispositivo legal sem que esteja exorbitando.

Em princípio entendemos que a lei abre-lhe essa oportunidade de, uma vez legitimado para aplicá-la, ou eventualmente autorizado a julgar por eqüidade, vir a aplicar esse dispositivo do Código Civil de 2002, já que, nos limites da prudência, lhe é dado justificar os fundamentos do exercício abusivo do direito na utilização da pessoa jurídica para se eximir da responsabilidade pelas conseqüências do ato antijurídico a que, nessa posição, dera causa. Decide assim, por força da identificação de um dos dois fatos abusivos, a que alude o art. 50 da Lei 10.406/ 2002 ("... abuso de direito, caracterizado pelo desvio de finalidade ou pela confusão patrimonial"), praticados pelo sócio em relação à pessoa jurídica, de que está por trás.

Uma vez que, como nos lembra Sílvio Rodrigues, "pessoas jurídicas são entidades a que a lei empresta personalidade. Isto é, seres que atuam na vida jurídica com personalidade diversa da dos indivíduos que os compõem, capazes de serem sujeitos de direitos e obrigações na ordem civil",[24] que no entanto, de algum modo têm atrás de si, direta ou indiretamente, pessoas naturais que lhes induzem o comportamento quer no exercício desses direitos, quer na assunção e no cumprimento dessas obrigações.

A nosso ver, a aplicação, em sede de arbitragem, do disposto no art. 50 do CC Brasileiro pode ter cabimento não com a amplitude que é dada ao magistrado, mas tão-somente quando aos árbitros couber examinar a possibilidade de conexão entre a posição da postulante e a responsabilidade que decorre ao seu controlador ou coligado por força da relação necessária entre os fatos que decorrem do escopo do negócio analisado na arbitragem, isto é, conexão, sem a qual o desejo das postulantes não seria viabilizado no negócio jurídico subjacente.

A experiente doutrina de Carlos Alberto Carmona nos tem feito meditar sobre essa possibilidade, quando S. Exa., em suas exposições, lembra que o art. 50 só passará a ter aplicabilidade em sede judicial no âmbito da arbitragem quando da propositura das ações a que alude a Lei 9.307/1996.

Nos limites deste trabalho, cabe invocar a prudência de que se valem os juizes togados, de que também se deve valer o árbitro, no sentido de decidir pela aplicação, ou não, da faculdade autorizada pelo art. 50 do CC de 2002.

24. Sílvio Rodrigues, *Direito Civil*, São Paulo, Max Limonad, 1967, p. 92.

Para tanto, é preciso lembrar que a possibilidade de extensão dos efeitos da sentença arbitral a outrem, que não as postulantes, há que constar do objeto, ou amplitude, da controvérsia *sub* arbitragem, sob pena de julgamento fora do pedido, que é o suficiente para enquadrar a sentença arbitral em um dos casos do art. 32 da Lei Marco Maciel.

Isto posto, é de se excluir da competência do árbitro a possibilidade de julgar da extensão dos efeitos do julgado além dos limites da controvérsia colocados na postulação, esperando-se, assim, que seja decidida toda e apenas a controvérsia submetida à arbitragem. Isto é, não é outorgada ao árbitro discricionariedade para ampliar os limites da pretensão, por meio da aplicação do dispositivo em tela, sem que tenha havido, no delineamento da controvérsia, pedido expresso sobre o tema.

Na medida em que não haja pedido específico para ser analisado, concordamos com o ilustre professor Carmona, pela competência tão-somente ao juiz para aplicação do art. 50 do CC. Por outro lado, no entanto, estando inserido nos limites do pedido, poderá caber ao prudente julgamento do árbitro estender os efeitos de sua decisão às pessoas solicitadas pelas partes, que se vejam alvo da participação nas conseqüências da decisão, toda vez que houverem concorrido de modo indispensável para a concretização ou viabilização, mesmo que indireta, do negócio jurídico subjacente, do qual deriva a controvérsia sobre direitos patrimoniais disponíveis, pois se trata de essencialidade.

Tem pleno cabimento no encerramento deste despretensioso trabalho a assertiva de José Rogério Cruz e Tucci, para quem, "não resultando a sentença de simples mecanismo de lógica jurídica, o juiz deverá ter presente, em sua elaboração, os horizontes formais dentro dos quais pode desenvolver o pensamento normativo do legislador, os princípios gerais do Direito que devem nortear a sua consciência e os pressupostos processuais que regulamentam o ato decisório";[25] entre estes últimos entendemos que, em sede de arbitragem, hão de estar presentes os limites da controvérsia fixados no termo de arbitragem, consubstanciando-se nesse fato a possibilidade de vir o árbitro a ser instigado,

---

25. José Rogério Cruz e Tucci, *A Motivação da Sentença no Processo Civil*, São Paulo, Saraiva, 1987, *apud* Bulgarelli, *Problemas do Direito Brasileiro Atual*, Rio de Janeiro, Renovar, 1998, p. 80.

por postulação de interessados, à pratica da fundamentação com base no art. 50 da Lei 10.406/2002.

Ao mesmo tempo em que o árbitro tem o dever de julgar todo o pedido, tem ele também o dever de fundamentar sua eventual decisão extensiva dos efeitos do julgamento àqueles que, embora não hajam sido partes no negócio jurídico subjacente à convenção arbitral, para sua existência, validade ou eficácia hão de ter sido indispensáveis.

ARBITRAGEM E GRUPOS DE SOCIEDADES

EDUARDO MUNHOZ

1. Introdução. 2. O caráter contratual da arbitragem no Direito Brasileiro. 3. Grupos de sociedades: pluralidade jurídica "versus" unidade econômica. 4. A experiência internacional. 5. A formação da vontade nos grupos societários. 6. A extensão da convenção de arbitragem a sociedade integrante de grupo societário no Direito Brasileiro. 7. Conclusão.

1. Introdução

1. Hoje não se tem mais dúvida de que, tomando o lugar da sociedade isolada, os grupos societários transformaram-se na principal técnica de organização da empresa.[1]

Caracterizam-se os grupos de sociedades pela *diversidade jurídica* aliada à *unidade econômica* – ou seja, a *diversidade* na *unidade*.[2] Dissociam-se, assim, *sociedade* e *empresa*, resultando na chamada *em-*

---

1. "Em suma, qualquer que seja o plano escolhido da realidade econômica moderna (nacional ou internacional, aí incluído o comunitário), somos invariavelmente confrontados com uma transformação nodal da função econômica e do comportamento da empresa societária, que, exibindo uma tendência irreversível para o seu progressivo apagamento individual em favor da emergência de unidades econômico-organizacionais multissocietárias, operaria aquilo que René Rodière cunhou de 'passagem da era atomística à era molecular do direito das sociedades'" (J. Engrácia Antunes, *Os Grupos de Sociedades – Estrutura e Organização Jurídica da Empresa Plurissocietária*, Coimbra, Livraria Almedina, 1993, p. 36).
2. Comparato, em passagem plena de significado metafórico, acentua que, "doravante, a macrocompanhia passava a ser substituída pelo grupo de empresas, assegurando, como no mistério da Santíssima Trindade, a unidade na diversidade" (Fábio Konder Comparato, "Os grupos societários na nova Lei de Sociedade por Ações", *Ensaios e Pareceres de Direito Empresarial*, Rio de Janeiro, Forense, 1998, pp. 194-195).

presa *plurissocietária*, cujas antecessoras históricas foram a *empresa individual* (direito do comerciante individual) e a *empresa societária* (direito das sociedades comerciais).

A afirmação do grupo de sociedades como o mais importante protagonista do atual sistema econômico decorre, fundamentalmente, de sua capacidade de aliar a necessidade de contínua expansão e concentração às exigências de flexibilidade e diversificação funcional, setorial e geográfica impostas pela economia globalizada.

Em razão da *diversidade jurídica*, o grupo permite a adoção de múltiplas estruturas organizacionais, em escala mundial, capazes de rápidas modificações (inclusive desmobilização de capitais), segundo os desejos dos mercados consumidores, com limitação dos riscos à órbita de cada unidade.

Em razão da *unidade econômica*, o grupo propicia a concentração do poder empresarial, indispensável para a obtenção de economias de escala, para o investimento em pesquisa e em desenvolvimento de novos produtos e para arcar com os altos custos de distribuição e de publicidade, em escala mundial.

Nesse sentido, os grupos de sociedades, em suas múltiplas formas, podem ser havidos como a estrutura jurídica adequada ao sistema da *especialização flexível*, apontado por José Eduardo Faria como o paradigma técnico-industrial da *economia globalizada*.[3]

Como tive oportunidade de observar,[4] a afirmação dos grupos societários como a principal técnica de organização da empresa levou o modelo societário clássico a um estado de crise, de absoluta inadequação com a realidade econômica e social. Isso porque os grupos põem em xeque os pilares do modelo clássico de sociedade. A personalidade jurídica assenta-se na autonomia da sociedade, pressupondo a existência de estruturas organizacionais e patrimoniais próprias, voltadas à consecução de um interesse independente (interesse social). Com o fenômeno dos grupos e as múltiplas manifestações do poder empresa-

3. José Eduardo Faria, *O Direito na Economia Globalizada*, 1ª ed., 4ª tir., São Paulo, Malheiros Editores, 2004, pp. 78 e ss.
4. Procurei estudar o fenômeno dos grupos de sociedades e seus efeitos em relação aos pilares do atual direito societário em Eduardo S. Munhoz, *Empresa Contemporânea e Direito Societário – Poder de Controle e Grupos de Sociedades*, São Paulo, Juarez de Oliveira Editor, 2002.

rial, a regra vigente é a da confusão organizacional e patrimonial entre as diversas sociedades, cujos interesses aparecem subordinados aos de uma sociedade controladora ou do grupo globalmente considerado. O fenômeno da empresa plurissocietária, porém, não afeta apenas o direito societário, espraiando sua influência para os mais diversos ramos do Direito. O objetivo do presente trabalho é estudar uma importante questão suscitada pelos grupos societários no que respeita ao instituto da arbitragem: a possibilidade, ou não, da "extensão"[5] da convenção de arbitragem a sociedades não-signatárias do contrato que a estipulou, mas integrantes do mesmo grupo societário de uma das signatárias.

2. De um lado, viu-se que os grupos de sociedades constituem um fenômeno de alta relevância no mundo contemporâneo; de outro, também não se tem dúvida de que a arbitragem, mesmo em nosso país, onde o desenvolvimento do tema sofreu considerável atraso em relação a outros,[6] vem se transformando num instrumento de fundamental importância para a solução dos conflitos empresariais.

Já na década de 1980 José Carlos de Magalhães e Luiz Olavo Baptista[7] apontavam a irreversível tendência à utilização da arbitragem no comércio internacional como meio alternativo à solução judicial – movimento ao qual o Brasil não poderia ficar alheio. De fato, o advento da Lei 9.307/1996 (cujo aniversário de 10 anos agora se comemora) e a célebre decisão do STF (Agravo Regimental na Sentença Estrangeira/AgRg na SE 5.206-7, Reino da Espanha, *DJU* 19.4.2001[8]) que reconheceu a constitucionalidade de seus dispositivos abriram ca-

---

5. Empregou-se "extensão" entre aspas porquanto, conforme será abordado adiante, não se cuida propriamente de uma extensão da convenção de arbitragem a terceiro que com ela não consentiu, mas sim de determinar as partes que efetivamente manifestaram sua vontade no sentido de se submeter ao juízo arbitral. No decorrer do texto, a partir deste ponto, será utilizado o termo "extensão" sem aspas, devendo-se sempre ter em conta, porém, a observação constante desta nota.
6. Até a edição da Lei 9.307/1996, dois eram os grandes obstáculos que a lei brasileira criava para a utilização da arbitragem: o não-reconhecimento da cláusula compromissória e a exigência de homologação do laudo arbitral (cf. Carlos Alberto Carmona, *Arbitragem e Processo – Um Comentário à Lei 9.307/1996*, São Paulo, Malheiros Editores, 1998, p. 17).
7. José Carlos de Magalhães e Luiz Olavo Baptista, *Arbitragem Comercial*, Rio de Janeiro, Freitas Bastos, 1986.
8. Disponível na Internet: *www.stf.gov.br* (acesso em 2.5.2006).

minho para inserir o Brasil no contexto internacional de utilização cada vez mais freqüente da arbitragem.

O Min. Ilmar Galvão, do STF, no voto-vista que prolatou no referido julgamento, bem resumiu as virtudes que justificam o sucesso do instrumento da arbitragem no comércio internacional, em passagem que merece ser destacada: "Trata-se de instrumento, com efeito, que tem alcançado inegável sucesso nos países desenvolvidos, mercê das inúmeras virtudes que exibe, como a informalidade, o sigilo, a possibilidade de julgamento por eqüidade e, sobretudo, a entrega de decisões a técnicos qualificados e especializados e a rapidez no encontro das soluções perseguidas. Na verdade, a acolhida não poderia ser diferente, num mundo em que se acentuam, em ritmo vertiginoso, a complexidade e o vulto dos variados aperfeiçoamentos colocados pela técnica a serviço da sociedade, fatores que vêm pondo a desnudo cada vez mais a insuficiência das Ciências Sociais, como o Direito, para lidarem com o problema representado pelas controvérsias decorrentes de sua utilização, mas também principalmente a impossibilidade de mais tolerância com o crônico arrastar, por anos a fio, e não por raro por décadas, dos processos judiciais iniciados com vista à superação de tais dificuldades, com incalculáveis prejuízos decorrentes de retardamentos, não raro intermináveis, na prestação dos serviços visados, suscetíveis de inviabilizar o próprio empreendimento. A nova Lei n. 9.307/1996, sem dúvida, significa uma tentativa de inserir neste contexto o nosso país, até agora arredio ao instituto".[9]

Nesse contexto, não é difícil reconhecer a importância considerável de que se reveste o estudo das questões suscitadas do encontro entre os grupos societários e a arbitragem. Como salientou O. Caprasse, "a concentração das sociedades em nível internacional e o maior papel da arbitragem nos litígios internacionais explicam a potencial freqüência com a qual essa dificuldade é suscetível de se apresentar".[10]

Embora não se trate da única questão polêmica, talvez a que apresenta maior relevância, ou que com maior freqüência desafia a aprecia-

---

9. AgRg na SE 5.206-7, *DJU* 19.12.2001 (disponível na Internet: *www.stf.gov. br*, acesso em 2.5.2006).

10. O. Caprasse, "A arbitragem e os grupos de sociedades", *Revista de Direito Bancário, do Mercado de Capitais e da Arbitragem* 21/343, Ano 6, São Paulo, Ed. RT, 2003 (trad. de Vera Galíndez).

ção dos árbitros e do Poder Judiciário, refere-se à possibilidade de estender a convenção de arbitragem a uma sociedade não-signatária, integrante de um grupo de sociedades. A conjugação dos princípios (1) da autonomia das sociedades, (2) do caráter consensual da arbitragem e (3) da relatividade dos contratos parece indicar, à primeira vista, a completa impossibilidade de tal extensão.

Como se verá adiante, porém, a doutrina e a jurisprudência internacionais há décadas se têm defrontado com o problema, reconhecendo, em determinadas situações, a viabilidade da imputação da convenção de arbitragem a uma sociedade não-signatária, mas integrante de um grupo de sociedades a que pertence uma das signatárias da avença.

No Brasil o tema ainda foi pouco estudado, merecendo destaque os estudos pioneiros do professor Arnoldo Wald.[11] Este trabalho visa, justamente, a contribuir com o debate, procurando examinar se a extensão da arbitragem a uma sociedade não-signatária da convenção, mas integrante do mesmo grupo societário de uma sociedade que o firmou, é compatível com o Direito Brasileiro.

2. O caráter contratual da arbitragem no Direito Brasileiro

3. O instituto da arbitragem tem fundamento contratual. Daí sua caracterização, no Direito Brasileiro, como um *negócio jurídico processual*, "eis que a vontade manifestada pelas partes produz desde logo efeitos (negativos) em relação ao processo estatal e (positivos) em relação ao processo arbitral (já que, com a cláusula, atribui-se jurisdição aos árbitros)".[12]

O caráter consensual da arbitragem está expresso no art. 1º da Lei 9.307/1996, que estabelece como requisitos para sua admissão: (1) a *capacidade de contratar* e (2) a delimitação dos *direitos patrimoniais*

---

11. Arnoldo Wald, "Algumas aplicações da *lex mercatoria* aos contratos internacionais realizados com empresas brasileiras", in L. O. Baptista, H. M. Huck, e P. B. Casella (orgs.), *Direito e Comércio Internacional: Tendências e Perspectivas – Estudos em Homenagem a Irineu Strenger*, São Paulo, LTr, 1994, p. 306; "A arbitragem, os grupos societários e os conjuntos de contratos conexos", *Revista de Arbitragem e Mediação* 2/31, Ano 1, São Paulo, Ed. RT, 2004.

12. Carlos Alberto Carmona, *Arbitragem e Processo – Um Comentário à Lei 9.307/1996*, cit., p. 82.

disponíveis. O mesmo se verifica no art. 4º da lei, pelo qual "a cláusula compromissória é a convenção através da qual as partes em um contrato comprometem-se a submeter à arbitragem os litígios que possam vir a surgir relativamente a tal contrato".

A arbitragem caracteriza-se, portanto, por constituir um meio alternativo à solução de conflitos, ao qual as partes decidem aderir por vontade própria. Trata-se de corolário da liberdade contratual, segundo a qual as partes podem, em determinada relação jurídica contratual concernente a direitos patrimoniais disponíveis, obrigar-se a solucionar os eventuais litígios por meio de arbitragem, renunciando, assim, à jurisdição estatal.

Essa questão foi examinada com particular profundidade no Brasil, em vista de o STF, no *leading case* antes referido, ter apreciado a compatibilidade dos arts. 6º, parágrafo único, 7º, 41 e 42 da Lei 9.307/1996, que conferem exeqüibilidade à cláusula compromissória, com o princípio da universalidade da jurisdição, consagrado como garantia individual fundamental pelo texto constitucional (art. 5º, XXXV).

O Min. Sepúlveda Pertence, em seu voto, defendeu a inconstitucionalidade dos referidos dispositivos legais, por entender que a aludida garantia constitucional restringiria a autonomia da vontade, proibindo a renúncia *em abstrato* do direito de ação, como ocorreria, a seu ver, no caso da cláusula compromissória. O pensamento do Min. Pertence está bem sintetizado na seguinte passagem de seu voto: "Ora, essa impossibilidade não a pode suprir a lei ordinária, sem ferir a garantia constitucional de que 'a lei não excluirá da apreciação do Poder Judiciário lesão ou ameaça a direito'. Se não a transgride o compromisso é porque, por força dele, são os próprios titulares dos interesses objeto de uma lide já concretizada que, podendo submetê-la à jurisdição estatal, consentem em renunciar à via judicial e optar pela alternativa da arbitragem para solucioná-la. E só para isso. Na cláusula compromissória, entretanto, o objeto dessa opção, posto que consensual, não são lides já determinadas e concretizadas, como se dá no compromisso: serão lides futuras e eventuais, de contornos indefinidos (...). A renúncia, com força definitiva, que aí se divisasse à via judicial já não se legitimaria por derivação da disponibilidade do objeto do litígio, que pressupõe a sua determinação, mas, ao contrário, consubstanciaria renúncia genérica, de objeto indefinido, à garantia constitucional de acesso à jurisdição, cuja validade os princípios repelem".[13]

O Min. Nelson Jobim, de outra parte, acompanhado pela maioria de seus pares, defendeu que a exeqüibilidade da cláusula compromissória é compatível com o texto constitucional, na medida em que ela se situa no campo da liberdade contratual. Vale dizer: tendo em conta uma determinada relação jurídica (relativa a direitos patrimoniais disponíveis), as partes podem, pela sua própria vontade, optar por não solucionar os litígios que dela decorram por meio da jurisdição estatal, mas sim por intermédio de arbitragem. Trata-se do exercício de uma faculdade, que não é obstada pela referida garantia constitucional, a qual tem como destinatário o legislador. O art. 5º, XXXV, da CF, sob essa perspectiva, impede o legislador de restringir o acesso à jurisdição, mas não impede os particulares de, por sua própria vontade, optarem por submeter ao juízo arbitral a solução de litígios derivados de uma determinada relação jurídica contratual, concernentes a direitos patrimoniais disponíveis.

O entendimento firmado pelo STF a respeito da matéria encontra-se bem sintetizado na seguinte passagem do voto-vista prolatado pelo Min. Néri da Silveira: "Pois bem, diante do disposto no art. 5º, XXXV, da Constituição, parece fora de dúvida de que nem a cláusula compromissória nem o compromisso arbitral, enquanto modalidades de convenção de arbitragem, podem ser impostos pela lei, eis que conduzem a soluções de litígios subtraídas ao Poder Judiciário, o que, para tanto, há de resultar da expressa vontade das partes e jamais da imposição da lei. Com efeito, não caberá instaurar-se juízo arbitral senão com o consenso das partes no sentido de sujeitar o litígio à decisão definitiva de um juízo particular, extrajudicial, constituído pela vontade das partes interessadas e segundo a convenção celebrada. O instituto da arbitragem está, assim, baseado, fundamentalmente, na vontade das partes".[14]

A vontade livremente manifestada é o fundamento, portanto, da arbitragem, como reconhecido não apenas no Brasil, mas também nos

---

13. AgRg na SE 5.206-7, *DJU* 19.12.2001 (disponível na Internet: *www.stf.gov.br*, acesso em 2.5.2006).
14. AgRg na SE 5.206-7, *DJU* 19.12.2001 (disponível na Internet: *www.stf.gov.br*, acesso em 2.5.2006).

demais países,[15] sendo particularmente relevante entre nós, porém, na medida em que, ante a ausência clara e inequívoca do consentimento, a instituição da arbitragem esbarra em vedação de ordem constitucional, que assegura a todos o acesso à jurisdição estatal (art. 5º, XXXV, da CF).

Diante dessas considerações, poder-se-ia afirmar, sem aprofundar o estudo, que a extensão da convenção de arbitragem a uma parte formalmente não-vinculada ao acordo, mesmo que integrante de um grupo societário, encontraria como obstáculo intransponível o princípio constitucional da universalidade de acesso à jurisdição. Essa conclusão partiria, porém, da concepção do grupo societário como um conjunto de sociedades-pessoas jurídicas autônomas e independentes – paradigma, aliás, adotado pela lei societária brasileira, ao disciplinar os chamados grupos de fato (Capítulo XX da Lei 6.404/1976). É preciso, no entanto, para uma melhor compreensão das questões envolvidas nos litígios concernentes aos grupos de sociedade, examinar, mais de perto, as características nucleares desse instituto.

3. Grupos de sociedades: pluralidade jurídica "versus" unidade econômica

4. A qualificação jurídica dos grupos de sociedades tem apresentado enorme dificuldade, pois a noção econômica de "grupo" não é facilmente reconduzida a uma definição jurídica que, ao mesmo tempo, seja clara e precisa, atendendo ao valor da certeza, e suficientemente ampla, de modo a abranger as múltiplas formas pelas quais se organiza a realidade empresarial. A dificuldade em estabelecer uma definição jurídica para os grupos pode ser apontada como uma das causas da inexistência de uma regulação específica sobre a matéria na maioria dos países, a despeito de sua forte presença, há várias décadas, na vida econômica.[16]

---

15. Diante do inequívoco caráter consensual da arbitragem no Direito Brasileiro e dos objetivos do presente estudo, a questão deixou de ser examinada à luz do Direito Comparado. Vale observar, porém, que também no Direito Comparado se reconhece o caráter contratual da arbitragem. A esse respeito, v. O. Caprasse, "A arbitragem e os grupos de sociedades", cit., *Revista de Direito Bancário, do Mercado de Capitais e da Arbitragem* 21/343.

16. Têm leis específicas sobre grupos, entre outros, Alemanha, Brasil, Portugal e Hungria. A maioria dos países não oferece, porém, regulação própria para a matéria,

A doutrina atual parece convergir, de toda sorte, para o reconhecimento de que a *direção unitária* constitui o elemento central dos grupos societários.[17] Esse é o critério utilizado pela lei acionária alemã, de 1965, que foi adotado no projeto de sociedade anônima européia, de 1970, e na proposta de lei de regulação dos grupos, apresentada pelo deputado Cousté, na França.[18] É bem verdade que a *direção unitária* não pode ser considerada um conceito unívoco, mas ela permite identificar, com melhor propriedade, o grupo de sociedades em atuação.

Segundo A. Petitpierre-Sauvain,[19] a existência de uma sociedade, mesmo de uma sociedade simples, pressupõe que recursos sejam postos em comum, para a realização de um determinado fim. Da mesma forma, para que o grupo de sociedades possa ser considerado juridicamente relevante é preciso que seus membros tenham algo em comum; não se exige a presença de um interesse comum, como à primeira vista se poderia imaginar, mas de uma política geral, de uma organização global da atividade econômica dos vários membros. A partir desse enfoque, segundo a autora suíça, seria possível entrever um interesse do grupo, assim entendido como o interesse na orientação da atividade empresarial de seus membros.[20]

como é o caso dos Estados Unidos, da Inglaterra e da França. A esse respeito, cf. J. E. Antunes, *Os Grupos de Sociedades – Estrutura e Organização Jurídica da Empresa Plurissocietária*, cit., p. 15.

17. J. E. Antunes, *Os Grupos de Sociedades – Estrutura e Organização Jurídica da Empresa Plurissocietária*, cit., p. 85, com indicação de vasta bibliografia na nota de rodapé 171.

18. Idem, p. 86, nota de rodapé 171.

19. A. Petitpierre-Sauvain, *Droit des Sociétés et Groupes de Sociétés*, Genebra, Georg, 1972, p. 36. Vale destacar a seguinte passagem: "Cependant à travers les diverses formes de cette organization un véritable 'but social' apparaît: le but du groupe est la coordination de l'activité économique de ses membres. Pour cela, il est nécessaire qu'un pouvoir plus ou moins centralisé soit en mesure: a) d'une part de définir l'orientation générale du groupe; b) d'autre part d'assurer le respect de la politique générale ainsi définie" (ibidem).

20. O reconhecimento de que todo grupo, ainda que de natureza descentralizada ou de coordenação, tem um interesse comum contribui para enxergar no fenômeno uma relação de natureza societária ou, pelo menos, de natureza plurilateral associativa, como sustenta Comparato: "A nosso ver, o grupo econômico constitui, em si mesmo, uma sociedade. Os três elementos fundamentais de toda relação societária – a saber, a contribuição individual com esforços ou recursos, a atividade para lograr fins comuns e a participação em lucros ou prejuízos – encontram-se em todo grupo" (*O Poder de Controle na Sociedade Anônima*, p. 290).

Nessa ordem de idéias, o grupo pressupõe necessariamente o exercício de um poder, mais ou menos centralizado, de definir a orientação de seus membros e de assegurar o respeito à política geral assim definida. Tem-se aí o conceito de *direção unitária*, que deve estar presente em todos os grupos de sociedades.

É inegável, porém, que ainda paira na lei, na doutrina e na jurisprudência grande incerteza quanto à definição jurídica da direção unitária e, por conseqüência, do próprio grupo societário. A dificuldade está em encontrar o conteúdo mínimo de concentração da decisão empresarial nas mãos de outra sociedade que pode ser considerado suficiente para caracterizar a direção unitária e, portanto, a relação grupal.

Numa concepção estrita, reconhece-se a presença da direção unitária desde que a gestão financeira das sociedades seja unificada. Basta, portanto, que haja direção central quanto à área de finanças das empresas do grupo para que se possa identificar a direção unitária. Parte essa corrente doutrinária de que, se as competências em matéria de gestão financeira são indelegáveis pelos administradores de uma sociedade isolada para escalões inferiores, o fato de serem centralizadas em outra sociedade constitui o elemento necessário e suficiente para que seja reconhecida a direção unitária. Outra corrente defende uma concepção ampla da direção unitária, entendendo que apenas a centralização da gestão financeira não é suficiente para sua caracterização. Além da área financeira, é preciso que exista um poder de direção central sobre alguma outra área funcional das sociedades, como a de vendas, a de desenvolvimento de tecnologias e novos produtos, a de organização e logística, de modo que a sociedade isolada perca sua individualidade econômica.[21]

Essas ponderações demonstram ser inviável chegar a uma definição precisa, com exatidão matemática, do conteúdo mínimo da direção unitária. Trata-se de um conceito jurídico aberto,[22] que confere ao juiz uma certa latitude de interpretação na análise das variadas situações

---

21. Sobre ambas as correntes doutrinárias (ampla e estrita) formadas a respeito da direção unitária, v. J. E. Antunes, *Os Grupos de Sociedades – Estrutura e Organização Jurídica da Empresa Plurissocietária*, cit., p. 94.

22. Sobre os conceitos jurídicos abertos (ou indeterminados) e sua aplicação pelo operador do Direito, v. E. R. Grau, *Direito, Conceitos e Normas Jurídicas*, São Paulo, Ed. RT, 1988, pp. 72 e ss.

concretas que caracterizam o fenômeno grupal. Entender como direção unitária o poder de definir uma orientação administrativa geral para os integrantes do grupo, afetando, em maior ou em menor grau, sua independência econômica, parece atender a esse objetivo, sem descurar do valor da certeza jurídica. Com a evolução jurisprudencial, a interpretação desse conceito pode ser iluminada pelos critérios objetivos, utilizados em cada caso concreto e a cada momento histórico, para identificar o fenômeno.

Importante é que, para definir a relação jurídica de grupo, é indispensável a presença de uma centralização mínima da política administrativa das empresas associadas, a qual leve à perda de sua independência econômica. Somente então fica-se diante da *unidade econômica* na *diversidade jurídica*, característica fundamental dos grupos, da qual decorre sua relevância econômica e jurídica. Como escreve A. Petitpierre-Sauvain, "en l'absence d'un tel pouvoir, on aura une juxtaposition d'entreprises plus ou moins reliées financièrement, mais agissant de façon indépendante. Un groupe sans une direction unifiée ne constitue une entité particulière ni du point juridique, ni du point de vue économique".[23]

Assim, é a partir da idéia de *unidade econômica* na *diversidade jurídica* que se pode chegar a uma noção unívoca do fenômeno; são múltiplas, porém, as formas de sua manifestação, expressando diferentes níveis de unificação empresarial.

5. Numa primeira grande classificação, devem-se distinguir os grupos de subordinação, unificados pelo controle, dos grupos de coordenação, dirigidos de forma unitária, mas sem o requisito da subordinação de uma sociedade a outra. Mesmo a categoria do grupo de subordinação está longe de ser uniforme. Isso porque as estruturas organizacionais adotadas na realidade empresarial assumem infinitas formas, envolvendo níveis variados de concentração de poder e de integração empresarial e, por conseqüência, de interferência na autonomia jurídica das sociedades integrantes dos grupos.

Essa diversidade de manifestações pode ser sintetizada na disputa entre os vetores da *unidade empresarial* e da *autonomia* das sociedades. Há grupos extremamente centralizados, nos quais a integração

---

23. A. Petitpierre-Sauvain, *Droit des Sociétés et Groupes de Sociétés*, cit., p. 36.

empresarial é total, havendo um controle absoluto das atividades desenvolvidas pelas diversas sociedades, cujos interesses são subordinados aos da controladora, ou do grupo como um todo. Por outro lado, há grupos descentralizados, nos quais as sociedades mantêm em grande parte a autonomia, não apenas jurídica, mas econômica.[24]

Tal é a variedade de formas de organização na realidade concreta que J. E. Antunes conclui: "The enquiry into the concrete balance between autonomy and control and the distinction between centralization and decentralization can only be objectively and meaningfully made regarding a concrete parent-subsidiary relationship (and not in general for the whole group and for all parent-subsidiary relations) and a concrete act or business decision (and not regarding all business operations or functional areas of the subsidiary)".[25]

Essa multiplicidade de estruturas organizacionais, que variam ao longo do tempo, inclusive no âmbito da mesma empresa, constitui, certamente, o maior obstáculo para a construção de uma disciplina jurídica dos grupos. Como se verá, o reconhecimento dessa multiplicidade de espécies de grupos é fundamental para apreciar a possibilidade de extensão da convenção de arbitragem a um membro do grupo não formalmente a ela vinculado, objeto de preocupação do presente trabalho.

4. A experiência internacional

6. Definir se uma convenção de arbitragem pode produzir efeitos em relação a uma sociedade não-signatária integrante de um grupo de sociedades, tendo-a assinado outra sociedade do grupo, é uma questão com que freqüentemente se defrontam os árbitros.

A jurisprudência arbitral internacional a respeito do tema desenvolveu-se, sobretudo, nos últimos 20 anos, acompanhando o movimento intenso e contínuo de concentração empresarial verificado nesse período, que se baseou, principalmente, na técnica de formação de grupos de sociedades.

24. Cf. E. S. Munhoz, *Empresa Contemporânea e Direito Societário – Poder de Controle e Grupos de Sociedades*, cit., p. 120.
25. J. Engrácia Antunes, *Liability of Corporate Groups: Autonomy and Control in Parent-Subsidiary Relationships in US, German and EU Law: an International and Comparative Perspective*, Boston, Kluwer Law and Taxation Publishers, 1994, p. 204.

O caso-paradigma, que abriu caminho para o desenvolvimento da jurisprudência arbitral, tantas vezes citado nos estudos sobre a matéria, é o que envolveu as sociedades "Isover Saint-Gobain *vs.* Dow Chemical" (Caso CCI 4.131, de 1982[26]). O Tribunal Arbitral foi composto pelos prestigiados professores Berthold Goldman, Michel Vasseur e Pieter Sander, que assim sumularam sua decisão: "(...) the arbitration clause expressly accepted by certain of the companies of the group should bind the other companies which, by virtue of their role in the conclusion, performance, or termination of the contracts containing said clauses, and in accordance with mutual intention of all parties to the proceedings, appear to have been veritable parties do these contracts or to have been principally concerned by them and the disputes to which they may give rise".[27]

Posteriormente, a *Cour d'Appel* de Paris rejeitou recurso de anulação contra a sentença arbitral interposto pela Isover-Saint Gobain, mantendo a decisão dos árbitros. Caprasse assim comenta a referida decisão: "A *Cour d'Appel* de Paris rejeitou o recurso visando à anulação da sentença apresentado pela sociedade Isover-Saint-Gobain, considerando que 'por uma interpretação soberana das convenções (...) os árbitros julgaram, depois de uma motivação pertinente e isenta de contradição, que (...) Dow Chemical e X foram partes das convenções, embora não as tenham materialmente assinado', e 'que eles também recorreram acessoriamente à noção de grupo de sociedades, cuja existência, como uso do comércio internacional, não é seriamente contestada'".[28]

Jean-Jacques Arnaldez, ao comentar o Caso CCI 7.155, de 1993, salienta que o conjunto de decisões arbitrais e judiciais sobre o assunto teve "le mérite de dégager progressivement des critères permettant aux arbitres de s'affranchir d'un formalisme lié à la signature du contrat, tout en respectant la sécurité des transactions, et de statuer à l'égard de tous ceux qui par leur participation ou leur comportement

---

26. V. comentários sobre tal decisão em: O. Caprasse, "A arbitragem e os grupos de sociedades", cit., *Revista de Direito Bancário, do Mercado de Capitais e da Arbitragem* 21/347; A. Wald, "A arbitragem, os grupos societários e os conjuntos de contratos conexos", cit., *Revista de Arbitragem e Mediação* 2/33.

27. *Collection of ICC Arbitral Awards 1974-1985*, Kluwer, p. 151.

28. O. Caprasse, "A arbitragem e os grupos de sociedades", cit., *Revista de Direito Bancário, do Mercado de Capitais e da Arbitragem* 21/348.

lors de la conclusion du contrat ou son exécution son liés par la convention d'arbitrage sans l'avoir signée".[29]

São, de fato, inúmeras as decisões arbitrais e judiciais que poderiam ser citadas a respeito do assunto, ora para reconhecer a produção de efeitos da convenção de arbitragem em relação a sociedade não-signatária integrante de grupo de sociedades, ora para recusar tal possibilidade.[30] O exame dessas decisões fugiria aos objetivos do presente trabalho, para o qual parece suficiente a conclusão de que, hoje, está consolidado na jurisprudência arbitral internacional o entendimento de que, presentes determinados requisitos, é possível estender a convenção da arbitragem a uma sociedade que, embora integrante de um grupo societário, não tenha participado formalmente do vínculo contratual.

A tendência dominante é no sentido de considerar que a mera existência do grupo de sociedades não é suficiente para tal extensão da cláusula arbitral, sendo indispensável aos árbitros examinar, em cada caso concreto, a vontade e o comportamento das partes.[31]

7. Depois de analisar diversas decisões arbitrais e judiciais da experiência internacional, Arnoldo Wald assim resume os requisitos para a extensão da convenção de arbitragem: "a) a sociedade tem que ter desempenhado um papel ativo nas negociações das quais decorreu o acordo no qual consta a cláusula compromissória; b) a sociedade tem que ter sido envolvida, ativa ou passivamente, na execução do contrato no qual consta a cláusula compromissória; c) a sociedade tem que ter sido representada, efetiva ou implicitamente, no negócio jurídico".[32] Ante a presença de um dos referidos requisitos, a extensão da convenção de arbitragem seria possível.

29. *Collection of ICC Arbitral Awards 1996-2000*, Kluwer, p. 454.
30. Interessante análise dessa jurisprudência pode ser encontrada em A. Wald, "A arbitragem, os grupos societários e os conjuntos de contratos conexos", cit., *Revista de Arbitragem e Mediação* 2; O. Caprasse, "A arbitragem e os grupos de sociedades", cit., *Revista de Direito Bancário, do Mercado de Capitais e da Arbitragem* 21; J. J. Arnaldez, Y. Derains e D. Hascher, *Collection of ICC Arbitral Awards 1996-2000*, cit. e, dos mesmos autores, *Collection of ICC Arbitral Awards 1991-1995*, Kluwer.
31. Cf. comentários ao Caso CCI 7.155, de 1993, *Collection of ICC Arbitration Awards 1996-2000*, cit., p. 454.
32. A. Wald, "A arbitragem, os grupos societários e os conjuntos de contratos conexos", cit., *Revista de Arbitragem e Mediação* 2/36.

Dessa perspectiva, a existência do grupo societário constituiria, no máximo, um indício da participação da sociedade não-signatária na convenção da arbitragem, podendo levar a uma presunção relativa dessa participação. A eficácia, no entanto, da convenção da arbitragem em relação à parte integrante do grupo não-signatária do contrato que a estipulou depende, fundamentalmente, da análise da vontade e do comportamento da sociedade no caso concreto.

Nos comentários ao Caso CCI 7.604, de 1995, D. Hascher observa que, segundo a sentença arbitral proferida no caso, reveladora de uma tendência dos juízos arbitrais, a identificação da existência de um grupo de sociedades constitui a primeira condição para a extensão da convenção de arbitragem, mas esta somente se faz possível em vista da investigação da real intenção das partes no momento da celebração do negócio, do seu comportamento durante sua execução; enfim, a partir da análise da vontade e do comportamento das partes no caso concreto, de modo a evitar a artificial extensão da cláusula compromissória a uma pessoa jurídica que não participou do negócio, ou seja, que não consentiu com sua estipulação.[33]

Daí afirmar O. Caprasse que não se trata propriamente de uma "extensão" da cláusula arbitral, o que não seria admissível em vista do fundamento contratual do instituto, mas sim de identificar aqueles que, materialmente, são partes no negócio jurídico que a estipulou: "É porque não se pode falar de 'extensão' da cláusula no sentido estrito. Não se trata de estender a cláusula a pessoas que não foram partes, mas tão-somente de determinar quais são essas partes".[34] É condição fundamental, portanto, para a vinculação de uma parte não-signatária à cláusula arbitral a apuração de sua vontade.

---

33. "L'existence d'un groupe de société n'est pas une condition suffisante pour retenir dans l'arbitrage l'ensemble des sociétés du groupe (Sent. CCI, 1993, n. 715, *JDI* 1996, p. 1.037, obs. J. J. Arnaldez), mais, comme le relève le professeur Ch. Jaronsson, 'un indice permettant d'envisager plus facilement l'extension de la convention d'arbitrage' (*Convention d'Arbitrage et Groupes de Sociétés: Contrats et Responsabilités*, LGDJ, 2004, p. 53). Aussi, le tribunal arbitral, tout en reconnaissant que l'existence d'un groupe constitue la première des conditions, admet 'qu'il convient de rechercher l'intention réelle et commune des parties au moment des faits, ou, à tout le moins, celle du tiers non-signtaire'" (D. Hascher, *Collection of ICC Awards 1996-2000*, cit., pp. 515-516).

34. O. Caprasse, "A arbitragem e os grupos de sociedades", cit., *Revista de Direito Bancário, do Mercado de Capitais e da Arbitragem* 21/358.

Quanto ao fundamento para a extensão da convenção de arbitragem, a jurisprudência arbitral tem se baseado na *lex mercatoria*, nos usos e costumes do comércio internacional e no princípio da boa-fé. O ordenamento da maioria dos países e os regulamentos das instituições de arbitragem atribuem aos árbitros autonomia para decidir a respeito de sua própria competência,[35] e, a partir daí, com base nos fundamentos antes aludidos, independentemente das normas do Direito nacional a que se refere a arbitragem, admite-se sua extensão a partes não-signatárias, mas integrantes de um grupo de sociedades, que tenham efetivamente participado da relação jurídica contratual.[36] O limite a ser observado é a não-violação de norma de ordem pública do ordenamento jurídico do país onde a sentença arbitral haverá de ser executada.

5. A formação da vontade nos grupos societários

8. A análise da experiência internacional evidencia que a extensão da convenção de arbitragem a uma sociedade integrante de grupo societário formalmente não-vinculada ao acordo baseia-se, primacialmente, na verificação da manifestação de sua vontade no caso concreto. Vale dizer, estende-se a convenção de arbitragem se se identificar, no caso concreto, a presença de elementos que permitam concluir que a sociedade integrante do grupo manifestou sua vontade no sentido de submeter os litígios ao juízo arbitral.

Essa orientação, adotada pelo Direito Comparado, parece consentânea com a realidade da formação da vontade nos grupos societários, afastando-se da perspectiva absolutamente formalista – e, portanto, desligada da realidade econômica – pela qual se reconheceria independência absoluta a cada sociedade integrante do grupo.

Bem expressa essa ordem de idéias a seguinte passagem da sentença arbitral proferida no Caso CCI 5.103, assim destacada e traduzida por Arnoldo Wald: "(...) as condições de reconhecimento da unidade do grupo foram preenchidas, tendo todas as sociedades que compõem o

---

35. A título ilustrativo, cf. art. 8º, inciso 3º, do Regulamento da CCI de 1975.
36. Cf. comentários ao Caso CCI 5.684, de 1989, e ao caso CCI 7.604, de 1995, de Y. Derains e D. Hascher, respectivamente, *Collection of ICC Awards 1996-2000*, cit.. pp. 485 e 515.

mesmo participado, em uma confusão tanto real como aparente, de uma relação contratual internacional complexa na qual o interesse do grupo prevalecia sobre o de cada uma delas. A segurança das relações comerciais internacionais exige que seja levada em conta essa realidade econômica e que todas as sociedades do grupo respondam, conjunta e solidariamente, pelas dívidas das quais elas, direta ou indiretamente, tiveram proveito nessa ocasião".[37]

9. É interessante, nesse passo, verificar de que maneira o fenômeno dos grupos societários relativiza o princípio da organização autônoma, ou mesmo rompe com ele, um dos pilares do direito societário, para reconhecer autonomia às pessoas jurídicas integrantes do grupo. O estudo dessa questão permitirá verificar que, de fato, nos grupos societários a afirmação de que apenas uma sociedade isolada manifestou sua vontade, no mais das vezes, pode representar uma homenagem à ficção.

Observe-se que, como centro de decisão e atuação no mundo jurídico, a sociedade se vale de uma estrutura organizacional de natureza hierárquica e baseada no princípio da separação de poderes. O poder societário estrutura-se e se exerce através de órgãos, cujas atribuições são definidas pela lei, pelo estatuto ou pelo contrato social, devendo atuar no sentido da consecução do interesse social. Na sociedade anônima, principal técnica de organização da empresa no modelo clássico, a organização assume nos diversos países a seguinte forma básica: (1) órgão deliberativo (assembléia-geral), (2) órgão de administração (conselho de administração e diretoria) e (3) órgão de fiscalização (conselho fiscal).

Com a integração da sociedade isolada ao grupo, a estrutura organizacional assim concebida entra em profunda crise, pois o exercício do poder passa a observar uma lógica diversa em relação a cada um dos órgãos das sociedades agrupadas.

No tocante à assembléia-geral, ocorre um total esvaziamento de sua importância e de suas atribuições nas sociedades dominadas. Os grupos envolvem necessariamente uma direção econômica unitária, de modo que as decisões mais importantes sobre a vida societária dei-

---

[37]. A. Wald, "A arbitragem, os grupos societários e os conjuntos de contratos conexos", cit., *Revista de Arbitragem e Mediação* 2/35. A decisão arbitral foi publicada em *Collection of ICC Arbitral Awards 1986-1990*, pp. 366-367.

xam de ser tomadas no âmbito da assembléia-geral de cada sociedade, passando a sê-lo no âmbito da sociedade dominante ou dos administradores comuns do grupo.[38] Nos grupos de subordinação a assembléia-geral das sociedades controladas transforma-se em mera formalidade legal, numa etapa burocrática a ser cumprida pela controladora, para a imposição de sua vontade.[39] A tanto se deve acrescentar a circunstância de que a direção unitária se exerce, na prática, por meio de determinações e orientações emanadas diretamente dos administradores da sociedade dominante para as dependentes, o que contribui para o esvaziamento da assembléia-geral destas. Em suma, as decisões sobre as questões mais importantes da vida das sociedades dependentes não são tomadas no âmbito de seu órgão deliberativo, mas no âmbito dos órgãos da dominante.

O esvaziamento da assembléia-geral não se dá, porém, apenas no âmbito das sociedades-filhas, como inicialmente se poderia imaginar,[40] ocorrendo também em relação à sociedade-mãe. É que não há uma relação direta entre a assembléia-geral desta e a exploração econômica levada a efeito pelas sociedades-filhas. Na sociedade isolada a assembléia-geral elege e destitui os administradores da empresa, governando e supervisionando de forma direta sua exploração. No âmbito

38. "En fait, le pouvoir n'appartient plus à aucun organe social 'car l'acctionnaire dominant use, em règle générale, de son influence prépondérante hors de l'assemblée-générale, par des voies qui échappent au droit des sociétés'. L'organisation du groupe est basée sur la réalité des entreprises groupées et de l'entité qui les englobe. La structure juridique des sociétés membres n'y joue qu'un rôle acessoire" (A. Petitpierre-Sauvain, *Droit des Sociétés et Groupes de Sociétés*, cit., p. 21).
39. "Dans le groupes à forte participation, l'assemblée-générale de la filiale n'est qu'une simple formalité" (A. Petitpierre-Sauvain, *Droit des Sociétés et Groupes de Sociétés*, cit., p. 21).
40. Escreve J. E. Antunes que na década de 1970, a partir dos trabalhos pioneiros, na Alemanha, de Marcus Lutter ("Die Rechte der Gesellschafter beim Abschlug fusionsähnlicher Unternehmensverbindungen", in *Betrieb*, 1973, Beilage 21), originando a chamada Escola de Lütter, e, nos Estados Unidos, de Melvin Einsenberg (*The Structure of Corporation Law – A Legal Analyses*, Boston, Little, Brown, 1976), a tradicional perspectiva de análise dos grupos, centrada apenas nos problemas ocasionados no nível das sociedades controladas, foi substituída por um enfoque mais amplo, abrangendo também as questões relativas à sociedade controladora. Houve o reconhecimento de que os efeitos do fenômeno dos grupos não ficam restritos ao plano das sociedades controladas, operando-se também em relação à controladora (J. E. Antunes, *Os Direitos dos Sócios da Sociedade-Mãe na Formação e Direcção dos Grupos Societários*, Porto, Universidade Católica Portuguesa, 1994, pp. 16-17).

das sociedades-filhas, porém, a vontade da sociedade-mãe é manifestada não pela assembléia-geral desta, mas por seu órgão de administração, que tem o poder de representação externa. Há, portanto, no tocante ao governo e à supervisão da empresa, uma transferência de poder da assembléia-geral da sociedade-mãe para seu órgão de administração, ao qual cabe expressar sua vontade em relação às demais sociedades agrupadas.[41]

No tocante aos órgãos de administração o fenômeno dos grupos também acarreta uma ruptura do modelo clássico. No plano das sociedades dependentes observa-se a transferência de competências dos seus administradores, que pode ocorrer em maior ou menor grau (grupos centralizados/descentralizados), para os administradores da sociedade dominante ou comuns do grupo. Em algumas situações a direção do dia-a-dia da sociedade controlada passa aos administradores externos (intervenção direta), podendo ocorrer também que estes fixem apenas as diretrizes (políticas administrativa, financeira, de desenvolvimento e pesquisa etc.) que devem ser seguidas, reservando-se o poder de veto ou de prévia aprovação em relação a algumas matérias (intervenção indireta). Seja qual for, porém, o grau de centralização administrativa observada no grupo, as competências dos administradores das sociedades dependentes serão sempre de *segundo grau*.[42] No plano das sociedades dominantes a concentração de poderes nos administradores decorre do já apontado esvaziamento da assembléia-geral, na medida em que cabe àqueles a expressão da vontade desta sociedade em relação às dependentes.

Também em relação aos órgãos de fiscalização o fenômeno dos grupos produz efeitos. Na medida em que o grupo explora a atividade empresarial segundo uma lógica global, mas por intermédio de unidades jurídicas diversas, a fiscalização dessa atividade torna-se muito

41. "(...) a substituição pela empresa social de uma estrutura originariamente unissocietária por uma outra do tipo plurissocietário implica sempre um efeito de transferência dos poderes de governo e supervisão do colégio dos sócios para o respectivo órgão de administração, relativamente a todas aquelas partes da empresa global do grupo agora exploradas sob a forma de sociedades-filhas" (J. E. Antunes, *Os Direitos dos Sócios da Sociedade-Mãe na Formação e Direcção dos Grupos Societários*, cit., p. 18).
42. Cf. J. E. Antunes, *Liability of Corporate Groups: Autonomy and Control in Parent-Subsidiary Relationships in US, German and EU Law: an International and Comparative Perspective*, cit., p. 76.

mais complexa. Se a atividade é desenvolvida globalmente, a fiscalização também deveria ultrapassar as fronteiras de cada unidade jurídica, o que muitas vezes não é permitido pela lei, em prestígio ao princípio da separação da pessoa jurídica.[43] A exigência de que as sociedades do grupo apresentem demonstrações financeiras consolidadas, atualmente presente na lei da maioria dos países,[44] representa um passo adiante no sentido de permitir a fiscalização adequada de suas atividades.

Além dos efeitos anteriormente apontados, que se operam especificamente em relação a cada órgão societário, é preciso assinalar que o fenômeno dos grupos acarreta a ruptura do princípio da organização autônoma, por transformar a própria finalidade perseguida pelo ente societário.

É inerente ao conceito de organização a busca de uma finalidade, traduzida pelo modelo societário clássico na noção do *interesse social*. Nesse sentido, o *interesse social* pode ser entendido como a diretriz a ser necessariamente seguida pelo controlador e pelos administradores da sociedade isolada, estando na base da teoria do desvio de poder, adotada pelo direito societário para a proteção dos minoritários e dos terceiros credores.[45] Ora, como os grupos levam à substituição do interesse da sociedade isolada pelo interesse da sociedade dominante ou de todo o grupo, desequilibra-se todo o sistema de atribuição de deveres e responsabilidades concebido pelo modelo vigente.

43. No Brasil, a Lei 6.404/1976 prevê a possibilidade de o conselheiro fiscal exercer suas atribuições em relação a outras sociedades apenas nos grupos de direito (art. 277, § 2º). Ao comentar o dispositivo da lei acionária, M. Carvalhosa acentua: "O diploma de 1976, por força da norma ora estudada, traz, em matéria de poderes dos conselheiros fiscais, uma inovação fundamental, qual seja, a possibilidade – consoante o § 2º – de exercer, enquanto órgão e através de seus conselheiros, individualmente (conforme dever de diligência que lhe é inerente), o direito de fiscalizar e receber informações das demais sociedades do grupo" (*Comentários à Lei de Sociedades Anônimas*, 2ª ed., vol. 4, t. II, São Paulo, Saraiva, 1995, p. 328). Assim, nos grupos de fato, que são a esmagadora maioria, a fiscalização somente é exercida pelo conselho fiscal no âmbito da respectiva sociedade, tornando-a absolutamente ineficaz, diante de uma atividade que é desenvolvida globalmente pelas diversas sociedades que os compõem.
44. No Brasil, arts. 247 e 275 da Lei 6.404/1976.
45. "L' intérêt social est le principal critère d'interprétation en droit des socétés anonymes, notamment en matière de nullité des décisions de l'assemblée-générale, de responsabilité des organes sociaux et d'atteinte aux intérêts minoritaires" (A. Petitpierre-Sauvain, *Droit des Sociétés et Groupes de Sociétés*, cit., p. 23).

Veja-se o caso dos administradores, que passam a viver nos grupos um eterno conflito de lealdade – interesse da sociedade *versus* interesse do grupo –, conflito, esse, agravado pelas ordens jurídicas que se recusam a enxergar a realidade econômica. Nos grupos de fato brasileiros, por exemplo, os administradores não podem, em prejuízo da sociedade, favorecer "sociedade coligada, controladora ou controlada", respondendo por perdas e danos em caso de inobservância do dispositivo (art. 245 Lei 6.404/1976). Ocorre, porém, que é função econômica específica dos grupos a atuação das sociedades segundo uma direção unitária, na busca de um interesse comum. Nesse contexto, nos grupos de fato da lei brasileira, os administradores ficam diante de uma difícil escolha: descumprir o comando legal, ficando sujeitos a responsabilização civil, ou cumpri-lo à sua plenitude, ficando expostos ao risco de destituição, pela inobservância das diretrizes emanadas dos administradores da sociedade dominante ou do grupo.[46] Não se tem dúvida em afirmar que, na maioria das vezes, preferem os administradores a segunda escolha, pois, enquanto a ameaça de destituição é concreta e iminente, a apuração de sua responsabilidade civil é menos provável. Nessa matéria, parece claro que a lei societária preconiza uma solução incompatível com os imperativos da ordem econômica.

Ao afetar gravemente as estruturas patrimonial[47] e organizacional autônomas nas quais se assenta a sociedade isolada personificada, com responsabilidade limitada, o fenômeno dos grupos abre uma crise sem precedentes no modelo societário. O divórcio entre o Direito e a realidade chegou, nesse campo, a um nível jamais imaginado, a ponto

---

46. "The existence of a unified management, entailed by polycorporate structures, presents subsidiary managers with a contradictory task. On the one hand, they are compelled by the law to run subsidiary affairs according to its own bests interests, under pain of incurring liability before the shareholders, the creditors or the corporation itself. On the other hand, they are simultaneously forced, by the very fact of group existence, to follow the instructions proceeding the parent corporation, which are given with regard to the general interest of the group and which can run against the self-interests of the subordinated subsidiary, under pain of losing their jobs!" (J. E. Antunes, *Liability of Corporate Groups: Autonomy and Control in Parent-Subsidiary Relationships in US, German and EU Law: an International and Comparative Perspective*, cit., p. 108).

47. Sobre os efeitos dos grupos societários em relação ao princípio da autonomia patrimonial, v. E. S. Munhoz, *Empresa Contemporânea e Direito Societário – Poder de Controle e Grupos de Sociedades*, cit., p. 134.

de se poder afirmar que, em relação aos grupos, tudo se passa de maneira diferente.

O patrimônio separado, que caracterizava a sociedade isolada, deu lugar a um conjunto de ativos e passivos transferidos livremente segundo os interesses do grupo, sem o menor respeito à fronteira das personalidades jurídicas das sociedades. Ocorre, assim, uma total dissociação entre o patrimônio e os riscos do negócio, beneficiando-se o grupo das vantagens econômicas da livre transferência de recursos e ao, mesmo tempo, da limitação da responsabilidade a cada unidade jurídica e patrimonial que o compõe.

A organização autônoma, que explicava o processo de decisão e de estruturação do poder empresarial, foi posta de cabeça para baixo, gerando uma situação de total desequilíbrio entre o exercício do poder e a atribuição de responsabilidade. O poder de determinar a condução da atividade das sociedades filiadas e mesmo a gestão administrativa quotidiana destas, no caso de grupos centralizados, não são exercidos a partir de qualquer dos órgãos de sua própria estrutura, mas são emanados externamente da estrutura organizacional da sociedade dominante ou de um órgão comum do grupo. O interesse da sociedade, noção central do modelo societário vigente, é substituído pelo interesse do grupo, alterando profundamente a definição dos deveres e das responsabilidades do controlador e dos administradores no que respeita à proteção dos minoritários e dos terceiros que se relacionam com a sociedade.

As observações anteriores, se podem ser aplicadas, como regra geral, aos grupos, não eludem o fato, já anteriormente referido, de que os grupos societários podem assumir múltiplas estruturas patrimoniais e organizacionais. Assim, na definição das soluções para os diversos problemas gerados pelos grupos societários, essa multiplicidade de espécies diversas de grupos há de ser considerada, sendo certo que aquelas consideradas adequadas para um determinado tipo de grupo podem não o ser tratando-se de uma outra categoria.[48]

Os grupos gravitam entre os vetores *unidade empresarial* e *diversidade jurídica*. Sua finalidade econômica advém justamente da com-

---

48. Cf. E. S. Munhoz, *Empresa Contemporânea e Direito Societário – Poder de Controle e Grupos de Sociedades*, cit., pp. 263 e ss.

binação desses dois fatores, permitindo a adoção de estruturas organizativas diversas, segundo as peculiaridades de cada empresa, bem como sua expansão para infinitas atividades, regiões e países. Nenhum desses fatores pode ser, portanto, suprimido na definição das soluções jurídicas às questões suscitadas pelo fenômeno grupal.

10. No campo da arbitragem, a experiência internacional, da qual se cuidou anteriormente, sabiamente, tem levado em consideração essa característica do fenômeno grupal. Se as soluções fossem sempre no sentido da extensão da cláusula arbitral às sociedades integrantes do grupo, o elemento *diversidade jurídica* seria suprimido, ignorando-se, portanto, a possibilidade de manutenção da autonomia, em certo grau, das pessoas jurídicas que o integram. Por outro lado, a não-admissão, em hipótese alguma, da extensão da cláusula arbitral significaria desconsiderar o elemento *unidade empresarial*, tratando como independentes e autônomas pessoas jurídicas que, de fato, não o são, e ignorando a vontade manifestada pelo conjunto das sociedades que integram o grupo.

Nesse sentido, ao entender que a mera existência do grupo não é suficiente para a extensão da cláusula arbitral, exigindo-se a apuração da vontade e do comportamento das partes no caso concreto, a jurisprudência arbitral demonstra estar em estrita consonância com as características fundamentais desse instituto.

Diante de um grupo de subordinação altamente centralizado, em que a autonomia das sociedades integrantes praticamente desaparece, atuando todas em prol do interesse global do grupo ou da controladora, a extensão da cláusula arbitral poderá ser aplicada com maior freqüência. No mais das vezes, nessa espécie de grupo, não apenas a sociedade signatária do negócio do qual consta a cláusula arbitral terá participado da sua negociação ou execução, sendo provável a participação ativa de outras sociedades integrantes do grupo.

A vontade, nesse caso, não se manifesta exclusivamente no âmbito de um dos membros do grupo, mas, como se observou, a partir das complexas relações entre os diversos órgãos que integram cada uma das sociedades. Nesse sentido, a compreensão da complexidade do fenômeno grupal e dos mecanismos pelos quais atuam as sociedades agrupadas torna-se fundamental para a apuração da *realidade* da vontade manifestada, pressuposto para a extensão da cláusula arbitral, conforme o entendimento firmado pela jurisprudência arbitral internacional anteriormente referida.

A partir dessas considerações, pode-se passar ao exame do problema objeto do presente trabalho, à luz do Direito Brasileiro.

6. A extensão da convenção de arbitragem a sociedade integrante de grupo societário no Direito Brasileiro

11. No tópico II cuidou-se da importância crucial da apuração da vontade da parte para a exeqüibilidade da convenção de arbitragem no Direito Brasileiro. A ausência de uma vontade manifestada de forma clara e inequívoca, entre nós, implica a vedação absoluta da instituição da arbitragem, por força da garantia constitucional da universalidade do acesso à jurisdição estatal (art. 5º, XXXV).

A importância da manifestação da vontade é identificada em diversas das normas da Lei 9.307/1996, dentre as quais se destacam: (1) o art. 1º impõe como requisito da arbitragem a *capacidade de contratar*; (2) o art. 4º estabelece que a cláusula compromissória "deve ser estipulada por escrito, podendo estar inserta no próprio contrato ou em documento apartado que a ele se refira"; (3) o art. 37, II, prescreve como requisito formal para a admissibilidade de ação homologatória a apresentação do "original da convenção de arbitragem, ou cópia devidamente certificada (...)".

Diante de tais normas da Lei 9.307/1996 e do art. 5º, XXXV, da CF, o Min. Maurício Corrêa, do STF, em voto destacado por A. Wald,[49] assevera: "Tal possibilidade, aplicável aos contratos envolvendo interesses disponíveis, traduz-se, na realidade, em exclusão da jurisdição estatal. Deve, por isso mesmo, diante de sua excepcionalidade e importância, revestir-se de expressa e manifesta vontade dos contratantes, na forma do que estabelecem os arts. 4º, 5º e 6º da Lei de Arbitragem. (...). Não se admite, em conseqüência, até pela sua excepcionalidade, convenção de arbitragem tácita, implícita e remissiva, como se pretende".[50]

---

49. A. Wald, "A arbitragem, os grupos societários e os conjuntos de contratos conexos", cit., *Revista de Arbitragem e Mediação* 2/50-51.

50. SEC 6.753-7, decisão publicada em *Revista de Direito Bancário, do Mercado de Capitais e de Arbitragem* 18/359.

Haveria, portanto, um óbice intransponível, no Direito Brasileiro, para a extensão da convenção de arbitragem a uma sociedade não-signatária do contrato que a previu, mas integrante de um mesmo grupo societário de outra sociedade que a assinou? Antes de responder a essa questão, tendo em conta a *vontade* da parte constituir o elemento fundamental a ser examinado, cumpre abordar a disciplina jurídica dos grupos societários pela lei brasileira.

12. A Lei 6.404/1976 filiou-se ao modelo contratual de regulação dos grupos, inspirando-se na lei alemã, de 1965.[51] No Capítulo XX disciplina os chamados *grupos de fato*, em relação aos quais se parte do paradigma de absoluta independência e autonomia das sociedades que os integram. Nesses grupos não é admitida a submissão dos interesses de uma sociedade aos de outra, como se depreende do art. 245, segundo o qual "os administradores não podem, em prejuízo da companhia, favorecer sociedade coligada, controladora ou controlada, cumprindo-lhes zelar para que as operações entre as sociedades, se houver, observem condições estritamente comutativas, ou com pagamento compensatório adequado; e respondem perante a companhia pelas perdas e danos resultantes de atos praticados com infração ao disposto neste artigo".

Dessa perspectiva, os grupos de fato do Capítulo XX da lei societária brasileira poderiam ser havidos como uma soma simples de sociedades independentes e autônomas, não tendo o legislador se preocupado em endereçar normas específicas às sociedades agrupadas em vista dessa especial condição de que se revestem. O tratamento jurídico é exatamente o mesmo dispensado às sociedades isoladas.

Esse sistema tem se mostrado pouco eficaz. A lei parte da ilusória independência das sociedades, classificando como ilícita a eventual subordinação de interesses, quando se demonstrou, porém, que essa subordinação tem natureza estrutural, constituindo elemento integrante da própria função econômica dos grupos. A lei é, portanto, sistematicamente descumprida, sendo os remédios judiciais (ação de reparação por ato abusivo de controle – art. 246; e ação anulatória de delibera-

---

51. Sobre os modelos de regulação dos grupos de sociedades (*entity law approach, enterprise approach* e *dualist approach*), v. E. S. Munhoz, *Empresa Contemporânea e Direito Societário – Poder de Controle e Grupos de Sociedades*, cit., pp. 263 e ss.

ção viciada por conflito de interesses – art. 115, § 4º) incapazes de debelar essa situação.

No Capítulo XXI a Lei 6.404/1976 trata dos "Grupos de Sociedades". Estes podem ser constituídos pela "sociedade controladora e suas controladas, mediante convenção pela qual se obriguem a combinar recursos e esforços para a realização dos respectivos objetos, ou a participar de atividades ou empreendimentos comuns" (art. 265).

A dicção do dispositivo demonstra que somente são admitidos grupos de direito de subordinação, envolvendo sociedade controladora e controladas. A convenção de grupo exerce, a esse respeito, uma função essencial, pois "a subordinação dos interesses de uma sociedade aos de outra, ou do grupo, e a participação em custos, receitas ou resultados de atividades ou empreendimentos, somente poderão ser opostos aos sócios minoritários das sociedades filiadas nos termos da convenção do grupo" (art. 276). Consideram-se minoritários (*sócios livres*) todos os sócios da controlada, com exceção da sociedade de comando e das demais filiadas do grupo (art. 276, § 1º).

A convenção grupal é considerada o *estatuto* do grupo de direito, estabelecendo as normas básicas de sua constituição, administração e extinção (art. 269). Tal convenção deve ser aprovada pelas sociedades que compõem o grupo, com observância das normas para alteração do contrato social ou do estatuto (art. 270), assegurando-se aos sócios ou acionistas dissidentes da deliberação o direito ao reembolso de suas ações ou quotas, nos termos do art. 137 da lei. Aprovada a convenção, esta deve ser arquivada no Registro do Comércio da sede da sociedade de comando, devendo a respectiva certidão ser objeto de publicação. A partir da data do arquivamento o grupo reputa-se constituído.

Os grupos de direito, no entanto, constituem letra morta na prática empresarial brasileira. A facultatividade da criação – aliada às vantagens pouco consideráveis que sua adoção traria para os empresários – tornou tais grupos um absoluto insucesso na realidade empresarial.[52]

Assim expostas as características principais da Lei 6.404/1976, por servir como bom balanço final dos resultados por ela alcançados na disciplina dos grupos, vale destacar o seguinte comentário de Calix-

---

52. Cf. E. S. Munhoz, *Empresa Contemporânea e Direito Societário – Poder de Controle e Grupos de Sociedades*, cit., pp. 282-285.

to Salomão Filho: "Não é difícil dizer que o direito grupal brasileiro enfrenta momento de séria crise. Do modelo original praticamente nada restou. As principais regras conformadoras do direito grupal como originariamente idealizado encontram-se hoje sepultadas pela prática ou pelo legislador. Os grupos de direito no Brasil são letra absolutamente morta na realidade empresarial brasileira. A inexistência de definição de regras de responsabilidade somada à possibilidade de retirada em massa dos minoritários da sociedade a ser dominada têm tornado esse instituto letra morta no Direito Brasileiro. Já o – por assim dizer – direito dos grupos de fato flutua entre regras de responsabilidade mal-definidas e disciplina de conflito de interesses de difícil aplicação".[53]

Importante, para os objetivos do presente trabalho, é observar que, de acordo com a lei societária brasileira, as sociedades integrantes dos grupos de fato (Capítulo XX da Lei 6.404/1976) são tratadas de forma idêntica às sociedades isoladas, sem se estabelecer qualquer tipo de responsabilidade especial em relação aos sócios minoritários ou aos credores. Por outro lado, os grupos de direito (Capítulo XXI da lei), raríssimos na realidade empresarial, também não encontram uma disciplina eficaz, que reconheça as características econômicas fundamentais do fenômeno grupal.

13. Nesse contexto, a única válvula-de-escape no Direito Brasileiro para restabelecer, nos casos concretos, a realidade econômica, em detrimento da ficção jurídica consistente na absoluta independência e autonomia dos membros do grupo, tem sido a teoria da desconsideração da personalidade jurídica.[54]

Essa teoria, consagrada pelo art. 50 do CC, se adotada em sua concepção objetiva, levaria à sistemática desconsideração da personalidade das sociedades integrantes dos grupos societários, já que nestes, como se afirmou, a ruptura da autonomia patrimonial e organizacional, ainda que em grau mínimo, é de natureza estrutural, decorrendo da própria função econômica do instituto.[55] Adotando-se, por outro lado, a

---

53. Calixto Salomão Filho, "O novo direito dos grupos: conflito de interesses *versus* regras de responsabilidade", *O Novo Direito Societário*, São Paulo, Malheiros Editores, 1998, p. 169.
54. Cf. E. S. Munhoz, *Empresa Contemporânea e Direito Societário – Poder de Controle e Grupos de Sociedades*, cit., pp. 147 e ss.
55. Idem, pp. 173-174.

concepção subjetiva[56] da teoria da desconsideração (abuso de direito, fraude, simulação), deixariam de ser atribuídas obrigações e responsabilidades a sociedades integrantes do grupo em situações em que a realidade econômica e o sentimento de justiça para o caso concreto exigiriam a adoção dessa solução.

Por isso, a aplicação da teoria clássica da desconsideração da personalidade jurídica (orientação subjetiva) em tema de arbitragem não parece representar a melhor solução para efeito de trazer para o juízo arbitral a pessoa jurídica que, mesmo não sendo signatária do acordo, tomando-se em conta a realidade econômica, a ele se encontra indissociavelmente ligada.

14. Isto posto, pode-se voltar à indagação anteriormente formulada. Seria a extensão da convenção de arbitragem a uma parte não-signatária do negócio jurídico que a estabeleceu, integrante de um grupo de sociedades a que pertence uma das signatárias, incompatível com o Direito Brasileiro? Em outras palavras, o entendimento consolidado na jurisprudência internacional, de que antes se cuidou, seria absolutamente contrário à ordem jurídica brasileira?

A despeito da importância da manifestação da vontade de forma clara, expressa e indene de dúvida para a aceitação da arbitragem no Brasil, a despeito de a lei societária brasileira partir do paradigma da autonomia e independência absolutas das sociedades integrantes dos grupos de fato, parece possível arriscar uma resposta negativa à indagação anterior.

Com efeito, parece possível a extensão da convenção arbitral para uma parte não-signatária do contrato que a estabeleceu, desde que presentes requisitos análogos aos apontados pela jurisprudência internacional: (1) a existência de um grupo de sociedades, indício de que se podem ter conjugado as vontades de mais de um membro do grupo para estabelecer a convenção arbitral; (2) a apuração, no caso concreto, a partir da estrutura e das características do grupo de sociedades, da vontade e do comportamento adotado pela sociedade integrante do grupo; e (3) a existência de documentos escritos que demonstrem a participação da sociedade integrante do grupo na negociação ou na execução do contrato.

56. Idem, pp. 152-154.

Essa solução é possível, pois, como salientado por O. Caprasse, não haveria propriamente uma "extensão" da convenção da arbitragem a uma pessoa que não manifestou sua vontade, mas sim a apuração das partes que *efetivamente* participaram do negócio.

A vontade nos grupos societários, como se demonstrou, não pode ser apurada a partir da consideração estanque de cada pessoa jurídica que os integra. A ruptura da estrutura organizacional autônoma, decorrente do fenômeno grupal, leva a que, necessariamente, a verificação da vontade manifestada não se restrinja às fronteiras da personalidade jurídica de cada sociedade integrante do grupo.

Assim, a incidência da convenção de arbitragem em relação a sociedade integrante de um grupo e que tenha participado ativamente da negociação e da execução do contrato não esbarraria no art. 5º, XXXV, da CF, pois sua submissão ao juízo arbitral decorreria da verificação de que, pela sua própria vontade, tal sociedade concordou em adotar essa alternativa para a solução dos litígios. A conclusão contrária significaria um desmedido prestígio à forma jurídica – autonomia das sociedades –, que, nos grupos, não corresponde à realidade econômica.

O fundamento para essa extensão seria a própria Lei 9.307/1996, que define a convenção de arbitragem como um negócio jurídico processual, eficaz desde o momento de sua celebração, bem assim o art. 50 do CC de 2002, que, sob uma perspectiva objetiva, admite a imputação de determinadas relações jurídicas a terceiros, desde que se verifique o *desvio de finalidade* da pessoa jurídica – algo que, como se salientou, ocorre sistematicamente em relação aos grupos societários.

Há de se considerar, ainda, a expressa admissão, pela Lei de Arbitragem brasileira (art. 2º, par. 2º), de as partes convencionarem realizar o juízo arbitral com base nos princípios gerais de Direito, nos usos e costumes e nas regras internacionais de comércio. Tais princípios gerais e usos e costumes do comércio internacional apontam, como antes demonstrado, para a admissão da extensão da cláusula arbitral a partes não-signatárias, integrantes de grupo societário, desde que tenham participado ativamente da negociação do contrato ou de sua execução.

Com respeito à exigência de que a cláusula compromissória assuma a forma escrita, há de se observar que a lei brasileira não prescreveu nenhum outro requisito formal (art. 4º, § 1º, Lei de Arbitragem).

Dessa forma, para a extensão da cláusula arbitral a uma parte não-signatária seria suficiente demonstrar a existência da cláusula reduzida a escrito, acompanhada de outros elementos de prova documentais no sentido da adesão da parte não-signatária a essa cláusula. Veja-se que o art. 4º, § 1º, admite que a cláusula compromissória esteja inserta "no próprio contrato ou em documento em apartado que a ele se refira".

Ressalte-se, a esse respeito, que a jurisprudência internacional tem-se orientado por flexibilizar as exigências de forma da cláusula arbitral para efeito de estender sua aplicação a terceiros não-signatários, notadamente no caso de grupos de sociedades.[57]

Finalmente, cumpre observar que a Lei 9.307/1996 atribui aos árbitros competência para decidir, em primeiro plano, questões relativas à existência, validade e eficácia da convenção de arbitragem (art. 8º, parágrafo único). É perfeitamente possível, portanto, que os árbitros decidam pela extensão, ou não, da convenção de arbitragem a terceiros não-signatários.

Essa decisão, no entanto, não ficará imune ao controle do Poder Judiciário, na medida em que a lei assegura às partes a possibilidade de requerer a anulação da sentença arbitral pela jurisdição estatal, com fundamento no art. 32, se for nula a convenção de arbitragem (inciso I), ou se for proferida fora dos limites desta (inciso IV).

7. Conclusão

15. Este trabalho não tem por objetivo, evidentemente, esgotar a questão da extensão da convenção de arbitragem a sociedades não-signatárias integrantes de grupos societários, mas apenas o de contribuir para o início de um debate, ao qual o Direito Brasileiro não poderá ficar alheio.

57. "Isso atenderia às necessidades do comércio, do necessário respeito à boa-fé, e seria conforme ao fato de a arbitragem se tornar, no comércio internacional, o modo mais comum de resolução de litígios; v., por exemplo, a jurisprudência francesa em matéria de cláusulas de arbitragem por referência (v. notadamente X. Boucobza, 'La clause compromissoire par référence en matière d'arbitrage commercial international', *Rev. Arb.*, 1998, pp. 495 et seq.)" (O. Caprasse, "A arbitragem e os grupos de sociedades", cit., *Revista de Direito Bancário, do Mercado de Capitais e da Arbitragem* 21/381, nota de rodapé 159).

Se a jurisprudência internacional há mais de 20 anos vem se dedicando ao tema, o Direito Brasileiro, que nos últimos anos observou um importante desenvolvimento da arbitragem como instrumento de solução de conflitos, haverá de se debruçar sobre as complexas questões jurídicas que dele decorrem.

Em resumo, são dois os obstáculos que, em princípio, pareceriam impedir a adoção, entre nós, do entendimento hoje consolidado na jurisprudência internacional no sentido da possibilidade de extensão da eficácia da convenção de arbitragem a partes não-signatárias, integrantes de grupos societários, desde que presentes determinados requisitos.

O primeiro corresponderia ao caráter estritamente consensual da arbitragem no Brasil e à conseqüente interpretação do art. 5º, XXXV, da CF, de tal sorte que os particulares somente poderiam ter afastado seu acesso à jurisdição estatal diante de uma vontade claramente manifestada, indene de qualquer dúvida, e com referência a direitos patrimoniais disponíveis.

O segundo obstáculo consistiria na premissa, adotada pela lei societária brasileira, de que as sociedades integrantes dos grupos de fato – aqueles presentes na realidade empresarial – são absolutamente autônomas e independentes, tudo se passando como se correspondessem a sociedades isoladas.

Vale examinar, inicialmente, o segundo obstáculo. Muito embora a lei societária brasileira adote um modelo de regulação dos grupos desligado da realidade econômica que os envolve, o art. 50 do CC, se interpretado de acordo com a corrente objetiva, permite a superação da ficção da personalidade jurídica autônoma e independente para alcançar as pessoas que, por detrás dessa estrutura, são os verdadeiros atores das relações jurídicas.

Essa possibilidade de superação da *forma* em prestígio da *realidade* abre caminho para que os árbitros, definidos pela Lei 9.307/1996 como "juízes de fato e de direito", possam imputar a eficácia da convenção de arbitragem às sociedades integrantes do grupo que, consideradas as peculiaridades de cada caso concreto, tenham participado ativamente da negociação ou da execução do contrato.

Veja-se que a hipótese de que ora se cogita não se confunde com a aplicação da teoria da desconsideração da personalidade jurídica da perspectiva subjetiva, ou seja, em caso de abuso de direito, fraude ou simulação. O art. 50 do CC de 2002 é tomado, para os efeitos do que ora se discute, como um instrumento útil para atribuir *realidade* ao que ocorre nos grupos societários, superando-se o paradigma das sociedades autônomas e independentes adotado pela lei societária.

Com respeito ao primeiro obstáculo – caráter contratual da arbitragem – pode-se afirmar que a extensão da convenção ao terceiro não-signatário, integrante de grupo societário, baseia-se, fundamentalmente, na apuração da vontade e no comportamento da parte.

É que nos grupos societários a formação da vontade ocorre de forma muito distinta da verificada nas sociedades isoladas, como se demonstrou anteriormente. É possível apurar, portanto, nos casos concretos, em função da estrutura organizacional adotada pelo grupo e das decisões tomadas por seus sócios e administradores, que uma sociedade controladora, controlada ou coligada consentiu com a convenção de arbitragem. Assim, nenhum desrespeito haveria ao art. 5º, XXXV, da CF, haja vista que a admissão do juízo arbitral continuaria a se basear na vontade livremente manifestada pela parte integrante do grupo.

Por esses fundamentos, com todo respeito às opiniões divergentes, entendo ser compatível com o Direito Brasileiro a extensão da convenção de arbitragem a sociedades não-signatárias, integrantes do mesmo grupo societário da sociedade que a firmou, desde que presentes determinados requisitos, antes referidos, os quais deverão ser apurados necessariamente nos casos concretos, de forma análoga à corrente de entendimento hoje consolidada na experiência internacional.

A EXTENSÃO DOS EFEITOS DA CLÁUSULA COMPROMISSÓRIA NOS ESTATUTOS DAS SOCIEDADES ANÔNIMAS*

ANDREA GOES ACERBI

1. Introdução. 2. Considerações gerais acerca da arbitragem no Direito Brasileiro. 3. A arbitragem no direito societário. 4. As matérias arbitráveis no contexto societário: arbitrabilidade objetiva. 5. O alcance subjetivo da cláusula compromissória contida em estatuto social: 5.1 Acionista que participou da fundação da companhia, cujo estatuto contém cláusula arbitral desde a sua elaboração – 5.2 Acionista que aprovou em assembléia-geral a alteração do estatuto social que inseriu a cláusula arbitral – 5.3 Acionista que adquiriu ações de companhia cujo estatuto já continha cláusula compromissória: 5.3.1 A natureza do estatuto social e a possibilidade de sua classificação como contrato de adesão – 5.4 Acionista que dissentiu da deliberação, ausentou-se ou se absteve de votar na deliberação que inseriu a cláusula compromissória no estatuto da companhia: 5.4.1 A regra da maioria e a deliberação de inserção de cláusula compromissória no estatuto. 6. Direito Comparado. 7. Discussão e conclusões.

1. Introdução

O presente trabalho tem por objetivo analisar a questão da arbitrabilidade de conflitos societários no âmbito das sociedades anônimas, mormente considerando-se a existência de cláusula compromissória, ou cláusula arbitral, no estatuto da companhia. Em outras palavras, pretende-se discutir a possibilidade de se submeter conflitos entre acio-

---

* Resumo de Tese de Láurea apresentada à Faculdade de Direito da USP, sob orientação do professor Dr. Erasmo Valladão Azevedo e Novaes França, agraciada com o prêmio de Melhor Tese de Láurea do Departamento de Direito Comercial no ano letivo de 2005.

nistas ou entre a sociedade e seus acionistas ao juízo arbitral, quando este houver sido eleito, em detrimento da via judicial, por meio de cláusula arbitral inserta no estatuto da empresa.

A discussão mostra-se relevante e atual, especialmente levando-se em conta a reforma da Lei das S/A (Lei 6.404/1976) pela Lei 10.303 de 31.10.2001. A reforma introduziu na Lei 6.404/1976 dispositivo que permite expressamente a inclusão de cláusula arbitral no estatuto social da empresa, prevendo que eventuais controvérsias entre a sociedade anônima e seus acionistas ou entre acionistas controladores e acionistas minoritários sejam dirimidas por meio de arbitragem.[1]

É patente – não só no meio jurídico pátrio, mas em todo o mundo – o crescente emprego da *arbitragem* como meio de solução de conflitos de ordem empresarial, inclusive nos conflitos jurídicos de ordem societária. A tendência explica-se, em parte, pela maior celeridade dos procedimentos arbitrais em relação aos processos judiciais. Mas há razões adicionais que conduzem as partes a optar pela arbitragem em detrimento da via judiciária. Em determinados ramos do direito empresarial – como é o caso do direito societário – há questões de tal complexidade técnica que demandam profundo conhecimento de direito societário, finanças, contabilidade, entre outros, do qual nem sempre o magistrado dispõe. Assim, diante de questões com as quais tem pouca ou nenhuma familiaridade, o Judiciário acaba muitas vezes por proferir sentenças em desacordo com as modernas práticas empresariais e que falham em dirimir satisfatoriamente os conflitos.

Ademais, a possibilidade de sigilo nas contendas conduzidas perante um tribunal arbitral é outro fator que atrai cada vez mais as companhias para esta forma de solução de conflitos, haja vista que, em determinadas circunstâncias, o sigilo sobre a questão em disputa importa mais às empresas que o próprio resultado da controvérsia.

A introdução de previsão expressa do emprego da arbitragem como meio de solução de conflitos societários não constitui propriamente uma inovação no ordenamento pátrio, como se verá adiante. Entretanto, trata-se de manifestação legislativa claramente em favor do desen-

---

1. Art. 109, § 3º: "O estatuto da sociedade pode estabelecer que as divergências entre os acionistas e a companhia, ou entre os acionistas controladores e os acionistas minoritários, poderão ser solucionadas mediante arbitragem, nos termos que especificar".

volvimento e difusão da utilização da arbitragem também no meio societário, em consonância com a tendência que se tem verificado no direito comercial como um todo.

De se ressaltar, todavia, as numerosas questões que se colocam, diante da referida permissão legal, em matéria societária. O texto do § 3º do art. 109 suscita dúvidas que vêm merecendo a atenção de um número crescente de autores. Dentre as questões levantadas pelos que já se dedicaram à análise do tema destacam-se aquelas relacionadas ao alcance subjetivo da cláusula arbitral contida em estatuto social. Questionam os autores, dentre outras coisas, se estariam todos os acionistas sujeitos aos efeitos da cláusula compromissória constante do estatuto social.

A pertinência da dúvida é evidente, em especial quando se parte do pressuposto de que o referido dispositivo se aplica tanto às sociedades anônimas de capital fechado quanto às de capital aberto.[2] Assim, questiona-se se estaria vinculado à cláusula arbitral o acionista minoritário que adquiriu ações em bolsa de valores e que, portanto, não participou da assembléia de constituição em que foi aprovado o estatuto da companhia, ou mesmo da assembléia-geral que reformou o estatuto, determinando a inclusão de cláusula compromissória no documento. A resposta positiva implicaria admitir que o referido acionista teria tacitamente renunciado ao direito de recorrer ao Judiciário em caso de eventual conflito com a companhia ou com os acionistas controladores, no momento em que adquiriu suas ações. O mesmo se poderia supor com relação aos acionistas que não compareceram ou que se abstiveram de votar na assembléia-geral em que se deliberou sobre a inclusão da referida cláusula no estatuto da companhia. A questão torna-se ainda mais crítica com relação ao acionista que dissentiu da referida deliberação, manifestando expressamente sua vontade contra a submissão de conflitos societários à via arbitral.

A polêmica que paira sobre o tema advém do possível confronto das questões acima com o princípio da inafastabilidade da apreciação de lesão ou ameaça de direito pelo Poder Judiciário.[3] O tema da cons-

---

2. Luís Loria Flaks, "A arbitragem na reforma da Lei das S/A", *RDM* 131.
3. Art. 5º, XXXV, da CF: "a lei não excluirá da apreciação do Poder Judiciário lesão ou ameaça a direito".

tituicionalidade da cláusula compromissória já foi exaurido pelo STF,[4] que teve a oportunidade de se manifestar em situação de pactuação voluntária e expressa visando à escolha do juízo arbitral em detrimento da via judicial. Permanecem, todavia, abertas à discussão as hipóteses em que a manifestação de vontade não se mostra tão evidente, a exemplo do que ocorre nos casos suscitados no parágrafo acima, no âmbito das sociedades anônimas.

A complexidade do tema que aqui se pretende abordar ganha corpo ao considerarmos que, no que tange às companhias abertas, a adoção da arbitragem como meio de solução de conflitos de ordem societária é um dos requisitos para que a companhia seja listada nos segmentos especiais da Bolsa de Valores do Estado de São Paulo (BOVESPA), ou seja, no Nível 2 de Governança Corporativa e Novo Mercado.[5] Significa dizer que os estatutos sociais das empresas listadas no Nível 2 ou no Novo Mercado devem conter uma cláusula arbitral, como forma adicional de se atestar o grau de transparência e comprometimento das referidas empresas em relação à governança corporativa.[6] A Comissão de Valores Mobiliários (CVM) também reconheceu a cláusula compromissória estatutária como importante instrumento às boas práticas corporativas, recomendando sua adoção no texto *Recomendações da CVM sobre Governança Corporativa*, justamente na Seção III, que trata especificamente da proteção aos direitos dos acionistas minoritários.[7] Da mesma forma, o *Código das Melhores Práticas de Gover-*

---

4. Julgamento do AgRg em SE 5.206-7, Reino da Espanha: "*Ementa:* (...). Constitucionalidade declarada pelo Plenário, considerando o Tribunal, por maioria de votos, que a manifestação da vontade da parte na cláusula compromissória, quando da celebração do contrato, e a permissão legal dada ao juiz para que substitua a vontade da parte recalcitrante em firmar o compromisso não ofendem o art. 5º, XXXV, da CF. (...). Constitucionalidade – aí por decisão unânime – dos dispositivos da Lei de Arbitragem que prescrevem a irrecorribilidade (art. 18) e os efeitos da decisão judiciária da sentença arbitral (art. 31)" (*RTJ* 190-3/908).

5. As companhias podem ser listadas nos segmentos especiais da BOVESPA (Nível 1, Nível 2 ou Novo Mercado), de acordo com suas condutas, para efeitos de valorização de suas ações e outros ativos no mercado de capitais. O Nível do Novo Mercado é o considerado Nível Máximo de boa governança corporativa.

6. Regulamento de Arbitragem do Novo Mercado da Bovespa, itens 1.1, 1.2 e 2.1.

7. Conforme texto Recomendações da CVM sobre Governança Corporativa (junho/2002), disponível em: http://www.cvm.gov.br/port/public/publ/cartilha/cartilha. doc, acesso em julho/2005: "III.6 O estatuto da companhia deve estabelecer que as divergências entre acionistas e companhia ou entre acionistas controladores e acio-

nança Corporativa do Instituto Brasileiro de Governança Corporativa (IBGC)[8] preconiza a adoção da arbitragem como meio de solução de conflitos no âmbito das companhias.

Conquanto vista com bons olhos pelos agentes que consideram a adoção da arbitragem fator fundamental para a fluidez das transações no mercado de capitais, outros entendem como inconstitucional a obrigatoriedade de sua adoção por quaisquer companhias, tendo por base o mesmo princípio da inafastabilidade do direito de levar litígios à apreciação do Judiciário.

2. Considerações gerais acerca da arbitragem no Direito Brasileiro

Foi com o advento da Lei 9.307/1996 que o legislador brasileiro devolveu aplicabilidade prática ao instituto da arbitragem no Brasil, revitalizando este instrumento útil e eficiente de solução de controvérsias, cujo manejo se encontrava "emperrado" – nas palavras de Carlos Alberto Carmona e Selma Lemes[9] – por força, principalmente, da falta absoluta de previsão de eficácia para a cláusula compromissória. É fácil constatar que por ocasião da edição da referida lei foram incorporadas ao ordenamento interno muitas das regras e princípios já delineados na chamada Convenção de Nova York (Convenção sobre o Reconhecimento e Execução de Sentenças Arbitrais Estrangeiras de 1958), que só viria a ser ratificada pelo Brasil anos mais tarde, em 2002.[10]

Diz-se que antes da edição da Lei 9.307/1996 o instituto da arbitragem nunca chegou a se apresentar, entre nós, como instrumento efi-

---

nistas minoritários serão solucionadas por arbitragem. A adoção da arbitragem visa a acelerar a solução de impasses, sem prejuízo da qualidade do julgamento. A eficácia de uma tal disposição estatutária depende de que sejam escolhidas câmaras arbitrais cujos membros tenham reconhecida capacidade em matérias societárias".

8. *Código das Melhores Práticas de Governança Corporativa do IBGC*, 3ª ed., disponível em: *http://www.ibgc.org.br*, acesso em julho/2005. A cláusula 1.9 do referido Código dispõe: "1.9 **Arbitragem.** Os conflitos entre sócios, e entre estes e a sociedade, devem ser resolvidos preferencialmente por meio de arbitragem (...)".

9. Carlos Alberto Carmona e Selma M. Ferreira Lemes, "Considerações sobre os novos mecanismos instituidores do juízo arbitral", in Pedro A. Baptista Martins, Selma M. Ferreira Lemes e Carlos Alberto Carmona, *Aspectos Fundamentais da Lei de Arbitragem*, p. 34.

10. A Convenção de Nova York foi ratificada pelo Brasil por meio do Decreto Legislativo 52, de 26.4.2002.

caz de solução de litígios. As partes efetivamente não viam benefícios em recorrer à arbitragem se o laudo dela resultante teria de, obrigatoriamente, passar pelo crivo do juízo estatal. Arnoldo Wald[11] dedica-se à análise das inovações trazidas pela Lei 9.307/1996, começando pelo que considera o maior mérito da referida lei: o reconhecimento da equivalência entre a cláusula compromissória e o compromisso arbitral. Por meio de tal reconhecimento,[12] consubstanciado no art. 3º da lei, foi atribuída a ambos a qualidade de *convenção de arbitragem*, reconhecida, portanto, a força da cláusula arbitral para obrigar a parte resistente a instituir o procedimento arbitral.

A segunda inovação que merece especial destaque, segundo Arnoldo Wald, é a previsão explícita de que, "em caso de recusa de uma das partes a instaurar a arbitragem pactuada por meio de cláusula arbitral, a outra parte poderá citá-la, a fim de celebrar o compromisso arbitral, tal solução equivalendo à execução forçada da cláusula compromissória".[13] De fato, prevê a lei, em seus arts. 6º e 7º, o procedimento para o pedido de instituição judicial do compromisso arbitral nos casos de cláusula arbitral vazia ou carente de algum dos elementos essenciais para a instituição do tribunal arbitral.

A terceira inovação que representou um grande avanço para a legislação pátria em termos de arbitragem foi o reconhecimento da sentença arbitral como equivalente à sentença proferida pelo Poder Judiciário. Assim, sob a égide da Lei 9.307/1996 a sentença arbitral passou a ter autoridade de coisa julgada material, produzindo os mesmos efeitos de um título executivo. Pode hoje a sentença arbitral ser executada imediatamente, ao contrário do que acontecia no passado, quando a legislação exigia a homologação judicial do laudo arbitral, fosse ele interno ou estrangeiro.

11. Arnoldo Wald, "A recente evolução da arbitragem no Direito Brasileiro (1996-2001)", in Pedro A. Baptista Martins e José Maria Rossani Garcez (coords.), *Reflexões sobre Arbitragem: "in Memoriam" do Desembargador Cláudio Vianna de Lima*, p. 147.
12. Art. 3º da Lei 9.307/1996: "As partes interessadas podem submeter a solução de seus litígios ao juízo arbitral mediante convenção de arbitragem, assim entendida a cláusula compromissória e o compromisso arbitral".
13. Arnoldo Wald, "A recente evolução da arbitragem no Direito Brasileiro (1996-2001)", in Pedro A. Baptista Martins e José Maria Rossani Garcez (coords.), *Reflexões sobre Arbitragem: "in Memoriam" do Desembargador Cláudio Vianna de Lima*, p. 151.

3. A arbitragem no direito societário

A utilização da arbitragem para a resolução de conflitos no meio societário não é novidade no ordenamento brasileiro. O art. 294 do antigo CComercial estabelecia que todas as "questões sociais que se suscitarem entre sócios, durante a existência da sociedade ou companhia, sua liquidação ou partilha", deveriam ser dirimidas por meio de arbitragem. Importante notar que não se tratava de um permissivo legal. Ao contrário, tratava-se de modalidade de juízo arbitral necessário, obrigatório, conforme previsão legal, de modo que os sócios estavam impedidos de submeter eventuais litígios societários aos tribunais.

O juízo arbitral necessário para a resolução de litígios societários não constituiu uma exclusividade do ordenamento brasileiro. Siegbert Rippe[14] observa que o juízo arbitral obrigatório se encontrava de fato incorporado aos antigos ordenamentos de diversos países, como França e Espanha. No Brasil foi somente com o advento da Lei 1.350/1866 e do Decreto 3.900/1867 que o juízo arbitral obrigatório foi suprimido, passando a caber aos sócios a opção de incluir uma cláusula arbitral em seus estatutos ou contratos sociais. Não se pode dizer, entretanto, que o permissivo legal tenha sido de grande utilidade para as sociedades até o advento da Lei 9.307/1996, já que até então o instituto da arbitragem padecia das deficiências já discutidas acima, destacando-se a impossibilidade de execução específica da cláusula compromissória e a necessidade de homologação do laudo arbitral.

Entretanto, Lívia Rossi,[15] em estudo sobre o tema, afirma que algumas sociedades já vinham incluindo a cláusula compromissória em seus estatutos mesmo antes de 1996, decorrendo tal prática das "notórias dificuldades de o Poder Judiciário dirimir complexas divergências surgidas no âmbito das intrincadas relações entre acionistas, a companhia e seus controladores, tendo em vista que os magistrados, na maioria das vezes, ou estão sobrecarregados pelo acúmulo de processos, ou não possuem conhecimentos específicos da matéria".

Em sintonia com os propósitos da nova disciplina em matéria de arbitragem no país, a legislação societária – mais especificamente a

---

14. Siegbert Rippe, "El arbitraje como medio alternativo de solución de controversias comerciales", in Adriana Noemi Pucci (coord.), *Aspectos Atuais da Arbitragem*, p. 374.

15. Lívia Rossi, "Arbitragem na Lei das Sociedades Anônimas", *RDM* 129/195.

Lei 6.404/1976 – sofreu, em 2001, por força da Lei 10.303, uma modificação que, conquanto não constitua inovação legislativa, representa um sinal claro da intenção do legislador de difundir a utilização do instituto da arbitragem no Brasil, explicitando a possibilidade de seu emprego também no âmbito societário. Neste sentido, José Virgílio Lopes Enei[16] ressalta que o objetivo da referida inclusão foi, "de um lado, reduzir a insegurança quanto à legitimidade do instituto no âmbito das relações societárias e, de outro, difundir e fomentar seu uso neste mesmo âmbito, em virtude das inúmeras vantagens que ele pode apresentar em comparação com o Poder Judiciário, seja para a sociedade propriamente dita, seja para os acionistas controladores e minoritários".

Aliás, como bem observado por Pedro A. Baptista Martins,[17] a intenção do legislador de favorecer a utilização da arbitragem no meio societário já vinha explícita na Lei 6.404/1976 mesmo antes da reforma de 2001. Assim, o § 2º do art. 129 já fazia referência à possibilidade de instauração do procedimento arbitral para os casos de empate nas deliberações tomadas em assembléia. Com efeito, o mencionado dispositivo inclusive priorizava a solução pela via arbitral, deixando a solução pelo Poder Judiciário em segundo plano.[18]

Pedro A. Baptista Martins salienta que o referido dispositivo não constitui autorização legal – pois esta não seria necessária –, mas consolidação do favorecimento dessa via alternativa para a resolução de conflitos societários; favorecimento, este, que, segundo o autor, deve servir de norte ao intérprete e ao julgador ao se depararem com as diversas questões que lhes serão postas, e que são objeto de discussão no presente estudo.

16. José Virgílio Lopes Enei, "A arbitragem nas sociedades anônimas", *RDM* 129/137.
17. Pedro A. Baptista Martins, "A arbitragem nas sociedades de responsabilidade limitada", *RDM* 126/71.
18. "Art. 129. As deliberações da assembléia-geral, ressalvadas as exceções previstas em lei, serão tomadas por maioria absoluta de votos, não se computando os votos em branco.
"(...).
"§ 2º. No caso de empate, se o estatuto não estabelecer procedimento de arbitragem e não contiver norma diversa, a assembléia será convocada, com intervalo mínimo de 2 (dois) meses, para votar a deliberação; se permanecer o empate e os acionistas não concordarem em cometer a decisão a um terceiro, caberá ao Poder Judiciário decidir, no interesse da companhia."

De todo modo, conforme mencionado, em 2001 mais uma referência expressa à arbitragem societária foi incluída na Lei 6.404/1976, por força da Lei 10.303. Esta acrescentou ao art. 109 da Lei 6.404/1976 o § 3º. Antes de tecer qualquer consideração sobre a redação do referido dispositivo, importante notar que o § 3º foi inserido na qualidade de direito essencial dos acionistas, haja vista que se encontra na seção da lei que trata precisamente deste tópico – qual seja, dos "Direitos Essenciais". Ainda como consideração preliminar acerca do alcance do referido § 3º, convém observar que a disposição legal é aplicável tanto às companhias abertas quanto às companhias fechadas, haja vista que o art. 109, em seu *caput* assim como em seus parágrafos, não distingue a qual categoria de companhia se direciona. Como bem lembra Luís Loria Flaks,[19] quando o legislador quis diferenciar o tipo de companhia à qual a norma se dirige, "ele o fez expressamente, como ocorre em diversos dispositivos".

4. As matérias arbitráveis no contexto societário: arbitrabilidade objetiva

Nos termos do art. 1º da Lei 9.307/1996, poderão ser submetidos à resolução pela via arbitral os litígios relativos a direitos patrimoniais disponíveis. A legislação societária nada dispõe acerca dos limites objetivos da arbitragem, de modo que a regra geral estabelecida pela Lei 9.307/1996 se aplica também às disputas de ordem societária. De acordo com Cláudio Vianna de Lima, *disponíveis* são os direitos que "incidem sobre bens que se podem livremente alienar, de que se pode apropriar sem necessidade de autorização judicial". Por sua vez, *patrimoniais* são os direitos "sobre os bens suscetíveis de quantificação, que podem ser avaliados ou auferidos economicamente em dinheiro".[20] Luís Loria Flaks[21] afirma que todos os direitos inerentes à condição de acionista são patrimoniais, na medida em que todos seriam passíveis de avaliação econômica, inclusive o direito de voto. Especificamente com relação a este direito – o direito de voto –, o autor salienta que a participação de cada acionista no capital votante de uma

---

19. Luís Loria Flaks, "A arbitragem na reforma da Lei das S/A", *RDM* 131/101.
20. Cláudio Vianna de Lima, *Curso de Introdução à Arbitragem*, p. 14.
21. Luís Loria Flaks, "A arbitragem na reforma da Lei das S/A", *RDM* 131/115.

companhia está intrinsecamente ligada aos direitos que este acionista poderá exercer – e, conseqüentemente, ao valor que este acionista poderá obter pelo bloco de suas ações.

É de se notar, todavia, que, diferentemente do que ocorre em relação ao requisito da possibilidade de valoração econômica (natureza patrimonial) do direito a ser arbitrado, nem todos os direitos dos sócios atendem ao requisito da disponibilidade. Assim, no que tange à disponibilidade, Luís Loria Flaks adverte que esta deverá ser verificada caso a caso, a fim de constatar se determinada disputa poderá, ou não, ser submetida à arbitragem. Com efeito, Pedro Baptista Martins[22] chama a atenção para a questão da arbitrabilidade objetiva das contendas societárias, questionando se seria possível arbitrar, por exemplo, questão envolvendo a expulsão de sócio da sociedade, ou a própria dissolução da empresa. O autor delega aos operadores do Direito a tarefa de averiguar a possibilidade de instalação de arbitragem para dirimir estes e outros conflitos envolvendo a administração e a gestão social da empresa.

Conforme salienta José Virgílio Lopes Enei,[23] seria inútil pretensão querer listar todos os tipos de conflitos societários potencialmente arbitráveis. De todo modo, segundo o autor, é possível afirmar que, dada a natureza eminentemente contratual das sociedades anônimas,[24] os con-

22. Pedro A. Baptista Martins, "A arbitragem nas sociedades de responsabilidade limitada", *RDM* 126/74.
23. José Virgílio Lopes Enei, "A arbitragem nas sociedades anônimas", *RDM* 129/168.
24. A teoria mais aceita no meio acadêmico no que tange à natureza jurídica das sociedades anônimas é a teoria do contrato plurilateral, defendida pelas clássicas lições de Tullio Ascarelli. Conforme esta teoria, a sociedade seria um contrato plurilateral segundo o qual todas as partes seriam titulares de direitos e obrigações para com todas (Tullio Ascarelli, *Problemas das Sociedades Anônimas e Direito Comparado*, p. 375). O professor Erasmo Valladão Azevedo e Novaes França ressalta, entretanto, que modernamente o contrato de sociedade vem sendo conceituado como um "contrato-organização" (*Invalidade das Deliberações de Assembléias das S/A*, p. 59). O professor Calixto Salomão Filho explica esta nova construção com base na moderna distinção entre *contratos associativos* e *contratos de permuta*. A existência ou não de uma finalidade comum – critério adotado na lição de Ascarelli – não seria mais a questão a ser analisada. Ao contrário, passa-se a analisar o núcleo dos contratos, o qual nos contratos associativos é a organização criada, e nos contratos de permuta é a atribuição de direitos subjetivos. Assim, o elemento diferencial do contrato social passa a ser identificado não mais na coincidência de interesses de uma pluralidade de partes, mas no próprio valor "organização", ou seja, na criação de uma organização "apta a distribuir individualidade e perpetuidade ao patrimônio a esse fim destinado". Ressalta, ainda, o professor Calixto que

flitos societários em sua maior parte seriam arbitráveis, citando, a título de ilustração, conflitos relacionados com (a) interpretação do estatuto social ou outros documentos societários; (b) interpretação da lei societária, exceto no que tange às matérias de ordem pública ou direito indisponível; (c) abusos por parte dos acionistas controladores; (d) exercício do direito de voto, direito de preferência na compra de ações, integralização de capital ou do direito de não ser diluído; (e) distribuição de dividendos; (f) exercício do direito de retirada, inclusive no que tange à aferição do valor econômico da sociedade; (g) ofertas públicas; (h) responsabilidade dos administradores e dos acionistas controladores – dentre outras hipóteses. Modesto Carvalhosa e Nelson Eizirik resumem o acima exposto afirmando que "são da competência do juízo arbitral todas as questões envolvendo o exercício de direitos por parte da sociedade e dos seus acionistas entre si".[25] Sugerem, ainda, que "para a concreção do campo de aplicação da cláusula compromissória estatutária a fonte segura é o elenco de ações previstas nos arts. 285 a 287 da lei societária".

José Virgílio Lopes Enei[26] chama ainda a atenção para a questão da arbitrabilidade dos conflitos relacionados com a invalidade de deliberações da assembléia-geral de acionistas tendo em vista a teoria geral das nulidades, tal como consagrada no direito civil. As questões que envolvessem a nulidade da deliberação não seriam arbitráveis, na medida em que a nulidade é, em geral, associada a questões de ordem pública, envolvendo direitos indisponíveis – e, portanto, não sujeitos a arbitragem. Por outro lado, questões envolvendo a anulabilidade de deliberações assembleares seriam arbitráveis, na medida em que a anulabilidade comporta renúncia ou, mesmo, prescrição, sendo possível a convalidação do ato praticado. O autor assevera, entretanto, que a adoção da teoria geral acima resultaria em um novo obstáculo à aplicação da arbitragem em âmbito societário, haja vista que, diante da dúvida quanto ao vício de que padeceria a deliberação – nulidade ou anulabilidade –, a questão teria que ser submetida ao Poder Judiciário, seja

---

tal organização pode ser criada pelo interesse tanto de uma pluralidade quanto de um único indivíduo (Calixto Salomão Filho, *A Sociedade Unipessoal*, pp. 57-59).

25. Modesto Carvalhosa e Nelson Eizirik, *A Nova Lei das Sociedades Anônimas*, p. 202.

26. José Virgílio Lopes Enei, "A arbitragem nas sociedades anônimas", *RDM* 129/168.

por iniciativa das próprias partes ou dos árbitros por elas nomeados, nos termos do art. 25 da Lei 9.307/1996.[27]

José Virgílio ressalta, todavia, que a doutrina e a jurisprudência pátria vêm reconhecendo que os vícios que podem atingir a deliberação assemblear em uma sociedade anônima não seguem a teoria geral das nulidades, tal como encontrada no direito civil. Ao contrário, entende-se que no contexto de deliberações da assembléia-geral até mesmo a nulidade seja passível de convalidação.[28] Neste sentido, o professor Erasmo Valladão Azevedo e Novaes França ensina: "A especialidade do regime de invalidade aplicável às companhias, portanto, assenta-se, em grandes linhas, nas seguintes principais diferenças em relação ao direito comum: (1º) prazos muito mais curtos de prescrição ou decadência (o que não significa que não haja casos de vícios imprescritíveis) (...); (2º) irretroatividade dos efeitos da invalidade, acarretando tão-somente a dissolução da companhia (em contraste com o que dispõe o art. 158 do CC, [*de 1916*] que determina, primacialmente, a restituição das partes ao *status quo ante*); (3º) ampla possibilidade de sanação do vício, ainda que se trate, por vezes, de defeito que, segundo o direito comum, acarretaria a nulidade do ato (em contraste com o que determina o art. 146 do CC, [*de 1916*] que veda a possibilidade de ratificação do ato nulo, mesmo que a requerimento das partes); (4º) diverso enfoque da distinção entre atos nulos e anuláveis".[29]

Diante dessas considerações, conclui José Virgílio Lopes Enei pela possibilidade de sujeição dos conflitos envolvendo a nulidade de

---

27. Art. 25 da Lei 9.307/1996: "Sobrevindo no curso da arbitragem controvérsia acerca de direitos indisponíveis e verificando-se que de sua existência, ou não, dependerá o julgamento, o árbitro ou o tribunal arbitral remeterá as partes à autoridade competente do Poder Judiciário, suspendendo o procedimento arbitral".
28. Neste sentido já decidiu o STJ, em acórdão relatado pelo Min. Sálvio de Figueiredo (REsp 35.230-0, Brasília, j. 10.4.1995, *RF* 334/298-308): "Sociedade anônima – Teoria geral das nulidades – Impugnação de decisão assemblear – Prescrição – Direito a dividendos. Em face das peculiaridades de que se reveste a relação acionistas *versus* sociedade anônima, não há que se cogitar da aplicação, em toda a sua extensão, no âmbito do direito societário, da teoria geral das nulidades, tal como concebida pelas doutrina e dogmática civilistas. Em face disso, o direito de impugnar as deliberações tomadas em assembléia, mesmo aquelas contrárias à ordem legal ou estatutária, sujeita-se a prescrição, somente podendo ser exercido no exíguo prazo previsto na Lei das S/A".
29. Erasmo Valladão Azevedo e Novaes França, *Invalidade das Deliberações de Assembléias das S/A*, p. 23.

deliberação assemblear à arbitragem. A própria possibilidade de convalidação das deliberações eivadas de nulidade denota a idéia de disponibilidade dos direitos envolvidos, o que leva a crer que a regra geral deverá ser a da arbitrabilidade destas disputas. Isto não exclui, entretanto, a necessidade de análise, no caso concreto, da questão de mérito que suscitou a nulidade, com vistas a averiguar se está, ou não, envolvido um direito marcadamente indisponível – o que afastaria desde logo a possibilidade de submissão do conflito à arbitragem. Neste sentido, Modesto Carvalhosa e Nelson Eizirik[30] concordam que podem ser submetidas ao juízo arbitral as questões surgidas das controvérsias entre os sócios e destes com a sociedade, independentemente da colocação apriorística acerca dos efeitos da nulidade ou anulabilidade da deliberação assemblear ou do negócio entre acionistas.

5. O alcance subjetivo da cláusula compromissória contida em estatuto social

As questões que mais frequentemente se colocam quando da abordagem do tema "arbitragem" em âmbito societário, e também as que ensejam maior controvérsia, dizem respeito ao alcance subjetivo da cláusula compromissória contida no estatuto social – vale dizer, à definição de quais são as partes efetivamente vinculadas à cláusula arbitral. Conquanto as questões mais polêmicas se refiram à vinculação, ou não, de acionistas da companhia, que podem encontrar-se em diferentes posições em relação à inserção da cláusula arbitral no estatuto social, vale notar as observações preliminares de Modesto Carvalhosa e Nelson Eizirik[31] no que tange ao alcance subjetivo da cláusula compromissória. Segundo os professores, não pode haver extensão das partes nas lides submetidas ao juízo arbitral. Assim, "as controvérsias e lides em que, além dos acionistas e da sociedade, haja o envolvimento de administradores, fiscais ou terceiros estão excluídas do juízo arbitral instituído pela cláusula compromissória estatutária".

30. Modesto Carvalhosa e Nelson Eizirik, *A Nova Lei das Sociedades Anônimas*, p. 204.
31. Modesto Carvalhosa e Nelson Eizirik, *A Nova Lei das Sociedades Anônimas*, p. 201.

Note-se, contudo, que a vinculação dos administradores e conselheiros fiscais à arbitragem é obrigatória nos termos do *Regulamento de Listagem nos Segmentos Especiais de Práticas de Governança Corporativa* da BOVESPA (para o Nível 2 e Novo Mercado), bem como do *Regulamento da Câmara de Arbitragem do Mercado*, conforme será abordado adiante. Ademais, a despeito desta obrigatoriedade, a doutrina estrangeira – mormente a italiana[32] – entende que, por força da própria aceitação da função de administradores, estariam eles automaticamente vinculados à cláusula compromissória contida no estatuto da companhia administrada.

Feitas estas observações, passemos à análise da vinculação dos próprios acionistas, que podem se encontrar em diferentes posições em relação ao tempo e ao modo de inclusão da cláusula compromissória no estatuto social. Assim, com freqüência questiona-se se os novos acionistas, que ingressam na sociedade quando o estatuto já contém permissão para a resolução de conflitos societários pela via arbitral, estariam vinculados à convenção arbitral independentemente de terem eles manifestado seu consentimento expresso. Questiona-se, também, a vinculação dos acionistas dissidentes ou ausentes por ocasião da deliberação que determinou a inclusão de cláusula arbitral no estatuto da companhia.

Diante destas e outras questões, passemos à análise de cada uma das hipóteses que podem se verificar neste contexto, segundo a sistemática adotada por Luís Loria Flaks,[33] que reproduzimos a seguir, com algumas adaptações.

5.1 Acionista que participou da fundação da companhia, cujo estatuto contém cláusula arbitral desde a sua elaboração

Conforme recorda Lívia Rossi,[34] nos termos da lei societária, a constituição da sociedade anônima por subscrição pública destina-se à criação de uma companhia aberta, apta a se capitalizar no mercado

---

32. Giovanni Cabras, "I principi dell'arbitrato e l'arbitrato societari", *Dircomm. it* 1, janeiro/2005 (disponível em: *http://www.dircomm.it/2005/n.1/01.html*, acesso em agosto/ 2005).
33. Luís Loria Flaks, "A arbitragem na reforma da Lei das S/A", *RDM* 131/101.
34. Lívia Rossi, "Arbitragem na Lei das Sociedades Anônimas", *RDM* 129/196.

de capitais. *Fundador* é quem toma a iniciativa de organizar a companhia, percorrendo cada uma das três fases de constituição por subscrição pública: (1) registro de emissão na CVM, cujo pedido deverá ser instruído com um projeto do estatuto, estudo de viabilidade econômica e financeira do empreendimento e minuta do prospecto; (2) colocação de ações junto aos investidores em geral, para subscrição, por intermédio de instituição financeira e outros agentes do mercado de capitais; (3) realização de assembléia para deliberação da fundação da sociedade, aprovação do estatuto e outras matérias.

Importante notar que, na assembléia de constituição, cada ação dá direito a um voto, independentemente da espécie ou classe a que pertença. Ademais, conforme estipula o § 2º do art. 87 da Lei 6.404/1976,[35] o projeto do estatuto social só poderá ser alterado por deliberação unânime dos subscritores. Neste sentido, caso o projeto de estatuto apresentado à CVM contenha previsão de cláusula compromissória, a exclusão de tal convenção só poderá ser feita mediante decisão unânime dos subscritores. Pode-se sustentar, portanto, que, ao subscreverem suas ações, os fundadores teriam concordado com os termos do estatuto social, desta forma manifestando inequivocamente sua vontade de se submeterem ao juízo arbitral na eventualidade de se envolverem em conflitos societários.

Sustenta Lívia Rossi que, assim como é defeso alegar o desconhecimento da lei, os acionistas que subscreveram publicamente ações de companhia cujo projeto de estatuto social continha cláusula compromissória anuíram com relação aos termos da referida cláusula, já que, por lei, tal cláusula só poderia ser excluída do estatuto por unanimidade dos acionistas. Ademais, considera que poderiam os acionistas abster-se de subscrever ações da referida companhia caso discordassem da cláusula compromissória contida em seu projeto de estatuto.

No caso de subscrição particular, que se destina à formação de sociedade anônima fechada – vale dizer, que não intenta a captação de re-

---

35. "Art. 87. A assembléia de constituição instalar-se-á, em primeira convocação, com a presença de subscritores que representem, no mínimo, metade do capital social, e, em segunda convocação, com qualquer número.
"(...).
"§ 2º. Cada ação, independentemente de sua espécie ou classe, dá direito a 1 (um) voto; a maioria não tem poder para alterar o projeto de estatuto."

cursos no mercado de capitais –, o *fundador* é aquele que se engaja em uma das seguintes formas de constituição: (1) realização de assembléia de fundação onde será assinado, por todos os subscritores, o projeto de estatuto social ou (2) lavratura de escritura pública em cartório de notas, que deverá também ser assinada por todos os subscritores. Aqui, na hipótese de subscrição particular, não pode haver qualquer dúvida quanto à vinculação dos fundadores à eventual cláusula compromissória contida no projeto, haja vista que todos os subscritores assinaram o estatuto ou a escritura pública onde tal cláusula estaria contida.

Assim, conforme exigido pelos arts. 88 e 95 da Lei 6.404/1976,[36] seja no caso de subscrição pública ou particular, todos os fundadores da sociedade anônima devem aprovar o estatuto social. Não há, portanto, que se aventar a hipótese de não-vinculação de quaisquer dos acionistas fundadores à cláusula arbitral contida originalmente no estatuto da companhia. Da mesma forma, não há que se falar na necessidade de qualquer formalidade adicional para que a referida cláusula arbitral seja válida e eficaz em relação a cada um dos acionistas fundadores da companhia.

Os professores Modesto Carvalhosa e Nelson Eizirik[37] concordam com esta posição, por entenderem que a aprovação do estatuto social por ocasião da fundação da companhia configura expressa aprovação da cláusula compromissória estatutária, restando atendido o requisito da manifestação expressa e inequívoca da vontade das partes para que possam validamente comprometer-se à solução de conflitos pela via arbi-

---

36. "Art. 88. A constituição da companhia por subscrição particular do capital pode fazer-se por deliberação dos subscritores em assembléia-geral ou por escritura pública, considerando-se fundadores todos os subscritores.

"§ 1º. Se a forma escolhida for a de assembléia-geral, observar-se-á o disposto nos arts. 86 e 87, devendo ser entregues à assembléia o projeto do estatuto, assinado em duplicata por todos os subscritores do capital, e as listas ou boletins de subscrição de todas as ações.

"§ 2º. Preferida a escritura pública, será ela assinada por todos os subscritores, e conterá: (...) b) o estatuto da companhia; (...)."

"Art. 95. Se a companhia houver sido constituída por deliberação em assembléia-geral, deverão ser arquivados no Registro do Comércio do lugar da sede: I – 1 (um) exemplar do estatuto social, assinado por todos os subscritores (art. 88, § 1º), ou, se a subscrição houver sido pública, os originais do estatuto e do prospecto, assinados pelos fundadores, bem como do jornal em que tiverem sido publicados; (...).

37. Modesto Carvalhosa e Nelson Eizirik, *A Nova Lei das Sociedades Anônimas*, p. 183.

tral. Assim, segundo os autores, "no momento da constituição da sociedade (...) estarão vinculados à cláusula compromissória todos os fundadores que subscreveram o capital social". E ressaltam, ainda: "Pode-se dizer, portanto, que os fundadores-subscritores da sociedade não aderem ao estatuto, mas efetivamente o aprovam. Fique bem clara, aqui, esta distinção. No caso, os atos constitutivos, e, dentre eles, a aprovação do estatuto, são *tractatus* entre os fundadores, e não *dictatus*. O caráter *dictatus* do estatuto social somente se dá no caso de aquisição de ações posteriormente aos atos constitutivos".

Saliente-se desde já que, ainda que se considerem aplicáveis ao estatuto social as formalidades exigidas para a inclusão de cláusula arbitral nos contratos de adesão – o que se discutirá de forma pormenorizada mais adiante –, tais formalidades estariam dispensadas para a vinculação dos fundadores da companhia à cláusula compromissória estatutária, haja vista que seriam estes mesmos os responsáveis pela iniciativa da inclusão da referida cláusula no estatuto social.

5.2 Acionista que aprovou em assembléia-geral a alteração do estatuto social que inseriu a cláusula arbitral

Convocada e instalada nos termos da lei e do estatuto, a assembléia geral tem poderes para decidir sobre todos os negócios relativos ao objeto da companhia, inclusive para reformar o estatuto social, conforme autoriza o art. 122, I, da Lei 6.404/1976.[38] Assim, pode a assembléia-geral decidir pela inclusão de cláusula compromissória no estatuto social, determinando que eventuais divergências entre os acionistas, ou entre estes e a companhia, venham a ser dirimidas por meio de procedimento arbitral.

Conforme exposto por Luís Loria Flaks,[39] o acionista que, posteriormente à constituição da companhia, tenha aprovado a introdução da cláusula compromissória em seu estatuto social estará a ela vinculado, sem a necessidade do cumprimento de qualquer outra exigência formal. Lívia Rossi[40] salienta que os acionistas em assembléia expri-

---

38. "Art. 122. Compete privativamente à assembléia-geral: I – reformar o estatuto social. (...)."
39. Luís Loria Flaks, "A arbitragem na reforma da Lei das S/A", *RDM* 131/102.
40. Lívia Rossi, "Arbitragem na Lei das Sociedades Anônimas", *RDM* 129/199.

mem, ao mesmo tempo, "a vontade compromissória da sociedade e individualmente a sua própria vontade compromissória", de modo que a cláusula arbitral inserida no estatuto vincula tanto a sociedade quanto o acionista individualmente considerado. A autora observa, ainda, que mesmo os titulares de ação sem direito a voto devem participar da referida assembléia, a fim de manifestar seu consentimento acerca da deliberação.

Assim como no caso dos acionistas que fundaram a companhia, concordando expressamente com o conteúdo do projeto de estatuto que lhes foi apresentado, não há que se falar na necessidade de quaisquer formalidades adicionais para que o acionista que votou favoravelmente à inclusão da cláusula compromissória no estatuto social esteja a ela vinculado. De fato, dentre os autores que se dedicaram ao estudo do presente tema não há divergência no que tange à sujeição destes acionistas aos efeitos da cláusula compromissória que eles mesmos optaram por incluir no estatuto da companhia.

5.3 Acionista que adquiriu ações de companhia cujo estatuto já continha cláusula compromissória

Uma das questões mais polêmicas em relação aos efeitos da cláusula compromissória estatutária refere-se, de fato, à sujeição, ou não, dos novos acionistas – ou seja, dos acionistas que adquiriram ações da companhia mas não tiveram a oportunidade de participar da deliberação da assembléia que elegeu a arbitragem como meio de solução de conflitos no âmbito societário. Conforme ressalta José Virgílio Lopes Enei,[41] a relevância do tema resulta do fato de que, segundo pressuposto fundamental da arbitragem, só se vinculam ao juízo arbitral as partes que a ele voluntariamente aquiesceram, seja por meio da cláusula ou do compromisso arbitral. Como o novo acionista ingressa na sociedade em momento posterior à instituição da cláusula arbitral, abre-se margem para a discussão acerca da falta da necessária aquiescência por parte do novo acionista, em relação ao juízo arbitral. Admite o autor que, considerando-se que a aquisição de ações é freqüente-

41. José Virgílio Lopes Enei, "A arbitragem nas sociedades anônimas", *RDM* 129/146.

mente intermediada por corretores, em bolsa de valores ou mercado de balcão, sem maiores formalidades ou investigações por parte do adquirente, é possível, de fato, que o novo acionista integre a sociedade sem qualquer conhecimento acerca do teor de seu estatuto, inclusive no que tange à existência de cláusula compromissória para a solução de litígios de ordem societária. Disto decorre a discussão sobre o preenchimento, ou não, dos requisitos para a vinculação do novo acionista aos efeitos da cláusula compromissória estatutária.

Com efeito, Modesto Carvalhosa e Nelson Eizirik[42] entendem que a mera existência da cláusula compromissória no estatuto social não garante a vinculação dos acionistas que posteriormente adentram a sociedade sem expressamente aderir ao pacto arbitral. Segundo os autores, "não há presunção de renúncia do direito essencial de qualquer acionista, tanto mais em se tratando de pacto parassocial".[43] Para os autores seria esta a natureza da cláusula compromissória estatutária, não havendo unidade jurídica entre a mesma e as normas organizativas da sociedade constantes no estatuto social. Neste sentido, a cláusula compromissória estatutária seria negócio jurídico autônomo, nos termos do art. 8º da Lei 9.307/1996.[44] Ressaltam os autores, portanto, que, na medida em que não se inclui entre as normas organizativas da sociedade, a cláusula compromissória estatutária não vincularia todos os seus acionistas, mas apenas aqueles que a ela expressamente aderiram. Assim, entendem pela necessidade de um ato de adesão específico com relação à cláusula compromissória, a ser firmado posteriormente pelos acionistas adquirentes de ações da companhia.

42. Modesto Carvalhosa e Nelson Eizirik, *A Nova Lei das Sociedades Anônimas*, p. 184.
43. Para os referidos autores, "a cláusula compromissória inserta em estatuto social constitui um *pacto parassocial* entre a sociedade e seus fundadores e acionistas que a inscreveram ou que expressamente aderiram aos seus termos". Ela não se confundiria com as normas estatuárias impostas a todos os acionistas, coletiva e individualmente. Ao adotar o juízo arbitral, "o acionista e a sociedade estão renunciando a um direito essencial, que, portanto, tem caráter personalíssimo, não se transmitindo aos acionistas que não renunciaram expressamente a esse direito constitucionalmente assegurado (art. 5º, XXXV, da CF)".
44. "Art. 8º. A cláusula compromissória é autônoma em relação ao contrato em que estiver inserta, de tal sorte que a nulidade deste não implica, necessariamente, a nulidade da cláusula compromissória."

Segundo Carvalhosa e Eizirik,[45] a forma de que deve se revestir esta adesão é a determinada pelo § 2º da art. 4º da Lei 9.307/1996.[46] Segundo os autores, cabe cumprir esse procedimento de manifestação individual expressa do acionista aderente à respectiva cláusula estatutária, cujo documento declaratório deverá ficar arquivado na sede social. Sem este a cláusula compromissória não será eficaz, ainda que tenha o acionista manifestado a intenção de aceitá-la sob outra forma qualquer. Seria, portanto, o documento determinado pelo § 2º do art. 4º da Lei 9.307/1996 "requisito necessário e suficiente para a eficácia dessa adesão".

Acrescentam ainda, Carvalhosa e Eizirik[47] que, sendo personalíssima a renúncia ao direito essencial de se valer do Poder Judiciário para dirimir conflitos de natureza societária, não se pode, sob pretexto algum, convencionar sua sucessão. Assim, a instituição ou a adesão do acionista à cláusula compromissória estatutária não se transmite, na opinião dos autores, aos seus sucessores *causa mortis* ou aos adquirentes de suas ações, a qualquer título, sejam eles pessoas físicas ou jurídicas. Ademais, não estariam vinculados os novos acionistas subscritores de aumentos de capital ou originados de conversão de debêntures, ou de opções.

Na mesma linha, Luiz Leonardo Cantidiano[48] entende que, ao adquirir ações de emissão de determinada companhia, estará o adquirente "aderindo às disposições estatutárias que foram aprovadas pela maioria de seus acionistas". Assim, "inserida no estatuto norma que estabeleça a submissão de eventuais conflitos à arbitragem, o acionista, ao tornar-se titular de ações de emissão da companhia, estará aderindo ao

---

45. Modesto Carvalhosa e Nelson Eizirik, *A Nova Lei das Sociedades Anônimas*, p. 198.
46. "Art. 4º. A cláusula compromissória é a convenção através da qual as partes em um contrato comprometem-se a submeter à arbitragem os litígios que possam vir a surgir, relativamente a tal contrato.
"(...).
"§ 2º. Nos contratos de adesão, a cláusula compromissória só terá eficácia se o aderente tomar a iniciativa de instituir a arbitragem ou concordar, expressamente, com a sua instituição, desde que por escrito em documento anexo ou em negrito, com a assinatura ou visto especialmente para essa cláusula."
47. Modesto Carvalhosa e Nelson Eizirik, *A Nova Lei das Sociedades Anônimas*, p. 199.
48. Luiz Leonardo Cantidiano, *Reforma da Lei das S/A Comentada*, p. 118.

'contrato', pelo quê ficará obrigado a acatar decisão que vier a ser proferida pelo juízo arbitral." Assim, considerando que o estatuto tem conteúdo contratual, cujas provisões são estabelecidas pela vontade da maioria do capital, e que o adquirente da ação adere ao que nele (estatuto) está regulado, entende o autor ser prudente fazer com que seja cumprido o ritual estabelecido no § 2º do art. 4º da Lei 9.307/1996, "a fim de evitar discussões paralelas que possam colocar em risco a solução da controvérsia pela adoção do procedimento arbitral".

Em consonância com tal raciocínio, Cantidiano reporta a conduta adotada no âmbito da BOVESPA, que colocou à disposição dos adquirentes de ações no âmbito do Nível 2 de Governança Corporativa e do Novo Mercado[49] um termo de adesão por meio do qual o investidor pode manifestar expressamente sua concordância em submeter os conflitos a solução por meio da via arbitral.

Diversos autores, todavia, discordam do entendimento que motivou a prática acima referida. Assim, Pedro A. Batista Martins,[50] ao analisar a eficácia da cláusula compromissória no estatuto da sociedade anônima, pondera que a mesma atinge o investidor que adquire o *status socii* por força da mera transferência de ações. Entende o autor que, ainda que não haja manifestação expressa de vontade, o pacto arbitral vincula os adquirentes de ações, pois os efeitos da cláusula compromissória se estendem aos sucessores, a título universal e singular, daqueles que originalmente subscreveram o pacto arbitral. Afirma, ainda, ser esta a rigorosa inclinação da doutrina em matéria arbitral, que se alinha, por sinal, com o instituto da circulabilidade das ações. O autor cita, ainda, as palavras de Bulhões Pedreira para fundamentar seu entendimento: "A companhia é hoje classificada como contrato do tipo associativo, plurilateral (...) e, como todo negócio associativo, é contrato aberto, no sentido de que permite, mesmo após a conclusão pelos contratantes originais, a agregação de novas partes, sem dissolução das relações jurídicas preexistentes e sem a necessidade de novo contrato entre antigos e novos associados. A agregação de novos sócios dá-se

---

49. A presença de cláusula compromissória no estatuto social das companhias abertas, é requisito para que a companhia seja listada nos segmentos especiais da Bolsa de Valores do Estado de São Paulo (BOVESPA), ou seja, no Nível 2 de Governança Corporativa e Novo Mercado.
50. Pedro A. Baptista Martins, "A arbitragem nas sociedades de responsabilidade limitada", *RDM* 126/69.

mediante a aquisição de ações em circulação ou criadas em aumento de capital social, e o adquirente da ação assume posição jurídica da parte contratual do negócio original".

Da mesma forma, para Luís Loria Flaks[51] todas as pessoas, naturais ou jurídicas, que passarem a fazer parte do quadro acionário de determinada companhia que já contenha em seu estatuto social cláusula compromissória arbitral estarão automaticamente vinculadas à referida cláusula. Essa vinculação, segundo o autor, seria imediata desde a data da subscrição de capital ou aquisição de ações. No entendimento do autor, ao se tornarem acionistas de determinada companhia, estejam as ações admitidas ou não à negociação no mercado de valores mobiliários, presume-se que os investidores procederam à leitura prévia do estatuto social, tendo concordado com todos os seus termos. Neste sentido, o autor chama a atenção para o fato de serem públicos os estatutos sociais, podendo ser facilmente acessados através da CVM, no caso de companhias abertas, ou das Juntas Comerciais dos Estados em que as companhias estejam sediadas, no caso de companhias fechadas. Na eventualidade da discordância do investidor com relação a qualquer das cláusulas do estatuto social, inclusive com relação à cláusula compromissória, bastaria que o referido investidor se abstivesse de adquirir participação na mencionada companhia.

Também José Virgílio Lopes Enei[52] refuta veementemente os argumentos dos mestres Modesto Carvalhosa e Nelson Eizirik quando estes sustentam que o direito de acesso ao Poder Judiciário, diferentemente dos demais direitos regulados no estatuto social, seria um direito essencial e personalíssimo do acionista, de forma que sua renúncia dependeria de manifestação expressa e específica, não comportando aceitação tácita ou por referência.

Enei entende, ao contrário, que o novo acionista, ao integrar a sociedade, estará automaticamente vinculado à cláusula arbitral que porventura conste do estatuto da companhia, sendo dispensável qualquer outra manifestação, como a adesão específica a termo em separado. Segundo o autor, esta exigência seria descabida e resultaria de uma interpretação por demasiado restritiva e formalista do instituto da ar-

---

51. Luís Loria Flaks, "A arbitragem na reforma da Lei das S/A", *RDM* 131/102.
52. José Virgílio Lopes Enei, "A arbitragem nas sociedades anônimas", *RDM* 129/146.

bitragem. Interpretação, esta, que estaria calcada na "concepção, já ultrapassada e não mais condizente com o novo regime arbitral brasileiro, de que a arbitragem é potencialmente injusta e lesiva quando comparada ao foro tradicional de resolução de conflitos, o Poder Judiciário". Para o autor, o direito assegurado pelo § 2º do art. 109 da Lei 6.404/1996[53] não pode ser entendido como o direito irrenunciável de acesso ao Poder Judiciário. Ao contrário, trata-se do direito do acionista de poder fazer valer suas proteções através do Poder Judiciário ou, alternativamente, do juízo arbitral. Não haveria, portanto, que se falar em violação a um direito essencial do acionista no caso de lhe estar assegurado o acesso a uma dessas duas vias de solução de disputas.

Complementa o raciocínio José Virgílio Lopes Enei, expondo que "a via arbitral não exclui e nem prejudica qualquer dos meios, processos ou ações conferidos aos acionistas. Processos ou ações não podem ser entendidos restritivamente como processos ou ações meramente judiciais, mas, na acepção legal dos termos, como o direito a deduzir uma pretensão, inclusive pela via arbitral". Continua, ressaltando que "tanto o processo como o direito de ação são plenamente preservados pela via arbitral, já que ao acionista é assegurado também no processo arbitral o direito de deduzir suas pretensões (direito de ação), seguindo um conjunto coordenado de atos (direito ao processo), com vistas à obtenção de um provimento jurisdicional".

Enei[54] discorda, ainda, que a cláusula compromissória constitua um pacto parassocial, conforme defendido por Carvalhosa e Eizirik, advertindo que a autonomia conferida à cláusula arbitral em relação ao contrato no qual se insere, por força do art. 8º da Lei 9.307/1996, serve tão-somente para resguardar a cláusula arbitral de eventual nulidade do contrato, estando o consagrado princípio da autonomia da cláusula arbitral a serviço da preservação do instituto da arbitragem, não podendo "ser invocado para os efeitos justamente contrários, propostos pelos autores em exame".

O autor conclui, ainda, que a manifestação livre da vontade da parte, único requisito exigido à luz do entendimento já firmado pelo STF,

---

53. § 2º do art. 109 da Lei 6.404/1976. "§ 2º. Os meios, processos ou ações que a lei confere ao acionista para assegurar os seus direitos não podem ser elididos pelo estatuto ou pela assembléia-geral".

54. José Virgílio Lopes Enei, "A arbitragem nas sociedades anônimas", *RDM* 129/149.

está claramente presente quando um novo acionista integra a sociedade. O novo acionista está "necessariamente aceitando se submeter às regras societárias então vigentes, incluindo a cláusula compromissória constante do estatuto social". Não fosse este o entendimento, estar-se-ia admitindo que o acionista estaria autorizado a escolher os direitos e obrigações a que gostaria de se submeter, ao invés de assumir um pacote de direitos e obrigações atribuíveis a todo e qualquer acionista por meio do estatuto social.

No que tange à constatação de que em muitos casos o adquirente de ações não chega a tomar conhecimento das disposições estatutárias da companhia em que pretende ingressar, José Virgílio Lopes Enei[55] considera a preocupação de todo irrelevante. Isto porque, no seu entendimento, a opção por efetivar a aquisição de maneira desinformada – vale dizer, sem a prévia leitura do estatuto da companhia – não pode servir de escusa para que o novo acionista se furte a se submeter às disposições estatutárias, assim como aquele que assina um contrato sem conhecer seu conteúdo não pode furtar-se aos seus efeitos. E mais, ressalta o autor que, fosse esta uma justificativa plausível para a não-vinculação do novo acionista à cláusula compromissória contida no estatuto, serviria ela mesma para justificar a não-vinculação do acionista à arbitragem ainda que tivesse assinado termo específico de adesão, pois poderia o novo acionista eventualmente ter deixado de ler o conteúdo do referido documento. Em conclusão, afirma que imaginar que o novo acionista pudesse não estar vinculado à cláusula compromissória estatutária seria equivalente a dizer que, por exemplo, uma eventual limitação do direito de voto ou à circulação das ações adquiridas não seria oponível ao sócio adquirente caso este não tivesse tomado conhecimento das referidas limitações contidas no estatuto social.

A despeito da discussão, que se abordará abaixo, sobre a possibilidade de classificação dos estatutos sociais como contratos de adesão, Luís Loria Flaks[56] traz um argumento adicional ao debate, ressaltando que, ainda que os estatutos sociais pudessem ser considerados contratos de adesão, a regra do § 2º do art. 4º da Lei 9.307/1996 não se aplicaria às sociedades e a seus respectivos sócios. Isto porque, conforme nota

---

55. José Virgílio Lopes Enei, "A arbitragem nas sociedades anônimas", *RDM* 129/150.
56. Luís Loria Flaks, "A arbitragem na reforma da Lei das S/A", *RDM* 131/104.

o autor, a lei societária – que é posterior e especial em relação à Lei de Arbitragem – não previu qualquer requisito formal para a vinculação da companhia e de seus acionistas à cláusula arbitral, além da previsão estatutária.

5.3.1 *A natureza do estatuto social e a possibilidade de sua classificação como contrato de adesão*

Os argumentos em prol da necessidade da adesão em apartado do novo acionista à cláusula compromissória estatutária, para que esta o vincule, têm como premissa básica a equiparação do estatuto social a um contrato de adesão. De fato, Modesto Carvalhosa e Nelson Eizirik[57] fazem referência às formalidades exigidas pelo § 2º do art. 4º da Lei 9.307/1996 – dispositivo, este, que se refere à inserção de cláusula arbitral nos contratos de adesão. Tal caracterização, todavia, é alvo de numerosas críticas por parte de autores que se dedicaram ao estudo do tema.

O contrato de adesão é definido no Código de Defesa do Consumidor – Lei 8.078/1990 –, em seu art. 54: "Contrato de adesão é aquele cujas cláusulas tenham sido aprovadas pela autoridade competente ou estabelecidas unilateralmente pelo fornecedor de produtos ou serviços, sem que o consumidor possa discutir ou modificar substancialmente seu conteúdo".

Não há dúvidas de que a intenção do legislador foi a de proteger o consumidor, a parte presumidamente mais fraca na relação de consumo, em termos econômicos. De fato, o próprio Código do Consumidor traz disposições especiais destinadas a proteger o consumidor que celebra contrato de adesão, como, por exemplo, a proibição do uso de termos obscuros ou caracteres ilegíveis, bem como a obrigatoriedade de que as cláusulas que impliquem limitação de direitos do consumidor tenham destaque adequado, com vistas a evitar que passem despercebidas. Neste mesmo sentido é que a Lei 9.307/1996 disciplina a inserção da cláusula arbitral nos contratos de adesão, estipulando que a eficácia da mesma estaria condicionada à iniciativa do aderente em inseri-la no contrato ou à sua concordância expressa em relação à cláusula, obedecidas as formalidades estabelecidas na lei.

---

57. Modesto Carvalhosa e Nelson Eizirik, *A Nova Lei das Sociedades Anônimas*, p. 109.

Lívia Rossi[58] alerta para o fato de que os contratos de adesão são contratos de consumo, onde os aderentes são consumidores e os formuladores do contrato são fornecedores de bens ou de serviços. A autora lembra a definição de Lucy Toledo das Dores Niess acerca do contrato de adesão, chamando a atenção para a conclusão de que, nos contratos de adesão, as partes são obrigadas a contratar: "Tem o contrato de adesão como denominador o recuo da autonomia da vontade e mais precisamente da liberdade de contratar. O conceito se insere em um momento geral descrito, muitas vezes, como dirigismo contratual, que se manifesta não somente por atentar o contrato à liberdade de fixação do conteúdo, mas igualmente por atentar à liberdade de contratar". Lívia Rossi busca mostrar a incompatibilidade desta definição com a constatação de que as pessoas físicas ou jurídicas subscrevem ações, ingressando nas companhias, motivadas por diferentes interesses, dentre os quais a realização do objeto social e o lucro da atividade empresarial. Desta forma, questiona se de fato estariam os adquirentes de ações em posição semelhante à do consumidor em um contrato de adesão, na medida em que os investidores não estão obrigados juridicamente a contratar com a sociedade, adquirindo suas ações. Ademais, questiona a autora se seria possível considerar tais adquirentes como hipossuficientes em relação à sociedade, sujeitando-os às regras do Código de Defesa do Consumidor.

Também no entendimento de Pedro Baptista Martins, "é nas relações de consumo onde se aperfeiçoam os contratos de adesão, contratos, estes, que divergem conceitual e instrumentalmente dos contratos de sociedade".[59] Pedro Baptista ressalta, ainda, que os contratos de adesão têm como características a impessoalidade e a inferioridade de uma das partes, em função da massificação da contratação e, conseqüentemente, da unilateralidade na predeterminação de suas cláusulas e condições. Luís Loria Flaks,[60] por sua vez, adverte que, apesar de os contratos de adesão serem, de fato, mais freqüentes quando existe uma relação de consumo, estes não se restringem exclusivamente a estas re-

---

58. Lívia Rossi, "Arbitragem na Lei das Sociedades Anônimas", *RDM* 129/201.
59. Pedro A. Baptista Martins, "A arbitragem nas sociedades de responsabilidade limitada", *RDM* 126/65.
60. Luís Loria Flaks, "A arbitragem na reforma da Lei das S/A", *RDM* 131/103.

lações. Lembra o autor que os contratos de adesão hoje são, inclusive, mencionados no Código Civil.[61]

De todo modo, Pedro Baptista Martins[62] recorda que, consoante os ensinamentos de Tullio Ascarelli, a relação jurídico-societária não se explica pelos preceitos tradicionais do direito contratual, sendo o contrato social ou o estatuto contratos em que cada parte tem obrigações para com todas as outras, representando verdadeiros contratos de organização, contratos plurilaterais, cuja função não termina quando executadas as obrigações das partes. Conclui, assim, Pedro Baptista Martins destacando que a verificação da natureza jurídica do contrato de sociedade leva o intérprete a compreender as nuanças que o distinguem do chamado *contrato de adesão*.

Neste mesmo sentido, Luís Loria Flaks[63] entende que os estatutos sociais não podem ser confundidos com contratos de adesão, haja vista que o contrato de adesão se caracteriza, em regra, pela bilateralidade da relação jurídica, característica, esta, que – pondera – não está presente no estatuto social. Ao contrário, os estatutos têm como uma de suas principais características o fato de serem plurilaterais. Significa dizer que os interesses dos acionistas de uma companhia convergem para um fim comum – a obtenção de lucro pela sociedade –, objetivo, este, previsto no art. 2º da Lei 6.404/1976. Conclui, portanto, que de modo algum poderiam os estatutos sociais ser considerados contratos de adesão, "seja por não se tratar de relação de consumo, seja pela inexistência de bilateralidade ou, ainda, para alguns, pelo caráter institucional da companhia". Restaria afastada, portanto, a exigibilidade das formalidades prescritas no § 2º do art. 4º da Lei 9.307/1996 para que o adquirente de ações de uma companhia estivesse vinculado à cláusula compromissória constante de seu estatuto.

Pedro Baptista Martins,[64] por fim, conclui que, fosse o contrato (ou estatuto) social considerado como típico contrato de adesão, nos moldes dos negócios que constituem o objeto de proteção do § 2º do

---

61. Arts. 423 e 424 da Lei 10.406/2002.
62. Pedro A. Baptista Martins, "A arbitragem nas sociedades de responsabilidade limitada", *RDM* 126/65.
63. Luís Loria Flaks, "A arbitragem na reforma da Lei das S/A", *RDM* 131/103.
64. Pedro A. Baptista Martins, "A arbitragem nas sociedades de responsabilidade limitada", *RDM* 126/67.

art. 4º da Lei 9.307/1996, a mesma proteção deveria ser estendida às demais cláusulas e condições plurilaterais, o que – ressalta o autor – estaria em franco descompasso com a dinâmica do sistema legal societário.

Complementando a discussão acerca da natureza do estatuto social, convém, aqui, mencionar a teoria sustentada por Alessandro Bertini, Fábio Konder Comparato e outros,[65] segundo a qual a deliberação que cria ou reforma os estatutos da companhia produz verdadeira norma jurídica. Com relação a esta teoria, o professor Erasmo Valladão Azevedo e Novaes França ressalta que em nosso ordenamento esta concepção é mais que mera construção teórica. Segundo o autor, a própria Lei 6.404/1976 equipara o estatuto às normas jurídicas, em seu art. 286, ao determinar que são anuláveis "as deliberações, tomadas em assembléia-geral ou especial, irregularmente convocada ou instalada, violadora da lei ou do estatuto".

5.4 Acionista que dissentiu da deliberação, ausentou-se ou se absteve de votar na deliberação que inseriu a cláusula compromissória no estatuto da companhia

A incipiente literatura disponível sobre o tema do alcance subjetivo da cláusula compromissória estatutária revela, ainda, a existência de divergência entre os autores no que tange aos efeitos da referida cláusula em relação aos acionistas dissidentes, ausentes ou que se abstiveram na votação que culminou com sua inserção no estatuto social. Assim, para alguns autores estes acionistas não estariam vinculados aos efeitos da cláusula compromissória estatutária, na medida em que não manifestaram sua expressa concordância em relação à mesma. Neste sentido, Modesto Carvalhosa e Nelson Eizirik[66] afirmam que "a cláusula compromissória não adquire caráter associativo, não sendo, por isso, imponível aos acionistas que não votaram favoravelmente à sua adoção no estatuto e que, posteriormente, não aderiram expressamente aos seus termos, na estreita conformidade com o disposto no §

---

65. *Apud* Erasmo Valladão Azevedo e Novaes França, *Invalidade das Deliberações de Assembléias das S/A*, p. 60.
66. Modesto Carvalhosa e Nelson Eizirik, *A Nova Lei das Sociedades Anônimas*, p. 194.

2º do art. 4º da Lei 9.307/1996". Complementam os autores considerando que a sociedade "despe-se, portanto, do seu poder de impor a todos os acionistas a cláusula compromissória, na medida em que se coloca como parte no compromisso diante de outras partes, ou seja, os acionistas que individualmente aceitarem essa convenção arbitral para dirimir seus conflitos".

Luiz Leonardo Cantidiano,[67] da mesma forma, reconhece a polêmica quando da aprovação, por sociedade já existente, de alteração estatutária tendo por objetivo regular – como é facultado pelo § 3º do art. 109 da Lei 6.404/1976 – a submissão de conflitos de ordem societária à arbitragem. A questão da vinculação, ou não, a tal deliberação dos acionistas que se opuseram à referida cláusula arbitral é tratada pelo autor, que opta pela resposta negativa, com base no argumento de que ninguém pode ser obrigado a se submeter, contra a sua vontade, ao processo arbitral. Nas palavras do autor, "tendo presente que o antigo acionista da companhia manifestou sua expressa divergência à reforma estatutária, entendo que a decisão adotada pela maioria não o obriga a aceitar a arbitragem, se requerida por terceiro (outro acionista ou a própria companhia)". Complementa Cantidiano considerando que "nada impede, no entanto, que o referido acionista possa instituir a arbitragem, tal como é facultado pelo § 2º do art. 4º da Lei 9.307/ 1996".

No tocante aos acionistas que não compareceram à assembléia em que foi decidida a inclusão da cláusula compromissória no estatuto social e àqueles que se abstiveram de votar, Luiz Leonardo Cantidiano considera que os mesmos devam firmar termo de adesão, "como requerido pela Lei 9.307/1996", sem o quê entende não estarem tais acionistas obrigados a se submeter à arbitragem, quando instituída por terceiro. Assim, corrobora o autor o entendimento dos professores Carvalhosa e Eizirik, na medida em que considera que aceitar a vinculação dos acionistas nesta situação seria admitir a renúncia tácita ao direito, que é assegurado pelo art. 5º, XXXV, da CF, de se submeter à apreciação do Poder Judiciário lesão ou ameaça ao direito – o que para estes autores é inadmissível.

Importante notar, contudo, que esta posição não é unânime na doutrina. Com efeito, Luís Loria Flaks[68] assevera que a interpretação

67. Luiz Leonardo Cantidiano, *Reforma da Lei das S/A Comentada*, p. 119.
68. Luís Loria Flaks, "A arbitragem na reforma da Lei das S/A", *RDM* 131/105.

exposta pelos eminentes autores acima mencionados não se mostra a mais adequada, entendendo que a alteração estatutária que insere a cláusula arbitral pode ser tomada pela maioria e vinculará todos os acionistas da companhia, indistintamente.

No mesmo sentido, Pedro Baptista Martins[69] entende que, aprovada a deliberação introdutória da arbitragem, arquivada e publicada a ata, a decisão assemblear deverá produzir os efeitos de direito e atingir toda a comunidade dos acionistas. Estariam os acionistas dissidentes irremediavelmente vinculados à cláusula compromissória adicionada ao estatuto social. Com efeito, nas palavras do autor, "aos acionistas descontentes cabe alienar suas participações acionárias", e nada mais.

Também no entendimento de José Virgílio Lopes Enei[70] os acionistas dissidentes e ausentes da deliberação que determinou a inclusão de cláusula compromissória no estatuto da companhia estariam a ela vinculados. Reconhece o autor que se trata de entendimento que, "dado o estágio ainda incipiente de nossa cultura arbitral, dificilmente receberá, por um bom tempo, guarida de nosso Poder Judiciário", lembrando a recente discussão acerca da constitucionalidade *per se* da cláusula compromissória no STF. Enei ressalta que o grande óbice invocado pela doutrina brasileira para negar o reconhecimento da vinculação dos acionistas dissidentes e ausentes em relação à cláusula compromissória estatutária seria a ausência do necessário requisito volitivo, uma vez que, como tivemos a oportunidade de verificar, a arbitragem pressupõe o acordo de vontades no sentido de se submeterem as partes ao juízo arbitral.

Assim, é fato que para determinados autores – como Modesto Carvalhosa, Nelson Eizirik e Luiz Leonardo Cantidiano –, no caso dos acionistas dissidentes, estaríamos diante não apenas da ausência da necessária manifestação de vontade, mas da própria recusa, expressamente manifestada, dos acionistas à submissão à via arbitral. José Virgílio Lopes Enei[71] chama a atenção para a superficialidade deste equi-

---

69. Pedro A. Baptista Martins, "A arbitragem nas sociedades de responsabilidade limitada", *RDM* 126/73.
70. José Virgílio Lopes Enei, "A arbitragem nas sociedades anônimas", *RDM* 129/163.
71. José Virgílio Lopes Enei, "A arbitragem nas sociedades anônimas", *RDM* 129/163.

vocado argumento, invocando, para tanto, o papel da assembléia no âmbito de uma sociedade. O autor salienta que a assembléia, embora manifeste em primeiro plano a vontade da sociedade, manifesta, por via indireta, a vontade dos acionistas. Assim, como todos os demais autores que refutam a tese da não-vinculação dos acionistas dissidentes e ausentes à cláusula compromissória estatutária, parte Enei para a análise mais aprofundada dos mecanismos e regras que garantem o funcionamento das sociedades, passando a analisar a influência da regra da maioria nesta discussão, conforme expomos a seguir.

5.4.1 *A regra da maioria e a deliberação de inserção de cláusula compromissória no estatuto*

O tema da regra da maioria é trazido à discussão por todos os autores que se opõem ao argumento segundo o qual o acionista dissidente, omisso ou ausente deixaria de se vincular à cláusula compromissória inserida no estatuto social por força de deliberação assemblear. Com efeito, José Virgílio Lopes Enei[72] pondera que, ao ingressarem voluntariamente em uma sociedade, os acionistas optam por se submeterem às regras corporativas. Dentre tais regras destaca-se a de que, na ausência de quórum especial previsto no estatuto, as questões da sociedade poderão ser decididas por maioria de votos. Salienta ainda o autor que "a decisão por maioria não se dá à revelia do acionista dissidente, mas decorre de sua prévia e voluntária submissão às regras do jogo" – vale dizer, sua opção por integrar uma sociedade. No entendimento do autor, é "a prévia e voluntária aceitação das regras corporativas que dá legitimidade à assembléia, conferindo-lhe poderes para deliberar em nome de todos os acionistas e a todos vincular, ainda que por maioria de votos".[73]

Enei observa, ainda, que, tendo a sociedade natureza contratual, a aquisição da qualidade de sócio equivale à celebração de um contrato

---

72. José Virgílio Lopes Enei, "A arbitragem nas sociedades anônimas", *RDM* 129/163.

73. O autor observa, ainda, que a única limitação ao poder de deliberação da assembléia refere-se aos direitos essenciais do acionista. É de se notar, todavia, que a opção facultada pelo § 3º do art. 109 da Lei 6.404/1976 para solução de litígios pela via arbitral não fere direito essencial do acionista, posto que não é o acesso ao Poder Judiciário, mas o acesso aos "meios, processos ou ações que a lei confere ao acionista", que não pode ser elidido pelo estatuto ou pela assembléia-geral.

pelo novo acionista. Este celebra o contrato ciente de que uma de suas cláusulas é a regra que autoriza a assembléia a deliberar por maioria de votos, vinculando todos os acionistas, inclusive os dissidentes.[74] Assim, não pode o acionista dissidente de qualquer deliberação assemblear esquivar-se de cumprir a referida deliberação alegando a divergência entre esta e a decisão pessoal que teria tomado, "pelas mesmas razões pelas quais um mandante não pode se escusar do ato praticado pelos seus mandatários nos limites do contrato de mandato entre eles celebrado". Enei conclui, portanto, que a deliberação assemblear que, por maioria de votos, determina a inclusão de cláusula compromissória no estatuto da companhia satisfaz o requisito volitivo exigido para que a referida cláusula seja vinculante a todos os acionistas, inclusive os dissidentes, na medida em que carrega em si a prévia manifestação de vontade dos acionistas, por ocasião de sua entrada na sociedade. Neste sentido, ensina Tullio Ascarelli: "A possibilidade de a assembléia constituinte deliberar por maioria, bem como os limites dessa possibilidade, decorrem da circunstância de que já foram manifestadas as declarações de vontade necessárias para formar o contrato".[75]

De acordo com Pedro Baptista Martins,[76] o critério do poder majoritário está consolidado no direito societário. Segundo o autor, "as ações sem direito a voto são exemplo da magnitude desse pressuposto jurídico. Salvo exceção legal ou contratual, as regras sociais e o rumo da companhia são ditados pelo interesse da maioria, quando em harmonia com o interesse social". Complementa, considerando que as mudanças estatutárias por decisão majoritária são permitidas pelo direito das companhias, sem que disso resulte qualquer quebra contratual ou o direito a perdas e danos. Com efeito, ressalta o autor que, ao ingressar na companhia, o acionista reconhece e aceita o princípio legal da maio-

---

74. Com efeito, assim dispõe o § 5º do art. 1.072 do CC de 2002:
"Art. 1.072. As deliberações dos sócios, obedecido o disposto no art. 1.010, serão tomadas em reunião ou em assembléia, conforme previsto no contrato social, devendo ser convocadas pelos administradores nos casos previstos em lei ou no contrato.
"(...).
"§ 5º. As deliberações tomadas de conformidade com a lei e o contrato vinculam todos os sócios, ainda que ausentes ou dissidentes."
75. Tullio Ascarelli, *Problemas das Sociedades Anônimas e Direito Comparado*, p. 393.
76. Pedro A. Baptista Martins, "A arbitragem nas sociedades de responsabilidade limitada", *RDM* 126/71.

ria, que é o princípio que dita o curso das relações societárias. Tanto que, em regra, não há o que se fazer contra decisão tomada pela maioria, a menos que esteja envolvida qualquer prática ilícita no exercício do poder de voto. Apenas em determinados casos, elencados de forma taxativa pela Lei 6.404/1976, é dado ao acionista dissidente o direito de se retirar da sociedade, mediante o reembolso do valor de sua participação. Note-se, contudo, que tal permissão não existe para o caso da alteração estatutária de que ora nos ocupamos.

Pedro Baptista Martins conclui, assim, que o princípio da maioria deve prevalecer, não podendo o acionista alegar o desconhecimento das regras societárias para se esquivar de cumprir a deliberação tomada em assembléia contra a sua vontade pessoal. O autor chama a atenção para o princípio da mutabilidade do estatuto a qualquer tempo. Faz, ainda, uma analogia com casos em que reorganizações societárias levadas a cabo pela vontade majoritária acarretam mudanças significativas, como a alteração do objeto social da companhia, frustração das expectativas dos acionistas na consumação das reservas de lucros a realizar em dividendos, ou até mesmo a redução de dividendos a serem distribuídos. Não obstante a relevância destas deliberações, todas elas se submetem ao princípio da maioria, ainda que "temperado", em momentos pontuais, por um quórum qualificado. Por que não estaria igualmente sujeita ao princípio da maioria a deliberação que introduz no seio da companhia a cláusula arbitral estatutária, que, no entendimento do autor, constitui "instrumento de boa governança dedicado à busca de solução mais ágil e especializada dos conflitos societários"?

Nesta mesma linha, ressalta Luís Loria Flaks que a lei societária prevê a decisão por maioria com relação a matérias muito mais impactantes que a estipulação de cláusula arbitral, a exemplo do caso de resgate de ações. Adverte o autor que por ocasião da reforma da Lei 6.404/1976 pela Lei 10.303/2001 previu-se a necessidade de assembléia especial de acionistas detentores das ações atingidas para que seja possível o resgate.[77] De todo modo, observa que até a referida

---

77. O § 6º foi acrescentado ao art. 44 da Lei 6.404/1976 por força da Lei 10.303/2001:
"Art. 44. O estatuto ou a assembléia-geral extraordinária pode autorizar a aplicação de lucros ou reservas no resgate ou na amortização de ações, determinando as condições e o modo de proceder-se à operação.
"(...).

reforma não havia nem mesmo esta exigência para a deliberação acerca de assunto de tal importância, de modo que o mesmo podia ser decidido pela vontade da maioria dos titulares de ações ordinárias. Continua o autor, destacando o fato de que, ao contrário do que entendem Modesto Carvalhosa e Nelson Eizirik, o legislador não caracterizou a cláusula compromissória estatutária como um pacto parassocial, mas sim como um "pacto imposto à companhia e a todos os seus acionistas". A lei tampouco teria criado quaisquer formalidades adicionais para que esta cláusula vinculasse todos os acionistas.

A conclusão a que chegou Flaks decorre de uma interpretação sistemática da Lei das S/A. Neste sentido, entende o autor que todas as vezes que o legislador desejou estipular requisitos adicionais para que determinadas deliberações vinculassem todos os acionistas ele o fez expressamente. Como exemplos de situações em que quis de fato o legislador impor tais requisitos adicionais, Flaks cita o parágrafo único do art. 36 e o art. 118 da Lei 6.404/1976, que tratam, respectivamente, da limitação à circulação de ações nas companhias fechadas e dos acordos de acionistas. O autor assevera, ainda, que para a inserção de cláusula arbitral no estatuto social, ao contrário do que ocorre em relação às hipóteses acima mencionadas, a lei silencia acerca de quaisquer requisitos adicionais para garantir a vinculação dos acionistas dissidentes da deliberação – o que leva a concluir pela desnecessidade da concordância expressa e em separado dos acionistas.

6. Direito Comparado

Dada a ainda escassa literatura em torno da arbitragem em matéria societária no Brasil, passamos, agora, a analisar alguns apontamentos sobre o tema constantes da literatura e legislação estrangeira, mormente italiana e estadunidense, onde os temas de que ora cuidamos já vêm sendo discutidos há algum tempo.

"§ 6º. Salvo disposição em contrário do estatuto social, o resgate de ações de uma ou mais classes só será efetuado se, em assembléia especial convocada para deliberar essa matéria específica, for aprovado por acionistas que representem, no mínimo, a metade das ações da(s) classe(s) atingida(s)."

No que tange à doutrina italiana acerca dos efeitos da cláusula compromissória estatutária, Giorgio Bianchi,[78] em monografia dedicada ao tema, conclui pela vinculação automática do novo acionista à cláusula compromissória constante do estatuto social, entendendo descabida a exigência de qualquer adesão em separado. Entende, ainda, o autor que a exigência de adesão em separado à arbitragem não só violaria o princípio segundo o qual o novo acionista não pode alegar a ignorância das normas estatutárias, como também criaria o risco de se ter no estatuto uma cláusula válida apenas para alguns sócios, sendo inválida para os demais – o que constituiria uma situação insustentável.

No que tange a este mesmo tópico – o alcance subjetivo da cláusula compromissória estatutária –, o autor italiano Giovanni Cabras,[79] em trabalho publicado sobre o tema, considera que uma manifestação de vontade implícita dos seguintes sujeitos está presente na cláusula compromissória estatutária: (a) do novo acionista, na medida em que, ao subscrever ações da companhia, aceitou implicitamente todas as cláusulas do estatuto social; (b) do adquirente de ações de um antigo sócio, na medida em que o cessionário assume a situação jurídica do cedente, inclusive sua submissão à cláusula compromissória estatutária; (c) do administrador da companhia, na medida em que, ao aceitar a função que lhe foi atribuída, concordou implicitamente em cumprir todas as disposições estatutárias, inclusive a cláusula compromissória.

Até mesmo o acionista ausente ou dissidente da deliberação assemblear que determinou a inclusão da cláusula compromissória no estatuto social manifesta, implicitamente, sua concordância ulterior com a mesma, na medida em que permanece na sociedade – se o fizer –, deixando de exercer seu direito de recesso, o qual é previsto na legislação italiana para esta situação. Com efeito, o art. 34, inciso 6, do Decreto 5, de 17.1.2003 ("Definizione dei procedimenti in materia di diritto societario e di intermediazione finanziaria, nonchè in materia bancaria e creditizia, in attuazione dell'art. 12 della Legge 3 Ottobre 2001, n. 366"), que trouxe nova disciplina à arbitragem em matéria societária na Itália, determina: "Le modifiche dell'atto costitutivo, intro-

78. Giorgio Bianchi, *apud* José Virgílio Lopes Enei, "A arbitragem nas sociedades anônimas", *RDM* 129/153.
79. Giovanni Cabras, "I principi dell'arbitrato e l'arbitrato societari", *Dircomm. it* 1, janeiro/2005 (disponível em: *http://www.dircomm.it/2005/n.1/01.html*, acesso em agosto/ 2005).

duttive o soppressive di clausole compromissorie devono essere approvate dai soci che rappresentino almeno i due terzi del capitale sociale. *I soci assenti o dissenzienti possono, entro i successivi novanta giorni, esercitare il diritto di recesso*" (grifos nossos).

Neste sentido, assevera o autor que a vontade inicialmente contrária à cláusula arbitral manifestada pelo acionista dissidente é suplantada por sua decisão de remanescer na sociedade, caso não exerça o direito de se retirar, expressamente previsto em lei. De todo modo, ressalta Giovanni Cabras que este "voluntarismo exacerbado" que se busca comprovar quando da análise da vinculação dos acionistas à cláusula compromissória estatutária é, em verdade, desnecessário. Para o autor, o simples fato de o estatuto social conter uma cláusula compromissória – nele introduzida de acordo com os critérios de votação definidos em lei – bastaria para assegurar que todos os acionistas, inclusive os dissidentes, estivessem a ela vinculados, o que se afirma com base na real eficácia do estatuto social e na relevância jurídica das disposições estatutárias e da ordem societária.

Com efeito, o art. 34, inciso 3, do Decreto 5, de 17.1.2003, determina que todos os sócios estão vinculados à cláusula compromissória estatutária, inclusive aqueles cuja qualidade de sócio é justamente o objeto da controvérsia: "La clausola è vincolante per la società e per tutti i soci, inclusi coloro la cui qualità di socio è oggetto della controversia".

Administradores da companhia estarão igualmente vinculados à cláusula compromissória estatutária na medida em que ela inclua, em seu objeto, conflitos inerentes às suas funções. Assim dispõe o inciso 4 do art. 34 do Decreto 5/2003: "Gli atti costitutivi possono prevedere che la clausola abbia ad oggetto controversie promosse da amministratori, liquidatori e sindaci ovvero nei loro confronti e, in tale caso, essa, a seguito dell'accettazione dell'incarico, è vincolante per costoro".

No tocante aos limites objetivos da arbitragem societária, Elena Zucconi Galli Fonseca,[80] pesquisadora da Universidade de Bolonha, em estudo sobre o tema, também após a reforma legislativa de 2003, considera que a atual legislação italiana traz elementos que facilitam

---

80. Elena Zucconi Galli Fonseca, "La convenzione arbitrale nelle società dopo la riforma", *Rivista Trimestrale di Diritto e Procedura Civile* 57-3/929-972.

a definição dos conflitos societários que podem ser objeto de resolução por arbitragem, ao mesmo tempo em que favorece a interpretação pró-arbitragem, nos casos em que remanesce a dúvida: "La previsione, oltre a segnare i confini della operatività della riforma, ha un prezioso valore interpretativo nei casi in cui il tenore concreto del patto compromissorio sia generico o i suoi confini siano difficilmente individuabili. *Lo spirito della norma potrebbe anche orientare l'interprete verso un generalizzato in dubio pro arbitrato*, in casi che restino incerti anche dopo la novella".

É de se notar, ainda, que o legislador italiano se preocupou com o próprio conteúdo da cláusula compromissória estatutária, buscando proteger o acionista, mormente o acionista minoritário, de disposições que possam implicar tratamento desigual entre as partes no que tange à instalação do tribunal arbitral. Neste sentido, o inciso 2 do art. 34 do mencionado Decreto 5/2003 determina que a cláusula compromissória deverá estipular o número de árbitros a serem nomeados, bem como a forma de nomeação dos mesmos. De todo modo, com vistas a garantir a imparcialidade dos árbitros escolhidos, a cláusula deve prever, sob pena de nulidade, que a nomeação deverá ficar a cargo de um terceiro, estranho à sociedade, ou do Poder Judiciário do local onde a companhia tiver sua sede: "La clausola deve prevedere il numero e le modalità di nomina degli arbitri, conferendo in ogni caso, a pena di nullità, il *potere di nomina di tutti gli arbitri a soggetto estraneo alla società*. Ove il soggetto designato non provveda, la nomina è richiesta al presidente del tribunale del luogo in cui la società ha la sede legale".

Passando da Itália para os Estados Unidos da América, percebemos evolução semelhante da doutrina e da jurisprudência no que tange à aplicação da arbitragem em matéria societária. A despeito de um período inicial de relutância, conforme constatado em pesquisa feita por José Virgílio Lopes Enei,[81] percebe-se que o reconhecimento da importância dos meios alternativos de resolução de disputas para a dinâmica das sociedades empresariais resultou em uma tendência de incentivo ao uso da arbitragem pelas sociedades estadunidenses, removendo-se gradualmente os óbices à sua disseminação.[82]

---

81. José Virgílio Lopes Enei, "A arbitragem nas sociedades anônimas", *RDM* 129/154.

82. Conforme constatado pelo autor, na primeira metade do século passado algumas decisões judiciais proferidas nos tribunais de Nova York restringiram as matérias

Relata o autor que o emprego da arbitragem no âmbito das sociedades anônimas fechadas já se encontra bastante disseminado nos Estados Unidos, sendo esta uma prática amplamente adotada há algumas décadas. No tocante às sociedades anônimas abertas, contudo, a prática ainda não encontrou desenvolvimento semelhante, mormente devido à possibilidade, naquele país, da propositura das chamadas "ações derivadas", ou *derivative suits*,[83] conforme ressaltado em artigo publicado pelo professor Richard Shell,[84] da Universidade da Pensilvânia. Embora o autor não vislumbre qualquer óbice à submissão das ações derivadas ao juízo arbitral, ele reconhece que, em virtude das peculiaridades do instituto, bem como de razões culturais, ainda não foi observada uma evolução considerável da arbitragem neste campo. No seu entendimento, todavia, este cenário tende a mudar gradualmente, com uma maior disseminação da arbitragem também para a proteção dos interesses dos acionistas minoritários das companhias abertas.

No tocante ao alcance subjetivo da cláusula arbitral constante de estatuto social, Richard Shell corrobora o entendimento da doutrina majoritária italiana que mencionamos há pouco, reconhecendo que também os novos acionistas se vinculam à cláusula arbitral, independentemente de instrumento de adesão específica. Ressalta, todavia, que, para que tal entendimento se consolide, alguns cuidados devem ser tomados no que tange à publicidade dada à cláusula compromissória constante do estatuto. Admitindo que a referência à cláusula arbitral no próprio certificado da ação seria de pouca ou nenhuma valia – já que a grande maioria das transações se faz por mero registro escritural –,

---

consideradas arbitráveis, dificultando a disseminação da arbitragem no meio societário. Aos poucos, entretanto, a legislação e a jurisprudência reconheceram a arbitrabilidade de quase todas as questões surgidas da relação entre os sócios e entre estes e a sociedade, o que veio a estimular a adoção da arbitragem pelas sociedades.

83. Por meio da *ação derivada* o acionista pode acionar diretamente os administradores da companhia ou terceiros, para defender os interesses originariamente detidos pela sociedade, caso esta não tome providências para evitar ou reverter uma lesão apontada pelo referido acionista. Na hipótese de sucesso da demanda, o administrador ou o terceiro demandado será condenado a indenizar a sociedade, e o acionista receberá tal indenização de forma indireta. Esta modalidade de ação frequentemente resulta em cifras milionárias a título de honorários devidos ao advogado do acionista litigante, razão pela qual a medida se tornou muito popular como meio de controle da administração da companhia pelos acionistas minoritários.

84. Richard Shell, "Arbitration and corporate governance", *North Carolina Law Review* 67/517.

recomenda o autor que a companhia tome o cuidado de divulgar a existência de cláusula arbitral nos documentos registrados periodicamente no órgão regulador, no caso, a *Security Exchange Commission*. Além disso, adverte que não só os investidores, mas também os intermediários e demais agentes que atuam na distribuição de valores mobiliários – como a própria bolsa de valores – devem ser informados acerca da existência de tal disposição no estatuto da companhia.

O autor considera que, na medida em que os acionistas são livres para alienar suas participações acionárias ou investir em outras companhias, a ampla divulgação da existência da cláusula compromissória afastaria a possibilidade de se invocar o desconhecimento do fato, com vistas a derrogar o juízo arbitral em contendas societárias. Em reforço, Richard Shell rejeita por completo a alegação de que o estatuto social constituiria um contrato de adesão, na medida em que os investidores em geral apresentam um grau de sofisticação e entendimento das circunstâncias negociais consideravelmente maior que o apresentado pelos consumidores. Neste sentido, o autor afirma que a jurisprudência vem repetidamente rejeitando tal argumento como forma de afastar a jurisdição arbitral, a qual é indevidamente considerada como prejudicial aos interesses da suposta parte aderente: "The Courts have been singularly unreceptive to claims by investors that arbitration clauses in standard form adhesive contracts are unconscionable. (...). *The unstated premise behind such claims, after all, is that there is something unfair or inferior about arbitration as a means of resolving commercial disputes.* The Supreme Court has stated in the strongest possible terms that it believes this premise to be false".

Além disso, assevera o autor que a possibilidade de afastamento da cláusula compromissória estatutária para os novos acionistas representaria um perigoso precedente em relação às demais disposições organizacionais do estatuto: "Although shareholders may not see or inquire about an arbitration provision in the corporation's charter prior or subsequent to purchasing their shares, they are likely to be equally ignorant of every other provision in the charter. *Unless a Court is willing to strike down an arbitration clause on the ground that all charter provisions are 'adhesive' and subject to claims by shareholders for special exemptions, no part of the charter should be subject to challenge on this basis*".

A necessidade de zelar pela imparcialidade da cláusula compromissória contida no estatuto das companhias, a exemplo do que é exigido pela legislação italiana, é ressaltada também pelo autor John Coffee,[85] que defende a vinculação tanto de novos acionistas quanto dos acionistas que se omitiram ou discordaram da deliberação assemblear que determinou a inclusão da cláusula compromissória no estatuto da companhia. Neste sentido, ressalta o autor que à sociedade incumbe o ônus de comprovar a imparcialidade da cláusula acordada, o que pode ser feito mediante a adoção de cláusula recomendada ou referendada por entidade reconhecidamente imparcial – como o são, nos Estados Unidos da América, a *American Bar Association* e o *American Legal Institute*: "(...) the corporation should be required to sustain the burden of proving that the amendment was not against public policy. Elusive as this public policy standard is, it would mean *showing that the provision was not vulnerable to opportunistic manipulation*. Generally, the corporation could meet this standard by adopting a model provision drafted by a representative group (...)".

Em suma, percebemos que as mesmas discussões que ora travamos na busca dos melhores caminhos a serem trilhados nesta matéria já foram objeto de reflexão em países onde a tradição da arbitragem é um tanto mais antiga que nossos quase 12 anos do advento da Lei 9.303/1996 – lei, esta, que conferiu ao instituto efetiva aplicabilidade no Direito nacional. Assim, cumpre aprendermos com as soluções encontradas nestas jurisdições, não só por serem elas o resultado da experiência prática de que por ora ainda não desfrutamos, mas também pelo fato de estarmos inseridos em um contexto de globalização das relações comerciais e também societárias, de modo que o isolamento e a adoção de condutas contrárias à tendência globalmente verificada não constituiriam outra coisa senão um desestímulo ao investimento estrangeiro no país.

7. Discussão e conclusões

Diante dos aspectos levantados a partir de uma revisão bibliográfica sobre os efeitos da cláusula compromissória estatutária, percebe-

---

85. John C. Coffee Jr., "No exit?: Opting out, the contractual theory of the corporation, and the special case of remedies", *Brooklyn Law Review* 53/919.

mos que, conquanto não houvesse qualquer óbice legal à sua adoção – tendo existido, inclusive, disposição legal determinado a arbitragem compulsória em matéria societária no passado –, a prática da inclusão de cláusula compromissória nos estatutos das companhias passou a ser discutida com ênfase consideravelmente maior a partir do advento da reforma da Lei das S/A, implementada em 2001. Ao introduzir na legislação societária a previsão expressa acerca da possibilidade de inclusão de cláusula compromissória nos estatutos sociais, a Lei 13.303/2001 trouxe à tona a problemática do alcance e limites da convenção arbitral – discussão, esta, que, até então, se concentrava prioritariamente nas áreas do direito público e do direito do consumidor.

A interpretação do § 3º do art. 109 da Lei das S/A, introduzido pela Lei 13.303/2001, requer análise sistemática e contextualizada acerca de qual teria sido a intenção do legislador ao positivar uma prática que, conforme dissemos, não encontrava qualquer vedação legal, sendo, entretanto, pouco difundida até então, dado o estado ainda incipiente do desenvolvimento da cultura arbitral no Brasil. Conforme ressaltado por alguns doutrinadores em cujos trabalhos fomos buscar auxílio, o legislador parece ter revelado verdadeira inclinação pela via alternativa de resolução de conflitos societários, possivelmente por haver visualizado a necessidade de especialização e celeridade para a resolução satisfatória dos referidos conflitos, em face da dinâmica dos negócios e das relações societárias nos dias atuais.

É de se notar, entretanto, que as vantagens potencialmente proporcionadas pelo procedimento arbitral – como exaustivamente ressaltado na literatura: a *celeridade*, a *especialidade* e o *sigilo* – jamais serão desfrutadas na prática caso a introdução da cláusula arbitral no seio das companhias se faça da forma equivocada e tumultuada, que inevitavelmente resulta das recomendações de alguns dos autores estudados. Assim, para os doutrinadores que se prendem ainda à noção da arbitragem como um meio de subtração do direito constitucionalmente garantido de acesso ao Poder Judiciário, a adoção da arbitragem em sede de conflitos societários demandaria certas formalidades que acabariam por inviabilizar a aplicação prática do instituto nesta área, sob o pretexto de garantir a anuência expressa e inequívoca de cada um dos acionistas à cláusula arbitral.

Como é de conhecimento geral, a máxima instância do Poder Judiciário brasileiro já decidiu pela constitucionalidade da convenção arbitral, afirmando ausência de lesão ao direito esculpido no art. 5º, XXXV, da CF. Assim, o STF firmou entendimento no sentido de que em conflito envolvendo apenas direitos disponíveis pode a parte legitimamente renunciar ao direito de recorrer ao Poder Judiciário com o propósito de se socorrer da arbitragem, contanto que o faça voluntariamente e por meio de manifestação inequívoca neste sentido. Alguns estudiosos, todavia, por enxergarem ainda a arbitragem com muitas reservas, condicionam a validade da cláusula compromissória estatutária a requisitos e formalidades que, além de não encontrarem respaldo legal, denotam uma evidente tendência de desconfiança e preconceitos com relação à idoneidade da arbitragem como meio de solução de conflitos.

Assim, os eméritos professores Modesto Carvalhosa e Nelson Eizirik bem como o respeitável ex-presidente da CVM, Luiz Leonardo Cantidiano, defendem que a cláusula compromissória contida em estatuto social não vincula todos os acionistas indistintamente, posto que, no seu entendimento, a regra da maioria que rege normalmente a manifestação da vontade dos acionistas das sociedades não garantiria a manifestação inequívoca da vontade de cada um dos acionistas individualmente considerados no sentido de se submeter à cláusula arbitral. Para tais autores a aprovação de deliberação pelo princípio da maioria – princípio, este, aplicável a uma enorme gama de assuntos no âmbito das sociedades anônimas – não garantiria, de per si, a vinculação de todos os acionistas à cláusula compromissória inserida no estatuto, ao contrário do que ocorre com outras tantas deliberações para as quais – a exemplo da alteração estatutária, de que ora nos ocupamos – não se exige unanimidade dos votos.

Conquanto a preocupação dos referidos autores seja perfeitamente compreensível e até mesmo louvável, especialmente considerando que foram eles pioneiros na análise desta questão na doutrina pátria, os argumentos posteriormente oferecidos em oposição a este entendimento por José Virgílio Lopes Enei, Pedro Baptista Martins e Luís Loria Flaks, dentre outros, nos parecem consistentes o suficiente para tendermos a opinião diversa daquela mais conservadora, proposta pelos respeitados professores e corroborada pelo ex-presidente da CVM. As próprias doutrina e legislação estrangeiras, calcadas em longa experiência vivenciada nesta área, apontam para orientação em sentido oposto ao da opinião defendida pelos respeitados Mestres. De modo que ousamos, nesta esteira, discordar dos mesmos.

Assim, não sendo o direito de acesso ao Poder Judiciário um direito irrenunciável – pois a própria lei faculta a possibilidade de adoção da cláusula compromissória como alternativa à justiça estatal –, não haveria por que conferir a este direito tratamento diverso daquele conferido aos demais direitos dos acionistas. De modo que, a exemplo das demais regras que regem a organização e o funcionamento da sociedade, também a cláusula compromissória estatutária deve ser observada por todos os acionistas, indistintamente. Assim, ao menos enquanto a lei não estipular qualquer requisito adicional (como maioria qualificada ou aprovação por votos representando dois terços do capital social, como faz a legislação italiana), o princípio da maioria deve ser aplicado à questão da aprovação da cláusula compromissória estatutária pelos acionistas da companhia.

Também no que tange aos novos acionistas que venham a adquirir participação acionária em companhia cujo estatuto traga previsão de resolução de conflitos societários por meio da arbitragem não há que se falar em ausência de manifestação inequívoca da vontade de se submeterem ao juízo arbitral. Aqui, mais uma vez, está presente a manifestação de vontade, na medida em que o investidor disposto a ingressar em determinada companhia tem amplo acesso às normas que regem a organização da mesma, sendo-lhe ainda facultado, a qualquer tempo, alienar sua participação caso não concorde com qualquer das disposições estatutárias de que eventualmente não tenha tomado conhecimento – diga-se, por sua própria negligência. Com efeito, pretender que o novo acionista pudesse optar por não se vincular a qualquer das regras societárias constantes do estatuto social quando do seu ingresso na sociedade – como, por exemplo, à cláusula compromissória – seria abrir precedente perigoso em matéria societária; precedente, este, que certamente implicaria uma involução dos mecanismos que garantem a organização e a captação de recursos das sociedades anônimas.

Restando, ainda, afastada a caracterização do estatuto social como contrato de adesão, pelos motivos e argumentos expostos por Lívia Rossi,[86] Pedro Baptista Martins[87] e Luís Loria Flaks,[88] que, em

---

86. Lívia Rossi, "Arbitragem na Lei das Sociedades Anônimas", *RDM* 129/201.
87. Pedro A. Baptista Martins, "A arbitragem nas sociedades de responsabilidade limitada", *RDM* 126/67.
88. Luís Loria Flaks, "A arbitragem na reforma da Lei das S/A", *RDM* 131/103.

suma, acolhem a teoria da natureza plurilateral do estatuto, defendida pelo mestre Tullio Ascarelli, e rejeitam a classificação do acionista como parte hipossuficiente equiparada ao consumidor, resta igualmente afastada a exigência das formalidades preconizadas no § 2º do art. 4º da Lei 9.307/1996 – vale dizer, a necessidade de um ato de adesão específico a ser firmado posteriormente pelos acionistas que vierem a adquirir ações da companhia. Considerando-se o enorme número de ações negociadas diariamente no mercado de capitais, tal exigência, absolutamente incondizente com a dinâmica do mercado, não seria outra coisa senão impraticável.[89]

Por outro lado, no tocante à vinculação de administradores e conselheiros fiscais das companhias ao juízo arbitral, parece apropriado e – diga-se – factível admitir o requisito da anuência expressa dos referidos agentes ao juízo arbitral para que estejam eles vinculados à arbitragem na qualidade de administradores e conselheiros, e não apenas na qualidade de acionistas. Embora nas companhias listadas no Nível 2 e Novo Mercado da BOVESPA a vinculação dos administradores e conselheiros fiscais à arbitragem seja automática, isto só é possível uma vez que no ato de listagem tais agentes necessariamente firmaram termos de adesão aos respectivos regulamentos de listagem e, conseqüentemente, à Câmara de Arbitragem do Mercado. Entretanto, no caso de companhias não listadas nos mencionados segmentos especiais e que optem por inserir em seus estatutos uma cláusula compromissória para a resolução de litígios de ordem societária, entendemos que a vinculação dos administradores deva ser garantida por meio de termos de anuência expressa, tendo em vista que apenas sua vinculação na qualidade de acionistas estaria garantida pela mera prevalência do princípio da maioria, que tivemos a oportunidade de defender.

É importante ressaltar que, por mais que o debate jurídico sobre os conceitos de "direitos renunciáveis", "manifestação expressa e inequívoca da vontade", "princípio da maioria", "arbitrabilidade" e outros seja de fato motivante do ponto de vista técnico e acadêmico, não se pode olvidar de levar em conta o propósito prático da discussão, vale

---

89. Podemos mencionar, ainda, em reforço a este posicionamento, a teoria sustentada por Alessandro Bertini, Fábio Konder Comparato e outros, segundo a qual a deliberação que cria ou reforma os estatutos da companhia produz verdadeira norma jurídica (v. Erasmo Valladão Azevedo e Novaes França, *Invalidade das Deliberações de Assembléias das S/A*, p. 60).

dizer, a razão ensejadora do debate – que é, no caso, a efetiva extensão dos benefícios inerentes à arbitragem ao campo dos conflitos societários. Não é possível desfrutar efetivamente dos mencionados benefícios com a aplicação parcial ou fragmentada do instituto, permitindo a alguns acionistas – vale dizer, a algumas das partes de um potencial conflito – furtarem-se à submissão ao juízo arbitral instituído. Ora, admitir esta possibilidade tornaria inútil a cláusula compromissória estatutária, na medida em que a instalação de um procedimento arbitral em tais circunstâncias constituiria, em verdade, um empecilho à eficiente resolução dos conflitos. Isto porque um mesmo litígio societário poderia ser levado simultaneamente ao juízo arbitral (pelos acionistas a ele vinculados) e ao Judiciário (pelos acionistas supostamente não-vinculados à cláusula compromissória), correndo-se o risco, inclusive, da superveniência de decisões conflitantes em relação ao mesmo litígio – o que ensejaria verdadeiro caos no âmbito da sociedade. Assim, a menos que a cláusula compromissória estatutária vincule todos os acionistas indistintamente, sua inclusão nos estatutos representará um desfavor à manutenção da organização interna das companhias, surtindo efeito diametralmente oposto ao desejado.

Ressalte-se, ainda, que todas as reservas feitas à vinculação indiscriminada dos acionistas à cláusula arbitral, em prol da tutela dos direitos e interesses do acionista minoritário, carecem, em verdade, de razão de ser. Isto porque a arbitragem, como meio célere e especializado de resolução de conflitos, que é, tende a dificultar o emprego de manobras protelatórias e abusivas tão comuns na esfera judiciária, como bem ressaltado por José Virgílio Lopes Enei.[90] Ora, como é de amplo conhecimento, manobras procrastinatórias aproveitam, via de regra, à parte que não tem razão na disputa. Neste sentido, o acionista minoritário que de fato tem seu direito ameaçado ou violado no âmbito da sociedade encontrará no juízo arbitral proteção mais eficiente que a encontrada no Judiciário, posto que a arbitragem, por sua celeridade, "tende a favorecer a parte mais próxima da razão".[91] Em sede arbitral, portanto, diferentemente do que ocorre no Poder Judiciário, a parte economicamente mais forte, em geral capaz de protelar por longos

---

90. José Virgílio Lopes Enei, "A arbitragem nas sociedades anônimas", *RDM* 129/172.
91. José Virgílio Lopes Enei, "A arbitragem nas sociedades anônimas", *RDM* 129/172.

anos a efetiva satisfação do direito da parte que tem razão, não estará, *a priori*, em situação de vantagem.

Vimos, portanto que, do ponto de vista pragmático, a cláusula compromissória estatutária só será capaz de proporcionar as vantagens inerentes à arbitragem – o que inclui a própria proteção dos interesses dos acionistas minoritários – quando se consolidar o entendimento de que os novos acionistas bem como os acionistas ausentes ou dissidentes da deliberação assemblear que inseriu a referida cláusula no estatuto estejam indistintamente vinculados ao juízo arbitral. Acrescentamos a esta consideração a opinião de que, para a consolidação de tal entendimento, as próprias bolsas de valores têm papel fundamental, seja na divulgação dos conceitos e vantagens relacionados à arbitragem societária para o público de investidores, seja na construção e manutenção de uma estrutura institucional que viabilize a aplicação do instituto em larga escala, a exemplo da louvável e pioneira iniciativa da BOVESPA, ao criar a Câmara de Arbitragem do Mercado e preconizar o uso deste meio alternativo de solução de litígios no âmbito das sociedades listadas nos segmentos especiais.

Observe-se, todavia, que, em virtude deste mesmo pioneirismo, e por estar, assim, trilhando caminhos ainda pouco conhecidos no Brasil, optou a BOVESPA por seguir, em um primeiro momento, os caminhos recomendados por estudiosos mais conservadores, que – como Luiz Leonardo Cantidiano – preconizam a adesão expressa de cada um dos novos acionistas à cláusula arbitral. Com efeito, o *Regulamento da Câmara de Arbitragem do Mercado*, criada pela BOVESPA para a solução de litígios no âmbito do mercado de capitais, exige a assinatura de termo de adesão expresso para que o investidor esteja vinculado à arbitragem, a despeito da existência de cláusula arbitral no estatuto da companhia.[92] Acreditamos, todavia, que esta exigência não demorará a ser dispensada pelo *Regulamento da Câmara de Arbitragem do Mercado*, tendo em vista os largos passos que vem dando a

---

92. BOVESPA, *Regulamento da Câmara de Arbitragem do Mercado*, janeiro/2002 (disponível em: http://www.bovespa.com.br/Pdf/regulamentonv07012002.pdf, acesso em julho/2005). O item 5.2.2 do Regulamento dispõe: "5.2.2 O Investidor poderá, a qualquer tempo, anuir ao presente Regulamento por meio de Termo de Anuência a ser firmado junto à Secretaria da Câmara Arbitral ou a uma sociedade corretora membro da BOVESPA".

BOVESPA no sentido de promover e disseminar a utilização da arbitragem no mercado de capitais brasileiro.

Por fim, cabe, aqui, salientar algumas medidas que, embora não sejam obrigatórias – tendo em vista nosso entendimento em prol da vinculação de todos os acionistas da companhia à cláusula compromissória estatutária, já nos termos da legislação atual –, poderiam reduzir sensivelmente a margem para controvérsias sobre os temas aqui discutidos, permitindo o avanço mais rápido da utilização da arbitragem no meio societário. Assim, como ressaltado por alguns dos doutrinadores citados neste trabalho, a exigência de ampla divulgação sobre a existência de cláusula arbitral no estatuto da companhia seria providência bastante útil no sentido de impedir que novos acionistas viessem a alegar o desconhecimento acerca da existência da referida cláusula quando da aquisição das ações.

Outra solução interessante, adotada pela legislação italiana, é o estabelecimento de previsão de direito de recesso para o acionista que dissentir da deliberação que aprova a inclusão de cláusula compromissória no estatuto da companhia. Caso tal previsão viesse a ser incorporada à Lei das S/A, não mais se haveria de cogitar da não-vinculação do acionista dissidente à cláusula arbitral estatutária caso tivesse ele permanecido na sociedade ao invés de exercer seu direito de recesso legalmente garantido.

Por fim, parece ainda recomendável que, além de garantir que a via arbitral não se torne economicamente inacessível para o acionista minoritário, o legislador pátrio siga os passos do legislador italiano no sentido de cuidar para que o conteúdo da cláusula arbitral garanta a ausência de qualquer espécie de manipulação por parte do acionista controlador no momento da instituição do juízo arbitral. Assim, sendo certo que os conflitos societários serão, em sua grande maioria, multipartites, é recomendável que a lei determine que o método de escolha dos árbitros esteja claramente definido na cláusula compromissória estatutária, sendo a eleição preferencialmente delegada a um terceiro não envolvido com a sociedade, de modo a garantir a imparcialidade do tribunal arbitral.

Inegável que a arbitragem – em indissolúvel parceria com o Poder Judiciário, que deverá ser invocado sempre que houver necessidade do uso do poder de coerção – se coloca cada vez mais a serviço do desenvolvimento e da expansão dos negócios no Brasil, proporcionando agilidade e eficiência na resolução dos conflitos instalados entre os agentes do mercado. Como não poderia deixar de ser, esta tendência projeta-se, agora, para o interior destes próprios agentes, como forma de garantir eficiência também na manutenção de suas estruturas organizacionais. O sucesso desta iniciativa, como tivemos a oportunidade de demonstrar neste trabalho, dependerá, em grande parte, da maturidade do nosso sistema jurídico para compreender o significado desta mudança e, conseqüentemente, propiciar as condições para que ela se opere de modo, no mínimo, coerente.

Bibliografia

ALMEIDA GUILHERME, Luiz Fernando do Vale de. "O uso da arbitragem no mercado de capitais". *Jornal Valor Econômico*. Ed. de 14.5.2004.

ARAGÃO, Paulo Cézar. *Arbitragem na Lei das Sociedades Anônimas*. Rio de Janeiro, Fundação Getúlio Vargas, 2003.

ASCARELLI, Tullio. *Problemas das Sociedades Anônimas e Direito Comparado*. Campinas, Bookseller, 2001.

BIANCHI, Giorgio. *L'Arbitrato nelle Controversie Societarie*. Pádua, CEDAM, 2001 (*apud* ENEI, José Virgílio Lopes. "A arbitragem nas sociedades anônimas". *RDM* 129/136-173. São Paulo, Malheiros Editores, janeiro-março/ 2003).

BOVESPA. *Regulamento da Câmara de Arbitragem do Mercado*. Janeiro/2002 (disponível em: *http://www.bovespa.com.br/Pdf/regulamentonv07012002.pdf*, acesso em julho/2005).

_____. *Regulamento de Listagem do Novo Mercado*. Versão posterior à Lei 10.303 e à ICVM-358, atualizado em maio/2002 (disponível em: *http://www. bovespa.com.br/pdf/RegulamentoNMercado.pdf*, acesso em julho/2005).

_____. *Regulamento das Práticas Diferenciadas de Governança Corporativa*. Versão posterior à Lei 10.303 e à ICVM-358, atualizado em maio/2002 (disponível em: *http://www.bovespa.com.br/pdf/regulamentonv310502.pdf*, acesso em julho/2005).

BUCCIOLI, Fábio. "O uso da cláusula arbitral nos contratos societários". *RDM* 108/116-124. São Paulo, Malheiros Editores, outubro-dezembro/1997.

BULGARELLI, Waldírio. *Sociedades Comerciais, Sociedades Civis e Sociedades Cooperativas, Empresas e Estabelecimentos Comerciais*. São Paulo, Atlas, 1996.

CABRAS, Giovanni. "I principi dell'arbitrato e l'arbitrato societari". *Dircomm. it* 1. Janeiro/2005 (disponível em: *http://www.dircomm.it/2005/n.1/01.html*, acesso em agosto/2005).

CANTIDIANO, Luiz Leonardo. *Reforma da Lei das S/A Comentada.* Rio de Janeiro, Renovar, 2002.

CAPRASSE, Oliver. "A arbitragem nos grupos de sociedades". *Revista de Direito Bancário, do Mercado de Capitais e da Arbitragem* 21/339-386. São Paulo, Ed. RT, julho-setembro/2003.

CARMONA, Carlos Alberto. *Arbitragem e Processo: um Comentário à Lei 9.307/1996.* São Paulo, Malheiros Editores, 1998.

_____. *Arbitragem no Processo Civil Brasileiro.* São Paulo, Malheiros Editores, 1993.

_____, e LEMES, Selma M. Ferreira. "Considerações sobre os novos mecanismos instituidores do juízo arbitral". In: MARTINS, Pedro A. Baptista, LEMES, Selma M. Ferreira, e CARMONA, Carlos Alberto. *Aspectos Fundamentais da Lei de Arbitragem.* Rio de Janeiro, Forense, 1999.

_____, LEMES, Selma M. Ferreira, e MARTINS, Pedro A. Baptista. *Aspectos Fundamentais da Lei de Arbitragem.* Rio de Janeiro, Forense, 1999.

CARVALHOSA, Modesto Souza Barros, e EIZIRIK, Nelson. *Nova Lei das Sociedades Anônimas.* São Paulo, Saraiva, 2002.

COELHO, Fabio Ulhoa. *Curso de Direito Comercial.* vol. 2. São Paulo, Saraiva, 2001.

COELHO, Inocêncio Mártires. "Arbitragem, mediação e negociação: a constitucionalidade da Lei de Arbitragem". *Revista da Faculdade de Direito da Universidade de Brasília* 7. Brasília, 1999.

COFEE JR., John C. "No exig?: opting out, the contractual theory of the corporation, and the special case of remedies". *Brooklin Law Review* 53. Nova York, 1988.

COMISSÃO DE VALORES MOBILIÁRIOS. *Recomendações da CVM sobre Governança Corporativa, de Junho de 2002* (disponível em: *http://www.cvm. gov.br/port/public/publ/cartilha/cartilha.doc*, acesso em agosto/2005).

DALLARI, Dalmo de Abreu. "A tradição da arbitragem e sua valorização contemporânea". In: PUCCI, Adriana Noemi (coord.). *Aspectos Atuais da Arbitragem.* Rio de Janeiro, Forense, 2001.

DOLINGER, Jacob, e TIBURCIO, Carmem. *Direito Internacional Privado: Arbitragem Comercial Internacional.* Rio de Janeiro, Renovar, 2003.

ENEI, José Virgílio Lopes. "A arbitragem nas sociedades anônimas". *RDM* 129/ 136-173. São Paulo, Malheiros Editores, janeiro-março/2003.

FLAKS, Luís Loria. "A arbitragem na reforma da Lei das S/A". *RDM* 131/100-121. São Paulo, Malheiros Editores, julho-setembro/2003.

FONSECA, Elena Zucconi Galli. "La convenzione arbitrale nelle società dopo la riforma". *Rivista Trimestrale di Diritto e Procedura Civile* 57-3/929-972. Milão, Giuffrè Editore, setembro/2003.

FRANÇA, Erasmo Valladão Azevedo e Novaes. *Invalidade das Deliberações de Assembléias das S/A*. São Paulo, Malheiros Editores, 1999.

GARCEZ, José Maria Rossani. "Arbitrabilidade no Direito Brasileiro e Internacional: regras da Lei 9.307/1996 e de outras legislações. Normas de ordem pública em diversos sistemas: antecedentes jurisprudenciais". *Revista de Direito Bancário, do Mercado de Capitais e da Arbitragem* 12/337-356. São Paulo, Ed. RT, abril-junho/2001.

GUERREIRO, José Alexandre Tavares. *Fundamentos da Arbitragem do Comércio Internacional*. São Paulo, Saraiva, 1993.

LEÃES, Luiz Gastão Paes de Barros. "Arbitrabilidade subjetiva. A competência da Administração para celebração de convenção arbitral". *RDM* 134/211-221. São Paulo, Malheiros Editores, abril-junho/2004.

_____. *Ensaio sobre Arbitragens Comerciais*. São Paulo, Ed. RT, 1966.

LEE, João Bosco. "O conceito de arbitrabilidade nos países do MERCOSUL". *Revista de Direito Bancário, do Mercado de Capitais e da Arbitragem* 8/346-358. São Paulo, Ed. RT, abril-junho/2000.

LEMES, Selma M. Ferreira, e CARMONA, Carlos Alberto. "Considerações sobre os novos mecanismos instituidores do juízo arbitral". In: MARTINS, Pedro A. Baptista, LEMES, Selma M. Ferreira, e CARMONA, Carlos Alberto. *Aspectos Fundamentais da Lei de Arbitragem*. Rio de Janeiro, Forense, 1999.

_____, CARMONA, Carlos Alberto, e MARTINS, Pedro A. Baptista. *Aspectos Fundamentais da Lei de Arbitragem*. Rio de Janeiro, Forense, 1999.

LIMA, Cláudio Vianna de. *Curso de Introdução à Arbitragem*. Rio de Janeiro, Lumen Juris, 1999.

LIMA, Layrce de. "Ministro propõe mecanismo para agilizar decisões judiciais sobre disputas societárias. Conselho pede câmaras para S/A". *Jornal Valor Econômico*. Ed. de 30.5.2003.

MAGALHÃES, José Carlos de, e BAPTISTA, Luiz Olavo. *Arbitragem Comercial*. São Paulo, Freitas Bastos, 1986.

MARTINS, Pedro A. Baptista. "A arbitragem nas sociedades de responsabilidade limitada". *RDM* 126/58-74. São Paulo, Malheiros Editores, abril-junho/2002.

_____. "Embaraços na implementação da arbitragem no Brasil, até o advento da Lei 9.307/1996 e a pseudo-inconstitucionalidade do instituto". In: MAR-

TINS, Pedro A. Baptista, LEMES, Selma M. Ferreira, e CARMONA, Carlos Alberto. *Aspectos Fundamentais da Lei de Arbitragem*. Rio de Janeiro, Forense, 1999.

_____, CARMONA, Carlos Alberto, e LEMES, Selma M. Ferreira. *Aspectos Fundamentais da Lei de Arbitragem*. Rio de Janeiro, Forense, 1999.

PELA, Juliana Krueger. "Notas sobre a eficácia da cláusula compromissória estatutária". *RDM* 126/129-140. São Paulo, Malheiros Editores, abril-junho/2002.

PONTES DE MIRANDA, F. C. *Comentários ao Código de Processo Civil*. 2ª ed. Rio de Janeiro, Forense, 2003.

PUCCI, Adriana Noemi (coord.). *Aspectos Atuais da Arbitragem*. Rio de Janeiro, Forense, 2001.

RECHSTEINER, Beat Walter. *Arbitragem Privada Internacional no Brasil depois da Nova Lei 9.307, de 23.9.1996*. 2ª ed. São Paulo, Ed. RT, 2001.

REQUIÃO, Rubens. *Curso de Direito Comercial*. 21ª ed., vol. 1. São Paulo, Saraiva, 1998.

RIPPE, Siegbert. "El arbitraje como medio alternativo de solución de controversias comerciales". In: PUCCI, Adriana Noemi (coord.). *Aspectos Atuais da Arbitragem*. Rio de Janeiro, Forense, 2001.

ROQUE, Sebastião José. *Arbitragem: a Solução Viável*. São Paulo, Ícone, 1997.

ROSSI, Lívia. "Arbitragem na Lei das Sociedades Anônimas". *RDM* 129/186-205. São Paulo, Malheiros Editores, janeiro-março/2003.

SALOMÃO FILHO, Calixto. *A Sociedade Unipessoal*. São Paulo, Malheiros Editores, 1995.

SHELL, Richard. "Arbitration and corporate governance". *North Carolina Law Review* 67/517-521. Carolina do Norte, 1989.

SILVA, Eduardo. *Arbitragem e Direito da Empresa: Dogmática e Implementação da Cláusula Compromissória*. São Paulo, Ed. RT, 2003.

STRENGER, Irineu. *Comentários à Lei Brasileira de Arbitragem*. São Paulo, LTr, 1998.

VILELA, Marcelo Dias Gonçalves. *Arbitragem no Direito Societário*. Belo Horizonte, Mandamentos, 2004.

WALD, Arnoldo. "A recente evolução da arbitragem no Direito Brasileiro (1996-2001)". In: MARTINS, Pedro A. Baptista, e GARCEZ, José Maria Rossani (coords.). *Reflexões sobre Arbitragem: "in Memoriam" do Desembargador Cláudio Vianna de Lima*. São Paulo, LTr, 2002.

NOVO MERCADO: INFLUÊNCIA E ASPECTOS RELACIONADOS À INSERÇÃO DA CLÁUSULA COMPROMISSÓRIA ARBITRAL NOS ESTATUTOS SOCIAIS*

TAISSA MACAFERRI LICATTI

1. Novo Mercado: governança corporativa e arbitragem. 2. O Mercado de Capitais: 2.1 Bolsa de Valores: origem, desenvolvimento e falhas – 2.2 O Novo Mercado. 3. Arbitragem: 3.1 Arbitragem: introdução ao instituto e vantagens: 3.1.1 Histórico: arbitragem no Brasil – 3.1.2 Natureza jurídica – 3.2 Cláusula compromissória. 4. Arbitragem nas sociedades por ações: 4.1 Natureza jurídica das sociedades por ações – 4.2 Compatibilidade da cláusula compromissória no estatuto social – 4.3 Limites à cláusula compromissória – 4.4 Questões controvertidas: 4.4.1 Novos acionistas: 4.4.1.1 Estatuto social "versus" contrato de adesão – 4.4.2 Deliberação sobre a inserção da cláusula compromissória: acionistas ausentes e dissidentes – 4.4.3 Administração e Conselho Fiscal: sócios e não-sócios. 5. Cláusula compromissória no Novo Mercado: 5.1 Cláusula compromissória no Regulamento do Novo Mercado: governança corporativa – 5.2 Câmara de Arbitragem do Mercado: 5.2.1 Arbitragem no Regulamento da Câmara de Arbitragem do Mercado – 5.3 Questões controvertidas: 5.3.1 Novos acionistas: 5.3.1.1 Alienação do controle acionário – 5.3.2 Administração e Conselho Fiscal – 5.3.3 Projeto de reforma do Regulamento da Câmara de Arbitragem do Mercado. 6. Conclusão.

1. Novo Mercado: governança corporativa e arbitragem

A Bolsa de Valores de São Paulo (BOVESPA) criou, por meio da Resolução 264/2000, um segmento diferenciado de negociação de valores mobiliários denominado "Novo Mercado". Tal segmento estabe-

* Tese de Láurea apresentada ao Departamento de Direito Comercial da Faculdade de Direito da USP sob orientação do professor titular Calixto Salomão Filho, em 8.11.2006.

lece, para as companhias que desejam negociar suas ações em seu âmbito, diversas práticas diferenciadas de governança corporativa,[1] através de regras mais rigorosas que aquelas previstas pelas regras societárias nacionais. O objetivo desse segmento diferenciado de negociação de valores mobiliários é tornar o investimento em ações mais atraente e, por conseguinte, superar a queda de empresas listadas, bem como de volume negociado na BOVESPA, que ocorreu na década de 1990.

No âmbito do presente trabalho, a exigência imposta pelo Regulamento de Listagem do Novo Mercado que se mostra mais relevante é a estabelecida na sua Seção XIII, que dispõe que a companhia, seus acionistas controladores, administradores, membros do conselho fiscal e a BOVESPA se comprometem a resolver conflitos societários em geral por meio de arbitragem, sendo estabelecido tal compromisso por meio da inserção da cláusula compromissória nos estatutos sociais previamente à adesão ao Novo Mercado.

A despeito dos aspectos positivos trazidos pela arbitragem, há diversos questionamentos a respeito da efetividade da cláusula compromissória inserida em um estatuto social, dados os elementos essenciais da arbitragem e as características das sociedades anônimas e das relações societárias, principalmente no que diz respeito às partes que se vincularão à cláusula compromissória estatutária. Nesse contexto, o Regulamento de Listagem do Novo Mercado buscou soluções para algumas dessas discussões no campo das companhias listadas, a fim de minimizar os prejuízos à eficácia da cláusula compromissória, garantindo os benefícios almejados pela escolha da arbitragem como meio de solução de conflitos.

1. "(...). Por *corporate governance*, ou 'governança corporativa', entende-se o sistema pelo qual as sociedades são dirigidas e controladas, envolvendo as relações entre os administradores, acionistas e auditores. A denominada doutrina de *corporate governance* consiste, justamente, em propostas que tendem a aperfeiçoar este sistema de relações, tornando mais eficiente a gestão da sociedade, com vistas à melhor consecução de suas finalidades" (E. Boulos, e F. Szterling, "O Novo Mercado e as práticas diferenciadas de governança corporativa: exame de legalidade frente aos poderes das bolsas de valores", *RDM* 125/102). Ainda com relação ao conceito de governança corporativa, v. as definições do *Código das Melhores Práticas de Boa Governança Corporativa* do Instituto Brasileiro de Governança Corporativa e as *Recomendações da CVM sobre Governança Corporativa* (disponíveis, respectivamente, in http://www.ibgc.org.br/imagens/StConteudoArquivos/Codigo%20IBGC%203º%20versao.pdf, e http://www.ibgc.org.br/imagens/StConteudoArquivos/Governanca_Final.doc, acesso em 3.8.2006).

2. O Mercado de Capitais

2.1 Bolsa de Valores: origem, desenvolvimento e falhas

As bolsas de valores ("bolsas") caracterizam-se como sociedades ou associações que fornecem as condições necessárias para que ocorra o encontro de investidores potenciais (detentores de poupança) com sociedades que necessitam de investimentos (usuários finais dos recursos), através da compra e venda de títulos e/ou valores mobiliários, em mercado aberto, permitindo o investimento direto nas sociedades participantes das bolsas. Na medida em que os valores mobiliários tenham maior liquidez no mercado secundário – ou seja, nas bolsas –, as companhias têm maiores possibilidades de obter investimentos significativos no mercado primário, permitindo, assim, o financiamento da produção de forma barata e eficaz.

Nesse contexto, a função maior das bolsas é o financiamento da produção através do próprio mercado, ou seja, da realocação da poupança popular aos usuários finais dos recursos. Devido à importância do papel econômico exercido pelas bolsas, a despeito da sua origem privada, a doutrina é unânime em reconhecer que estas desempenham função de interesse público.

No Brasil a origem das bolsas ocorreu no século XIX, no Rio de Janeiro. Em seguida surgiram outras bolsas, entre elas a Bolsa de Valores de São Paulo (BOVESPA), criada em 1890. Devido a uma série de aspectos conjunturais – dentre os quais a necessidade de garantir competitividade às bolsas nacionais –, em 2000 foi firmado um acordo entre estas com a finalidade de centralizar os negócios com ações em São Paulo. Nesse contexto, a BOVESPA passou a ser a única bolsa de valores mobiliários em operação no Brasil.

O mercado de capitais nacional, a despeito dos avanços, nunca alcançou um desenvolvimento pleno. No entanto, nos últimos anos do século XX e primeiros do século XXI houve considerável redução no número de companhias listadas na BOVESPA e do próprio volume nela negociado, configurando uma grave crise em nosso mercado de capitais.[2]

---

2. E. Boulos, e F. Szterling, "O Novo Mercado e as práticas diferenciadas de governança corporativa: exame de legalidade frente aos poderes das bolsas de valores", *RDM* 125/103.

Entre as causas de tal fenômeno podem ser citados aspectos culturais, conjunturais e legais, como a inadequação das regras societárias brasileiras à nossa realidade econômica.

Focando com mais atenção a atuação das regras societárias como mecanismo de desenvolvimento de um mercado de capitais eficiente, deve-se considerar que, uma vez que a estrutura altamente concentradora de nossas sociedades não permite uma auto-regulamentação do mercado, cabe às regras societárias o papel fundamental de impulsionar o desenvolvimento do mercado de capitais. No entanto, as regras societárias padecem do vício da inadequação, pois, em face de uma realidade empresarial concentrada, estabelecem-se, por exemplo, regras de informação completa dos acionistas. Por outro lado, tais regras, ao não oferecerem proteção efetiva aos acionistas minoritários, prejudicam ainda mais o desenvolvimento de uma cultura de investimento da poupança popular no mercado de capitais.

Dessa forma, caberia às próprias regras societárias buscar soluções para reestruturar o mercado de capitais brasileiro, atraindo, assim, maior quantidade de investimentos não-especulativos para suas operações. No entanto, tais modificações, por implicarem perda de controle ou restrição dos poderes dos acionistas controladores, são barradas, ou retardadas, pela estrutura empresarial já existente e pela atuação de grupos de pressão perante o legislador.[3]

2.2 O Novo Mercado

Foi nesse cenário que a BOVESPA, utilizando-se de sua competência de auto-regulamentação das operações nela efetuadas,[4] criou, em 2000, o *Novo Mercado*, como uma solução contratual (adesão voluntária) para aumentar a liquidez das ações das sociedades participantes, na medida em que amplia os direitos dos acionistas minoritários,

---

3. C. Salomão Filho, *O Novo Direito Societário*, 3ª ed., p. 57.
4. A Lei 6.385/1976, que dispões sobre o mercado de valores mobiliários e criou a CVM, permite – em seu art. 21, § 4º – às bolsas definirem requisitos próprios para admissão dos valores à negociação em seu sistema, bem como a criação de novos mercados ou novos segmentos nos mercados já existentes; medida, esta, pré-aprovada pela CVM (Instrução CVM-312/1999) (E. Boulos, e F. Szterling, "O Novo Mercado e as práticas diferenciadas de governança corporativa: exame de legalidade frente aos poderes das bolsas de valores", *RDM* 125/104-107).

estabelece padrões mais rígidos de divulgação de informações aos investidores e prevê mudanças estruturais na sociedade.[5] Através das práticas de governança corporativa adicionais a segurança para o investimento cresce, possibilitando maior valorização e liquidez das ações das companhias listadas no Novo Mercado.

Entre as regras de boa governança corporativa adotadas por estas companhias, podemos citar, exemplificativamente: (i) obrigação de o capital social da companhia ser composto unicamente por ações ordinárias; (ii) manutenção de percentual mínimo das suas ações, equivalente a 25%, em circulação; (iii) disponibilização das demonstrações financeiras de acordo com normas internacionais de contabilidade; e (iv) inserção cláusula compromissória no estatuto social submetendo conflitos societários a arbitragem a ser instaurada em câmara arbitral especializada – entre outras.[6]

As regras estabelecidas pelo Novo Mercado podem ser classificadas em três campos de garantias aos acionistas minoritários: (i) garantia de informação completa, (ii) garantias patrimoniais de saída e (iii) proteções estruturais. Enquanto os dois primeiros grupos apenas reforçam garantias já previstas na legislação societária, é no terceiro grupo que encontramos as maiores inovações propostas pelo Novo Mercado, pois, ao modificar as normas estruturais internas da sociedade, o poder dos acionistas controladores é enfraquecido, facilitando o desenvolvimento do princípio cooperativo entre os acionistas.[7]

A esse respeito, cumpre ressaltar que uma das novidades relativas a proteções estruturais trazidas pelo Novo Mercado foi a obrigação de solução dos conflitos societários para as partes definidas pelo Regulamento de Listagem por meio de arbitragem.[8] A arbitragem foi eleita como meio de solução de controvérsias, pois, ao submeter a discussão a uma Câmara de Arbitragem especializada, as regras estabelecidas no âmbito do Novo Mercado terão maior eficácia e os conflitos serão eliminados de forma mais célere, eficiente e satisfatória.

5. Definição retirada do *site* da BOVESPA, disponível in *http://www.bovespa.com.br/Principal.asp* (acesso em 16.7.2006).
6. Regulamento de Listagem do Novo Mercado (*Novo Mercado – Bovespa – Brasil, Regulamento de Listagem do Novo Mercado*, disponível em *http://www.bovespa.com.br/pdf/RegulamentoNMercado.pdf*, acesso em 12.1.2006).
7. C. Salomão Filho, *O Novo Direito Societário*, 3ª ed., pp. 51-59.
8. Regulamento de Listagem do Novo Mercado, Seção XIII – "Arbitragem".

Alinhada com as mais recentes práticas de boa governança corporativa publicadas por órgãos especializados, como o *Código das Melhores Práticas de Governança Corporativa*, do IBGC,[9] e as *Recomendações da CVM sobre Governança Corporativa*,[10] a BOVESPA conferiu grande importância à adoção da arbitragem, devido ao diversos benefícios do instituto, principalmente no âmbito societário. No entender de Calixto Salomão Filho, a idéia que permeia a previsão da arbitragem como meio de solução dos litígios oriundos do Novo Mercado é a possibilidade de análise do mérito de questões societárias que, devido à sua especificidade, não poderiam ser plenamente conhecidas pelo Judiciário. Uma solução mais rápida e específica, segundo o autor, resultaria na eliminação do conflito de forma menos gravosa e conseqüentemente, no fortalecimento do princípio cooperativo.[11]

Cumpre ressaltar que o Regulamento de Listagem do Novo Mercado, além de adotar as práticas de boa governança corporativa difundidas por todo o mundo, preocupou-se com as limitações específicas do nosso mercado de capitais, como a concentração acionária e os prejuízos trazidos pelas falhas do Poder Judiciário nas questões societárias, que tornam nosso mercado de capitais menos interessante para o investidor. Assim, as regras do Novo Mercado buscaram estimular a dispersão acionária por diversos mecanismos e retiraram a competência de apreciar os conflitos relacionados com o Regulamento de Listagem do juízo estatal, transferindo-a para o juízo arbitral especializado.

A obrigação de submeter os conflitos societários surgidos no âmbito do Regulamento de Listagem do Novo Mercado ao juízo arbitral deve ser cumprida pelas companhias por meio de *inserção de cláusula compromissória em seus estatutos sociais*. Nesse sentido, o Regulamento em questão estabelece como condição mínima para a concessão da autorização para negociação do Novo Mercado que a companhia "tenha adaptado o seu estatuto social às cláusulas mínimas divulgadas pela BOVESPA, em especial a que se refere à cláusula compromissória".[12]

Além da adaptação do estatuto social à cláusula compromissória, a adesão da companhia ao Novo Mercado depende, ainda, da assina-

---

9. Código das Melhores Práticas de Governança Corporativa, do IBGC, item 1.9.
10. Recomendações da CVM sobre Governança Corporativa, n. III.6.
11. C. Salomão Filho, *O Novo Direito Societário*, 3ª ed., p. 59.
12. Regulamento de Listagem do Novo Mercado, Seção III, n. 3.1, iv.

tura do termo de anuência pelos administradores, acionistas controladores e membros do conselho fiscal, nos moldes dos modelos anexos ao Regulamento de Listagem do Novo Mercado, por meio dos quais os subscritores declaram expressamente sua concordância com a cláusula compromissória inserida no estatuto social e se comprometem a resolver qualquer tipo de conflito surgido entre estes, a companhia, os acionistas e a BOVESPA por meio de arbitragem.

3. Arbitragem

3.1 Arbitragem: introdução ao instituto e vantagens

A *arbitragem* encontra-se regulamentada atualmente em nosso ordenamento jurídico pela Lei 9.307/1996 e, de acordo com os dispositivos do referido diploma legal, deve ser entendida como "uma técnica de solução de controvérsias através da intervenção de uma ou mais pessoas que recebem seus poderes de uma convenção privada, decidindo com base nesta convenção sem intervenção do Estado, sendo a decisão destinada a assumir eficácia de sentença judicial".[13] Devido à inexistência de intervenção estatal na solução do litígio, apenas os direitos patrimoniais disponíveis – entendidos como aqueles sobre os quais os particulares podem transigir livremente – podem ser submetidos à arbitragem.

A arbitragem mostra-se um instrumento de grande utilidade diante da atual situação do nosso Poder Judiciário, que, devido à sobrecarga e carência de investimentos, é caracterizado pela morosidade de seus procedimentos, bem como pela falta de preparo dos seus juízes para lidar com questões mais complexas – como, por exemplo, as discussões societárias. Nesse contexto, conforme amplamente difundido, a arbitragem permite às partes um procedimento mais *célere*, pois as partes são aptas a eleger as normas procedimentais mais convenientes, desde que respeitados o contraditório e a igualdade das partes no processo perante o árbitro, e as decisões dos árbitros não se sujeitam a procedimentos recursais. Outra grande vantagem da arbitragem é a possibilidade de uma *decisão mais satisfatória e tecnicamente adequada*, pois

---

13. C. A. Carmona, *Arbitragem e Processo – Um Comentário à Lei 9.307/1996*, 2ª ed., p. 33.

às partes é permitido eleger a lei que será aplicada pelos árbitros, bem como os árbitros que aplicarão a lei, que poderão ser eleitos entre profissionais especializados na matéria em discussão.[14] A arbitragem oferece, ainda, as vantagens do *sigilo* e da *redução de custos*.[15]

Entre os elementos fundamentais da arbitragem, o que merece maior destaque, em face dos objetivos do presente trabalho, é a necessária existência de um *acordo de vontade prévio* através do qual as partes submetem o litígio à arbitragem. Uma vez que o ordenamento jurídico brasileiro é regido pela primazia da jurisdição estatal,[16] a instauração do procedimento arbitral sem manifestação expressa de vontade das partes seria considerada inconstitucional, conforme será demonstrado adiante.

3.1.1 *Histórico: arbitragem no Brasil*

O Código Comercial, de 1850, estabeleceu a arbitragem como meio de solução obrigatório para diversos conflitos de caráter comercial, entre eles o conflito entre sócios de uma sociedade comercial. No entanto, em 1866 a arbitragem obrigatória foi abolida pela Lei 1.350, permanecendo em vigor somente a arbitragem voluntária. O Decreto 3.900/1867, por sua vez, estabeleceu que a cláusula compromissória teria natureza de *promessa de contratar*, não sendo permitida a execução específica desta. O Código Civil de 1916 seguiu o mesmo posicionamento, estabelecendo, ainda, a necessidade da homologação judicial do laudo arbitral para que este adquirisse validade. O Código de Processo Civil de 1973 definiu as normas procedimentais do juízo arbitral em conformidade com o entendimento esposado pelo Código Civil de 1916.

Neste cenário, a arbitragem não se apresentava como um meio eficaz de solução de litígios, dadas a natureza de promessa de contratar da cláusula compromissória, que não comportava execução espe-

---

14. C. A. Carmona, *A Arbitragem no Código de Processo Civil Brasileiro*, Tese (Doutorado), pp. 72-77.
15. Os custos de uma arbitragem não são necessariamente baixos, principalmente no que diz respeito aos honorários dos árbitros. Mas, levando em conta a celeridade e o sigilo, em determinados casos os gastos com a arbitragem acabam sendo melhor empregados que as quantias gastas nos infindáveis processos judiciais.
16. CF, art. 5º, XXXV.

cífica, e a necessidade de homologação judicial da sentença arbitral para que esta gerasse efeitos. Daí por que, apesar de sua existência desde a Constituição Imperial, a arbitragem era um meio pouco utilizado e de pouca valia.

Em vista do cenário legal que regulamentava a arbitragem, foram elaborados diversos anteprojetos de lei para revitalizar o instituto, buscando corrigir as falhas da legislação então em vigor. Em 1996 foi promulgada a Lei 9.307, que disciplinou a arbitragem de acordo com as tendências mais modernas do instituto, revogando expressamente os dispositivos do Código Civil de 1916 e do Código de Processo Civil de 1973 que tratavam da matéria. Entre outras alterações, a cláusula compromissória ganhou caráter de pacto obrigatório e passou a admitir execução específica, e a sentença arbitral ganhou eficácia de título executivo judicial, sendo dispensada a homologação judicial desta.

A constitucionalidade e a legalidade da Lei 9.307/1996 foram amplamente questionadas com base no art. 5º, XXXV, da CF, segundo o qual "a lei não excluirá da apreciação do Poder Judiciário lesão ou ameaça a direito". Nesse sentido, foi de grande importância a decisão do STF que declarou a constitucionalidade de diversos dispositivos da Lei 9.307/1996 que estavam sendo questionados.[17] Nos votos proferidos, os ministros do STF demonstraram entendimento no sentido de que, sendo caracterizada, através da celebração convenção arbitral, a voluntariedade das partes de submeter determinado litígio ao juízo arbitral, retirando-o da apreciação do juízo estatal, a instituição da arbitragem é plenamente válida e constitucional, pois a Constituição permite que as partes, voluntariamente, excluam determinados litígios da apreciação do Judiciário.

Por fim, no âmbito do direito societário, a reforma da Lei das Sociedades por Ações, por meio da Lei 10.303/2001, inseriu o § 3º no art. 109 da Lei 6.404/1976, que passou a prever a possibilidade de os estatutos sociais das companhias estabelecerem que os conflitos entre os acionistas e a companhia, ou entre os acionistas, poderiam ser solucionados por meio de arbitragem. Dessa forma, a legislação societária alinhou-se com as novas tendências da solução de conflitos trazidas pela Lei 9.307/1996.

17. AgRg em SE 5.206-7, Reino da Espanha, j. 12.12.2001 (disponível in *http://www.stf.gov.br/jurisprudencia/nova/pesquisa.asp*).

3.1.2 Natureza jurídica

Após a vigência da Lei 9.307/1996, a *teoria publicista* ou *jurisdicional*, em contraposição à *teoria privatista* ou *contratualista*, ganhou força entre os doutrinadores brasileiros, acompanhando a tendência mundial a respeito da arbitragem. Enquanto a *teoria privatista* sustenta ser a natureza jurídica da arbitragem meramente contratual, não exercendo o juízo arbitral qualquer tipo de poder jurisdicional, a *teoria jurisdicional* entende a arbitragem como forma de exercício da função jurisdicional, uma vez que os árbitros recebem das partes o poder de decidir o litígio a eles apresentado, aplicando a norma ao caso concreto e, assim, emitindo decisão obrigatória e vinculativa (atribuição dos efeitos da sentença judicial ao laudo arbitral). Além disso, o procedimento arbitral substitui a jurisdição estatal no que tange ao mérito da discussão travada na arbitragem.[18]

Apesar da maior adequação desta última teoria às tendências mais modernas da arbitragem, não é possível negar a preponderância da natureza contratual na fase de celebração da convenção arbitral e durante todo o procedimento arbitral. Isso porque é elemento essencial da arbitragem o acordo de vontades entre as partes para submeter o conflito entre elas, presente ou futuro, à arbitragem.[19]

3.2 Cláusula compromissória

A submissão de conflitos atuais ou futuros ao juízo arbitral é acordada pelas partes através da celebração de uma convenção privada – qual seja, a convenção arbitral. A convenção arbitral pode assumir a forma de *cláusula compromissória*, que é o instrumento pelo qual as partes se comprometem a submeter ao juízo arbitral eventual litígio futuro decorrente da relação jurídica existente entre elas, normalmente regulada por um contrato, ou de *compromisso arbitral*, que é o contrato que as partes celebram a fim de submeter um conflito existente à arbitragem e, por esse motivo, o conflito é detalhado, bem como os demais elementos do juízo arbitral. Uma vez que as companhias que

---
18. C. A. Carmona, *A Arbitragem no Código de Processo Civil Brasileiro*, p. 26.
19. Lei 9.307/1996, art. 3º.

aderem ao Novo Mercado se obrigam à arbitragem por meio da inserção da *cláusula compromissória* em seu estatuto, nós nos deteremos na análise dessa espécie da convenção arbitral.

O art. 4º da Lei 9.307/1996 define *cláusula compromissória* como "a convenção através da qual as partes em um contrato comprometem-se a submeter à arbitragem os litígios que possam vir a surgir relativamente a tal contrato". Da definição legal de cláusula compromissória depreende-se que se trata de negócio jurídico[20] fundado na autonomia da vontade das partes. A partir da vigência da Lei 9.307/1996 a cláusula compromissória deixou de ser mera promessa de contratar, ou pré-contrato, passando a obrigação sujeita a execução específica no caso de descumprimento por uma das partes.

Na qualidade de negócio jurídico, podemos identificar como elementos essenciais da cláusula compromissória o consentimento, a capacidade, o objeto e a forma. A declaração de vontade das partes é elemento essencial para a validade da arbitragem, visto que tal procedimento retira a solução de determinado litígio do âmbito estatal. O segundo elemento essencial da cláusula compromissória é a capacidade jurídica das partes para celebrá-la, entendida, por um lado, como a aptidão de se tornar sujeito de direitos e deveres e, por outro, como a capacidade de dispor do direito envolvido, visto que somente poderão contratar arbitragem aqueles que puderem dispor do direito envolvido no conflito.[21] Apesar de ser a cláusula compromissória manifestação de vontade definitiva, seu texto não precisa delimitar o conflito que será submetido à arbitragem, visto que na maioria dos casos o conflito ainda não existe. Basta que seu objeto seja determinável, através de referência às relações jurídicas que poderão originar o conflito. Por fim, o último elemento essencial da cláusula compromissória é a forma escrita,[22] devido à necessidade de prova inequívoca de que houve renúncia à jurisdição estatal, a fim de garantir segurança jurídica às partes e à sociedade.

---

20. O CC estabelece como requisitos de validade do negócio jurídico, em seu art. 104: "I – agente capaz; II – objeto lícito, possível, determinado ou determinável, III – forma prescrita ou não defesa em lei".
21. M. D. G. Vilela, *Arbitragem no Direito Societário*, p. 97.
22. Art. 4º, § 1º, da Lei 9.307/1996.

4. Arbitragem nas sociedades por ações

4.1 Natureza jurídica das sociedades por ações

A doutrina mais antiga, fundada na tradição jurídica romana, sempre entendeu as sociedades como uma forma de contrato, devido à aplicação, nestas, de diversas regras e princípios da teoria geral dos contratos. No entanto, passou-se a questionar tal entendimento devido à inexistência, na sociedade, de elementos essenciais do contrato em sua teoria geral, como a contraposição de interesses entre as partes e a restrição dos efeitos do contrato às partes envolvidas. Nesse sentido, surgiram diversas correntes que buscavam negar o caráter contratual das sociedades, entre as quais as do ato complexo, ato de fundação, teoria institucional[23] – entre outras.[24]

Em contrapartida às teorias anticontratuais, foi desenvolvida na Itália, precipuamente por Tullio Ascarelli, a teoria segundo a qual a sociedade se enquadraria em um tipo especial de contrato, o *contrato plurilateral*. Nesse sentido, o contrato plurilateral é entendido como uma subespécie da categoria dos contratos, à qual se aplicam, por um lado, numerosos princípios gerais do contrato e, por outro, diversas regras bastante peculiares.[25]

Segundo a teoria do contrato plurilateral, a sociedade é formada a partir de um contrato celebrado por múltiplas partes com a finalidade de convergência de esforços, buscando atingir um objetivo comum, estabelecendo direitos e obrigações de cada parte para com todas as outras. Apesar de o principal escopo do contrato plurilateral ser a convergência de esforços para obtenção de fim comum – o fim social –, os

---

23. Entre as teorias anticontratualistas, a que apresenta maior destaque é a *teoria institucional*. A teoria em questão funda-se centralmente no fato de que no momento da constituição da sociedade surge uma nova pessoa jurídica, e a constituição de uma nova pessoa jurídica deve ser interpretada como ato de natureza especial, de fundação. A vontade das partes exerceria influência somente no momento de aceitação das regras de regência da sociedade; os efeitos da atividade da sociedade decorreriam do próprio regime de existência e funcionamento da instituição, e não da vontade das partes.
24. A esse respeito, T. Ascarelli expõe e critica as principais teorias surgidas para negar o caráter contratual da sociedade in *Problemas das Sociedades Anônimas e Direito Comparado*, pp. 276-284.
25. T. Ascarelli, *Problemas das Sociedades Anônimas e Direito Comparado*, p. 284.

defensores da teoria do contrato plurilateral afirmam que existe a contraposição de interesses entre as partes, tanto no momento da constituição da sociedade quanto no desenrolar das atividades sociais.

No entanto, a grande diferença entre os contratos gerais e o contrato plurilateral reside no caráter instrumental do último. Devido à existência de um escopo comum, o contato plurilateral é de execução continuada, e o cumprimento das obrigações de cada parte é condição para a realização da atividade ulterior – qual seja, o objeto social, a finalidade do contrato. Por fim, uma das peculiaridades de grande relevância do contrato plurilateral é o fato de este se apresentar como *contrato "aberto"*, que é aquele que "importa numa permanente oferta de adesão a novas partes (que satisfaçam determinadas condições) e numa permanente possibilidade de desistência de quantos dele participem, sem que seja necessária uma reforma do contrato".[26] No contexto da teoria do contrato social, o estatuto social é o instrumento no qual estão inseridas as regras deste contrato; e, dessa forma, o ato constitutivo da sociedade e o estatuto "são partes integrantes do mesmo ato, pois, sendo o ato constitutivo um contrato, o estatuto constitui seu objeto".[27]

De acordo com o entendimento quase-unânime da doutrina moderna, a teoria do contrato plurilateral mostra-se mais apta a explicar e regulamentar a formação e o funcionamento das sociedades. No entanto, o caráter contratual desta, fundado na autonomia da vontade das partes, encontra limites na função social da sociedade por ações e nas regras de ordem pública.

4.2 Compatibilidade da cláusula compromissória no estatuto social

O Código Comercia de 1850 previa a arbitragem como forma de solução obrigatória de conflitos envolvendo a sociedade comercial e seus sócios, bem como outros conflitos comerciais. A partir da Lei 1.350/1866 a solução de conflitos sociais por meio de arbitragem deixou de ser obrigatória, e a partir do Decreto 3.900/1867 passou a ser faculdade dos sócios inserir a cláusula compromissória nos contratos sociais.

---

26. Idem, pp. 302-303.
27. Vivante, *Trattato de Diritto Commerciale*, Milão, Vallardi, 1912, p. 242, *apud* M. Carvalhosa, *Comentários à Lei de Sociedades Anônimas*, 3ª ed., 2º vol., p. 309.

Portanto, depreende-se que mesmo antes da promulgação da Lei 9.307/1996, que traz a nova regulação da arbitragem, ou da Lei 10.303/ 2001, que inseriu expressamente na Lei 6.404/1976 a possibilidade de os estatutos sociais preverem a arbitragem como meio de solução de controvérsias entre o acionista e a companhia, ou entre os acionistas, era facultado aos sócios ou acionistas, calcados no princípio da autonomia da vontade e nas previsões legais vigentes acerca da arbitragem, inserir a cláusula compromissória no contrato social.

A introdução do § 3º ao art. 109 da Lei 6.404/1976, por meio da Lei 10.303/2001, configura apenas a intenção do legislador de dar maior destaque e incentivo à arbitragem como meio de solução de conflitos societários, evitando discussões acerca da possibilidade e legalidade de o estatuto social conter a cláusula compromissória.[28] Uma vez incluída a cláusula compromissória no estatuto social, a adoção da arbitragem, apenas facultada pelas leis vigentes, torna-se obrigatória para a sociedade e para seus acionistas de maneira geral. Para tanto, faz-se necessário que a cláusula compromissória delimite os conflitos sujeitos ao juízo arbitral.

4.3 Limites à cláusula compromissória

Além dos requisitos e limites já abordados, quando se trata de cláusula compromissória inserida no estatuto social, outras observações se fazem necessárias com relação (i) à ordem pública; (ii) ao âmbito de incidência e (iii) ao aspecto temporal.

A Lei 9.307/1996 dispõe que são arbitráveis apenas os direitos patrimoniais disponíveis, entendidos como aqueles que não dizem respeito à *ordem pública*, ou seja, que podem ser transigidos livremente pelas partes, sem necessidade de anuência ou autorização do Estado.[29] No âmbito societário entende-se que, uma vez que as sociedades são formadas a partir da convergência das vontades dos sócios ou acionistas, baseados nos princípios constitucionais da liberdade de contratar e da livre iniciativa da atividade econômica, e têm por objetivo a ob-

---

28. T. Neiva, "Arbitragem nas sociedades por ações", *RTDC (Revista Trimestral de Direito Civil)* 6-21/275.

29. C. A. Carmona, *Arbitragem e Processo – Um Comentário à Lei 9.307/1996*, 2ª ed., p. 56.

tenção de resultados econômicos, a maior parte dos conflitos relacionados às atividades sociais é passível de submissão à arbitragem.

No entanto, nas questões relacionadas aos conflitos societários incidem normas societárias específicas, principalmente no que diz respeito às normas organizativas da sociedade, que visam a proteger os direitos e interesses dos acionistas e terceiros, bem como de conduta dos administradores. Tais normas societárias de caráter imperativo são entendidas como uma "ordem pública societária", e não podem ser afastadas pelos árbitros em circunstância alguma. Na maioria das vezes, no entanto, esta "ordem pública societária" não constitui impedimento à arbitragem, mas funciona como um limite à autonomia de vontade das partes e à atuação do árbitro.[30]

Além do respeito à ordem pública, a incidência da cláusula compromissória estatutária deve se ater ao *pacto social*. A arbitragem acordada por meio da cláusula compromissória estatutária só terá lugar se o conflito entre os acionistas incidir necessariamente sobre o pacto social, assim entendido o texto do estatuto social, o funcionamento da sociedade e os interesses envolvidos na sua existência, tanto no que diz respeito à sociedade como no que diz respeito aos seus acionistas. Caso os acionistas divirjam a respeito de questões não relacionadas ao pacto social, eventual cláusula compromissória presente no estatuto social não gerará quaisquer efeitos entre eles. Assim, o juízo arbitral só será instalado mediante conflitos que estejam relacionados diretamente às relações societárias entre as partes, e não mediante qualquer conflito entre as partes.

Havendo conformidade com os demais requisitos e limites da cláusula compromissória, cumpre analisar a *questão temporal da incidência da cláusula compromissória*. De maneira geral, pode-se afirmar que a cláusula compromissória gerará efeitos se válida no momento em que ocorreu o fato gerador do conflito, independentemente de o juízo arbitral ser instalado posteriormente; da mesma forma, caso a cláusula compromissória venha a ser inserida no estatuto social em momento posterior ao fato gerador do conflito, não será possível alegar a convenção arbitral em questão a fim de afastar a solução do litígio do Poder Judiciário.

---

30. M. D. G. Vilela, *Arbitragem no Direito Societário*, p. 174.

A conclusão supra funda-se no fato de que a arbitragem envolve um conjunto de regras que superam as regras procedimentais, envolvendo aspetos jurisdicionais e contratuais. Dessa forma, não é possível aplicar à arbitragem o princípio geral das regras processuais, segundo o qual a lei nova é aplicada imediatamente, inclusive aos processos pendentes, sendo preservados apenas os atos processuais já praticados. A cláusula compromissória não deve retroagir a conflito cujo fato gerador se deu antes de sua inserção no estatuto social;[31] e, havendo interesse de solucionar conflito já existente pela via arbitral, as partes devem celebrar compromisso arbitral.

4.4 Questões controvertidas

A inserção da cláusula compromissória nos estatutos sociais tem provocado uma série de discussões a respeito de seu aspecto subjetivo. Por se tratar de convenção arbitral, que implica renúncia à tutela estatal e é fundamentada no consenso das partes, questiona-se se os acionistas que não manifestaram expressamente sua concordância, ou aqueles que se mostraram contrários à cláusula compromissória, estariam obrigados à arbitragem, bem como a situação dos administradores e dos membros do conselho fiscal.

Antes de analisar as questões controvertidas, cabe ressaltar que nos casos em que há concordância expressa do acionista com a cláusula compromissória, como os acionistas fundadores que aprovaram o estatuto social no ato de constituição da companhia[32] e os acionistas que deliberaram pela inserção da cláusula compromissória no estatuto social após a constituição, a doutrina é pacífica no entendimento de que, ao manifestar sua vontade, o acionista se vincula à cláusula compromissória.

31. Eventual entendimento contrário possibilitaria, por exemplo, manobras de acionistas controladores que tivessem interesse em que determinado conflito fosse submetido à arbitragem após seu surgimento devido às vantagens que obteriam ao utilizar tal juízo, sem se submeter ao consentimento da parte contrária; conforme será demonstrado no item 4.4.1, infra, a cláusula compromissória só é válida se estabelecida antes do surgimento do conflito e oponível a todos os acionistas.
32. Arts. 88 e 95 da Lei 6.404/1976.

4.4.1 Novos acionistas

A primeira grande controvérsia que se apresenta com relação à cláusula compromissória nos estatutos sociais diz respeito à vinculação dos *novos acionistas*, ou seja, aqueles que aderiram à sociedade em momento posterior à sua constituição, ou após a assembléia que deliberou a inserção da cláusula compromissória no estatuto social. A questão é colocada em face do fundamento básico da constitucionalidade da convenção arbitral – qual seja, a manifestação de vontade das partes que se submetem à arbitragem.

Nesse contexto, respeitáveis juristas – como Modesto Carvalhosa, Nelson Eizirik e Marcelo Bertoldi – defendem que a cláusula compromissória só vincularia os novos acionistas a partir do momento em que estes celebrassem termo específico de anuência e adesão à cláusula compromissória. Nas palavras de Modesto Carvalhosa: "Assim, *a cláusula compromissória não vincula nem os acionistas atuais que não subscreveram esse pacto parassocial estatutário, nem os acionistas que posteriormente adentraram a sociedade sem expressamente aderir a ele*"[33] (grifos nossos).

De acordo com o entendimento supramencionado, os autores questionam a vinculação de acionistas que não manifestaram formalmente adesão à cláusula compromissória, como ocorre com os novos acionistas, com fundamento principalmente no entendimento do acesso ao Poder Judiciário como direito essencial e personalíssimo do acionista, fundado na garantia constitucional de inafastabilidade do Poder Judiciário.[34] De acordo com tais autores, esse direito fundamental só poderia ser suprimido por meio de renúncia específica e expressa, nunca por manifestação de vontade tácita.

Além do argumento apresentado no parágrafo anterior, Modesto Carvalhosa também defende a natureza de pacto parassocial da cláusula compromissória, e que, por esse motivo, só se aplicará aos acionistas que com ela expressamente concordarem. Nesse sentido, afirma

---

33. M. Carvalhosa, *Comentários à Lei de Sociedades Anônimas*, 3ª ed., 2º vol., pp. 304-305. No mesmo sentido, v. M. Bertoldi (coord.), *Reforma da Lei das Sociedades Anônimas – Comentários à Lei 10.303, de 31.10.2001*, 2ª ed., p. 81.
34. CF, art. 5º, XXXV.

o jurista que "a cláusula compromissória *não é norma organizativa da sociedade, não vinculando, portanto, a todos os seus acionistas*"[35] (grifamos).

A despeito da posição dos respeitáveis juristas, diversos autores se têm mostrado contrários à exigência de formalidades específicas para a vinculação de novos acionistas à cláusula compromissória. A esse respeito, o entendimento de que o direito de acesso ao Judiciário seria direito essencial e personalíssimo do acionista, com base no art. 5º, XXXV, da CF e no art. 109, § 2º, da Lei 6.404/1976, e de que a inserção de cláusula compromissória arbitral no estatuto social violaria tal direito dos acionistas mostra-se equivocado.

Primeiramente, cumpre analisarmos a discussão acerca da compatibilidade entre a convenção arbitral e o art. 5º, XXXV, da CF, segundo o qual "a lei não excluirá da apreciação do Poder Judiciário lesão ou ameaça a direito", que foi diversas vezes utilizado para sustentar a inconstitucionalidade da arbitragem. A doutrina atual é praticamente unânime no entendimento de que a exclusão de determinada lesão ou ameaça a direito da análise do Poder Judiciário por meio da instituição do juízo arbitral não fere o princípio constitucional previsto no art. 5º, XXXV, da CF.

O preceito constitucional ora tratado foi introduzido no nosso ordenamento jurídico pela Constituição Federal de 1946, promulgada após o período ditatorial, durante o qual houve extrema concentração de poderes nas mãos do Poder Executivo e inquéritos policiais e parlamentares eram realizados sem respeitar direitos fundamentais dos acusados, sendo vedado ao Poder Judiciário reexaminar as conclusões de tais inquéritos. Dessa forma, a Constituição de 1946 buscou garantir ao indivíduo o direito de se socorrer do Judiciário em caso de abusos praticados pelo próprio Estado.

Nesse sentido, a doutrina expressa entendimento uniforme no sentido de que o preceito constitucional em questão se dirige às autoridades governamentais, proibindo-as de praticar qualquer ato que impeça os indivíduos de acessar o Poder Judiciário, mas em momento nenhum tem o escopo de restringir a liberdade individual do

---

35. M. Carvalhosa, *Comentários à Lei de Sociedades Anônimas*, 3ª ed., 2º vol., p. 314.

cidadão.³⁶ Entendido o alcance do dispositivo constitucional pretendido pelo constituinte, conclui-se que ele não é apto a restringir a liberdade das partes de escolher via de solução de litígios diversa do Poder Judiciário.³⁷ O ordenamento jurídico pátrio permite a subtração de conflitos envolvendo direitos patrimoniais disponíveis da apreciação estatal mediante livre manifestação de vontade das partes, devido ao princípio constitucional da autonomia da vontade.

A arbitragem, regulamentada pela Lei 9.307/1996, não retira das partes o acesso ao Poder Judiciário; ela apenas cria uma opção, uma faculdade, para as partes resolverem seus conflitos por um meio alternativo. A arbitragem encontra na manifestação de vontade das partes o fundamento para sua instituição e a compatibilidade com o proibitivo constitucional de afastar lesão ou ameaça de direito da apreciação do Poder Judiciário.³⁸ No mesmo sentido, Bárbara Makant, em trabalho sobre o tema, afirma que "é entendimento uniforme hoje que *a garantia constitucional de acesso ao Poder Judiciário permanece íntegra em face da opção pela via arbitral*"³⁹ (grifos nossos).

Diante da amplamente aceita constitucionalidade da arbitragem, bem como da cláusula compromissória, fundada na manifestação de vontade das partes, cumpre analisar o tratamento dispensado à matéria pela legislação societária, em especial pela Lei 6.404/1976.

O art. 109 da Lei 6.404/1976 trata dos direitos essenciais dos acionistas – direitos, esses, que não poderão ser suprimidos nem pelo estatuto social, nem pela assembléia-geral. Da mesma forma, garante ao acionista o pleno direito aos meios, processos ou ações conferidos

---

36. Pontes de Miranda, *Comentários à Constituição Federal de 1967*, t. V, p. 108, São Paulo, Ed. RT, 1971, apud P. B. Martins, "A arbitragem e o art. 5º, XXXV, da Constituição de 1988", *RDC* 20-77/112.

37. H. de Moraes e Barros, *Comentários ao Código de Processo Civil*, Rio de Janeiro, Forense, 1977, p. 224, apud P. A. B. Martins, "A arbitragem e o art. 5º, XXXV, da Constituição de 1988", *RDC* 20-77/114. No artigo em questão, conclui o autor que "o inciso XXXV do art. 5º da CF de 1988 não constitui, efetivamente, óbice algum à implementação do sistema arbitral no Brasil".

38. O STF fez cessar qualquer tipo de questionamento acerca da constitucionalidade da arbitragem e da Lei 9.307/1996 por meio do acórdão proferido nos autos do AgRg em SE 5.206-7, já mencionado no rodapé 17.

39. B. Makant, "A arbitragem nas sociedades empresárias", in A. Wald e R. Fonseca (coords.), *A Empresa no Terceiro Milênio – Aspectos Jurídicos*, p. 580.

por lei para assegurar seus direitos,[40] em consonância com o princípio constitucional da inafastabilidade do Poder Judiciário.

No entanto, de acordo com a discussão a respeito da liberdade das partes de afastarem a competência estatal para apreciar determinados conflitos, e com a constitucionalidade do procedimento arbitral amplamente aceita, a Lei 10.303/2001 inseriu o § 3º ao art. 109 em questão, prevendo que "o estatuto da sociedade pode estabelecer que as divergências entre os acionistas e a companhia, ou entre os acionistas controladores e os acionistas minoritários, poderão ser solucionadas mediante *arbitragem*, nos termos em que especificar" (grifamos).

A interpretação sistemática da constitucionalidade da arbitragem em face do art. 5º, XXXV, da CF bem como dos direitos essenciais do acionista previstos pelo art. 109 da Lei 6.404/1976 leva-nos à conclusão de que a própria Lei Societária cuidou de harmonizar o princípio da inafastabilidade do Poder Judiciário com a arbitragem como meio alternativo – e válido – de solução de controvérsias. Ao mesmo tempo em que assegura ao acionista o direito inafastável aos meios, processos ou ações conferidos a ele por lei para assegurar seus direitos, prevê como um desses meios a arbitragem, caso o estatuto social assim estabelecer. Dessa forma, não há que se falar em violação a direito essencial do acionista, pois a própria Lei Societária prevê a arbitragem como meio válido de solução de litígios a ser previsto nos estatutos sociais.[41]

No mais, o procedimento arbitral confere aos participantes as mesmas garantias do Poder Judiciário, como o direito de ação, o devido processo legal e a prestação jurisdicional, sendo, em muitos casos, mais apto a satisfazer as pretensões dos acionistas. A adoção da arbitragem apenas transfere a competência do juízo estatal para o juízo arbitral, sendo respeitados todos os direitos e garantias dos demandantes. A esse respeito, vale ainda lembrar que a eleição da arbitragem apenas afasta o Poder Judiciário da análise do mérito do conflito, podendo este ser acionado mediante a violação de qualquer garantia processual das partes, durante o procedimento arbitral, que resulte em prejuízo ao direito de ação.

40. Art. 109, § 2º, da Lei 6.404/1976.
41. Nesse sentido, v. J. K. Pela, "Nota sobre a eficácia da cláusula compromissória estatutária", *RDM* 126/136-137.

Dessa forma, não se pode entender o acesso ao Poder Judiciário como um direito essencial e irrenunciável, apto a fundamentar a invalidade da cláusula compromissória estatutária, uma vez que não se está suprimindo o direito de acesso aos meios de garantia dos direitos dos acionistas, mas, sim, elegendo uma jurisdição diversa da estatal para exercê-lo.

Com relação à natureza da cláusula compromissória, também se questiona sua classificação como pacto parassocial, visto que tal norma se encontra ligada às demais normas organizativas da sociedade e, após sua inserção do estatuto social, passa a integrar o conteúdo do próprio estatuto, tornando-se uma regra da sociedade que tem por objetivo estabelecer meio mais satisfatório de solução dos litígios que surjam, vinculando, assim, todos os envolvidos. Nesse sentido, Juliana Krueger Pela esclarece que "a qualificação do acordo sobre a cláusula compromissória arbitral como pacto parassocial seria uma conseqüência da não-vinculação do minoritário dissidente à decisão da maioria, e não uma causa dessa não-vinculação".[42]

Além dos argumentos supra-apresentados, a doutrina favorável à vinculação dos novos acionistas entende que a manifestação de vontade expressa de concordância com a cláusula compromissória estatutária é desnecessária para obrigar o novo acionista, visto que, no momento em que o indivíduo resolve integrar a sociedade, o faz de forma voluntária e, nesse ato, aceita todas as regras societárias vigentes – o que inclui a cláusula compromissória.

Nesse ponto cabe relembrar que, tratando-se de contratos sociais de qualquer espécie, a legislação societária exige o arquivamento de seus dispositivos originais e posteriores alterações perante a Junta Comercial ou o registro civil de pessoas jurídicas competente, a fim de dar publicidade a seu conteúdo. Ainda, tratando-se de companhias abertas, os estatutos sociais destas podem ser facilmente acessados através da CVM. Portanto, a cláusula compromissória constante de um estatuto social é tornada pública – e, por conseqüente, não há como argumentar que o novo acionista não teve acesso a tal texto, sendo seu dever analisar as regras às quais pretende se submeter.

42. J. K. Pela, "Nota sobre a eficácia da cláusula compromissória estatutária", *RDM* 126/137.

A respeito da questão ora enfrentada, Richard Shell, professor da Universidade da Pensilvânia, entende que o consentimento do novo acionista à cláusula compromissória estatutária é manifestado pela decisão de adquirir as ações e permanecer na qualidade de acionista daquela companhia.[43] A discussão a respeito da vinculação, ou não, do novo acionista seria solucionada através das medidas tomadas pela companhia para dar ciência ao acionista da existência da cláusula compromissória. Através de tais medidas, haveria uma consolidação do entendimento de que a cláusula compromissória estatutária vincula o acionista que adquire ações da companhia, visto que este teve acesso à informação da existência da cláusula compromissória.[44]

Por outro lado, a exigência de termo específico de aceitação da cláusula compromissória por cada novo acionista que adquira ações das companhias abertas seria prejudicial ao tipo de negociação que se trava no âmbito destas, dificultando a realização das operações no mercado e a segurança jurídica das sociedades e dos acionistas. Isso porque os valores mobiliários emitidos pelas companhias não são mais negociados por troca de papéis, mas sim através de sistemas de controle escriturais, normalmente computadorizados e delegados a instituições financeiras ou sociedades de liquidação e custódia. Exigir a troca de papéis entre a sociedade e cada novo acionista dificultaria enormemente as transações envolvendo os valores mobiliários.

Em adição à dificuldade prática apresentada acima, a cláusula compromissória só será vantajosa para todas as partes, garantindo todos os benefícios da arbitragem à companhia e aos acionistas que a ela estiverem vinculados, na medida em que vincule também os novos acionistas. Caso se entenda pela não-vinculação automática dos novos acionistas, o surgimento de determinado litígio envolvendo acionistas que não tenham aderido expressamente à cláusula compromissória poderia dar ensejo a duas demandas paralelas, uma perante o Poder Judiciário e outra perante o juízo arbitral. Além da possibilidade de

---

43. Apesar das diferenças entre os sistemas jurídicos norte-americano e brasileiro, é interessante observar a doutrina daquele país no que diz respeito à arbitragem, tendo em vista que a lei que regulamenta a arbitragem nos Estados Unidos (*Federal Arbitration Act*) é bastante semelhante à Lei de Arbitragem brasileira, tendo entrado em vigor, no entanto, 71 anos antes da lei brasileira.
44. R. Shell, "Arbitration and corporate governance", *North Carolina Law Review* 67/547.

surgirem duas decisões contrárias, a coexistência de acionistas vinculados e não-vinculados à cláusula compromissória esvaziaria todos os benefícios da arbitragem, pois a possibilidade da intervenção estatal nos litígios societários, seja através de decisão paralela, seja para questionamento da validade da arbitragem, daria fim à celeridade, confidencialidade e especialidade da decisão arbitral.

A cláusula compromissória, conforme definida no item 3.2, supra, surge no momento de celebração do contrato como o compromisso de submeter eventual litígio dele decorrente à arbitragem, ou seja, em momento em que não existe litígio, e as partes estão mais preocupadas em assegurar seus direitos que em elaborar estratégias para dificultar a satisfação do direito da outra parte, já que a arbitragem permite, na maior parte dos casos, decisão mais célere e tecnicamente adequada. Por essa razão, permitir que uma das partes opte ou não pela arbitragem quando lhe for conveniente retirará grande parte do incentivo dos acionistas fundadores da companhia para inserir a cláusula compromissória no estatuto, bem como dos demais acionistas de deliberar pela inclusão de tal dispositivo no estatuto social, tomando a arbitragem o caminho inverso do desenvolvimento da arbitragem no mundo e – mais grave – das práticas de boa governança corporativa já explicitadas.

4.4.1.1 Estatuto social "versus" contrato de adesão

Outro argumento utilizado para submeter a vinculação do novo acionista à celebração de termo de adesão específico à cláusula compromissória fundamenta-se no § 2º do art. 4º da Lei 9.307/1996, que estabelece a necessidade de concordância expressa do contratante com a cláusula compromissória nos contratos de adesão.

Segundo entendimento de Luiz Leonardo Cantidiano, "considerando que o estatuto tem um conteúdo contratual, cujas provisões são estabelecidas pela vontade da maioria do capital, e que o adquirente da ação adere ao que nele (estatuto) está regulado, penso ser prudente fazer com que seja cumprido o ritual estabelecido no referido dispositivo, a fim de evitar discussões paralelas que possam colocar em risco a solução da controvérsia pela adoção do procedimento arbitral".[45]

45. L. L. Cantidiano, *Reforma da Lei das S/A*, 3ª ed., 2º vol., pp. 118-119.

No entanto, a equiparação dos contratos sociais aos contratos de adesão para fundamentar tal exigência é questionada por grande parte da doutrina. A idéia de *contrato de adesão* é desenvolvida em âmbito do Direito distinto do direito societário, qual seja, o direito do consumidor; e, ainda que não se restrinja a aplicação do conceito de *contrato de adesão* unicamente às relações de consumo, pode-se afirmar que ele só diz respeito a relações jurídicas bilaterais, ou seja, aquelas em que existem interesses contrapostos das partes e em que o cumprimento das obrigações pelas partes exaure a relação entre elas. Por fim, entende-se que no contrato de adesão existe a supressão da liberdade de contratar, pois o contratante se encontra em uma situação de estar obrigado a contratar, devido à necessidade de fornecimento do serviço ou produto em questão.

Nesse contexto, a formalidade prevista no § 2º do art. 4º da Lei 9.307/1996 não se aplica às relações societárias, visto que não é possível equiparar o contrato ou estatuto social ao contrato de adesão. Em primeiro lugar, inexiste qualquer tipo de relação de consumo entre a companhia e os acionistas e – conforme discutido no item 4.1, supra – a relação travada entre acionistas é caracterizada como contrato plurilateral, devido à existência de interesses convergentes para um fim comum – o interesse social –, não se caracterizando relação jurídica bilateral. Em adição, como já explanado, a principal função do contrato social é de natureza instrumental, possibilitando a consecução de uma atividade ulterior, e a decisão de fazer parte de determinada sociedade não pode ser entendida como "necessidade" dos acionistas, visto que estes adquirem as quotas ou ações por livre vontade.

O fato de os acionistas aderirem à sociedade sem possibilidade de discussão do conteúdo do estatuto social diz respeito tão-somente à natureza de contrato plurilateral da sociedade – conforme explicitado acima –, através do qual são firmados direitos e obrigações recíprocos entre os acionistas, e entre estes e a sociedade. O estatuto social não pode ser classificado como contrato de adesão, pois – nas palavras de Pedro Antônio Batista Martins –, "em concreto, o *estatuto social transcende as raias dos chamados contratos de adesão, pois situado em outra latitude jurídica, a dos vínculos plurilaterais.* Dita ele as relações entre sócios e entre estes e a companhia, em que não se eleva a unilateralidade, a fraqueza e a hipossuficiência registradas nos contratos típicos de adesão"[46] (grifamos).

Ainda que se entenda serem determinados acionistas partes hipossuficientes, a própria legislação societária bem como os órgãos de regulação e fiscalização do funcionamento do mercado têm normas próprias para protegê-los, e em nenhuma delas se encontram exigências adicionais para vinculação à cláusula compromissória existente no contrato social.

Richard Shell, autor norte-americano já citado no presente trabalho, também entende que a comparação em questão não deve subsistir. Para tanto, o autor alerta para a falsa premissa que suporta a comparação em questão, qual seja, a de que a resolução de controvérsias por meio da arbitragem seria permeada por algum tipo de injustiça ou inferioridade. Segundo o autor, "the Supreme Court has stated in the in the strongest possible terms that it believes this premise to be false". Além da inexistência de prejuízo ao acionista pela eleição da arbitragem, defende o autor que, ainda que o poder de negociação das companhias seja maior que o poder dos acionistas individuais, supõe-se que os acionistas tenham sofisticação suficiente para suportar os riscos de se vincularem aos dispositivos legais de um estatuto social. No entanto, de maior relevância para a nossa realidade, Richard Shell alerta para o fato de que a cláusula compromissória deve ser entendida como de mesma natureza dos demais dispositivos estatutários; e, nesse sentido, se um acionista adquire ações sem conhecimento da existência da cláusula compromissória estatutária, ele desconhece as demais disposições do estatuto social. Dessa forma, reconhecer a ineficácia da cláusula compromissória estatutária com fundamento no desconhecimento do acionista criaria um precedente perigoso para as demais cláusulas do estatuto.[47]

Diante do acima exposto, entende-se que não é possível equiparar o estatuto social ao contrato de adesão; e, nesse sentido, o § 2º do art. 4º da Lei 9.307/1996 não se aplica aos contratos sociais.

46. P. A. B. Martins, "A arbitragem nas sociedades de responsabilidade limitada", in P. A. B. Martins (coord.), *Reflexões sobre Arbitragem*, p. 140.
47. R. Shell, "Arbitration and corporate governance", *North Carolina Law Review* 67/550.

4.4.2 Deliberação sobre a inserção da cláusula compromissória: acionistas ausentes e dissidentes

Mais complexa que a discussão travada no item 4.4.1, supra, é a questão envolvendo a vinculação dos acionistas que, na assembléia que deliberou a inserção da cláusula compromissória no estatuto social,[48] não se manifestaram ou foram contrários à adoção da arbitragem como meio de solução de controvérsias.

Diversos juristas – como Modesto Carvalhosa, Nelson Eizirik e Luiz Leonardo Cantidiano – entendem que os acionistas dissidentes e ausentes não se vinculam à cláusula compromissória devido à inexistência de manifestação de vontade, sob qualquer aspecto. Diante da falta do elemento volitivo, defende-se que a cláusula compromissória não seria oponível a tais acionistas.

Posição semelhante é adotada por Carlos Alberto Carmona, que parte do pressuposto da necessária unicidade do estatuto social para todos os acionistas, ou seja, da impossibilidade de normas vinculativas somente a parcela dos acionistas. Dessa forma, havendo deliberação para inserção de cláusula compromissória no estatuto social, tal cláusula deverá obrigar a todos os acionistas, presentes e futuros. No entanto, tendo em vista que a validade da cláusula compromissória se encontra intrinsecamente relacionada à manifestação de vontade expressa da parte, a solução estaria em estabelecer que a deliberação sobre inclusão de cláusula compromissória teria que se dar por *unanimidade*, contando com a concordância de todos os acionistas.[49]

Em posição contrária, a corrente favorável à vinculação também dos acionistas ausentes e dissidentes à cláusula compromissória estatutária argumenta que, sendo a assembléia o órgão deliberativo da sociedade, esta manifesta diretamente a vontade da sociedade, e indiretamente a vontade dos acionistas. Ao ingressarem na sociedade – o que se dá de forma voluntária –, os acionistas aceitam se submeter às regras sociais, dentre elas o princípio da maioria. A vinculação à decisão tomada pela maioria decorre da prévia aceitação dos acio-

---

48. Nos termos dos arts. 131 e 135 a Lei 6.404/1976, a matéria em questão deve ser deliberada em assembléia-geral extraordinária.

49. C. A. Carmona, *Arbitragem e Processo – Um Comentário à Lei 9.307/1996*, 2ª ed., pp. 111-112.

nistas das regras sociais, no momento em que passaram a integrar a companhia.[50]

Ao adquirir ações de determinada companhia, o acionista passa a fazer parte do contrato plurilateral que caracteriza as sociedades, e entre as regras de tal contrato está aquela que garante à assembléia o direito de deliberar por maioria de votos, vinculando inclusive os acionistas dissidentes. Nas palavras de Tullio Ascarelli, "a possibilidade de a assembléia constituinte deliberar por maioria bem como os limites dessa possibilidade decorrem da circunstância de que *já foram manifestadas as declarações de vontade necessárias para formar o contrato*"[51] (grifos nossos).

Coloca-se, então, um aparente conflito entre as normas societárias referentes a deliberações sociais – segundo as quais a vontade da maioria é suficiente para vincular a sociedade e a totalidade dos acionistas – e as normas relacionadas à arbitragem – que exigem a manifestação de vontade expressa e específica das partes para a plena validade da escolha da arbitragem como meio de solução de conflitos.

Com relação à alteração estatutária para inserção de cláusula compromissória arbitral, a despeito da posição de Carlos Alberto Carmona, não existe qualquer previsão legal de condição ou impedimento para sua aprovação pela assembléia-geral – como quórum qualificado, por exemplo. O entendimento de que para a inserção de cláusula compromissória no estatuto social é necessária a votação por unanimidade levaria à conseqüência de ser a cláusula arbitral restrita aos estatutos sociais que a previssem desde a constituição da sociedade ou aos estatutos sociais de companhias fechadas em que houvesse a possibilidade de unanimidade. Em última instância, a exigência de unanimidade para inserção da cláusula compromissória no estatuto social implicaria o reconhecimento da inconstitucionalidade do § 3º do art. 109 da Lei 6.404/1976 – o que não nos parece razoável.

Dessa forma, com fundamento no princípio da maioria e da unicidade da vontade social, a alteração estatutária para inserção da cláu-

---

50. O *princípio da maioria* encontra-se expresso no art. 1.072, § 5º, do CC, bem como no art. 129 da Lei 6.404/1976.

51. T. Ascarelli, *Problemas das Sociedades Anônimas e Direito Comparado*, Campinas, Bookseller, 2001, p. 393, *apud* J. V. L. Enei, "A arbitragem nas sociedades anônimas", *RDM* 129/136-173.

sula compromissória poderia ser deliberada por acionistas titulares de ações representativas de maioria do capital social com direito a voto, salvo se houver previsão de quórum qualificado no estatuto social, não sendo necessária a concordância expressa de todos os acionistas para estarem vinculados a ela.

Pedro Antônio Batista Martins compartilha da mesma opinião. Segundo o autor, o acionista, ao ingressar na companhia, aceita o princípio da maioria a que estão submetidas as relações societárias; e, "introduzida a cláusula compromissória por modificação estatutária, aos acionistas descontentes cabe alienar suas participações acionárias (...). Aprovada a deliberação introdutória da arbitragem, arquivada e publicada a ata, a decisão assemblear deverá produzir os efeitos de direito e atingir a comunidade dos acionistas. (...). A publicidade, aliada à manutenção pelos investidores do *status socii*, conduz à assertiva da convolação da ciência em anuência, no benefício da segurança jurídica".[52]

Ainda de acordo com a argumentação apresentada no item 4.4.1, supra, a cláusula compromissória deve vincular todos os acionistas, sob pena de tornar ineficazes as vantagens da arbitragem, além de possibilitar situações caóticas de duas decisões distintas a respeito da mesma discussão. Por fim, de acordo com os argumentos já mencionados, cabe superar a idéia de que a adoção da arbitragem pelo estatuto social suprimiria o direito de qualquer classe de acionistas, favorecendo os detentores do poder de controle. Além do Poder Judiciário, tanto a CVM como a própria bolsa de valores poderão exercer a função de controle de legalidade das cláusulas compromissórias inseridas nos estatutos sociais das companhias abertas.[53]

---

52. P. A. B. Martins, "A arbitragem nas sociedades de responsabilidade limitada", in P. A. B. Martins (coord.), *Reflexões sobre Arbitragem*, pp. 139-141. No mesmo sentido, v. B. Makant, "A arbitragem nas sociedades empresárias", in A. Wald e R. Fonseca (coords.), *A Empresa no Terceiro Milênio – Aspectos Jurídicos*, p. 593.

53. A respeito da discussão ora analisada, é importante mencionar decisão do TJSP em agravo de instrumento interposto por Walpires S/A Corretora de Câmbio Títulos e Valores Mobiliários ("Corretora") em face da BOVESPA (9ª Câmara de Direito Privado, AI 373.141-4/4-00, rel. Des. Sérgio Gomes, j. 22.2.2005, disponível in *http://juris.tj.sp.gov.br/*).

Trata-se de medida cautelar ajuizada pela Corretora visando a suspender decisão da BOVESPA que a proibia de operar em seu âmbito. Após obtenção de liminar em primeira instância, a decisão foi revogada devido à existência de cláusula compromis-

4.4.3 Administração e Conselho Fiscal: sócios e não-sócios

Além da vinculação de novos acionistas e acionistas ausentes ou dissidentes, a discussão acerca da vinculação dos administradores (membros do conselho de administração e diretores) e conselheiros fiscais à cláusula compromissória se mostra de extrema importância.

Se, por um lado, os administradores e conselheiros fiscais não são partes do contrato plurilateral que caracteriza a sociedade, não tendo aderido à cláusula compromissória (*note-se que neste ponto tratamos*

---

sória no estatuto social da BOVESPA. A Corretora interpôs agravo de instrumento contra essa decisão, alegando, em síntese, que não anuiu ou aderiu expressamente à cláusula compromissória quando da inserção desta no estatuto social da BOVESPA, providência necessária, tendo em vista que o estatuto deve ser entendido como contrato de adesão, nos termos do art. 4º, § 2º, da Lei 9.307/1996. Analisando a questão de forma "perfunctória", o Tribunal restabeleceu a liminar e aceitou o primeiro argumento da Corretora, entendendo que a inexistência de consentimento expresso por parte da Corretora com relação à instituição da arbitragem violaria o art. 4º, § 2º, da Lei 9.307/ 1996, bem como o art. 5º, XXXV, da CF. A BOVESPA recorreu da decisão perante o STJ e o STF, e os recursos aguardam apreciação dos Tribunais Superiores.

A despeito de ser a BOVESPA uma associação civil, e não uma sociedade por ações – que é o objeto de estudo do presente trabalho –, a decisão em questão se mostra de extrema relevância, pois trata especificamente de diversos pontos controvertidos ora expostos. Dessa forma, faremos uma breve análise da decisão em face dos argumentos desenvolvidos ao longo do trabalho. Primeiramente, cabe ressaltar que o item 11.1, i, do Regulamento da Câmara de Arbitragem do Mercado (*Regulamento da Câmara de Arbitragem do Mercado – BOVESPA*, disponível in *http://www.bovespa.com.br/pdf/regulamentonv07012002.pdf*, acesso em 29.7.2006) estabelece que, em caso de necessidade de medidas cautelares, a parte interessada deverá requerê-las ao órgão do Poder Judiciário que seria originariamente competente para julgar a causa. Assim, o juiz de primeira instância poderia ter mantido a liminar concedida à Corretora, bem como a decisão de segunda instância poderia, igualmente, ter restabelecido a liminar sem tratar da vinculação, ou não, da Corretora à cláusula compromissória. Com relação à vinculação da Corretora, os Desembargadores do TJSP acabaram por aceitar o argumento de que a adesão específica da Corretora à cláusula compromissória era necessária para haver vinculação, equiparando o estatuto a um contrato de adesão. Conforme demonstrado no presente trabalho, não nos parece possível equiparar estatutos sociais a contratos de adesão. No caso em tela a equiparação é ainda mais difícil, tendo em vista a inexistência de hipossuficiência dos membros da BOVESPA, dadas sua natureza e a sofisticação de suas atividades. A exigência de adesão expressa à cláusula compromissória também encontra outros questionamentos, tais como a formação da vontade social pelo princípio majoritário e a plena constitucionalidade da arbitragem em face do art. 5º, XXXV, da CF. A respeito da decisão ora comentada, v. L. C. Aboim, "Walpires *vs*. BOVESPA: percalços da arbitragem de disputas societárias", *Revista Brasileira de Arbitragem* 8/164-177.

dos administradores e conselheiros fiscais que não são acionistas da companhia), por outro lado, estes necessariamente conhecem os limites do pacto social e das normas societárias, além de grande parte das controvérsias surgidas no âmbito do direito societário os envolver, seja na forma de litisconsórcio necessário, seja na forma de litisconsórcio facultativo.

Caso os administradores e conselheiros fiscais não sejam vinculados à cláusula compromissória e surja um conflito em que estes estão envolvidos, ocorrerá, mais uma vez, a perda de todos os benefícios objetivados quando da eleição da arbitragem como meio de solução de controvérsias. Tratando-se de litisconsórcio necessário envolvendo os administradores e/ou conselheiros fiscais, caso estes não estejam vinculados à cláusula compromissória, o conflito deixa de ser arbitrável e terá que ser solucionado pela via judicial. Tratando-se de litisconsórcio facultativo, a sociedade e os acionistas permanecerão obrigados à arbitragem e, se conveniente, terão que recorrer à via judicial posteriormente, para alcançar os administradores e/ou conselheiros fiscais. Caso não se tenha certeza a respeito da natureza do litisconsórcio, as partes também não terão certeza de qual juízo será competente para receber a demanda, se o judicial ou o arbitral. Conclui-se que, em qualquer das hipóteses, não estando os administradores e conselheiros fiscais vinculados à cláusula compromissória, os prejuízos para a sociedade e para os acionistas serão consideráveis.

Conforme desenvolvido acima, mesmo sem fazer parte do contrato plurilateral em que consiste a sociedade, os administradores e conselheiros fiscais conhecem as regras que regem a sociedade de forma mais profunda que qualquer outro terceiro que mantenha relação com esta. Nesse sentido, poder-se-ia considerar que eles se vinculam ao meio de solução de controvérsias eleito pelo estatuto social da mesma forma que eles se encontram obrigados a respeitar as demais regras do diploma legal em questão.[54] Por outro lado, questiona-se a vinculação automática dos administradores e conselheiros fiscais pela mera

---

54. Ao enfrentar a questão, R. Shell defendeu entendimento nesse sentido: "As the individuals who govern the corporation, they should be bound by any dispute resolution system provided for in the charter just as they must honor any charter rules determining the number of seats on the board, voting requirements for removal of directors, or other basic governance matter" ("Arbitration and corporate governance", *North Carolina Law Review* 67/552).

existência de cláusula compromissória estatutária, pelo fato de estes não configurarem como partes do contrato social.

Desse modo, tendo em vista os inconvenientes da não-vinculação dos administradores e conselheiros fiscais à convenção arbitral, entende-se que a solução mais adequada seria exigir destes, no momento da contratação ou nomeação para os cargos, a celebração de *termo de adesão específico à cláusula compromissória*. Ressalte-se que, nesse ponto, mesmo autores que defendem a vinculação automática dos administradores e conselheiros fiscais à cláusula compromissória, pelo fato de estes conhecerem a fundo as regras sociais, entendem que a celebração de contrato específico a respeito da arbitragem como meio de solução de controvérsias seria o meio mais adequado para afastar eventuais litígios a respeito da vinculação, ou não, ao juízo arbitral.[55]

Pode ocorrer, ainda, que os administradores e conselheiros fiscais sejam acionistas da companhia. Nesse caso, ao contrário da situação especificada acima, eles são partes do estatuto social em que está inserida a cláusula compromissória e, além disso, na qualidade de administradores ou membros do conselho fiscal, esses acionistas deverão gerir os negócios sociais através do quanto previsto no estatuto social. Assim, havendo litígio em que há a pretensão de responsabilização dos acionistas dirigentes por má administração, quer pela companhia, quer pelos demais acionistas, a cláusula compromissória estatutária deverá incidir sobre o conflito, atraindo-o para a via arbitral. Isso porque o acionista dirigente não age no próprio interesse, mas, sim, no interesse da companhia e em nome dos demais acionistas, tendo aceitado o dever de gerir os negócios sociais tendo por base o avençado no estatuto social.[56]

---

55. Nesse sentido, v. R. Shell, "Arbitration and corporate governance", *North Carolina Law Review* 67/552.

56. Cumpre ressaltar que a jurisprudência não é pacífica com relação à aplicabilidade da cláusula compromissória na responsabilização de administradores-sócios por atos de má administração. Em decisão de 11.9.2002, a 5ª Câmara de Direito Privado do TJSP entendeu que a cláusula compromissória prevista no contrato social não se aplicava a controvérsia que visava a apurar a responsabilidade dos administradores-sócios, visto que o conflito versava sobre os atos praticados pelos sócios na qualidade de administradores, e não sobre o contrato social propriamente dito. Dessa forma, foi mantida a competência do Poder Judiciário para conhecer do conflito (AI 244.960.4-5, disponível in *http://juris.tj.sp.gov.br*).

5. Cláusula compromissória no Novo Mercado

5.1 Cláusula compromissória no Regulamento do Novo Mercado: governança corporativa

O Regulamento de Listagem do Novo Mercado inovou ao inserir a cláusula compromissória como requisito para admissão das companhias nesse segmento diferenciado de negociação de valores mobiliários,[57] visto que, apesar da existência de permissivo legal, em especial após a edição da Lei 9.307/1996, as diversas discussões acerca da legalidade e aplicabilidade da arbitragem no âmbito societário dificultavam a consolidação do instituto. No entanto, se a disposição do Regulamento do Novo Mercado foi uma novidade para o ordenamento jurídico pátrio, ela apenas reflete um dos princípios de boa governança corporativa aceitos por unanimidade pelas instituições, nacionais e estrangeiras, responsáveis por editar esses princípios, conforme demonstrado nos capítulos anteriores.

Nesse sentido, há uma forte tendência à adoção da arbitragem como forma alternativa de solução de litígios relacionados a direitos patrimoniais disponíveis, principalmente no que diz respeito às questões societárias. Como já expusemos acima, a arbitragem permite decisões mais céleres e eficazes, devido à especialização dos árbitros. Nas questões empresariais essas vantagens são ainda mais valiosas, devido à – na maioria das vezes – necessidade de decisão rápida, sob pena de se tornar ineficaz, bem como à complexidade das regras que regulam as relações societárias, seja com relação aos deveres de acionistas controladores e administradores, seja com relação aos mecanismos de proteção dos acionistas minoritários. Dessa forma, a estrutura sobrecarregada do Poder Judiciário não é apta a prover as partes envolvidas em litígios societários com a prestação jurisdicional pretendida ou necessária. Uma terceira característica da arbitragem, qual seja, a confidencialidade, também é ainda mais valorizada no âmbito das discussões empresariais, visto que o abalo à imagem e/ou reputação das empresas atuantes no mercado ocasionado pela existência de lides entre seus acionistas ou dirigentes pode trazer grandes prejuízos.

57. A resolução da BOVESPA que instituiu o Novo Mercado foi expedida em 2000, enquanto a Lei 10.303, que inseriu o § 3º no art. 109 da Lei 6.404/1976, foi editada apenas no ano seguinte.

No âmbito do Novo Mercado essas qualidades da arbitragem tornam-se ainda mais visíveis. Como dissemos acima, o Novo Mercado institui diversas obrigações extras para as sociedades que dele participam, e em sua maioria são regras que visam à proteção dos acionistas minoritários através de garantias de dispersão acionária, de divulgação de informações, de amplos direitos patrimoniais de saída – entre outras. Devido à novidade e à complexidade de tais regras, mostrou-se necessário estabelecer um meio de solução de eventuais controvérsias relativas a essas disposições que fosse apto a lhes garantir eficácia. Em última instância, a maior efetividade e a adequação da solução dos conflitos envolvendo as companhias listadas no Novo Mercado, através da arbitragem, contribuem para o objetivo maior desse segmento diferenciado – qual seja, conferir maior valor às ações das companhias listadas, aumentando sua liquidez no mercado.

Nesse contexto, a obrigação de inserção da cláusula compromissória nos estatutos sociais pelas companhias que planejam aderir ao Novo Mercado mostra-se como a utilização de um dos princípios de boa governança corporativa para suprir as falhas que nosso Poder Judiciário enfrenta ao lidar com questões societárias, principalmente no que diz respeito ao mercado de capitais.

5.2 Câmara de Arbitragem do Mercado

O Regulamento de Listagem do Novo Mercado estabelece, em sua Seção XIII, que "a BOVESPA, a companhia, o acionista controlador, os administradores e os membros do conselho fiscal da companhia comprometem-se a resolver toda e qualquer disputa ou controvérsia relacionada ou oriunda deste Regulamento de Listagem, do contrato de participação no Novo Mercado, das cláusulas compromissórias, em especial, quanto à sua aplicação, validade, eficácia, interpretação, violação e seus efeitos, por meio de arbitragem, perante a *Câmara de Arbitragem, nos termos do seu Regulamento de Arbitragem*" (grifos nossos), sendo definido "Regulamento de Arbitragem" como "o Regulamento da Câmara de Arbitragem do Mercado, inclusive suas posteriores modificações, que disciplina o procedimento de arbitragem ao qual serão submetidos todos os conflitos estabelecidos na Cláusula Compromissória inserida no Estatuto Social da Companhia e constante dos Termos de Anuência".[58] Dessa forma, o Regulamento de Listagem do Novo Mercado submete os conflitos relacionados em sua Seção XIII ao procedimento arbitral que deverá ser pautado pelo Regulamento da Câmara de Arbitragem do Mercado.

A Câmara de Arbitragem do Mercado foi criada pela BOVESPA com a "finalidade de atuar na composição de conflitos que possam surgir nos segmentos especiais de listagem da BOVESPA".[59] Ao instituir os segmentos diferenciados de governança corporativa, a BOVESPA também criou uma câmara arbitral própria, a fim de atuar nos conflitos surgidos entre os seus membros. A Câmara de Arbitragem do Mercado tem Regulamento próprio, ao qual se submetem as companhias que inserem a cláusula compromissória arbitral estatutária devido ao ingresso no Novo Mercado. No Regulamento da Câmara de Arbitragem do Mercado estão disciplinados os procedimentos arbitrais que garantem às partes a prestação jurisdicional fundada nos princípios gerais de Direito e da arbitragem, além de oferecer soluções específicas para as questões controversas apresentadas no item anterior.

5.2.1 *Arbitragem no Regulamento da Câmara de Arbitragem do Mercado*

Assim como para as companhias que não aderiram ao Novo Mercado, para aquelas que se comprometeram com tais práticas adicionais de boa governança corporativa o fundamento da legalidade e validade da cláusula compromissória continua sendo a manifestação de vontade das partes de renunciar à jurisdição estatal. Além da essencialidade do elemento volitivo, permanecem em comum os demais requisitos e limites à cláusula compromissória, como a submissão apenas de conflitos envolvendo direitos patrimoniais disponíveis e relacionados ao pacto social, a capacidade das partes para celebração da convenção arbitral, a forma prescrita em lei, o respeito à ordem pública (geral e societária), a instauração do juízo arbitral apenas para os litígios cujo fato gerador ocorreu durante a validade da cláusula compromissória, conforme discutido anteriormente.

58. Regulamento de Listagem do Novo Mercado, Seção II – "Definições".
59. Regulamento da Câmara de Arbitragem do Mercado, "Introdução".

O Regulamento da Câmara de Arbitragem do Mercado estabelece expressamente, em seu item 6.2, o dever da Câmara Arbitral de garantir os princípios do contraditório, da igualdade das partes, da imparcialidade do árbitro e de seu livre convencimento, bem como de adotar, como regra, o sigilo, a celeridade, a economia de recursos, a especialidade dos árbitros e a instrumentalidade dos procedimentos. O mesmo Regulamento ainda entende como nula a sentença arbitral em caso de desrespeito aos princípios estabelecidos em seu item 6.2.[60] Dessa forma, conclui-se que o Regulamento da Câmara de Arbitragem do Mercado preocupou-se em garantir que todos os direitos fundamentais das partes em relação ao procedimento arbitral sejam respeitados, além de reforçar os princípios próprios da arbitragem que a tornam tão atraente para solucionar conflitos societários – como a especialidade dos árbitros, a celeridade e o sigilo.

5.3 Questões controvertidas

Às companhias listadas no Novo Mercado se aplicam as mesmas discussões travadas no âmbito das companhias não-listadas no que tange à inserção da cláusula compromissória em seus estatutos sociais.

A grande diferença, no entanto, é que o Regulamento de Listagem do Novo Mercado e o Regulamento da Câmara de Arbitragem do Mercado tomaram algumas providências para evitar o questionamento da aplicabilidade e validade da cláusula compromissória, conforme será demonstrado adiante.

5.3.1 Novos acionistas

A discussão relativa à vinculação dos acionistas adquirentes de ações das companhias já listadas no Novo Mercado à cláusula compromissória estatutária permanece permeada por todo o debate apresentado no item 4.4.1, supra. Ou seja, questiona-se a vinculação do novo acionista pelo mero ato de adquirir ações de companhia listada no Novo Mercado.

---

60. Regulamento da Câmara de Arbitragem do Mercado, Seção XIX, item 9.12, vii.

A fim de evitar a discussão supracitada e a polêmica a respeito do alcance subjetivo da cláusula compromissória estatutária, o Regulamento da Câmara de Arbitragem do Mercado trouxe um diferencial em relação à Lei 6.404/1976, qual seja: a exigência de subscrição de termo de anuência específico pelo novo acionista a fim de se vincular à cláusula compromissória.

Nesse sentido, o Capítulo 2 do referido Regulamento, intitulado "Caráter Obrigatório do Regulamento", traz disposição expressa acerca da obrigatoriedade deste para os seguintes participantes dos segmentos especiais de listagem do novo mercado: (i) BOVESPA, (ii) companhias listadas, (iii) acionistas controladores das companhias e (iv) administradores e membros do conselho fiscal das companhias em questão. Já os investidores, definidos como "qualquer pessoa, física ou jurídica, ou entidade de investimento coletivo que detenha títulos ou valores mobiliários de companhia",[61] são obrigados ao Regulamento da Câmara de Arbitragem do Mercado "desde que tenham, voluntariamente, anuído ao Regulamento por meio *da assinatura do termo de anuência*"[62] (grifamos).

O Capítulo 5 do Regulamento da Câmara de Arbitragem do Mercado, referente à "Anuência dos Participantes ao Regulamento", corrobora o entendimento supra, à medida que estabelece o quanto segue: "O investidor *poderá*, a qualquer momento, anuir ao presente Regulamento por meio do *termo de anuência a ser firmado junto à Secretaria da Câmara Arbitral ou a uma sociedade corretora membro da BOVESPA*"[63] (grifamos).

Dos dispositivos supracitados depreende-se que o Regulamento da Câmara de Arbitragem do Mercado adotou a solução defendida por juristas como Modesto Carvalhosa e Nelson Eizirik, segundo a qual a vinculação do novo acionista à cláusula compromissória estatutária não é automática, dependendo de manifestação expressa de vontade.

Em conseqüência, conclui-se que os investidores, novos acionistas, ao adquirirem ações das companhias listadas, não estão vinculados à cláusula compromissória estatutária, tampouco estão obrigados a ade-

---

61. Regulamento da Câmara de Arbitragem do Mercado, "Definição de Termos".
62. Regulamento da Câmara de Arbitragem do Mercado, item 2.1.
63. Regulamento da Câmara de Arbitragem do Mercado, item 5.2.2.

rir ao Regulamento da Câmara de Arbitragem do Mercado. O item 5.4 do referido Regulamento e seus subitens tornam bastante claro o caráter facultativo da adesão à cláusula compromissória pelo novo acionista: "5.4.1 Quando a negociação de títulos e valores mobiliários se realizar na BOVESPA, o investidor *poderá* assinar o termo de anuência (...)".

Nesse contexto, a venda de ações das companhias listadas no Novo Mercado não se encontra subordinada à assinatura do termo de anuência. A BOVESPA, as sociedades corretoras e a própria companhia não estão obrigadas a exigir o termo de anuência do novo acionista, tampouco está este obrigado a fazê-lo. Se o novo acionista optar por aderir à Câmara de Arbitragem do Mercado, será a ele facultado fazê-lo por meio da assinatura do termo de anuência.

Percebe-se que o Regulamento da Câmara de Arbitragem do Mercado buscou incentivar a assinatura do termo de anuência pelo investidor, disciplinando diversas formas pelas quais ele poderá fazê-lo, bem como estabelecendo como dever da companhia envidar "seus melhores esforços" para obter a assinatura do documento em questão. Além disso, o Regulamento da Câmara de Arbitragem do Mercado entende que um único termo de anuência celebrado pelo investidor é suficiente para obrigá-lo para todos os títulos e valores mobiliários que vier a adquirir das companhias listadas, bem como que a assinatura do termo de anuência obriga, além do investidor, seus herdeiros e/ou sucessores.[64]

A despeito dos esforços mencionados, a obrigação de aderir ao Regulamento e à Câmara de Arbitragem do Mercado para solução das controvérsias restringe-se aos acionistas controladores; os demais investidores têm a mera faculdade de aderir ao Regulamento em questão. Se, por um lado, a exigência do Regulamento da Câmara de Arbitragem do Mercado da assinatura de termo de anuência específico para vinculação do investidor deve ser entendida como uma tentativa de solucionar a discussão a respeito do alcance subjetivo da cláusula compromissória estatutária no que tange aos novos acionistas, por outro, o caráter facultativo da celebração do termo de anuência acaba por não solucionar os maiores problemas que envolvem a questão.

64. Regulamento da Câmara de Arbitragem do Mercado, item 5.4.3.

Assim, caso o novo acionista de companhia listada no Novo Mercado opte por não assinar o termo de anuência, ele não estará obrigado a submeter eventual conflito a arbitragem, podendo levar o litígio para apreciação do Poder Judiciário. O grande prejuízo de tal hipótese é a perda das vantagens oferecidas pela via arbitral de solução de controvérsias, conforme se viu nos itens anteriores.

Assim como a cláusula compromissória só gerará todos os efeitos positivos da arbitragem se vincular todos os acionistas nas sociedades não-listadas, nas companhias que fazem parte do Novo Mercado esse raciocínio é ainda mais relevante. A existência de acionistas não-vinculados à cláusula compromissória, ainda que não detenham o controle acionário da companhia, anulará a celeridade, eficácia e confidencialidade do procedimento arbitral eleito pela companhia, além de comprometer a efetividade das próprias regras inovadoras do Novo Mercado, prejudicando sua consolidação e objetivos.

5.3.1.1 Alienação do controle acionário

A discussão desenvolvida no item 5.3.1, supra, não se aplica à alienação do controle acionário das companhias listada no Novo Mercado. Isso porque, para a concessão da autorização para negociar os valores da companhia no Novo Mercado, seus acionistas controladores são *obrigados* a assinar *termo de anuência* próprio, através do qual se comprometem a cumprir todas as regras do Regulamento de Listagem do Novo Mercado, bem como declaram concordância expressa com o Regulamento da Câmara de Arbitragem do Mercado e com a cláusula compromissória estatutária, obrigando-se a resolver eventuais conflitos decorrentes das disposições da Lei 6.404/1976, do estatuto social, das normas do Banco Central do Brasil, do Conselho Monetário Nacional e da Comissão de Valores Mobiliários, do Regulamento de Listagem do Novo Mercado, bem como de outras normas aplicáveis ao mercado de capitais, por meio de arbitragem a ser instaurada nos moldes do Regulamento da Câmara de Arbitragem do Mercado.[65]

Caso ocorra a alienação do controle da companhia, "o acionista controlador alienante *não transferirá a propriedade de suas ações en-*

---

65. Regulamento de Listagem do Novo Mercado, Anexo C – "Termo de Anuência dos Controladores".

quanto o comprador não subscrever o termo de anuência dos controladores. A companhia também não registrará qualquer transferência de ações para o comprador, ou para aquele(s) que vier(em) a deter o poder de controle, enquanto este(s) não subscrever(em) o termo de anuência dos controladores, devendo o mesmo ser encaminhado à BOVESPA imediatamente"[66] (grifos nossos).

O Regulamento da Câmara de Arbitragem do Mercado também condiciona a alienação do controle da companhia à assinatura do termo de anuência pelo novo controlador, conforme seu item 5.3, ii.[67] Além deste dispositivo, o Capítulo 2 do Regulamento em questão, que trata do "Caráter Obrigatório do Regulamento", disciplina a vinculação obrigatória dos controladores da companhia às suas normas, sem impor qualquer tipo de formalidade adicional,[68] como fez em relação aos investidores.

Dessa forma, depreende-se que, ao contrário dos novos acionistas que não adquiram o controle da companhia, aqueles que o fizerem estão expressamente obrigados a aderir à arbitragem como meio de solução dos litígios determinado pela cláusula compromissória, sob pena do não-registro da transferência das ações por parte da companhia para o adquirente.

5.3.2 *Administração e Conselho Fiscal*

Outra inovação trazida pelo Regulamento de Listagem do Novo Mercado a respeito do alcance subjetivo da cláusula compromissória estatutária se refere aos membros da administração e do conselho fiscal da companhia.

Os itens 4.5 e 5.3 do Regulamento de Listagem do Novo Mercado – que, respectivamente, compõem as disposições acerca dos conselhos de administração e fiscal da companhia – estabelecem que a

---

66. Regulamento de Listagem do Novo Mercado, item 8.3 – "Termo de Anuência dos Controladores".
67. Nos termos do item 5.3, ii, do Regulamento da Câmara de Arbitragem do Mercado, "a companhia não registrará transferência de ações que impliquem alienação do controle da companhia, senão *após o novo controlador firmar o respectivo termo de anuência*" (grifamos).
68. Regulamento da Câmara de Arbitragem do Mercado, item 2.1, iii.

companhia deverá exigir que todos os novos membros do conselho de administração e da diretoria, bem como todos os membros eleitos para compor o conselho fiscal, subscrevam o termo de anuência,[69] condicionando a posse nos respectivos cargos à assinatura desse documento, cuja cópia deverá ser imediatamente enviada à BOVESPA.

Com a assinatura do termo de anuência, os administradores e conselheiros fiscais declaram sua concordância com os termos do Regulamento da Câmara de Arbitragem do Mercado e com a cláusula compromissória estatutária, obrigando-se a resolver eventuais controvérsias surgidas entre eles, outros administradores, a companhia, seus acionistas, os membros do conselho fiscal e a BOVESPA, oriundas das normas societárias legais, estatutárias ou editadas pela BOVESPA, por meio de arbitragem a ser instaurada na Câmara de Arbitragem do Mercado.

Por fim, o Regulamento da Câmara de Arbitragem do Mercado também declara expressamente que seu texto obriga, independentemente de qualquer formalidade extra, os administradores e conselheiros fiscais da companhia.

Dessa forma, independentemente de o administrador e o conselheiro fiscal serem, ou não, acionistas da companhia, sua vinculação à arbitragem como meio de solução de conflitos é assegurada pela celebração do termo de anuência. No entanto, ao contrário dos novos acionistas, os administradores e conselheiros fiscais são obrigados a assinar tal termo, uma vez que a posse nos respectivos cargos é expressamente condicionada à assinatura e envio à BOVESPA do documento. Portanto, o Regulamento de Listagem do Novo Mercado ofereceu solução satisfatória para a discussão acerca da vinculação dos administradores à arbitragem, independentemente de sua qualidade de acionistas ou da natureza do litígio surgido (desde que de acordo com os conflitos entendidos como arbitráveis).

---

69. O termo de anuência dos administradores e dos conselheiros fiscais é o termo pelo qual os membros do conselho de administração, diretoria e conselho fiscal da companhia se comprometem com as regras do contrato de participação do Novo Mercado, do Regulamento de Listagem do Novo Mercado e com o Regulamento da Câmara de Arbitragem do Mercado, valendo o próprio termo de anuência como *cláusula compromissória*. O Regulamento de Listagem do Novo Mercado, além de definir os termos de anuência, traz os textos dos termos a serem assinados como anexo.

5.3.3 Projeto de reforma do Regulamento da Câmara de Arbitragem do Mercado

Encontra-se em discussão na BOVESPA um projeto de reforma do Regulamento da Câmara de Arbitragem do Mercado.[70] É importante ressaltar que o texto do projeto em questão não foi submetido a apreciação ou aprovação dos membros dos segmentos especiais de listagem da BOVESPA, não sendo apto a gerar qualquer efeito jurídico antes que isso ocorra, como determina o próprio Regulamento da Câmara de Arbitragem do Mercado.[71] No entanto, devido à natureza de algumas das alterações propostas, que incidem diretamente nos dispositivos discutidos no âmbito do presente trabalho, entendemos ser relevante a menção ao texto proposto.

A principal alteração proposta pelo projeto de reforma do Regulamento da Câmara de Arbitragem do Mercado consiste na eliminação da exigência de celebração de termo de anuência específico pelos novos acionistas para vinculação destes à cláusula compromissória estatutária.

De acordo com o projeto de reforma do Regulamento da Câmara de Arbitragem do Mercado, o dispositivo que submete a vinculação do novo acionista à anuência voluntária ao Regulamento da Câmara de Arbitragem do Mercado por meio da assinatura de termo de anuência seria excluído, restando questão automática a vinculação do novo acionista ao Regulamento, livre da exigência de qualquer formalidade adicional.

Ainda nesse contexto, o projeto de reforma propõe a exclusão dos dispositivos do Capítulo 5 do Regulamento, citado no item 5.3.1, su-

---

70. As informações a respeito do projeto de reforma do Regulamento da Câmara de Arbitragem do Mercado, ora analisado, foram obtidas através do Dr. Luiz Eduardo Martins Ferreira, ex-Superintendente Geral da Comissão de Valores Mobiliários e Consultor Jurídico da BOVESPA.

71. Nos termos do item 16.3, i, do Regulamento da Câmara de Arbitragem do Mercado, "qualquer modificação relevante a este Regulamento somente poderá ser levada a efeito pela BOVESPA desde que (a) seja realizada audiência restrita entre as companhias que tenham aderido ao Novo Mercado e ao Nível 2 de Práticas Diferenciadas de Governança Corporativa, em prazo fixado pelo presidente da Câmara, o qual não será inferior a 15 (quinze) dias, em que não tenha havido manifestação contrária, expressa, superior a 1/3 (um terço) dos participantes da referida audiência restrita e (b) o conselho de administração da BOVESPA concorde com tal modificação".

pra ("Anuência dos Participantes ao Regulamento"), que exigem a assinatura de termo de anuência para vinculação dos acionistas à cláusula compromissória, bem como do dispositivo que regulamenta a forma de anuência dos investidores e o dever da companhia de envidar seus "melhores esforços" para a subscrição do termo de anuência por estes. Por outro lado, propõe a inserção de dispositivo afirmando a *vinculação da companhia, de seus controladores e de todos os acionistas à cláusula compromissória estatutária, independentemente de qualquer tipo de objeções.*

Dessa forma, a despeito da posição mais tradicional adotada pelo Regulamento da Câmara de Arbitragem do Mercado no momento de sua criação, ao exigir a celebração de termo de anuência específico para que novos acionistas se vinculassem à cláusula compromissória estatutária, o projeto de reforma do mesmo Regulamento passa a seguir as tendências mais modernas citadas no item anterior, segundo as quais a simples aquisição de ações de companhia em cujo estatuto social está inserida a cláusula compromissória é entendida como manifestação de vontade suficiente para vincular o novo acionista à convenção arbitral em questão.

Através do projeto de reforma ora analisado, pretende a BOVESPA evitar os prejuízos ocasionados pela existência de disposição estatutária não-vinculante a todos os acionistas, principalmente no que diz respeito à cláusula compromissória, conforme demonstrado ao longo do trabalho. No entanto, se, por um lado, a atitude da BOVESPA tem por objetivo aumentar o campo de incidência da arbitragem e alinhar sua regulamentação às doutrinas mais recentes sobre o assunto, restará ao Judiciário manifestar sua opinião em casos de questionamentos de acionistas que entendam não estarem vinculados à cláusula compromissória, determinando o direcionamento a ser adotado pelo nosso ordenamento jurídico.

Com relação ao item 5.3.1.1, supra ("Alienação do Controle Acionário"), cumpre ressaltar que o projeto de reforma do Regulamento da Câmara de Mercado suprime o dispositivo que impede a companhia de registrar transferência de ações que impliquem alienação do controle sem que o novo controlador tenha assinado o termo de anuência.[72]

---

72. Regulamento da Câmara de Arbitragem do Mercado, item 5.3, ii.

No entanto, a obrigação permanece prevista no item 8.3 do Regulamento de Listagem do Novo Mercado. Assim, a despeito das modificações propostas pelo projeto de reforma do Regulamento da Câmara de Mercado, parece-nos que enquanto o item 8.3 do Regulamento de Listagem do Novo Mercado estiver vigente o controlador permanecerá obrigado a assinar o termo de anuência.

6. Conclusão

Ao longo do presente trabalho procurou-se analisar uma das principais inovações trazidas pela BOVESPA com a criação do Novo Mercado: a *inserção de cláusula compromissória nos respectivos estatutos sociais*, determinando que eventuais controvérsias societárias surgidas entre a companhia, seus acionistas, administradores, membros do conselho fiscal e BOVESPA fossem resolvidas por meio de arbitragem a ser instalada na Câmara de Arbitragem do Mercado.

A grande questão que se coloca em face da eleição da arbitragem como meio de solução das controvérsias societárias é o alcance subjetivo da cláusula em questão, tendo em vista que o pressuposto de constitucionalidade e validade da arbitragem é a manifestação de vontade das partes no sentido de se submeterem ao juízo arbitral.

Tendo em vista as diversas discussões doutrinárias acerca do alcance subjetivo da cláusula compromissória estatutária, o Regulamento de Listagem do Novo Mercado e o Regulamento da Câmara de Arbitragem do Mercado buscaram introduzir soluções às questões propostas, a fim de garantir plena eficácia à cláusula compromissória. Além de ampla divulgação da arbitragem como meio de solução de controvérsias para as empresas listadas, o Regulamento da Câmara de Arbitragem do Mercado exige expressamente a celebração de termo de anuência pelo novo acionista para que este se vincule à cláusula compromissória, sendo tal vinculação uma mera faculdade, bem como a celebração obrigatória do termo de anuência pelo acionista controlador, administradores e membros do conselho fiscal.

Apesar de configurar posição mais tradicional a respeito da polêmica, justificada pelo momento de implementação desse segmento de listagem diferenciado e de consolidação do juízo arbitral como meio mais adequado de solução de controvérsias societárias, e fundada na busca de uma maior segurança a eventuais questionamentos acerca da oponibilidade da cláusula compromissória, a solução estabelecida pelos diplomas regulamentares do Novo Mercado resolveu a questão do alcance subjetivo da cláusula compromissória estatutária. No entanto, caso o acionista minoritário opte por não aderir à cláusula compromissória, poderá prejudicar a companhia e os demais acionistas em procedimentos judiciais longos, públicos e desprovidos dos instrumentos técnicos necessários.

Por essa razão, encontra-se em fase de discussão na BOVESPA um projeto de reforma do Regulamento da Câmara de Arbitragem do Mercado através do qual será suprimida a exigência de termo de anuência específico para vinculação do novo acionista, passando a vinculação a ser automática. Dessa forma, caso o projeto em questão seja aprovado, o Regulamento da Câmara de Arbitragem do Mercado alinhar-se-á à corrente doutrinária que entende que a vinculação de todos os acionistas à cláusula compromissória é automática, independentemente do momento em que adquiriram as ações.

Em conclusão às diversas discussões expostas no presente trabalho, depreende-se que a arbitragem é instituto de grande valia na solução das controvérsias societárias e, devido ao seu desenvolvimento recente no nosso ordenamento jurídico, as polêmicas ora levantadas fazem parte do seu processo de consolidação. Assim, além da discussão doutrinária e acadêmica, o posicionamento do Poder Judiciário, ao enfrentar os questionamentos baseados nas divergências apresentadas, principalmente no caso de aprovação do projeto de reforma do Regulamento da Câmara de Arbitragem do Mercado, será fundamental para consolidar e disseminar a convenção arbitral nas questões societárias, garantindo plena segurança às companhias e acionistas que optarem pela adoção da arbitragem como meio de solução de controvérsias.

Bibliografia

ABOIM, Luiz Cláudio. "Walpires *vs.* BOVESPA: percalços da arbitragem de disputas societárias". *Revista Brasileira de Arbitragem* 8. São Paulo, Thomson IOB, 2005 (pp. 164-177).

ASCARELLI, Tullio. *Problemas das Sociedades Anônimas e Direito Comparado.* São Paulo, Saraiva, 1945.

BERTOLDI, Marcelo (coord.). *Reforma da Lei das Sociedades Anônimas – Comentários à Lei 10.303, de 31.10.2001.* 2ª ed. São Paulo, Ed. RT, 2002.

BOULOS, Eduardo Alfred Taleb, e SZTERLING, Fernando. "O Novo Mercado e as práticas diferenciadas de governança corporativa: exame de legalidade frente aos poderes das Bolsas de Valores". *RDM* 125. Ano 41. São Paulo, Malheiros Editores, 2002 (pp. 96-113).

CANTIDIANO, Luiz Leonardo. *Reforma da Lei das S/A.* 3ª ed., 2º vol. Rio de Janeiro/São Paulo, Renovar, 2002.

CARMONA, Carlos Alberto. *A Arbitragem no Código de Processo Civil Brasileiro.* Tese (Doutorado). São Paulo, Faculdade de Direito da USP, 1990.

_____. *Arbitragem e Processo – Um Comentário à Lei 9.307/1996.* 2ª ed. São Paulo, Atlas, 2004.

CARVALHOSA, Modesto. *Comentários à Lei de Sociedades Anônimas.* 3ª ed., 2º vol. São Paulo, Saraiva, 2003.

_____, e EIZIRIK, Nelson, *A Nova Lei das S/A.* São Paulo, Saraiva, 2002.

CHIODARO, Renato. "Novo Mercado e governança corporativa". *Revista de Direito Bancário, do Mercado de Capitais e da Arbitragem* 5-6. São Paulo, Ed. RT, 2002 (pp. 268-272).

EIZIRIK, Nelson, e CARVALHOSA, Modesto. *A Nova Lei das S/A.* São Paulo, Saraiva, 2002.

ENEI, José Virgílio Lopes. "A arbitragem nas sociedades anônimas". *RDM* 129. Ano 42. São Paulo, Malheiros Editores, 2003 (pp. 136-173).

FAMÁ, Rubens, e RIBEIRO NETO, Ramón Martinez. "Uma alternativa de crescimento para o mercado de capitais brasileiro: o Novo Mercado". *USP – Revista de Administração* 37-1. São Paulo, 2002 (pp. 29-38).

FONSECA, Rodrigo Garcia, e WALD, Arnoldo (coords.). *A Empresa no Terceiro Milênio – Aspectos Jurídicos.* São Paulo, Juarez de Oliveira, 2005.

MAKANT, Bárbara. "A arbitragem nas sociedades empresárias". In: WALD, Arnoldo, e FONSECA, Rodrigo Garcia (coords.). *A Empresa no Terceiro Milênio – Aspectos Jurídicos.* São Paulo, Juarez de Oliveira, 2005 (pp. 575-603).

MARCHI, Eduardo César Silveira Vita. *Guia de Metodologia Jurídica: Teses, Monografia e Artigos.* Lecce, Edizioni del Grifo, 2002.

MARTINS, Pedro Antônio Batista. "A arbitragem e o art. 5º, XXV, da Constituição de 1988". *RDC* 20-77. São Paulo, Ed. RT, 1996 (pp. 110-118).

_____. "A arbitragem nas sociedades de responsabilidade limitada". In: MARTINS, Pedro Antônio Batista (coord.). *Reflexões sobre Arbitragem.* São Paulo, LTr, 2002 (pp. 117-142).

_____ (coord.). *Reflexões sobre Arbitragem.* São Paulo, LTr, 2002.

NEIVA, Tomás. "Arbitragem nas sociedades por ações". *RTDC (Revista Trimestral de Direito Civil)* 6-21. São Paulo, Padma, 2005 (pp. 273-281).

PELA, Juliana Krueger. "Nota sobre a eficácia da cláusula compromissória estatutária". *RDM* 126. Ano 41. São Paulo, Malheiros Editores, 2002 (pp. 130-139).

REQUIÃO, Rubens Edmundo. *Curso de Direito Comercial*. 23ª ed., 2º vol. São Paulo, Saraiva, 2003.

RIBEIRO NETO, Ramón Martinez, e FAMÁ, Rubens. "Uma alternativa de crescimento para o mercado de capitais brasileiro: o Novo Mercado". *USP – Revista de Administração* 37-1. São Paulo, 2002 (pp. 29-38).

ROSSI, Lívia. "A arbitragem na Lei das Sociedades Anônimas". *RDM* 129. Ano 42. São Paulo, Malheiros Editores, 2003 (pp. 186-205).

SALOMÃO FILHO, Calixto. *O Novo Direito Societário*. 3ª ed. São Paulo, Malheiros, 2006 (pp. 51-59).

_____. "Sociedade anônima: interesse público e privado". *RDM* 127. Ano 42. São Paulo, Malheiros Editores, 2002 (pp. 7-20).

_____. "Sociedade anônima e mercado de capitais". *Rivista di Diritto dell'Integrazione e Unificazione del Diritto in Europa ed in America Latina* 13. Roma, Mucchi Editore, 2002 (pp. 265-271).

SANTOS, Aline de Menezes. *A Governança Corporativa das Empresas no Brasil – Uma Abordagem Jurídica Inspirada na Nova Economia Institucional e na Teoria Organizativa*. Tese (Mestrado). São Paulo, Faculdade de Direito da USP, 2004 (pp. 211-255).

SHELL, G. Richard. "Arbitration and corporate governance". *North Carolina Law Review* 67. 1988-1989 (pp. 517-575).

SZTERLING, Fernando, e BOULOS, Eduardo Alfred Taleb. "O Novo Mercado e as práticas diferenciadas de governança corporativa: exame de legalidade frente aos poderes das bolsas de valores". *RDM* 125. Ano 41. São Paulo, Malheiros Editores, 2002 (pp. 96-113).

VALENÇA FILHO, Clávio. "Os efeitos da convenção de arbitragem em face da Constituição Federal". *Revista de Direito Bancário, do Mercado de Capitais e da Arbitragem* 5-15. São Paulo, Ed. RT, 2002 (pp. 361-391).

VERÇOSA, Haroldo Malheiros Duclerc. "Notas sobre o regime jurídico das ofertas ao público de produtos, serviços e valores mobiliários do Direito Brasileiro – Uma questão de complementação da proteção de consumidores e de investidores". *RDM* 105. Ano 36. São Paulo, Malheiros Editores, 1997 (pp. 74-83).

VILELA, Marcelo Dias Gonçalves. *Arbitragem no Direito Societário*. Belo Horizonte, Mandamentos, 2004.

WALD, Arnoldo, e FONSECA, Rodrigo Garcia (coords.). *A Empresa no Terceiro Milênio – Aspectos Jurídicos*. São Paulo, Juarez de Oliveira, 2005.

YAZBEK, Otávio. *Critérios Materiais para a Regulação das Atividades Financeiras – Dos Riscos Negociáveis à "Sociedade do Risco"*. Tese. São Paulo, Faculdade de Direito da USP, 2005 (pp. 134-144).

Código das Melhores Práticas de Governança Corporativa – Instituto Brasileiro de Governança Corporativa, disponível [*on line*, acesso em 3.8.2006] in http://www.ibgc.org.br/imagens/StConteudoArquivos/Codigo%20IBGC%203°%2 0versao.pdf.

Novo Mercado – Bovespa – Brasil, Regulamento de Listagem do Novo Mercado, disponível [*on line*, acesso em 12.1.2006] in http://www.bovespa.com.br/pdf/RegulamentoNMercado.pdf.

Recomendações da CVM sobre Governança Corporativa, disponível [*on-line*, acesso em 3.8.2006] in http://www.ibgc.org.br/imagens/StConteudoArquivos/Governanca_Final.doc.

Regulamento da Câmara de Arbitragem do Mercado – Bovespa, disponível [*on line*, acesso em 29.7.2006] in http://www.bovespa.com.br/pdf/regulamentonv070120 02.pdf.

NOVAS TENDÊNCIAS PARA SOLUÇÃO DE CONFLITOS NAS RELAÇÕES DE CONSUMO – ARBITRAGEM

FABIO PEDRO ALEM
FERNANDO MEDICI JR.

1. Introdução. 2. O uso da arbitragem nas relações de consumo no Direito Brasileiro – Questões de arbitrabilidade. 3. As novas tendências para solução de conflitos envolvendo relações de consumo: 3.1 Câmaras arbitrais especializadas em direito do consumidor – 3.2 Arbitragem coletiva. 4. Conclusão.

1. Introdução

Com o advento do Código de Defesa do Consumidor (Lei 8.078/1990), muitas das desigualdades até então existentes passaram a ser minimizadas, com a atuação direta do Estado em relações de desequilíbrio mantidas entre os particulares, com maior proteção aos hipossuficientes – no caso, os consumidores.

O Poder Judiciário passou a deter inegável importância na aplicação de um diploma legal próprio voltado à defesa dos interesses dos mais fracos na relação jurídica, forçando uma sensível melhora nas relações entre os particulares, especialmente nas relações de consumo.

Apesar dos inegáveis benefícios trazidos pelo Poder Judiciário no que se refere às relações de consumo, especialmente com a criação dos Juizados Especiais, há, atualmente, uma carência de agilidade na solução de controvérsias que englobem um grande número de consumidores ou que representem grandes valores. Nestas demandas normalmente segue-se o rito ordinário das ações judiciais. Assim, apesar de ter ocorrido uma sensível melhora na solução de controvérsias envolvendo relações de consumo (com a criação dos JECs e também dos SACs/Serviço de Atendimento ao Consumidor – âmbito administrativo das empresas), ainda há problemas no sistema jurídico nacional e também uma limitação de eficácia em solucionar conflitos envolvendo relações de consumo.

A fim de agilizar a solução de conflitos entre particulares relacionados a direitos patrimoniais disponíveis, alguns sistemas estrangeiros têm-se utilizado dos métodos alternativos para solucionar controvérsias (negociação, mediação ou arbitragem) que antes eram apenas analisadas e julgadas pelo Poder Judiciário. Com isso, diversos países que adotaram essa nova tendência passaram a solucionar os conflitos com maior rapidez, o que vem favorecendo tanto o consumidor quanto o fornecedor, haja vista a inevitável relação de interdependência entre eles.

No Brasil os métodos alternativos de solução de controvérsias vêm ganhando espaço na área empresarial, especialmente em contratos com grandes valores, mas também na área trabalhista. Esta última, de forma espetacular e com benefícios tanto para o empregado quanto para o empregador.

É fato que a arbitragem, como método alternativo de solução de controvérsias, vem se firmando no Brasil e ganhando inúmeros adeptos ao longo dos anos – especialmente a partir de 2001, com a decisão sobre a constitucionalidade da Lei 9.307/1996. E, com isso, abre-se a possibilidade para novas aplicações da arbitragem em nosso ordenamento, seguindo-se a tendência mundial de utilização da arbitragem nas relações de consumo – seja de forma individual, seja de forma coletiva (dentro das limitações legais e práticas impostas pelo Poder estatal).

Na realidade, essa tendência mundial decorre de um problema que vai além da própria solução da controvérsia, ou seja, engloba também a questão do tempo para a solução do conflito, da especialidade dos julgadores, do sigilo das informações, *inter alia*. De fato, ao se utilizar da arbitragem, dentro dos padrões internacionalmente propostos, ter-se-á uma opção legítima e interessante de solução de conflitos, com vistas a manter o negócio dos fornecedores e o direito dos consumidores.

Diante disso, impõe-se a necessidade de se efetuar uma análise, ainda que superficial, das questões de arbitrabilidade (objetiva e subjetiva) para a aplicação da arbitragem ao direito do consumidor, bem como uma breve apresentação das novas tendências mundiais envolvendo a arbitragem e as relações de consumo.

2. O uso da arbitragem nas relações de consumo no Direito Brasileiro – Questões de arbitrabilidade

Desde a entrada em vigor da Lei de Arbitragem Brasileira (Lei 9.307/1996), e especialmente depois da declaração de sua constitucionalidade pelo STF, em 2001, intensificaram-se as discussões sobre arbitrabilidade dos conflitos decorrentes das relações de consumo.

Tendo em vista que a Lei 8.078/1990 (Código de Defesa do Consumidor) tem como finalidade proteger os interesses dos consumidores, considerados hipossuficientes na relação negocial, normas extremamente protetivas foram criadas com o fim de evitar eventual lesão aos interesses dos consumidores, principalmente no que se refere aos contratos de adesão. O art. 51, VII, do Código de Defesa do Consumidor[1] é um exemplo claro do protecionismo presente no referido diploma legal ao proibir o uso compulsório da arbitragem em matéria de consumo. Poucos doutrinadores ainda defendem a idéia de que a arbitragem não poderia ser utilizada como método alternativo para solucionar conflitos entre consumidores.

Cabe notar que o art. 51, VII, do Código de Defesa do Consumidor foi incluído momentos antes da aprovação do referido diploma legal, evidenciando o receio inicial do legislador quanto ao emprego da arbitragem como alternativa à solução de litígios pelo Estado (que já se encontrava sobrecarregado). Ao longo dos anos, notadamente com a recente evolução tecnológica, tem-se observado que os benefícios da arbitragem se sobrepõem aos receios iniciais, revertendo em benefícios à sociedade e também aos consumidores que dela se utilizam.

De fato, a arbitragem apenas possibilita aos particulares resolverem questões atinentes a direitos patrimoniais disponíveis de forma

1. "Seção II – Das Cláusulas Abusivas", art. 51: "São nulas de pleno direito, entre outras, as cláusulas contratuais relativas ao fornecimento de produtos e serviços que: (...) VII – determinem a utilização compulsória de arbitragem; (...)".

célere, com maior especialidade, sob sigilo, com menor desgaste para as partes, e, por diversas vezes (dependendo da instituição arbitral escolhida para administrar o procedimento), menos custosa.

Em vista disso, a maioria quase esmagadora da doutrina e da jurisprudência tem entendido que a arbitragem é aplicável aos casos relacionados aos contratos de adesão envolvendo relações de consumo, desde que envolvendo direitos patrimoniais disponíveis e que não afrontem a ordem pública nacional e respeitadas certas exigências formais, tais como a expressa manifestação de consentimento do consumidor quando da celebração do contrato e após o surgimento do conflito.

Embora a conclusão seja pela utilização da arbitragem, existem duas teses doutrinárias que merecem ser examinadas, ainda que de forma sucinta, neste estudo.

A primeira tese funda-se no entendimento de que o art. 4º, § 2º, da Lei de Arbitragem Brasileira[2] teria derrogado as restrições impostas pelo Código de Defesa do Consumidor com relação aos contratos de adesão envolvendo relações de consumo referentes a direitos disponíveis e que não afrontem a ordem pública nacional, com fundamento: (i) na regra clássica de hermenêutica *lex posterior derrogat priori*, ou seja, a lei posterior tem o condão de derrogar a anterior, naquilo em que forem incompatíveis; e (ii) no princípio da especialidade da Lei de Arbitragem Brasileira com relação à aplicação da arbitragem em contratos de adesão.

Nesse sentido, confira-se ensinamento do ilustre arbitralista professor João Bosco Lee: "Finalmente, o art. 4º, § 2º, da Lei 9.307/1996 admite a arbitrabilidade dos contratos de adesão, desde que certas exigências de forma sejam respeitadas. Todavia, certos autores continuam a recusar a validade da cláusula compromissória inserida nos contratos de consumo, baseados no art. 51, VII, da Lei 8.078/1990 (Código de Defesa do Consumidor). Eles sustentam que o Congresso Nacional suprimiu a passagem que eliminava esta interdição e que a

---

2. "Art. 4º. A cláusula compromissória é a convenção através da qual as partes em um contrato comprometem-se a submeter à arbitragem os litígios que possam vir a surgir, relativamente a tal contrato. (...). § 2º. Nos contratos de adesão, a cláusula compromissória só terá eficácia se o aderente tomar a iniciativa de instituir a arbitragem ou concordar, expressamente, com a sua instituição, desde que por escrito em documento anexo ou em negrito, com a assinatura ou visto especialmente para essa cláusula."

Lei de Arbitragem não revogou as restrições do Código do Consumidor. O Congresso Nacional levantou efetivamente a revogação expressa desse texto, mas a nova lei brasileira contém uma regra geral que determina que todas as disposições contrárias a essa lei estão revogadas. Ora, o contrato de consumo é um contrato de adesão. Assim, as disposições que proíbem a inserção de uma cláusula arbitral nos contratos de consumo são revogadas, e sua arbitrabilidade deve ser admitida".[3]

O professor José Eduardo Carreira Alvim, ao comentar posição esposada por Humberto Theodoro Jr., consigna que: "Diante da novel lei que disciplina a arbitragem, alguns doutrinadores, em sentido totalmente diverso à corrente supracitada, entendem que o inciso VII do art. 51 do Código de Defesa do Consumidor foi derrogado, vez que trata-se de lei específica a disciplinar a arbitragem, a qual, no § 2º, contém expressa disposição aplicável aos contratos de consumo, quase sempre de adesão, sendo perfeitamente viável estipular-se a arbitragem como meio de solução de eventual controvérsia surgida do contrato, tanto previamente, no momento em que as partes firmam o contrato por meio da cláusula compromissória, atendida as exigências do parágrafo, como posteriormente ao surgimento do litígio, por meio de convenção arbitral. E, caso o consumidor resista à instituição do juízo arbitral, poderia a ele ser arrastado em razão do art. 7º da citada lei. Frisam ainda que a disposição do parágrafo em comento institui um regime formal específico para melhor acautelar os interesses da parte fraca nas relações de consumo".[4]

A professora Selma Maria Ferreira Lemes, co-autora do Projeto da Lei Brasileira de Arbitragem, entende que: "Este dispositivo do Código de Defesa do Consumidor *[art. 51, VII, da Lei 8.078/1990]* encontra-se revogado pela Lei de Arbitragem".[5]

A segunda tese funda-se no entendimento de que há compatibilidade entre o art. 4º, § 2º, da Lei de Arbitragem e o art. 51, VII, do Código de Defesa do Consumidor. Com isso, enquanto o art. 51, VII,

---

3. João Bosco Lee, *Arbitragem Comercial Internacional nos Países do Mercosul*, pp. 69-70.
4. José Eduardo Carreira Alvim, *Tratado Geral da Arbitragem Interna*, nota 122, comentando a posição de Humberto Theodoro Jr.
5. Selma Maria Ferreira Lemes, "Arbitragem e direito do consumo", *Revista Brasileira de Arbitragem* 0/185-193.

do Código do Consumidor coíbe a imposição compulsória da arbitragem, o art. 4º, § 2º, da Lei de Arbitragem dispõe sobre requisitos contratuais necessários à exteriorização da anuência do consumidor à adoção da arbitragem. Tratar-se-ia, portanto, da hipótese prevista no art. 2º, § 2º, da LICC (Decreto-lei 4.657/1942). Nesse sentido, confira-se entendimento esposado pelos autores do Anteprojeto do Código de Defesa do Consumidor:

"Existem vários dispositivos no Código dos quais exsurge clara a regra sistêmica de que as deliberações referentes à relação jurídica de consumo não podem ser tomadas unilateralmente por qualquer das partes. Portanto, no sistema do Código configura-se como abusiva, por também ofender o escopo deste inciso VII, a cláusula que deixar a critério exclusivo e unilateral do fornecedor não somente a escolha entre jurisdição estatal e jurisdição arbitral, como também a escolha do árbitro. A opção pela solução do litígio no juízo arbitral, bem como a escolha da pessoa do árbitro, é questão que deve ser deliberada eqüitativa e equilibradamente pelas partes, sem que haja preeminência de uma sobre a outra.

"*A Lei de Arbitragem estipula regra específica quanto à cláusula compromissória nos contratos de adesão*: 'Art. 4º. (...). (...) § 2º. Nos contratos de adesão, a cláusula compromissória só terá eficácia se o aderente tomar a iniciativa de instituir a arbitragem ou concordar, expressamente, com a sua instituição, desde que por escrito em documento anexo ou em negrito, com a assinatura ou visto especialmente para essa cláusula'.

"*Esse dispositivo não é incompatível com o Código de Defesa do Consumidor, art. 51, VII, razão pela qual ambos os dispositivos legais permanecem vigorando plenamente. Com isso, queremos dizer que é possível, nos contratos de consumo, a instituição de cláusula de arbitragem, desde que obedecidas, efetivamente, a bilateralidade na contratação e a forma da manifestação da vontade, ou seja, de comum acordo (gré à gré)*"[6] (sem grifos no original).

O ilustre professor Arnoldo Wald, por sua vez, ensina que:

6. Ada Pellegrini Grinover e outros, *Código Brasileiro de Defesa do Consumidor, Comentado pelos Autores do Anteprojeto*, 7ª ed., pp. 524-525.

"O art. 4º, § 2º, dispõe que a cláusula será considerada aceita pela parte aderente se a arbitragem for sugerida por ela ou *se a ela houver expressamente consentido em dois momentos, primeiramente quando da conclusão do contrato e, novamente, quando do surgimento do litígio*. Na ausência destes requisitos, as cláusulas compromissórias inseridas em contratos de adesão serão consideradas nulas.

"É verdade que o Código de Defesa do Consumidor (CDC), em seu art. 51, VII, faz alusão às cláusulas arbitrais. *Não as proíbe, no entanto, como querem fazer crer alguns autores*. De fato, o que veda o CDC é a determinação compulsória da instituição da arbitragem.

"Resta claro, assim, que *a Lei 9.307/1996 respeitou as determinações do Código de Defesa do Consumidor, exigindo que a cláusula compromissória inserida nos contratos de adesão obedeça a certos critérios, garantidores do caráter convencional das referidas cláusulas*"[7] (sem grifos no original).

A jurisprudência se tem posicionado de forma favorável a esse entendimento, como se pode verificar por meio da seguinte decisão: "Contrato de *administração de empreendimento hoteleiro – Cláusula arbitral* – Demanda de indenização – Dedução de exceção de arbitragem pela ré – Desacolhimento em primeiro grau de jurisdição, ao fundamento de que o contrato continente da cláusula arbitral se qualificaria como contrato de adesão – Afirmação, ademais, de que a autora qualificar-se-ia como hipossuficiente – Agravo de instrumento interposto – Consideração de memorandos de entendimentos como prova das negociações entabuladas – *Reconhecimento de que ambas as partes têm igual poder de negociação (empresas de grande porte) – Provimento do agravo – Reconhecimento da validade da cláusula arbitral – Extinção do processo, sem julgamento do mérito*"[8] (sem grifos no original).

---

7. Arnoldo Wald, "A recente evolução da arbitragem no Direito Brasileiro (1996-2001)", in Pedro A. Batista Martins e José Maria Rossani Garcez (coords.), *Reflexões sobre Arbitragem*, p. 165.

8. 2º TACivSP, AI 815.580-0/9, rel. Juiz Cristiano Ferreira Leite, Atlântica/Marbor, 3.12.2003.

Alguns países têm demonstrado ótimas experiências na solução de conflitos envolvendo consumidores, com destaque para a criação de câmaras especializadas em litígios envolvendo relações de consumo. O Reino Unido (*County Courts* e *Chartered Institute of Arbitrations*), os Estados Unidos da América (*American Arbitration Association*), Portugal (*Centro de Arbitragem de Lisboa, Coimbra, Porto* etc. – sob a supervisão do *Instituto do Consumo*, órgão oficial ligado ao Ministério da Justiça Português), Espanha (*Juntas Arbitrais de Consumo*), Argentina (*Tribunais de Arbitragem de Consumo*), dentre outros inúmeros países, têm tido enorme sucesso com a utilização da arbitragem como meio de solução de conflitos.

A experiência internacional tem demonstrado, especialmente na Península Ibérica, que o fato de os comerciantes aderirem previamente à arbitragem, através de uma oferta ou anúncio público, obtendo, com isso, uma certificação que identifica seu estabelecimento, faz com que o estabelecimento tenha sua imagem melhorada perante os consumidores, já que eventual litígio será resolvido de forma rápida, e por vezes até mesmo gratuita, por meio de arbitragem em câmara especializada, que conta com representação dos consumidores e da classe empresarial.[9]

Diante do exposto, embora exista certo receio de pequena parte da doutrina, é quase pacífico o entendimento no sentido de que as questões relativas ao direito do consumidor *são arbitráveis* – ou seja, é plenamente *possível* e absolutamente *legal* a escolha da arbitragem como meio de solução de controvérsia de questões envolvendo relações de consumo, desde que baseadas em direito patrimonial disponível e cumpridos todos os requisitos previstos na Lei de Arbitragem Brasileira, em consonância com as regras do Código de Defesa do Consumidor, especialmente com a ciência inequívoca dos consumidores, por meio de concordância expressa no momento da celebração do contrato bem como antes de se iniciar a arbitragem.

O sucesso da experiência em países com cultura jurídica similar à brasileira deve ser levado em consideração pelas empresas nacionais, pelos órgãos especializados em arbitragem e relações de consu-

---

9. É o caso, *e.g.*, das *Juntas Arbitrais de Consumo* na Espanha.

mo, bem como por todos os profissionais ligados ao meio jurídico, posto que a finalidade se resume em proporcionar o acesso à Justiça a todos, especialmente os consumidores, com a prestação de serviços de excelência às partes, em curto espaço de tempo.

3. As novas tendências para solução de conflitos envolvendo relações de consumo

3.1 Câmaras arbitrais especializadas em direito do consumidor

É inegável a proteção direta exercida pelo Estado sobre as relações de consumo, com o fim de equilibrar a relação entre os consumidores (hipossuficientes) e as empresas. Com a abertura da arbitragem para solucionar conflitos (individuais ou coletivos) por meio de arbitragem o Estado não perde, de forma alguma, o controle sobre as relações de consumo.

Em verdade, o Estado apenas faculta às partes delegarem aos árbitros a função jurisdicional sobre questões exclusivamente particulares. Eventual decisão que extrapole esse limite, assim como os limites impostos pela legalidade, ordem pública etc., será considerada nula e ineficaz pelo Poder Judiciário, caracterizando o controle estatal indireto, atualmente aplicado no Brasil, notadamente pelo art. 25 da Lei de Arbitragem Brasileira.

Um dos exemplos emblemáticos da aplicação institucionalizada da arbitragem para a solução de conflitos envolvendo questões de consumo é encontrado na Espanha, nas chamadas *Juntas Arbitrais de Consumo* – instituições públicas da Administração direta Espanhola que contam com a participação obrigatória de representantes das classes empresariais e de consumidores, razão pela qual sua natureza é considerada também orgânica e institucional.[10] As entidades locais representativas dos interesses dos consumidores podem cadastrar-se na Junta Arbitral de determinada região. Como exemplo prático,

---

10. Marcos Paulo Veríssimo, "A arbitragem de consumo na Espanha", disponível in *http://www.arbitragem.com.br/Artigos%20para%20p%E1gina.htm#Marcos*.

confira-se a apresentação da Junta Arbitral de Consumo da Província de Almería (Espanha):

"El Sistema Arbitral de Consumo es un medio de resolución, sencillo, ágil y gratuito, de las reclamaciones planteadas por los consumidores y usuarios frente a empresarios y comerciantes.

"Consiste en un procedimiento extrajudicial y voluntario en el que un Colegio Arbitral resuelve, con la misma eficacia que una sentencia judicial, una controversia entre el consumidor y una empresa o comercio.

"(...).

"El procedimiento arbitral se inicia con la presentación de la solicitud de arbitraje, personalmente o a través de una asociación de consumidores. Si el comerciante o empresario reclamado se encuentra adherido al Sistema Arbitral queda formalizado el Convenio Arbitral en el momento de la presentación de la solicitud por parte del consumidor. Si no lo está, se le dará traslado de la solicitud, disponiendo de un plazo de 15 días para aceptar o rechazar el arbitraje propuesto.

"Una vez formalizado el Convenio Arbitral, se designará un Colegio Arbitral, que resolverá el conflicto planteado, compuesto por un presidente, designado por la Administración, un representante de los consumidores y un representante de los empresarios.

"Posteriormente se dará audiencia a las partes para que formulen alegaciones en defensa de sus intereses, aporten y propongan pruebas, de las cuales se practicarán las que se consideren necesarias. El procedimiento finaliza con un laudo, vinculante y ejecutivo para las partes. Contra esta resolución arbitral sólo cabe el recurso de anulación ante la Audiencia Provincial."[11]

A Junta Arbitral de Consumo da Província da Catalunya (Espanha)[12] apresenta alguns gráficos que demonstram a intensidade de conflitos solucionados em 2003 e a procedência das reclamações:

11. Disponível em *http://www.dipalme.org/Servicios/Organizacion/Organiza.nsf/EntidadCodigo/D51100*.
12. Disponível em *http://www.consum.cat/jacc/home.asp?idi=cas*.

Gráfico de barras - Reclamações por ano:

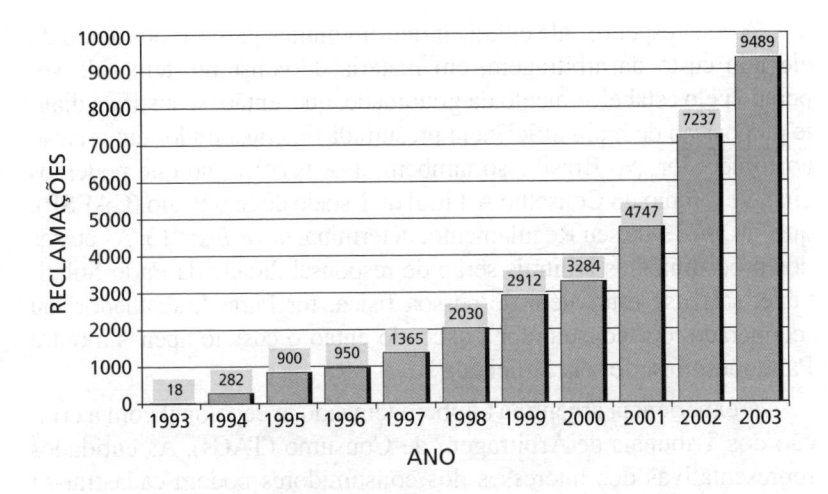

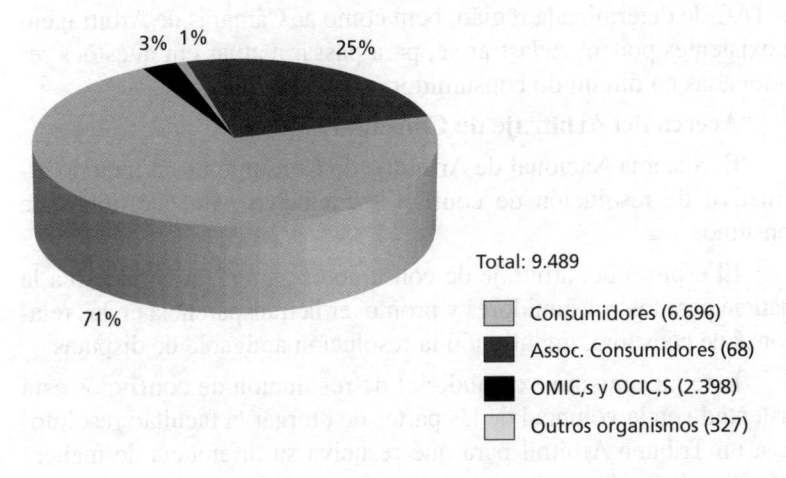

- 1993: 18
- 1994: 282
- 1995: 900
- 1996: 950
- 1997: 1365
- 1998: 2030
- 1999: 2912
- 2000: 3284
- 2001: 4747
- 2002: 7237
- 2003: 9489

Gráfico de pizza - Total: 9.489

- Consumidores (6.696) — 71%
- Assoc. Consumidores (68) — 1%
- OMIC,s y OCIC,S (2.398) — 25%
- Outros organismos (327) — 3%

Ainda que a estrutura estatal do exemplo espanhol possa parecer pouco compatível com a vocação privada da arbitragem, não se deve ignorar o sucesso da iniciativa, que deriva principalmente (i) da participação de representantes das duas classes na entidade arbitral – a saber, empresariado e consumidores; e (ii) da gratuidade do procedimento para o consumidor – o que, de certa forma, incentiva em muito a opção pelo instituto.

A esse respeito, vale enfatizar que em muitos países o obstáculo do elevado custo da arbitragem, em matéria de consumo, tem sido superado pelo estabelecimento da gratuidade, que, então, se justifica diante da posição de hipossuficiência presumida do consumidor em relação ao fornecedor. No Brasil isso também já se verifica, no que podemos citar o exemplo do Conselho Arbitral do Estado de São Paulo (CAESP), que, no art. 13 de seu Regulamento, determina, *in verbis*: "13. As custas dos procedimentos arbitrais serão de responsabilidade da Parte Solicitante, salvo se esta, além de pessoa física, for Parte 'trabalhador' ou 'cooperado' ou 'consumidor', cabendo então o custeio apenas à outra Parte mesmo se for ela Solicitada".

A experiência argentina também tem sido excepcional com a criação dos Tribunais de Arbitragem de Consumo (TACs). As entidades representativas dos interesses dos consumidores podem cadastrar-se no TAC de determinada região, bem como as Câmaras de Arbitragem já existentes podem cadastrar-se, para passar a atuar em questões relacionadas ao direito do consumidor:

"**Acerca del Arbitraje de Consumo**

"El Sistema Nacional de Arbitraje de Consumo es un método alternativo de resolución de conflictos exclusivo para cuestiones de consumo.

"El espíritu del arbitraje de consumo es garantizar el acceso a la Justicia para los consumidores y promover la transparencia en las relaciones de consumo, impulsando la resolución amigable de disputas.

"Este mecanismo extrajudicial de resolución de conflictos está sustentado en la voluntad de las partes de otorgar la facultad resolutoria a un Tribuna Arbitral para que resuelva su diferencia de manera definitiva.

"**Principales características del sistema**

"*Voluntariedad:* El sometimiento de las partes al Arbitraje de Consumo es voluntario .

"*Simplicidad y rapidez:* El proceso arbitral tiene una duración máxima de cuatro (4) meses, prorrogables exclusivamente por acuerdo de las partes.

"*Imparcialidad:* Los casos sometidos a la decisión de los árbitros son tratados con total neutralidad..

"*Equilibrio entre las partes:* Los Tribunales Arbitrales de Consumo se conforman con un árbitro institucional, un árbitro representante de las Asociaciones de Consumidores y un tercer árbitro representante de las Entidades Empresarias adheridas, garantizando y preservando el equilibrio entre las partes.

"*Gratuidad:* El servicio es gratuito y no requiere patrocinio legal obligatorio.

"*Resolución vinculante y ejecutiva:* El laudo emitido por el Tribunal Arbitral de Consumo tiene autoridad de cosa juzgada y es irrecurrible."[13]

No Canadá a arbitragem coletiva tem se desenvolvido intensamente, com ótimos resultados tanto para as empresas quanto para os consumidores, com decisões mais céleres. Como exemplo, destaca-se o precedente que determinou ser possível a solução de conflitos envolvendo relação de consumo por meio de arbitragem coletiva: "Dell Computer Corporation *vs*. Union des Consommateurs (Québec Court of Appeals, May 30, 2005)".

Trata-se, pois, de uma tendência mundial, em que as demandas envolvendo relações de consumo podem deixar de ser longas e custosas para se tornarem céleres, especializadas e com preços mais baixos, mantendo-se a proteção estatal aos consumidores.

3.2 Arbitragem coletiva

A utilização da arbitragem para solucionar conflitos envolvendo grupos ou classes tem como principal finalidade possibilitar que não apenas os indivíduos mas também determinadas classes e/ou grupos tenham acesso aos reais benefícios que a arbitragem pode oferecer, quais sejam: especialidade dos julgadores, celeridade, sigilo, informalidade, flexibilidade, segurança jurídica – entre outros benefícios.

A análise da viabilidade da utilização da arbitragem como instrumento apto à solução de conflitos coletivos em matéria de consumo deve necessariamente entre passar pelo estudo de sua adequação às três espécies de interesses transindividuais ou coletivos, a saber: os interesses

---

13. Disponível in *http://www.mecon.gov.ar/snac/basehome/acercade.htm*.

difusos, os coletivos *stricto sensu* e os individuais homogêneos. É o que se passa a fazer abaixo, de forma sintética, e a partir dos conceitos adotados pelo legislador no art. 81 do Código de Defesa do Consumidor.

Interesses difusos são aqueles que se situam em órbita ampla, caracterizando-se por sua natureza indivisível, e que alcançam um número indeterminado e indeterminável de pessoas ligadas por uma mesma situação fática. Por sua amplitude e indivisibilidade, o interesse difuso confunde-se com o próprio interesse público primário, tendo essência claramente indisponível, que o torna incompatível com a arbitragem. A título meramente exemplificativo, são difusos aqueles interesses relacionados à segurança pública e a um meio ambiente saudável.

Com espectro mais restrito que a espécie acima, os *interesses coletivos stricto sensu* caracterizam-se igualmente pela indivisibilidade, sendo, porém, titulados por grupo, categoria ou classe de pessoas determináveis e ligadas entre si ou com a parte contrária por uma relação jurídica base. Como reconhecem muitos autores, os interesses coletivos encontram-se no meio caminho entre o público e o privado, sendo, por isso, também considerados como direitos sociais. Nesta condição, a caracterização do interesse coletivo como patrimonial e, sobretudo, disponível dependerá fortemente de análise particularizada do caso concreto. Um bom exemplo refere-se à pretensão coletiva que vise à fixação da mensalidade escolar dentro de determinados parâmetros. No caso, tem-se pretensão com claros efeitos patrimoniais, parecendo suportar transigência/disponibilidade pelas partes, alcançando resultado que afetará todos os integrantes do grupo (alunos de uma determinada escola) de igual forma.

Finalmente, os *interesses individuais homogêneos* são aqueles que, individualizáveis – como o próprio nome indica –, têm uma origem comum e, por conveniência, são processualmente tratados como coletivos. A natureza claramente divisível do interesse individual homogêneo é a pedra-de-toque que o diferencia das duas espécies vistas acima. Justamente por isso, o interesse individual homogêneo é aquele com traços mais claros de disponibilidade. Atendo-nos, aqui, ao mesmo cenário citado no exemplo anterior, há interesse individual homogêneo (e não coletivo) na pretensão que vise à devolução de parte da mensalidade escolar paga – pretensão, esta, que poderia ser postulada e tutelada individualmente por seus titulares.

Como se vê, s.m.j., e ressalvadas as peculiaridades fáticas e das possíveis pretensões que, caso a caso, podem determinar a disponibilidade ou indisponibilidade dos interesses em discussão, parece-nos que – exceção feita aos interesses difusos, de essência claramente pública e indisponível – tanto os interesses coletivos *stricto sensu* quanto os interesses individuais homogêneos poderão comportar discussão pela via arbitral.

Feita a análise acima, reconheça-se, de resto, que a arbitragem coletiva encontra, ainda, grande obstáculo em sua operacionalização prática e procedimental. Especificamente nas relações de consumo, para que possa ser ventilada a possibilidade de aplicação da arbitragem coletiva, algumas questões devem ser consideradas, especialmente com relação aos efeitos das decisões arbitrais envolvendo entidades de classe ou grupos específicos de consumidores.

Tal dificuldade prática de operacionalização da arbitragem coletiva deriva, *inter alia*, da inexistência, no país – ao que se tem notícia –, de entidade arbitral que tenha regulamento procedimental próprio para conflitos de natureza coletiva, tal como é o caso das *Supplementary Rules for Class Arbitration*, da norte-americana *American Arbitration Association* (AAA).

Não se está apontando, aqui, a falta de um regulamento procedimental de arbitragem que abarque a possibilidade concreta das chamadas *multi-party arbitrations*, caracterizadas pela simples multiplicidade de partes, nos pólos ativo e/ou passivo, a qual também é causa de certas atribulações procedimentais, notadamente no tocante à nomeação dos árbitros e postulação sem ofensa ao contraditório. A despeito da pluralidade de partes, os interesses discutidos em *multi-party arbitrations* não serão necessariamente coletivos ou transindividuais, mas quase sempre puramente individuais.

O que parece inexistir, no caso, é um regulamento procedimental que se amolde às peculiaridades de uma demanda coletiva; um regulamento que, *e.g.*, incorporado a um contrato individual, preveja e ressoe como manifestação de vontade das partes a possibilidade de reunião de procedimentos arbitrais que derivem de um mesmo modelo contratual e que discutam a mesma espécie de interesse transindividual; ou que determine, *e.g.*, que todo o procedimento arbitral coletivo será obrigatoriamente confidencial; ou, ainda, que estipule, *e.g.*, a forma e os momentos pelos quais o árbitro ou árbitros deverão interagir com o Ministério Público, para viabilizar ao *Parquet* o exercício de seu *munus* de fiscal da lei, conforme determina o § 1º do art. 5º da Lei 7.347/1985.

Quanto à legitimação ativa para a instauração de arbitragem coletiva (arbitrabilidade subjetiva), o assunto parece demandar análise à luz da norma contida no art. 82 do Código de Defesa do Consumidor – dispositivo que estabelece as entidades legitimadas à tutela *judicial* dos interesses transindividuais. Dos entes ali referidos, parece-nos que apenas as *associações* devidamente constituídas (art. 5º da Lei 7.347/ 1985), por representação processual mediante autorização expressa de seus filiados (art. 5º, XXI, da CF), terão legitimação para instituir procedimento arbitral coletivo envolvendo interesses transindividuais coletivos *stricto sensu* ou individuais homogêneos.

Os limites e condições acima enfatizados se justificam.

A uma, o Ministério Público parece não ter legitimação (ativa ou passiva) para tomar parte em procedimentos arbitrais, por sua vocação institucional nitidamente pública e voltada à defesa de interesses sociais indisponíveis (art. 1º da Lei Orgânica Nacional do Ministério Público), os quais não se compatibilizam com a arbitragem.

A duas, os entes referidos nos incisos II e III do art. 82 do Código de Defesa do Consumidor encontram-se constitucionalmente sujeitos ao princípio da estrita legalidade, faltando-lhes autorização específica (e, portanto, capacidade especial) para que pudessem tutelar interesses supra-individuais por meio da via arbitral.

Restando do rol do art. 82 do Código de Defesa do Consumidor as associações, parece-nos que as condições relacionadas à *preexistência* e à *especialidade da entidade* e, sobretudo, à *representação processual por autorização assemblear expressa* são indispensáveis ao propósito aqui em comento, em vista da natureza estritamente contratual da arbitragem e, mais importante, da *limitação dos efeitos do laudo arbitral aos indivíduos que efetivamente pertencem à associação*, e que lhe autorizaram a representação por mandato, na forma do art. 5º, XXI, da CF.

No ponto, não é demais lembrar que, na condição de representante processual (art. 5º, XXI, da CF), a associação não é nem sujeito nem parte do procedimento arbitral. Nesta condição, a associação defende, em nome alheio, direito alheio, por mandato expresso das partes, não nos parecendo lhe possa ser exigido o vínculo à convenção arbitral, firmada, no caso, com suficiência, pelos indivíduos que representa, por disposição constitucional.

Demais disso, enfatize-se, por fim, que, diante da natureza estritamente contratual da arbitragem e diante da norma contida no art. 5º, XXI, da CF, não se concebe que os efeitos de um laudo arbitral proferido em arbitragem coletiva possam de alguma forma, válida e eficazmente, extrapolar os limites dos indivíduos representados processualmente pela associação. Está-se diante de clara influência da teoria das ações coletivas *stricto sensu*, anteriormente mencionada, a qual se funda na antiga *spurious class action* americana e na nova *action en représentation conjointe* francesa, em que os limites da coisa julgada afetam única e exclusivamente os membros da classe ou grupo que expressamente aceitaram ser incluídos no pólo ativo da demanda.

4. Conclusão

Pelo exposto, de se notar a efetiva consolidação do instituto da arbitragem em nosso ordenamento e a aceitação por parte da comunidade jurídica e especialmente do Poder Judiciário, que a considera um aliado na busca pela justiça social, econômica e política.

O aperfeiçoamento de técnicas atualmente existentes ou a criação de métodos totalmente novos possibilitam que tanto os consumidores quanto os fornecedores se beneficiem de decisões mais específicas, em um menor espaço de tempo possível, com sigilo.

A utilização da arbitragem no Brasil como método alternativo e eficaz de solução de controvérsias que envolvam questões controvertidas e, principalmente sigilosas vem se tornando uma excelente opção ao Poder Judiciário, sem embargo dos ótimos resultados obtidos recentemente com a utilização dos Juizados Especiais.

Diante disso, o presente artigo – que não tem a intenção de esgotar as inúmeras vertentes legais envolvidas no assunto – limita-se a apresentar as aparentes tendências à luz do Direito Comparado, a serem consideradas pelos estudiosos e profissionais da área de arbitragem e de defesa dos direitos do consumidor.

Referências bibliográficas

ALMEIDA, João Batista de. "A ação civil coletiva para a defesa dos interesses ou direitos individuais homogêneos". *Revista de Direito do Consumidor* 34/88-97. São Paulo, abril-junho/2000.

ALVIM, José Eduardo Carreira. *Tratado Geral da Arbitragem Interna*. Belo Horizonte, Mandamentos, 2000.

BARROSO, Luís Roberto. "A proteção coletiva dos direitos no Brasil e alguns aspectos da *class action* norte-americana". *RePro* 130/131-153. Ano 30. São Paulo, dezembro/2005.

CARMONA, Carlos Alberto. *Arbitragem e Processo: um Comentário à Lei 9.307/1996*. São Paulo, Atlas Jurídico, 2004.

CASELLA, Paulo Borba. "Arbitragem para Consumo". Disponível na Internet in *http://www.arbitragem.com.br/Artigos%20para%20p%E1gina.htm#Casella*.

GRINOVER, Ada Pellegrini, e outros. *Código Brasileiro de Defesa do Consumidor, Comentado pelos Autores do Anteprojeto*. 7ª ed. Rio de Janeiro, Forense Universitária, 2001.

GRINOVER, Ada Pellegrini, MENDES, Aluísio Gonçalves de Castro, e WATANABE, Kazuo (coords.). *Direito Processual Coletivo e o Anteprojeto de Código Brasileiro de Processos Coletivos*. São Paulo, Ed. RT, 2007.

LEE, João Bosco. *Arbitragem Comercial Internacional nos Países do Mercosul*. Curitiba, Juruá, 2002.

LEMES, Selma M. Ferreira. "Arbitragem e direito do consumo". *Revista Brasileira de Arbitragem* 0. Ano 1. Julho-outubro/2003.

MENDES, Aluísio Gonçalves de Castro, GRINOVER, Ada Pellegrini, e WATANABE, Kazuo (coords.). *Direito Processual Coletivo e o Anteprojeto de Código Brasileiro de Processos Coletivos*. São Paulo, Ed. RT, 2007.

SOUZA, Miriam de Almeida. *A Política Legislativa do Consumidor no Direito Comparado*. Salvador, Nova Alvorada Edições, 1996.

THEODORO JR., Humberto. *Direitos do Consumidor: a Busca de um Ponto de Equilíbrio entre as Garantias do Código de Defesa do Consumidor*. 4ª ed. Rio de Janeiro, Forense, 2004.

VERÍSSIMO, Marcos Paulo. "A arbitragem de consumo na Espanha". Disponível na Internet in *http://www.arbitragem.com.br/Artigos%20para%20p%E1 gina.htm#Marcos*.

WALD, Arnoldo. "A recente evolução da arbitragem no Direito Brasileiro (1996-2001)". In: MARTINS, Pedro A. Batista, e GARCEZ, José Maria Rossani (coords.). *Reflexões sobre Arbitragem*. São Paulo, LTr, 2002.

WATANABE, Kazuo, GRINOVER, Ada Pellegrini, e MENDES, Aluísio Gonçalves de Castro (coords.). *Direito Processual Coletivo e o Anteprojeto de Código Brasileiro de Processos Coletivos*. São Paulo, Ed. RT, 2007.

MÉTODOS ALTERNATIVOS DE SOLUÇÃO DE CONFLITOS NO ÂMBITO DAS EMPRESAS FAMILIARES

FABIO PEDRO ALEM

1. As empresas familiares e seus desafios. 2. Os conflitos e as empresas familiares. 3. Os métodos alternativos de solução de conflito: 3.1 Negociação; 3.2 Mediação. 4. Comitê Interno para Solução de Conflitos ("Dispute Board"). 5. Arbitragem. 6. A utilização de métodos alternativos na solução de conflitos envolvendo empresas familiares. 7. Conclusão.

1. As empresas familiares e seus desafios

As empresas nacionais, em sua grande maioria, nascem e se estabelecem sob a forma de empresas familiares, as quais se caracterizam: (i) por serem controladas por uma ou mais famílias; e (ii) por terem a maioria dos familiares participando efetivamente do quadro organizacional e gerencial da empresa.

Armando Dalla Costa e Adão Eleutério da Luz[1] definem que:"a empresa familiar tradicional deve ser definida como aquela em que um ou mais membros de uma família exerce(m) considerável controle administrativo, pelo fato de possuir(em) parcela expressiva da propriedade do capital. Existe estreita relação entre propriedade e controle, sendo o controle exercido justamente com base na propriedade".

As empresas familiares têm em seus sócios fundadores o empreendedorismo que conduz a empresa ao sucesso, tendo em vista a atuação direta do controlador para estimular a cooperação e harmonia entre

---

1. "Sucessão e sucesso nas empresas familiares: o caso do grupo Pão de Açúcar", *in* http://www.abphe.org.br/congresso2003/Textos/Abphe_2003_30.pdf.

todos os seus membros. Entretanto, a atuação efetiva e direta do sócio fundador nas atividades e controle da empresa familiar, por diversos motivos, tende a diminuir gradativamente ao longo dos anos, o que impõe a necessidade de se buscar um sucessor que mantenha a excelência e o espírito empreendedor do sócio fundador.

A sucessão do controle de qualquer empresa não é tarefa fácil e requer planejamento profissional contábil, jurídico e econômico detalhado, para que a transição do poder decorra com a maior naturalidade possível. Nas empresas familiares não poderia ser diferente.

Entretanto, a transição sucessória nas empresas familiares é tarefa que recorrentemente envolve problemas adicionais e bastante peculiares, como: (i) a falta de interesse dos sucessores naturais; (ii) os sucessores escolhidos (naturais ou não) encontram-se despreparados para assumir todas as responsabilidades e comandar a empresa; ou ainda, (iii) divergências e disputas para assumir o controle da empresa, *inter alia*.

Ao longo dos anos, as empresas familiares nacionais se depararam com crises insustentáveis; na maioria das vezes, tais crises decorrem da ausência de um planejamento estratégico para a sucessão do controle, e, até mesmo, para evitar ou resolver com maior celeridade eventuais disputas que venham a surgir.

Existem casos, ainda, em que a despeito da existência de um planejamento sucessório bem definido, conflitos surgem entre familiares e/ou entre diretores da empresa no momento da efetivação da sucessão, instaurando-se a crise na empresa. Isso porque, até o momento da efetivação da sucessão, o foco encontrava-se voltado para o desenvolvimento e o sucesso da empresa. Quando a sucessão se torna realidade, diversos conflitos aparecem, podendo causar inúmeros prejuízos à sociedade.

Não se pode negar a existência de uma carga emocional muito forte que permeia a sucessão do controle das empresas familiares, especialmente em razão da perda ou da saída do sócio fundador. Por isso, um bom planejamento para o momento de transição e, depois, para a consolidação do novo controle, é essencial.

Assim, um planejamento sucessório (empresarial) técnico, isento de emoções, faz-se necessário para que se tenha uma boa transição de controle da empresa familiar e, principalmente, para a manutenção do desenvolvimento da empresa. Com isso, a análise do sucessor da empresa familiar deve ser efetuada com base em diversos aspectos, notadamente a capacidade técnica e o interesse em dar continuidade ao negócio, ainda que com algumas alterações.

2. Os conflitos e as empresas familiares

Conflitos existem diariamente em toda empresa, mas os conflitos relacionados à sucessão empresarial tendem a conter uma carga emocional acima do comum, e os conflitos daí decorrentes tendem a prejudicar todo o andamento diário e o crescimento da empresa.

Diversos são os motivos dos conflitos nas empresas familiares, destacando-se: (i) conflitos envolvendo discussões entre familiares, seja por herança, seja por poder na empresa, ou qualquer outro motivo; (ii) conflito político e interno da empresa familiar; (iii) conflito que envolva interesses externos, dentre outros. Sejam quais forem os motivos das discórdias na família ou na empresa familiar, a tradição cultural brasileira, notadamente de nossos advogados, consiste em dar início a uma disputa judicial a ser levada até as últimas conseqüências, com a necessária vitória ou derrota de uma das partes.

Uma disputa judicial é sabidamente longa – e ainda mais desgastante quando envolve familiares no âmbito da empresa familiar. No caso específico das empresas familiares, a simples existência de uma ação judicial entre seus sucessores ou mesmo relacionada ao controle e futuro da empresa, evidencia uma fragilidade na administração e expõe divergências administrativas tanto para o público interno (funcionários e colaboradores) quanto para os concorrentes, já que as emoções passam a ser demonstradas abertamente no calor da discussão em juízo. Há, com isso, prejuízos financeiro e de credibilidade (interna e externamente), que podem aprofundar ainda mais a instabilidade da empresa e da família. Em resumo, em uma disputa judicial envolvendo familiares e empresa familiar, todos perdem.

A fim de evitar os prejuízos materiais e intangíveis causados pelo ajuizamento de uma medida judicial, o direito comparado nos apresenta diversos métodos alternativos para solucionar conflitos de maneira efetiva e definitiva, dando-se maior relevância para a manutenção dos relacionamentos pessoais, sociais, familiares e, especialmente da empresa familiar.

A tendência mundial consiste na busca pela solução rápida e eficaz dos conflitos, o que se obtém com a utilização de métodos alternativos de solução de conflitos (*Alternative Dispute Resolution – ADRs*). Dentre os inúmeros métodos alternativos de solução de conflitos mundialmente utilizados, destacam-se: (i) a facilitação; (ii) a negociação; (iii) a mediação; (iv) os *Dispute Boards*; e (v) a arbitragem.

3. Os métodos alternativos de solução de conflitos

O presente trabalho tem como finalidade demonstrar, ainda que de forma rápida e sucinta, os benefícios que os métodos alternativos de solução de conflitos podem trazer para as empresas familiares em geral.

A escolha de qualquer um dos métodos acima listados depende das particularidades de cada caso específico e das necessidades do momento, mas, em qualquer deles, a solução é alcançada de forma mais célere e menos traumática do que por meio de uma ação judicial.

3.1 Negociação

A negociação é um processo no qual as partes buscam solucionar o conflito por si mesmas, visando à convergência de interesses. Durante o processo, as partes podem contar com o auxílio de negociadores, os quais podem utilizar vários tipos de abordagem – técnica, econômica, psicológica, jurídica, dentre outras.

Normalmente os negociadores baseiam-se no tradicional "poder de negociação", o qual conta com alguns recursos específicos, tais como: (i) dar sugestões; (ii) barganhar, (iii) demonstrar os pontos fortes e fracos de cada alegação. Basicamente, na negociação, as partes procuram adequar os interesses de parte a parte, sem imposição por parte de um terceiro. A decisão conjunta refere-se exclusivamente às partes, não havendo, em hipótese alguma, influência direta do negociador na decisão final.

Em casos em que existe divergência entre os familiares ou sócios da empresa familiar, mas que ainda é possível que as partes discutam meios para solucionar o conflito, aconselha-se a tentativa de negociação com a ajuda de negociadores. Havendo uma negociação sobre os pontos controvertidos, as próprias partes chegam a um acordo e viabilizam a continuidade do negócio da empresa e, também, do convívio familiar pacífico.

3.2 Mediação

A mediação vem sendo utilizada como método de solução de conflitos desde tempos remotos da história antiga até os nossos dias. No Brasil, a mediação vem adquirindo novos adeptos a cada dia, mas ainda enfrenta muitos obstáculos em razão da descrença, ou mesmo do desconhecimento, do processo de mediação e os inúmeros benefícios que ele pode trazer às partes e ao negócio familiar.

No processo de mediação, as partes têm total liberdade para eleger um terceiro imparcial, com competência técnica específica, para auxiliá-las na *identificação de interesses comuns* visando à celebração de acordo capaz de satisfazer as partes e manter o bom relacionamento entre elas.

O mediador tem a função precípua de auxiliar as partes a solucionarem seus próprios conflitos, cabendo às partes definirem os limites dos poderes a serem conferidos ao mediador, já que este pode exercer as seguintes funções durante o processo de mediação:

a) *exclusivamente facilitadora*, caso em que o mediador limita-se a auxiliar as partes *sem* sugerir uma solução para o conflito, ou

b) *avaliadora*, caso em que as partes requerem ao mediador uma *sugestão* sobre os termos para a composição do conflito, que poderá, ou não, ser aceita pelas partes.

Em ambos os casos o mediador conduz as partes, utilizando-se de técnica específica, para que elas mesmas reflitam sobre o conflito, bem como sobre a melhor forma de solucioná-lo. Cabe ao mediador demonstrar às partes quais as questões relevantes a serem discutidas e resolvidas, deixando de lado os sentimentos ou questões secundárias que dificultem a composição entre as partes.

O processo de mediação tem como vantagem a rapidez e a efetividade da decisão, que será alcançada pelas próprias partes, apenas com o auxílio e, quando for o caso, sugestão de solução, por parte do mediador.

Além disso, é importante notar que a mediação poderá seguir as regras estabelecidas pelas partes e ser administrada por uma entidade especializada (mediação institucional), ou *ad hoc*[2] conforme a vontade das partes, não prejudicando a adoção de outras formas alternativas de solução de conflitos, tais como a arbitragem.

Recomenda-se o uso da mediação para solucionar conflitos nas empresas familiares sempre que houver, entre as partes, a aceitação de ouvir a opinião de um terceiro de confiança para que elas, de comum acordo, cheguem a uma composição.

4. Comitê Interno para Solução de Conflitos ("Dispute Board")

A criação de um ou mais Comitês Internos para Solução de Conflitos (*Dispute Boards*) em uma empresa familiar é umas das mais avançadas opções não litigiosas para dirimir controvérsias que possam prejudicar o desenvolvimento da empresa, especialmente para os momentos de transição na administração ou de tomada de decisões relevantes para o futuro da empresa.

Diferentemente da negociação ou da mediação, a composição e a competência do *Dispute Board* podem ser definidas previamente de comum acordo pelas partes, quando da celebração do Estatuto Social ou do Acordo de Acionistas. Pode igualmente o *Dispute Board* ser instituído para dirimir eventuais conflitos que surjam em períodos ou projetos determinados da empresa familiar, como por exemplo, por oportunidade da iniciação de um processo sucessório.

Uma vez criado o *Dispute Board*, todo e qualquer conflito relativo às matérias previamente definidas e ajustadas entre as partes deverão ser analisadas pelos membros do *Dispute Board*, que poderão (i) emitir opiniões (não vinculativas) sobre procedimentos a serem tomados, que poderão ou não ser acatados pelos sócios da empresa; ou (ii)

---

2. *Ad hoc*: "usa-se como adjetivo, quando se quer indicar que algo está relacionado a uma finalidade, caso ou *situação específica*. 'Foi criada uma comissão *ad hoc* para tratar dos novos índices salariais' – o que significa que ela está autorizada a tratar exclusivamente desse assunto, e não de outros." (*in* http://educaterra.terra.com.br/sualingua/04/04_adhoc.htm).

proferir decisões (vinculativas) sobre matérias específicas que sejam objeto de conflito entre os sócios da empresa.

É possível que os *Dispute Boards* tenham como integrantes pessoas de confiança do sócio fundador da empresa, ou que estabeleçam que a análise do conflito será efetuada pela pessoa que exercer determinado cargo na empresa à época do conflito, *i.e.*, um ou mais membros do Conselho de Administração.

As decisões vinculativas que vierem a ser proferidas pelo *Dispute Board*, caso as partes autorizem a prolação de decisões sobre determinadas matérias, terão *natureza obrigacional*, com a possibilidade de aplicação de penalidades específicas de acordo com o conflito a ser solucionado. Não terão, contudo, força ou efeito de sentença judicial, no que se distinguem das decisões proferidas em Arbitragem.

Essas decisões, para que se tornem exeqüíveis, terão natureza de obrigação contratual, com execução direta, equiparando-se a um título executivo extrajudicial. Importante notar, neste ponto, que a decisão do *Dispute Board*, por ter natureza contratual, poderá ser discutida por meio de Arbitragem ou perante o Poder Judiciário.

A fim de situarmos a figura dos *Dispute Boards* entre os demais métodos alternativos de solução de conflitos, temos que seus dois principais elementos distintivos são (i) o caráter permanente dos *Dispute Boards*, ainda que circunstancial, por períodos determinados ou determináveis, que podem abranger a solução de um único litígio ou de vários, dentro de um determinado período/projeto para o qual foi instituído; e (ii) a ausência de poder jurisdicional de seus membros, cujas decisões não terão força de decisões judiciais, nem a elas serão equiparadas, mas criarão entre as partes efeitos obrigacionais, que se resolvem em perdas e danos em caso de descumprimento.

Assim, a definição prévia dos integrantes do *Dispute Board*, bem como sua competência para sugerir soluções ou decidir conflitos são as principais marcas desse instituto que tem ganhado cada vez mais força no âmbito da solução de controvérsias relativas a empresas familiares. Com isso, evita-se que os sócios da empresa familiar iniciem um conflito desgastante na Arbitragem ou no Poder Judiciário, dependendo do que estiver previsto no Estatuto Social ou no Acordo de Acionistas.

5. Arbitragem

A arbitragem é o mais tradicional método de solução de conflitos envolvendo questões de natureza disponível, como alternativa direta ao Poder Judiciário. Algumas vantagens devem ser observadas, tais como: (i) celeridade do procedimento – decisão em uma única instância; (ii) especialidade do árbitro ou árbitros a ser(em) indicado(s) pelas partes na matéria litigiosa; (iii) sigilo; e (iv) decisão definitiva por um terceiro com a constituição de título executivo judicial.

Diferentemente dos métodos alternativos acima apresentados, na arbitragem há, de fato, uma decisão proferida por um terceiro neutro, que terá natureza declaratória, constitutiva, condenatória ou até mesmo mandamental, equiparáveis à decisão judicial. A decisão arbitral equipara-se, por determinação legal, a um título executivo judicial.

Assim, no caso das empresas familiares, a previsão estatutária ou contratual de arbitragem como método para solução de conflitos exclui, para as questões relativas a direitos disponíveis, a opção de se recorrer ao Poder Judiciário.

Para as empresas familiares, a opção pela arbitragem pode ser interessante quando existe, entre os sócios e administradores equivalência de condições, já que a arbitragem, por ser mais célere, impõe a concentração dos custos que normalmente estariam diluídos em um maior período nas ações judiciais.

A arbitragem é uma opção interessante para solucionar conflitos de forma rápida e sigilosa, evitando desgastes entre os sócios da empresa familiar e da própria empresa, que retomará seu curso normal uma vez resolvido o impasse. Uma disputa judicial pode levar muitos anos e, enquanto a pendência judicial não for resolvida, a empresa familiar sofre as conseqüências, assim como seus funcionários.

Dessa forma, nas questões envolvendo direitos patrimoniais disponíveis no âmbito do direito de família e empresas familiares, a arbitragem é sempre uma opção a ser considerada, tendo em vista a celeridade, especificidade e sigilo do processo. Há, de fato, uma vantagem sobre o Poder Judiciário, mas sua escolha e viabilidade deverá ser analisada em cada caso específico.

6. A utilização de métodos alternativos na solução de conflitos envolvendo empresas familiares

Dada a particularidade dos casos envolvendo empresas familiares, notadamente em questões relacionadas à sucessão do controle da empresa, a busca de soluções por meio do Poder Judiciário poderia ser traumática para todos os envolvidos, tendo em vista o longo prazo para se solucionar litígios perante a Justiça comum e a publicidade negativa que uma ação judicial normalmente gera para a empresa.

Diante da realidade da Justiça comum, a utilização de métodos alternativos para a solução de controvérsias é amplamente favorável aos interesses das empresas familiares, por chegarem a resultados efetivos, rápidos, sigilosos e, por conseqüência, menos traumáticos para as partes envolvidas. Em vista disso, a utilização de qualquer um dos métodos acima mencionados, desde que analisados em cada caso específico, torna-se interessante para manutenção do negócio e para o sucesso da empresa familiar. A utilização da negociação, mediação, dos *Dispute Boards* ou da arbitragem deve sempre ser considerada pelos sócios e membros das empresas familiares nacionais, seguindo a tendência mundial.

7. Conclusão

Havendo tensões que possam gerar conflitos, ou mesmo conflitos instaurados durante o processo de sucessão nas empresas familiares, seja entre os sucessores naturais, seja entre os sucessores profissionais, cabe às partes, em prol da empresa, buscar o meio menos traumático para a solução dos conflitos, que são os métodos alternativos à tradicional solução de conflitos por meio da Justiça comum.

Ao se buscar solucionar os conflitos internos das empresas familiares, especialmente em momentos de transição de controle – sucessão –, grande parte das crises nas empresas familiares poderiam ser evitadas, o que contribuiria, também, para um maior desenvolvimento nacional, já que as empresas familiares correspondem a 80% das empresas em atividade no país.

Os métodos alternativos para solução de controvérsias em empresas familiares pode ser visto como uma efetiva e real válvula de escape para as crises familiares, institucionais e até mesmo sociais atualmente conhecidas.

Referências bibliográficas

ANAIS DO SEMINÁRIO SOBRE MÉTODOS ALTERNATIVOS DE SOLUÇÃO DE CONFLITOS. *Arbitragem, Mediação e Conciliação.* Rio de Janeiro, Confederação Nacional do Comércio, 2001.

BERNHOEFT, Renato, e CASTANHEIRA, Joaquim. *Manual de Sobrevivência para Sócios e Herdeiros.* 3ª ed. São Paulo, Nobel, 1995.

CARMONA, Carlos Alberto. *Arbitragem e Processo: um Comentário à Lei 9.307/96.* São Paulo, Malheiros Editores, 1993.

COSTA, Armando Dalla, e LUZ, Adão Eleutério da. "Sucessão e sucesso nas empresas familiares: o caso do grupo Pão de Açúcar", disponível na Internet: http://www.abphe.org.br/congresso2003/Textos/Abphe_2003_30.pdf.

GARCEZ, José Maria Rossani. *Negociação, ADRs, Mediação, Conciliação e Arbitragem.* 2ª ed. Rio de Janeiro, Lumen Juris, 2003.

GERSICK, Kelin E. *et al. De Geração para Geração: Ciclos de Vida das Empresas Familiares.* 2ª ed. São Paulo, Negócio Editora, 1997.

ICC DISPUTE BOARDS – http://www.iccwbo.org/court/dispute_boards/id4527/index.html.

LANSBERG, Ivan. *Succeeding Generations: Realizing the Dream of Families in Business.* Boston, Harvard Business School Press, 1999.

RICCA, Domingos. *Da Empresa Familiar à Empresa Profissional.* Disponível na Internet: http://www.empresafamiliar.com.br.

A ARBITRAGEM COMO MEIO DE SOLUÇÃO DOS CONFLITOS TRABALHISTAS

MARCOS FAVA

1. Introdução. 2. Solução de conflitos trabalhistas. 3. Origens e delimitação do instituto. 4. Notas do Direito não-nacional de aplicação da arbitragem no direito do trabalho. 5. Direito do trabalho: solução de conflitos coletivos e arbitragem. 6. Direito do trabalho: solução de conflitos individuais e arbitragem. 7. Conclusões.

1. Introdução

Depois de mais de 10 anos de vigência da Lei de Arbitragem – Lei 9.307/1996 – cumpre sondar, nestas linhas breves, a incidência do instituto de solução de conflitos por intervenção de terceiro diverso ao Estado no âmbito das relações de trabalho.

A tradição intervencionista e publicista de solução das lides entre nós incentivou recepção incrédula entre os teóricos do Direito, como se vê na conclusão de João Carlos Pestana de Aguiar Silva ao concluir, já em 2000, quando vigia a lei por quatro anos: "Malgrado seja válida a nova tentativa e façamos votos para que o sucesso venha a acontecer, custa-nos acreditar nessa possibilidade".[1]

Descrença[2] atestada por quem vivenciava experimentos seguidos de alterações legislativas, sempre no intuito de tornar a arbitragem ele-

---

1. João Carlos Pestana de Aguiar Silva, "Arbitragem", *RT* 776/739, Ano 89, São Paulo, Ed. RT, junho/2000.
2. Vista por alguns com maior ânimo, como se lê em Georgeonor de Sousa Franco Filho: "Resta a esperança de que esse mecanismo seja frutuoso, ganhe alma e corpo e ajude a encontrar a almejada paz social" ("A arbitragem no direito do trabalho", revista *O Direito do Trabalho na Sociedade Contemporânea*, 2001).

mento mais sólido de solução definitiva dos conflitos, como alternativa ao instrumento de intervenção jurisdicional.

Se no plano das relações conflituosas em geral grassava desconfiança, na seara das relações do trabalho impedimentos teóricos sugerem a inaplicabilidade do modelo para algumas espécies de conflito.

Enfrentam-se, pois, os argumentos favoráveis e contrários à instituição do mecanismo no direito do trabalho, para ampliação da eficácia dos meios de solução dos embates, já que, nesta área, a intensa e característica conflituosidade revela o cerne da oposição entre capital e trabalho, ontologicamente embativa e desigual.

2. Solução de conflitos trabalhistas

Por três diferentes caminhos toma-se a solução dos dissídios trabalhistas: a autodefesa, a autocomposição e a heterocomposição.

A autodefesa, que no direito comum encontra exemplos na retenção (arts. 578, 644, 1.219 e 1.433, III, do CC, etc.) e no direito penal aponta para a figura da legítima defesa (art. 345 do CP), no plano do direito do trabalho identifica-se com a greve, considerada pela lei como "a suspensão coletiva, temporária e pacífica, total ou parcial, de prestação pessoal de serviços a empregador" (art. 2º da Lei 7.783/1989).

O regramento pátrio abrange, para o instituto, previsão na Constituição da República, arts. 9º, 37, VII, 142, IV, e 42, § 1º, e a Lei 7.783/1989.

A autocomposição toma lugar na solução encontrada, pacificamente, sem enfrentamentos tão graves quanto a paralisação das atividades do trabalhador, com o intuito das partes, desacompanhadas de terceiros alheios à controvérsia. Tanto para prevenir quanto para solucionar litígios, a figura tem ampla aplicação no direito do trabalho, resultando, conforme a hipótese concreta, em acordo coletivo de trabalho, convenção coletiva de trabalho ou conciliação espontânea.

No campo da heterocomposição existem a mediação, a arbitragem e a jurisdição, todas qualificadas pela intervenção de terceiro, alheio ao litígio, com cujo concurso as partes conseguem alcançar a solução do dissídio. Por comuns, têm-se, nos três tipos, a possibilidade e o incentivo à conciliação, forma cabal de aplacação do dissenso, realizada antes da solução imposta pelo terceiro.

A mediação não exige a participação de terceiro tecnicamente habilitado, bastando haver, por parte dos interessados, o liame de confiança na condução do processo. O padre da pequena cidade, o delegado dos vilarejos, o presidente da Câmara dos Vereadores nas localidades mais isoladas, todos podem tomar o lugar de conciliadores,[3] bastando o gozo da confiança das partes. Sua função será meramente de aproximação e estímulo ao consenso, sem intervenção decisória. Com o advento da Lei 9.958/2000, o direito do trabalho passou a contar com forma específica de mediação, por meio das *comissões de conciliação prévia*.

Embora conhecida pelo sistema normativo desde há muito,[4] no direito do trabalho a mediação tomou importante destaque com a criação das comissões, por inserção de artigos no corpo da Consolidação das Leis do Trabalho.

As comissões de conciliação prévia conceituam-se como organismos não-estatais, originados em acordo ou convenção coletiva, instituídas no âmbito de sindicatos ou de empresas, compostas por representantes de empregadores e empregados, com o fito de conciliar os dissídios trabalhistas individuais.

A festejada Lei 9.958/2000 instituiu mecanismo de conciliação dos dissídios individuais, buscando torná-lo obrigatório[5] e lhe atribuindo "eficácia liberatória geral"[6] quanto aos créditos do contrato de emprego. De forma absolutamente inovadora, o legislador inverte a prática jurídica ordinária de quitar apenas os títulos especificados no termo de pagamento, para considerar definitivamente (liberatória geral) pagos todos

3. O tio-avô do autor, no início do século XX, identificado pelos concidadãos como "professor Bastos", embora não tivesse completado nem mesmo o 4º ano primário, mediou conflitos na então pequena Moji das Cruzes, chegando até mesmo a intermediar conflito entre os vereadores locais, em disputa pela interpretação do Regimento da Casa Legislativa.

4. Na síntese de Iara Alves Cordeiro Pacheco: "a obrigatoriedade da tentativa de conciliação vigorou durante o período das Ordenações Filipinas (livro III, Título XX, parágrafo primeiro), da Constituição Imperial de 1824 (artigo 161) e do Regulamento 737 de 1850 (artigo 23), atendo sido suprimida depois da proclamação da República pelo Decreto 359 de 26 de abril de 1890" (*Os Direitos Trabalhistas e a Arbitragem*, São Paulo, LTr, 2003, p. 13).

5. Outra não poder ser a conclusão a partir da leitura conciliada do art. 625-D e de seu § 3º da CLT.

6. Art. 625-E, parágrafo único, da CLT.

os créditos decorrentes da relação de emprego e cujos títulos não tenham sido especificados por meio de ressalva expressa.

Rodolfo Pamplona Filho e José Augusto Rodrigues Pinto identificam que "tecnicamente trata-se de um processo de heterocomposição, uma vez que o resultado é perseguido por três sujeitos, sendo um deles alheio ao conflito de interesses dos outros dois".[7]

A terceira figura exibe-se necessária no processo em razão da indiscutível posição de submissão, de hipossuficiência, do empregado frente ao empregador e da complexidade do ordenamento jurídico trabalhista. Diz-se correntemente que a legislação trabalhista é tão complexa que, para entendê-la, é preciso que o trabalhador carregue um advogado embaixo do braço.

Três são, pois, as finalidades da presença do conciliador no ato das tratativas em análise, a saber: incentivar a realização de acordo, equilibrar a desigualdade das partes, evitando a imposição da vontade unilateral do empregador, e esclarecer o trabalhador quanto aos limites do transacionado.

Poucas não têm sido as constatações de fraudes perpetradas contra interesses dos trabalhadores, como já acusado alhures,[8] com a utilização do mecanismo da *eficácia liberatória geral*, que decorre da assinatura do acordo perante o órgão extrajudicial, para quitação de obrigações *não submetidas a discussão*. Com efeito, buscando maior interesse dos empregadores em comparecer à negociação não-judicial, a lei outorgou ao acordo *eficácia liberatória geral*, quitando todas as obrigações do contrato, exceto as ressalvadas. A disparidade de condições dos negociadores, que advém da hipossuficiência de um dos atores, não permite o exercício da ressalva – o que acaba por quitar direitos não submetidos à conciliação.

A jurisdição tipifica-se pelo meio de solução com intervenção de terceiros, em que a figura alheia ao conflito é a do próprio Estado-juiz. Este, de todos, por peculiaridades óbvias, prepondera na solução dos conflitos trabalhistas. No ano de 2003, 90.693 ações entraram no

---

7. Rodolfo Pamplona Filho e José Augusto Rodrigues Pinto, *Manual de Comissão de Conciliação Prévia e Procedimento Sumariíssimo*, São Paulo, LTr, 2000, p. 97.

8. V., do autor, sobre as denúncias: "Comissão de conciliação prévia e crime de frustração de direito trabalhista", *Jornal Magistratura e Trabalho*, outubro/2001 (disponível na Internet: *www.internet-lex.com.br*, acesso em janeiro/2002).

TRT-2ª Região, que tem jurisdição apenas na Grande São Paulo e umas poucas cidades ao redor.

A arbitragem, terceira forma de solução de conflitos por heterocomposição, encontra-se prevista para o próprio Judiciário, na redação do art. 764, § 2º, da CLT, consentâneo com o então vigente art. 114 da Constituição da República. Com efeito, até a Emenda Constitucional 45/2004 a redação da norma de competência da Justiça do Trabalho iniciava-se com a expressão "conciliar e julgar" – o que, depois da "reforma do Judiciário", passou a ser "processar e julgar", revelando o grau de importância da conciliação e do caráter conciliador deste ramo do Judiciário. Vencida a etapa da solução apenas mediada, é que surge o "juízo arbitral", no caso em análise, estatal e obrigatório.

A diferença central entre a mediação e os dois últimos institutos converge para o poder decisório de que dispõem o juiz e o árbitro, ausente na figura do mediador. A solução tipifica-se como puramente heterônoma, porque o terceiro presente na busca do resultado positivo da controvérsia recebe das partes autoridade para lhes impor sua decisão, fenômeno que não acompanha a conciliação mediada.

Diante do caráter central do tema para este artigo, sua delimitação fica entregue a outra seção.

3. Origens e delimitação do instituto

Registram Cláudio Armando Couce de Menezes e Leonardo Dias Borges[9] passagem mitológica que faz referência à utilização da arbitragem na solução de litígio envolvendo Atena, Hera e Afrodite, quando fora nomeado Páris, na condição de árbitro, e resolveu a pendenga em favor de Afrodite, a quem incumbiu receber a maçã de ouro ofertada pelos deuses à "mais bela". Tal decisão, prossegue a história, deveu-se ao suborno praticado por Afrodite, que prometeu a Páris o amor de Helena, fato que desencadeou a Guerra de Tróia.

Carlos Alberto Carmona[10] refere o uso da arbitragem na solução de conflitos entre as cidades-estado da Babilônia, 3000 anos a.C.

---

9. Cláudio Armando Couce de Menezes e Leonardo Dias Borges, *O Moderno Processo do Trabalho*, São Paulo, LTr, 1997.

10. Carlos Alberto Carmona, *A Arbitragem no Processo Civil Brasileiro*, São Paulo, Malheiros Editores, 1993, p. 38.

Fala-se, fora da Mitologia, em aplicação da arbitragem desde as mais priscas eras do Direito, nos domínios da Grécia Antiga, 455 anos a.C.,[11] com acentuada evolução no Direito Romano, que tornou a conhecer a distinção entre a arbitragem supervisionada pelo juiz – *in jure* – e aquela desenvolvida fora de juízo – *apud iudicem* –, sem qualquer controle do resultado da controvérsia pelo Poder Público.[12]

O desenvolvimento alcançado durante a evolução do Direito Romano evidencia-se com a formulação das listas *iudicium privatumjudez*, com nomes dos cidadãos habilitados, por seu caráter reconhecidamente ilibado e sua competência técnica, a solucionar controvérsias de forma privada, sem controle ou supervisão do Estado.[13]

Nas duas fases do processo romano dos períodos da *legis actiones* e do *direito formulário*, o pretor concedia ou não a ação, fixando, em caso positivo, os limites da *litiscontestatio*, para, depois, entregar sua solução ao *arbiter* ou ao *iudex*, que era particular, "o qual proferia a sentença após a oitiva da versão das partes e a produção das provas".[14] O *Digesto* tratou da matéria – Livro IV, Título 8 –, fazendo remissão ao *compromissum*, a partir do qual as partes destinavam a decisão sobre seu litígio ao terceiro, árbitro, comprometendo-se a acolher o resultado de sua apreciação.

A Idade Média conheceu o instituto e sua aplicação intensiva em razão de cinco fatores, segundo Schizzeroroto:[15] ausência de leis ou sua excessiva rigidez e incivilidade, falta de garantias jurisdicionais, a variedade de ordenamentos, pela fragmentação da figura imatura do Estado, e os conflitos constantes entre Estado e Igreja. Destes, com certeza, a forma inconsistente do Estado coopera com maior acidez, porque inviabiliza o funcionamento do Poder Central como detentor

---

11. Pedro A. Batista Martins, "Arbitragem através dos tempos. Obstáculos e preconceitos à sua implementação no Brasil", in José Maria Rossini Garcez (org.), *Arbitragem na Era da Globalização*, Rio de Janeiro, Forense, 1998, p. 35.
12. Walter Brasil Muajallis, *A Nova Lei da Arbitragem*, Leme/SP, Editora de Direito, 1997, p. 39.
13. Pedro A. Batista Martins, "Arbitragem através dos tempos. Obstáculos e preconceitos à sua implementação no Brasil", cit., in José Maria Rossini Garcez (org.), *Arbitragem na Era da Globalização*, p. 37.
14. Iara Alves Cordeiro Pacheco, *Os Direitos Trabalhistas e a Arbitragem*, São Paulo, LTr, 2003, p. 19.
15. *Apud* Walter Brasil Muajallis, *A Nova Lei da Arbitragem*, cit., p. 40.

exclusivo dos meios de solução dos litígios, por sua própria incapacidade de sugerir segurança (jurídica) entre as partes.

No transcorrer dos anos que permeiam a Revolução Francesa, a arbitragem tomou espaço, por funcionar como ferramenta de oposição e esvaziamento contra os abusos do Rei, condutor arbitrário dos desígnios dos julgamentos levados a efeito pelo Estado.[16] Optando pela saída não-estatal, o cidadão mitigava o poder absoluto, confrontando-o, desprezando-o e, assim, reagindo contra suas arbitrariedades.

Conceitua-se a arbitragem como a solução de uma controvérsia por pessoa alheia e distinta das partes que não tem o caráter de juiz, nas palavras de Mário Paso Cosmópolis.[17]

Para Carlos Alberto Carmona é "meio alternativo de solução de controvérsias através da intervenção de uma ou mais pessoas que recebem seus poderes de uma convenção privada, decidindo, com base nela, sem intervenção estatal, sendo a decisão destinada a assumir a mesma eficácia da sentença judicial".[18]

Aproxima-se a arbitragem com a forma de composição judicial, "pois o árbitro nomeado exercerá sua atividade como um verdadeiro julgador privado, mas com inúmeras vantagens".[19]

Somam-se estes aspectos relevantes do conceito: atividade privada, afastada da intervenção estatal, baseada em convenção das partes, que se apresenta como meio alternativo de solução de controvérsias, muito aproximado do sistema jurisdicional, mas que demonstra algumas vantagens sobre este.

A razão fundamental de estímulo à busca de novos meios de solução de litígios em sociedade revela-se pelo congestionamento das vias judiciais. Demora identificada em inúmeros sistemas judiciários

---

16. Marco Antônio César Villatore, "Arbitragem na solução de conflitos no Direito Comparado", *Revista Gênesis de Direito do Trabalho* 126/78, Ano 9, Curitiba, Gênesis, julho/2000.
17. Mário Paso Cosmópolis, "Los conflictos colectivos del trabajo y el arbitraje", exposição havida no Congresso Ibero-Americano de Direito do Trabalho e de Seguridade Social, segundo os *Anais*, vol. 7, s/ed., San Domingo, 1984, p. 4.
18. Carlos Alberto Carmona, *Arbitragem e Processo – Um Comentário à Lei 9.307/1996*, São Paulo, Malheiros Editores, 1998, p. 47.
19. Marco Antônio César Villatore, "Arbitragem na solução de conflitos no Direito Comparado", cit., *Revista Gênesis de Direito do Trabalho* 126/79.

ao redor do mundo, e que chegou a inspirar Vicenzo Vigoriti em chamar o resultado deste fracasso como razão de "rejeição do processo civil": "L'espressione rifiuto è volutamente forte: comunica sfiducia e frustrazione verso lo strumento tipico di decisione delle controversie, sentito come inadeguato e non concludente. Questo è di più della c.d. *popular dissatisfaction* verso amministrazione della Giustizia Civile (...)".[20]

Estêvão Mallet, por ocasião da discussão sobre a implantação do sistema de conciliação extrajudicial, de que resultou a já citada Lei 9.958, ponderava que "chega mesmo a soar algo contraditório criticar o projeto de criação dessas comissões e nada fazer para diminuir o prazo de tramitação dos processos trabalhistas. Assegurar às partes, abstratamente, o direito de acesso ao Judiciário muito pouco significa se, para a decisão da causa, é de rigor longa demora".[21] A lição ecoa os ensinamentos de Mauro Cappelletti e Brian Garth, que, em seu estudo sobre o *acesso à Justiça*, declaram que a Justiça se torna inacessível a algumas pessoas se, num prazo razoável, não se desincumbe de suas funções essenciais.[22] Prazo razoável de solução das controvérsias, diga-se logo, tornou-se garantia fundamental no direito constitucional brasileiro, por força da Emenda 45/2004, que inseriu o inciso LXXVIII no art. 5º: "a todos, no âmbito judicial e administrativo, são assegurados a razoável duração do processo e os meios que garantam a celeridade de sua tramitação".

Das vantagens da aplicação da arbitragem – sintetizadas por Rodolfo Pamplona Filho como celeridade, informalidade do procedimento, confiabilidade, especialidade, confidencialidade e flexibilidade[23] –, por certo que a celeridade mais impressiona e se mostra revestida de mais pungentes argumentos, em face da estagnação da máquina judiciária assistida pelos cidadãos brasileiros nas últimas duas décadas.

20. Vicenzo Vigoriti, "Il rifiuto del processo civile", *RePro* 99/40, Ano 25, São Paulo, Ed. RT, julho-setembro/2000.
21. Estêvão Mallet, *Apontamentos de Direito Processual do Trabalho*, São Paulo, LTr, 1997, p. 26.
22. Mauro Cappelletti e Brian Garth, "Os métodos alternativos de solução de conflitos no quadro do movimento universal de acesso à Justiça", *RF* 326/121-129, Rio de Janeiro, Forense.
23. Rodolfo Pamplona Filho, "Arbitragem trabalhista: visão didática", *Revista Trabalho e Doutrina* 9/34, Ano 22, São Paulo, Saraiva, 1999.

Lílian Fernandes da Silva analisa sinteticamente as posições possíveis acerca da natureza jurídica do instituto, nestes termos: "Para aqueles que defendem a natureza privatista, a arbitragem é um contrato, uma convenção na qual as partes concedem poderes ao árbitro e o laudo (*rectius*, sentença arbitral) é uma manifestação das mesmas. Para os que têm como posição a natureza jurisdicional, a arbitragem é o verdadeiro processo e a jurisdição deve ser entendida como atuação da vontade da lei por meio de emissão de decisões não exclusivamente do Poder Judiciário. O árbitro escolhido de comum acordo tem o poder de proferir decisão mais justa, utilizando-se da jurisdição. Para os defensores da natureza híbrida, a arbitragem é um processo privado para solução de controvérsias, é forma privada de sentença com as vestes do poder de uma decisão judicial entre particulares em oposição às Cortes judiciais. É um acordo consensual no qual a solução da questão é dada por terceira pessoa: também é judicial porque põe fim à disputa, possibilitando seu cumprimento como um julgamento de mérito do Judiciário".[24]

Como a crise do processo judiciário não se esgota no interior das fronteiras continentais do Brasil, analisem-se as aplicações do instituto, em direito do trabalho, no sistema extranacional.

4. Notas do Direito não-nacional de aplicação da arbitragem no direito do trabalho

A Organização Internacional do Trabalho (OIT) preconiza a solução de todo e qualquer conflito, assim como a construção de regramentos atinentes ao trabalho, por meio da reunião dos atores em comissões e comitês tripartites. A própria Organização constitui-se, em seus órgãos mais relevantes, da comunhão entre Governo, empregadores e empregados, como exemplifica o Conselho de Administração: "O Conselho de Administração da OIT é formado por *28 representantes dos governos, 14 dos trabalhadores e 14 dos empregadores*. Dez dos postos governamentais são ocupados permanentemente pelos países de maior importância industrial (Alemanha, Brasil, China, Estados Unidos da América, França, Índia, Itália, Japão, Reino Unido e Rússia).

---

24. Cit. por Rodolfo Pamplona Filho, idem.

Os representantes dos demais países são eleitos a cada três anos pelos delegados governamentais na Conferência, de acordo com a distribuição geográfica. Os empregadores e os trabalhadores elegem seus próprios representantes em colégios eleitorais separados".[25]

E a Conferência Internacional, mais importante órgão em funcionamento na OIT: "A Conferência Internacional do Trabalho funciona como uma assembléia geral da OIT. Cada Estado-membro tem direito a enviar *quatro delegados à Conferência (anualmente em Genebra, em junho), acompanhados por conselheiros técnicos: dois representantes do governo, um dos trabalhadores e um dos empregadores, todos com direito a voto independente.* O Ministro de Estado responsável pelos assuntos trabalhistas em cada país pode assistir à Conferência e intervir nos debates. Cada um dos delegados tem total independência de voto, podendo votar em sentido contrário ao governo de seus países, assim como dos outros delegados".

Para a solução de dissídios, expressamente, a OIT, via da Recomendação 92/1951, estabelece a linha de aplicação da arbitragem: "Art. I. **Conciliação voluntária:** 1. Deveriam estabelecer-se organismos de conciliação voluntária apropriados às condições nacionais com o objetivo de contribuir para a prevenção e para a solução dos conflitos de trabalho entre empregadores e trabalhadores. 2. Todo organismo de conciliação voluntária estabelecido sobre uma base mista deveria compreender uma representação igual de empregadores e de trabalhadores."[26]

Note-se que, a par da indicação da solução voluntária e não-estatal, a OIT insiste na composição multifacetada das comissões de arbitragem, com a participação paritária de empregadores e trabalhadores. No Brasil o formato inicial das Juntas de Conciliação, primeiro administrativas, vinculadas ao Ministério do Trabalho e Emprego, depois, a contar da Constituição da República de 1946, integrantes do Poder Judiciário, tomou esse modelo, como se lê no art. 647 da CLT:

"Art. 647. Cada Junta de Conciliação e Julgamento terá a seguinte composição: a) um juiz do trabalho, que será seu presidente; b) dois

---

25. Informações colhidas em *http://www.oitbrasil.org.br/inst/struct/confer_inter.php*, acesso em maio/2006.
26. Texto disponível em *http://www.ilo.org/ilolex/spanish/recdisp2.htm*, acesso em maio/2006 (vertido pelo autor a partir da versão oficial espanhola).

juízes classistas, sendo um representante dos empregadores e outro dos empregados.

"Parágrafo único. Haverá um suplente para cada juiz classista" (redação dada ao artigo pelo Decreto-lei 9.797, de 9.9.1946, e de acordo com a CF de 1988, art. 116 e parágrafo único, antes da Emenda Constitucional 24/1999).

Tínhamos, assim: o Estado – um juiz do trabalho, presidente –, empregadores e empregados, estes por representantes não-técnicos, leigos, indicados pelos sindicatos respectivos e com mandatos provisórios, limitados a três anos, com possibilidade de uma só recondução.

A experiência nestas plagas tropicais foi desastrosa, no entanto. O caráter subjetivo e estritamente político das indicações sindicais acabou por construir um sistema de favorecimentos e trocas indevidas de poder, que resultou, em alguns Tribunais Regionais, como o de São Paulo, na presença marcante de Sindicatos representativos de categorias desimportantes – como a de criadores de cavalos manga-larga, por exemplo –, muitos dos quais formados apenas para dar lugar a candidaturas de *classistas*, em detrimento de categorias maiores e mais expressivas.[27] A calamidade e o descalabro dessas nomeações culminaram, após longa e extenuante luta das associações de magistrados do trabalho,[28] com a promulgação do modelo constitucional hoje vigente, de organização da Justiça do Trabalho em Varas do Trabalho, TRTs e TST, sem a participação de qualquer vogal não-técnico em direito (do trabalho).

Para a OIT a solução da via arbitral, com amplo estímulo à conciliação das partes, deverá funcionar como instrumento de prevenção

27. Sob a presidência de Pedro Carlos Sampaio Garcia, a Associação dos Magistrados da Justiça do Trabalho da 2ª Região (São Paulo) chegou a apresentar mais de uma centena de impugnações à investidura de classistas, que não chegaram a ter o mérito apreciado pelo TRT, sob o argumento de carência por ilegitimidade ativa. Estas impugnações revelam, no entanto, a que ponto chegou o descontrole do instituto da formação tripartite para solução de dissídios trabalhistas.

28. Capitaneadas pela Associação Nacional dos Magistrados da Justiça do Trabalho (ANAMATRA), que, sob presidência de Beatriz de Lima Pereira, empreendeu guerra aberta à instituição, da qual resultou a aprovação da Emenda Constitucional 24/1999, após esforço desgastante de três anos, que extinguiu o modelo, tornando o primeiro grau de jurisdição trabalhista unipessoal, preenchido por magistrado concursado, que atua, desde então, na Vara do Trabalho.

dos meios de solução por autotutela – greves e *lock-outs* – assim como dotar seus resultados – laudos arbitrais – da mesma força das convenções coletivas de trabalho:

"4. Se um conflito é submetido a procedimento de conciliação com o consentimento de todas as partes interessadas, deveriam ser estimuladas à abstenção de recorrerem a greves e *lock-outs* enquanto perdurarem as tratativas do procedimento.

"5. Todos os acordos que puderem ser celebrados pelas partes durante o procedimento ou sua conclusão (laudo arbitral) deveriam redigir-se e considerar-se equivalentes a contratos livremente celebrados."

A Comunidade Européia assumiu, desde a Carta Social de Turim, promulgada em 18.10.1961, a arbitragem como meio de solução voluntária e regular dos conflitos do trabalho,[29] mesmo mecanismo reforçado pela Carta Comunitária dos Direitos Sociais Fundamentais dos Trabalhadores, de Estrasburgo, 9.12.1989, cujo art. 13 estipula: "Onde favorecer a composição das pendências de trabalho, deve-se encorajar, conforme as praxes nacionais, a instituição e o emprego, aos níveis apropriados, de procedimentos de conciliação, mediação e arbitragem".[30]

No regime jurídico da Espanha, o Estatuto dos Trabalhadores garante, no art. 91, o estabelecimento de procedimentos como mediação e arbitragem para solução de controvérsias coletivas derivadas da aplicação e da interpretação das convenções coletivas. E, a partir das ponderações de Rafael Hinojosa Segovia, tem-se que não há adesão significativa entre os jurisdicionados à via da solução fora do Estado: "A experiência espanhola dos últimos anos revela que, em que pese à profunda crise que atravessa a jurisdição civil, segue sem existir em nosso país uma autêntica cultura alternativa. A arbitragem é um sistema menos formalista e mais rápido que o processo, porém é inequivocamente mais limitado, enquanto em seu âmbito de aplicação é menos garantidor que o processo".[31]

29. Título II, art. 6º, item 3.
30. *Gazzetta Ufficiale delle Comunità Europee* de 3.8.1965 e de 31.12.1990.
31. Rafael Hinojosa Segovia, "Arbitraje nacional: la experencia espanola", distribuído no Congresso Internacional *Processi di Integrazione e Soluzione delle Controversie, dal Contenzioso fra gli Stati alla Tutela dei Singoli*, cit. por Marco Antônio César Villatore, "Arbitragem na solução de conflitos no Direito Comparado", cit., *Revista Gênesis de Direito do Trabalho* 126/86.

No Canadá, em matéria laboral, o sistema tem caráter obrigatório, ao contrário do que se vê comumente nos Estados Unidos da América. Naquele país, "toda convenção coletiva obrigatoriamente há de prever um procedimento para solução dos litígios decorrentes de sua aplicação e interpretação. Em caso de omissão, as leis provinciais e também as federais prevêem que a arbitragem de reclamações será o único mecanismo para solução dos conflitos"[32] – o que dá, em virtude de opção política, caráter exclusivo para esta via de solução.

A Lei *Taft-Hartley*, de 1947, conhecida como "Lei de Conduta das Relações do Trabalho", revolucionou o uso da arbitragem no âmbito dos contratos de trabalho, como informa Firmino Alves Lima.[33] Nesta sistemática o árbitro é juiz de fato e direito, tem poderes acautelatórios e sua decisão somente pode ser levada ao Judiciário por força de violação frontal às leis. Por suas peculiaridades, o sistema normativo americano não contempla regras positivas minudentes, o que restringe a arbitragem à interpretação e à aplicação das convenções e acordos coletivos de trabalho, universo fora do qual não há, quase, direito tutelável.

Na França, embora haja previsão normativa para a arbitragem – art. 525-I do Código do Trabalho –, o fato de sua utilização implicar atraso no procedimento prévio de conciliação e mediação sugere o desuso do método, como pondera Marco Antônio César Villatore, que aduz intenção do legislador em não regular expressamente sua utilização: "A arbitragem, muito usada em 1936/1938, encontra-se atualmente obsoleta. A Lei 82-957, de 13.11.1982, que orientou os arts. 525-I e ss. do Código de Trabalho, não tentou esclarecer este procedimento".[34]

Excetuadas as questões de interesse público, qualquer disputa pode ser submetida ao juízo arbitral na Inglaterra, consoante o *Arbitration Act* de 17.6.1996.[35] Segundo o art. 45, na leitura que dele faz

---

32. Denis Nadeau, "Solução dos conflitos trabalhistas no âmbito sindical no Canadá: arbitragem das reclamações", *Revista do TST* 67-4/121, Brasília, Síntese, outubro/2001.

33. Firmino Alves Lima, "Solução dos conflitos trabalhistas pela arbitragem nos Estados Unidos da América", *Revista Trabalho e Doutrina* 6/77, São Paulo, Saraiva, setembro/1995.

34. Marco Antônio César Villatore, "Arbitragem na solução de conflitos no Direito Comparado", cit., *Revista Gênesis de Direito do Trabalho* 126/89.

35. Iara Alves Cordeiro Pacheco, *Os Direitos Trabalhistas e a Arbitragem*, cit., p. 27.

Iara Alves Cordeiro Pacheco, "salvo acordo em contrário, se surgir questão de direito durante o procedimento arbitral, qualquer das partes poderá requerer que a jurisdição estatal se manifeste, após ouvir a parte contrária" – o que dá caráter híbrido ao sistema, na medida em que a intervenção do Estado pode operar-se *pleno jure*, a qualquer tempo, em consonância com o teor dos direitos em debate.

No México, embora amplamente utilizado em conflitos coletivos do trabalho, o sistema arbitral encontra proibição e é inaplicável[36] aos litígios individuais de trabalho, seara em que operam as Juntas de Conciliação e Arbitragem, organismos estatais vinculados ao Ministério do Trabalho – Poder Executivo, portanto –, compostos por três "juízes", representantes, cada qual, de Estado, empregadores e empregados.

O avançado Código de Trabalho de Portugal prevê a instituição de arbitragem obrigatória como meio de solução das controvérsias do contrato de trabalho, singulares ou coletivas, e indica que a fonte de regulação dessa matéria deve encontrar-se nas convenções coletivas, como se lê no art. 541, "f": "Art. 541. As convenções coletivas de trabalho devem, designadamente, regular: (...) f) os processos de resolução dos litígios emergentes de contratos de trabalho, instituindo mecanismos de conciliação, mediação e arbitragem".[37]

Nesta altura, cumpre analisar a pertinência e a possibilidade de aplicação do sistema de solução de litígios por meio de arbitragem no âmago do direito positivo brasileiro para as questões emanadas das relações de trabalho.

5. *Direito do trabalho:*
solução de conflitos coletivos e arbitragem

Os conflitos havidos entre as categorias econômica – empregadores – e profissional – trabalhadores – conceituam-se como conflitos coletivos de trabalho. Seu cerne identifica-se com as condições de tra-

36. Sérgio Pinto Martins, *Direito Processual do Trabalho*, 13ª ed., São Paulo, Atlas, 2000, p. 81.
37. Código promulgado em 2003, disponível em *http://www.portugal.gov.pt/ Portal/PT/Governos/Governos_Constitucionais/GC15/Ministerios/MSST/Comunicacao/Outros_Documentos/20030827_MSST_Doc_Codigo_Trabalho.htm*, acesso em maio/2006.

balho de determinada categoria, que se buscam incrementar por meio de convenção coletiva de trabalho (ou, no âmbito de uma empresa ou grupos de empresas, por acordo coletivo de trabalho).

O Texto Político é, para os direitos trabalhistas, patamar inicial, piso, a partir do qual são aceitáveis todas as modificações, desde que mais benéficas aos trabalhadores, como se depreende do *caput* do art. 7º, de nítido caráter inclusivista: "São direitos dos trabalhadores urbanos e rurais, *além de outros que visem à melhoria de sua condição social*: (...)".

O mesmo dispositivo constitucional garante o "reconhecimento das convenções e acordos coletivos de trabalho", no inciso XXVI. A base para o desenvolvimento desta via autônoma, sem intervenção de terceiros, de solução – e, mais que isto, de prevenção – dos conflitos trabalhistas, que são os acordos e convenções coletivas, é a negociação coletiva. O impasse nesta negociação deságua na necessidade de intervenção de terceiro, quer por meio de arbitragem (ou mediação), quer pela via judicial.

Criou-se, com a instituição da via judicial para solução dos impasses negociais coletivos, o poder normativo da Justiça do Trabalho. Instituído pela CF de 1946, através de seu art. 123, § 2º – que dispunha: "§ 2º. A lei especificará os casos em que *as decisões*, nos dissídios coletivos, poderão *estabelecer normas e condições de trabalho*" –, o poder normativo conceitua-se como o poder "constitucionalmente conferido aos Tribunais Trabalhistas de dirimirem os conflitos coletivos de trabalho mediante o estabelecimento de novas e mais benéficas condições de trabalho, respeitadas as garantias mínimas já previstas em lei".[38]

A palavra-chave do conceito, retirada do Texto Constitucional – primeiro o de 1946, repetido, depois, em 1967 e 1969 e vigorando, muito semelhante, em 1988, art. 114, § 2º –, é "estabelecer". Ora, "estabelecer" é "criar, instituir, fundar".[39] Apenas daí é que se extrai a possibilidade de atuação do Judiciário em função típica do Legislati-

---

38. Ives Gandra da Silva Martins Filho, *Processo Coletivo do Trabalho*, 2ª ed., São Paulo, LTr, 1996, p. 13.
39. Aurélio Buarque de Holanda Ferreira, *Aurélio Século XXI – o Dicionário da Língua Portuguesa*, 3ª ed., totalmente revista e ampliada, Rio de Janeiro, Nova Fronteira, 1999, p. 825, segundo sentido do vocábulo.

vo, para "criar, instituir, fundar" ou "estabelecer" normas abstratas e gerais aplicáveis às categorias em dissídio coletivo.

Não obstante a flexibilização da idéia montesquiana – antes, aristotélica – da tripartição de Poderes, certo é que a doutrina, em razão do sistema de pesos e contrapesos, exige clara separação entre as atividades típicas de cada um dos componentes do Estado, excepcionando expressamente as hipóteses em que um possa invadir a esfera da atuação do outro.

Exemplos disto encontram-se na lei delegada (art. 68 da CF) e na medida provisória (art. 62), quando o Executivo legisla, no julgamento do Presidente da República pelo Senado (art. 52, I), quando o Legislativo julga, e na criação dos regimentos internos dos tribunais (art. 96, I), quando o Judiciário cria normas gerais e abstratas, função do Legislativo.

Dalmo de Abreu Dallari bem explica o sistema vigente em quase todas as Constituições modernas, destacando o caráter excepcional da invasão de funções: "(...) os atos que o Estado pratica podem ser de duas espécies: ou são atos gerais ou são especiais. Os gerais, que só podem ser praticados pelo Poder Legislativo, constituem-se na emissão de regras gerais e abstratas, não se sabendo, no momento de serem emitidas, a quem elas irão atingir. Dessa forma, o Poder Legislativo, que só pratica atos gerais, não atua concretamente na vida social, não tendo meios para cometer abusos de poder nem para beneficiar, nem para prejudicar a uma pessoa ou a um grupo particular. Só depois de emitida a norma geral é que se abre a possibilidade de atuação do Poder Executivo por meio dos atos especiais. O Executivo dispõe de meios concretos para agir, mas está igualmente impossibilitado de atuar discricionariamente, porque todos os seus atos estão limitados pelos atos gerais praticados pelo Legislativo. E se houver exorbitância de qualquer dos Poderes surge a ação fiscalizadora do Poder Judiciário, obrigando cada um a permanecer nos limites de sua respectiva esfera de competência".[40]

Por ocasião da Assembléia Nacional Constituinte, quando se discutia a extinção do poder normativo, manifestou-se Evaristo de Mo-

---

40. Dalmo de Abreu Dallari, *Elementos da Teoria Geral do Estado*, 16ª ed., atualizada e ampliada, São Paulo, Saraiva, 1991, pp. 184-185.

raes Filho, defendendo sua manutenção, esclarecendo a necessidade inafastável de figuração, na Carta Maior, do poder de criação de normas abstratas, sob pena de não se tornar possível sua aplicação ou instituição pela lei ordinária: "A Justiça do Trabalho, porém, tem peculiaridades que não devem ser esquecidas no Texto Constitucional, precisamente por serem peculiaridades. Praticamente ela ficará ineficiente e se tornaria inoperante para julgar os dissídios coletivos se não se lhe desse a competência normativa. *E esta a lei ordinária não poderá dar, assim o entendo, se antes não o houver feito de modo expresso a Constituição* que estamos elaborando"[41] (sem grifos no original).

O poder de criação de normas pelo Judiciário, exercido através do chamado "poder normativo", é, portanto, excepcional. Foi, ao ver de alguns,[42] extinto pela Emenda Constitucional 45, porque a expressão "estabelecer normas", repetida nas Constituições de 1946 e 1967, na Emenda 1/1969 e na Carta-cidadã de 1988, foi extirpada pela Emenda 45, o que aniquila o poder de criar normas. Os Tribunais do Trabalho, quando provocados por ambas as partes, de comum acordo, decidirão o dissídio coletivo econômico, baseando seu pronunciamento na observância das garantias mínimas legais e nas cláusulas que já vigeram entre as partes litigantes. Leia-se o Texto Maior, art. 114, § 2º, com a redação que lhe dá a Emenda Constitucional 45: "§ 2º. Recusando-se qualquer das partes à negociação coletiva ou à arbitragem, é facultado às mesmas, de comum acordo, ajuizar dissídio coletivo de natureza econômica, podendo a Justiça do Trabalho decidir o conflito, respeitadas as disposições mínimas legais de proteção ao trabalho, bem como as convencionadas anteriormente".

Esvazia-se, pois, o poder criativo do Estado-juiz na solução das controvérsias oriundas da negociação coletiva. A gravidade da alteração vem sendo objeto de ressentimento dos Tribunais do Trabalho, que adotaram, em casos como o do Regional de São Paulo, absoluto descrédito à modificação do texto, seguindo no conhecimento e deci-

---

41. Evaristo de Moraes Filho, "A sentença normativa", in Hugo Gueiros Bernardes (coord.), *Processo do Trabalho – Estudos em Memória de Coqueijo Costa*, São Paulo, LTr, 1989, p. 184.
42. O autor faz, no artigo "Cadê o poder normativo? – Primeiras ponderações sobre um aspecto restritivo na ampliação de competência instituída pela Emenda Constitucional 45" (*Suplemento Trabalhista LTr* 010-05/37, janeiro/2005), levantamento das modificações impostas pela Emenda Constitucional 45 sobre o poder normativo.

são dos dissídios coletivos de trabalho, como se mudança não houvera. Ao crivo do STF submete-se o dissenso, porque há mais de uma ação direta de inconstitucionalidade, distribuídas, por prevenção, ao Min. Peluzo, pendentes de decisão, às quais não foi concedida providência liminar.

Este poder excepcional – o poder normativo – de criação de normas, atrelado a um sistema sindical caduco, ultrapassado, corporativista e fruto da intervenção exacerbada do Estado, como era típico do regime vigente nos anos 1940, resultou por criar um círculo vicioso de que até hoje padecem as categorias envolvidas nos conflitos coletivos de trabalho. A inépcia dos sindicatos na condução da negociação gera o impasse, que se soluciona de forma relativamente rápida e com alto poder normativo (de criação de normas) pelo Judiciário. Em conseqüência, as partes ficam desestimuladas à negociação, buscando a certeza da intervenção estatal. Este ritmo impede a evolução do relacionamento entre os atores sociais e inibe a aplicação de outras formas de solução dos dissídios coletivos.

Nada obstante o quanto afirmado, a Constituição da República, mesmo antes da Emenda Constitucional 45, já previa, de forma expressa, a submissão dos conflitos coletivos à arbitragem, no art. 114, § 2º, redação anterior: "§ 2º. Recusando-se qualquer das partes à negociação ou à arbitragem, é facultado aos respectivos sindicatos ajuizar dissídio coletivo, podendo a Justiça do Trabalho estabelecer normas e condições, respeitadas as disposições convencionais e legais mínimas de proteção ao trabalho".

O "poder normativo" dos Tribunais do Trabalho e sua utilização como via de supressão da omissão legislativa desestimularam o acesso a essa via extrajudicial de solução dos conflitos. A "arbitragem obrigatória" do Estado na hipótese de recusa à negociação ou à arbitragem funciona como freio para a utilização de mecanismos alternativos. Ante a expressa previsão constitucional, não há, no entanto, qualquer óbice jurígeno para a aplicação da arbitragem nos conflitos coletivos, como unanimemente reconhece a doutrina pátria. Leis esparsas o confirmam, como a Lei 7.738, art. 3º, e a Lei 8.630, art. 23 e seus §§.

Analise-se, pois, a aplicação do instituto às relações conflituosas individuais de trabalho.

6. Direito do trabalho: solução de conflitos individuais e arbitragem

A questão inicial, e grave, para a aplicação da arbitragem no universo dos litígios individuais de trabalho – *rectius*, nas relações de emprego – consiste na omissão proposital e eloqüente do Texto Maior acerca de sua implementação. Na medida em que a Constituição da República, ao autorizar a incidência da arbitragem em conflitos do trabalho, de forma expressa, limita-a aos conflitos coletivos – redação do art. 114, § 2º, da CF, já transcrito –, a conclusão imperativa é a de que não se aplica a arbitragem aos conflitos individuais de emprego.

Mesmo os defensores das vias alternativas extrajudiciais para solução das lides trabalhistas individuais ressentem-se da necessidade de expressa regulação da matéria, sugerindo, como faz Octávio Bueno Magano, que: "(...) o ideal seria uma emenda à Lei 9.307, incluindo expressamente os conflitos individuais do trabalho no seu âmbito de incidência. Inviabilizada ou retardada a solução acima preconizada, o caminho que poderia ser, desde logo, trilhado seria o do incentivo à inclusão das cláusulas de arbitragem no bojo das convenções e dos acordos coletivos de trabalho".[43]

Antes de pesquisar os meandros normativos acerca do tema, importante é vislumbrar a natureza dos dissídios trabalhistas que poderão ser submetidos ao sistema de solução extrajudicial da arbitragem.

Como já escrevemos alhures,[44] se indissociáveis mostram-se direito substancial e direito processual ou, em hipótese menos severa, o segundo vem impregnado das características encontradas no primeiro, cumpre analisar um singular princípio do processo do trabalho, identificado essencialmente com o direito que pretende tutelar. Do direito há, como dito por Délio Maranhão,[45] uma "fonte das fontes", que é o próprio fato social, *ubi societas ibi ius*. Preceito verdadeiro, em termos genéricos, para o Direito, muito mais efetivo e relevante para o direito do trabalho, cujos fundamento e objeto são a identificação de um

---

43. Octávio Bueno Magano, "Solução de conflitos", *RDTrabalho* 116/372, São Paulo, Ed. RT, outubro-dezembro/2004.
44. Marcos Fava, *Ação Civil Pública Trabalhista: Teoria Geral*, São Paulo, LTr, 2005, pp. 63 e ss.
45. Délio Maranhão, *Instituições de Direito do Trabalho*, São Paulo, LTr, 2000, p. 154.

singular conflito social,[46] típico da sociedade capitalista industrial, que evoluiu no século XIX, com o franco crescimento dos sistemas de produção em massa e, conseqüentemente, da agregação numérica de trabalhadores.

Em sua essência, sustenta-se o direito do trabalho num conflito não-conjuntural, não-eventual, não-acidental, diversamente do que ocorre com os demais ramos do Direito, que regulam as situações, evitando a subversão. Ao regular as regras de locação, o Código Civil descreve o contrato, fixa-lhe os regramentos, mas não parte, por premissa, de qualquer relação conflituosa. Previne-a – isto, sim. O surgimento do direito laboral na História corresponde ao arrebento do sistema de pesos e contrapesos sociais, um instante de ruptura do *status* vigente, por reação de um dos grupos vinculados na relação subordinada de trabalho. A sociedade estrutura-se, à época, pela separação de classes estabelecida a partir da detenção dos instrumentos de produção: em capital e trabalho divide-se o cenário social, numa contínua tensão estrutural. O direito do trabalho vem, pois, como resposta "históricamente a una solución defensiva del Estado Liberal para, mediante la promulgación de normas protectoras de los trabajadores, atender a la integración e institucionalización del conflicto entre el trabajo asalariado y el capital en términos compatibles con la estabilidad del sistema económico establecido", como leciona Manuel-Carlos Palomeque López.[47] O professor de Salamanca acentua ser essa a função do direito do trabalho, a integração do conflito estrutural do sistema de produção baseado na prestação generalizada de trabalho assalariado, identificando, com isto, o cerne e a gênese do direito laboral.

A finalidade social do direito do trabalho é inegável, o que, em tempos pregressos, na Faculdade de Direito da Universidade de São Paulo, suscitou célebre e acalorado debate entre Miguel Reale e Ce-

---

46. Atento a tal princípio, pronunciou-se assim o Tribunal Constitucional de Espanha, na Decisão 3/1983, transcrita por Manuel-Carlos Palomeque López in *Derecho del Trabajo e Ideología*, 5ª ed., Madri, Tecnos, 1995, p. 1: "La disparidad normativa se asienta sobre una desigualdad originaria entre trabajadores y empresario que tiene su fundamento no solo en la distinta condición económica de ambos sujetos, sino en su respectiva posición en la propia y especial relación jurídica que los vincula, que es de dependencia o subordinación de uno respecto del otro".

47. Manuel-Carlos Palomeque López, *Derecho del Trabajo e Ideología*, cit., 5ª ed., p. 17.

sarino Jr., sustentando o primeiro que todo Direito é social, enquanto tencionava utilizar essa expressão como nome da cátedra de Direito do Trabalho, o segundo. Isto lhe traz características marcantes, como o intervencionismo, o caráter imperativo de suas normas e o tratamento de seu objeto como direito indisponível. Interessante notar que no ordenamento italiano a abrangência desses traços inclui qualquer prestação de serviços, não se limitando ao serviço assalariado subordinado, como anota Francesco Paolo Luiso, comentando o art. 2.113 do CC daquele país: "Non si applica soltanto ai rapporti di lavoro dipendente, ma a tutti quanti i rapporti disciplinati dell'art. 409 c.p.c., e quindi anche ai diritti del mezzadro, colono, affittuario coltivatore diretto, ed ai diritti del prestatore di lavoro c.d. parasubordinato".[48] Regra admiravelmente válida, como se pode concluir da análise das similitudes das condições de qualquer trabalho pessoal não genuinamente autônomo, que deveria incorporar-se ao ordenamento pátrio, com a modificação, inclusive, da competência jurisdicional para a Justiça do Trabalho.[49]

O direito material do trabalho reveste-se, portanto, de qualificadora marcante, cujo núcleo corresponde à intervenção social, buscando proteção estatal para uma das partes do contrato básico da relação de trabalho, o empregado, que, por se despir de qualquer instrumento diverso à sua própria capacidade de trabalho, converte-se em hipossuficiente frente ao detentor do capital, o contratante. Ao direito processual, que assegurará a efetividade das normas protetivas das garantias normativas trabalhistas, impõe-se a impregnação das mesmas características, a partir dos dados emergentes da própria realidade, como o reconhece Giovanni Tesorieri, ao ponderar: "L'esigenza di una tutela giurisdizionale differenziata si pone, come si è detto, e come può ben riconoscersi, in relazione a determinate categorie di rapporti, cioè a

48. Francesco Paolo Luiso, *Il Processo del Lavoro*, Turim, UTET, 1992, p. 41.
49. Tramita no Congresso Nacional projeto de lei do senador Íris Resende, elaborado a partir de subsídios da Associação Nacional de Magistrados da Justiça do Trabalho – ANAMATRA, que leva para a competência da Justiça do Trabalho as lides decorrentes do trabalho dos corretores autônomos, dos transportadores autônomos, bem como as que decorram de conflitos cooperativos (PLS 288-2001, que na Câmara recebeu o n. 6.671/2002). Nota posterior: a Emenda Constitucional 45, de 8.12.2004, publicada em 31 de dezembro do mesmo ano, ampliou a competência da Justiça do Trabalho para abranger os dissídios decorrentes das "relações de trabalho", não mais das "relações de emprego", superando, em muito, a pretensão do referido projeto de lei.

dei dati obiettivi emergenti dalla realtà".⁵⁰ Diversas são as conseqüências práticas, para o processo laboral, do reconhecimento de uma função – ou princípio – de intervenção social, do que é exemplo o enfraquecimento do poder dispositivo da parte, encerrado na instauração *ex officio* de dissídio coletivo, em caso de suspensão das atividades de trabalho, ou na concessão, aparentemente *extra petita*, de direitos garantidos na legislação, mas não explicitamente requeridos na exordial – *v.g.*, a multa do art. 467 da CLT.

A doutrina processual vislumbra o tratamento diferenciado, em razão do objeto do processo do trabalho, às partes, quebrando-se um dogma do processo comum, arraigado na exacerbada igualdade dos litigantes. Neste sentido, Piero Calamandrei pondera "che vi siano due parti in contradditorio, in modo che il giudice possa udire le razioni di tutti e due occorre altresì che questi due parti si trovino tra loro in condizione di parità, non meramente formale (che più voler dire teorica) che vi sia fra esse una effettiva parità tecnica ed anche economica".⁵¹ E tal diferenciação se dá – na expressão de Tesoriere, vertida por Márcio Túlio Viana – porque, "quando empregador e empregado assumem no processo as vestes formais de partes, não cessam por isso de ser o que sempre terão sido; a história das suas relações não se transforma numa outra história; é a mesma, que continua".⁵² História de conflito imanente, de submissão, de *jus variandi* e de *jus resistentiae*, de dependência e subordinação, de luta entre classes, paradigmática na construção do mundo moderno.

A busca da compensação intrínseca das partes litigantes no processo laboral corresponde a um princípio, identificado como da finalidade social, particular nessa espécie de processo. Explicitamente constava do Anteprojeto de Código de Processo do Trabalho, elaborado por Mozart Victor Russomano,⁵³ a seguinte proclamação: "Os órgãos

---

50. Giovanni Tesoriere, *Lineamenti di Diritto Processuale del Lavoro*, Pádua, CEDAM, 1978, p. 105.

51. Piero Calamandrei, *Processo e Democrazia*, cit. por Giovanni Tesoriere, *Il Processo del Lavoro*, Turim, UTET, 1992, p. 145.

52. Márcio Túlio Viana, "Aspectos gerais da prova no processo do trabalho", in Alice Monteiro de Barros, *Compêndio de Direito Processual do Trabalho*, 2ª ed., São Paulo, LTr, 2001, p. 331.

53. Assim consta da transcrição de Amauri Mascaro Nascimento, no *Curso de Direito Processual do Trabalho*, 10ª ed., São Paulo, Saraiva, 1989, p. 48.

da Justiça do Trabalho e do Ministério Público do trabalho, nos limites de sua competência específica, atuarão tendo em vista o interesse da coletividade, acima dos interesses individuais ou de classe, e concorrendo para que a lei trabalhista seja interpretada no seu sentido sociológico de instrumento de paz nacional". O processo haverá de ser, então, não regramento de uma forma abstrata de tutela jurisdicional, mas "all'opposto è uno *quid* di estremamente concreto che si modella sulle particolarità e sulle esigenze di tutela della situazione sostanziale dedotta in giudizio".[54] Nesta esteira, o mesmo doutrinador italiano, ao definir "processo", submete e vincula sua existência "a garantire che la norma sostanziale va attuata anche nell'iposeti di mancata cooperazione spontanea da parte di chi vi è tenuto".[55]

O processo do trabalho, cujo lineamento principiológico, na essência, foi agora descrito, ao lado do mister de ordenar o funcionamento da Justiça do Trabalho e a atuação prática desse ramo do Poder Judiciário, carrega função social relevante e imprescindível, que se confunde com realização da compensação contínua exigida pelo direito material do trabalho – princípio que naquela seara se reconhece como o *in dubio pro operario* –, o que o leva a se revestir, com maior responsabilidade, do caráter da efetividade. Não se abstrai, no plano processual, a desigualdade dos atores sociais que se relacionam no direito do trabalho, o que está a exigir dos mecanismos processuais a correção, o nivelamento, eficaz, não apenas formal, dos litigantes.

Tal é a natureza dos direitos trabalhistas, individualmente tomados – o que levou Arnaldo Sussekind a asseverar que a autonomia privada da vontade, nesta seara, presta-se apenas à aquisição de direitos.[56]

O regramento do direito do trabalho, cogente, impositivo, reveste-se de particular característica de irrenunciabilidade, por amealhar questões que envolvem a pessoa do trabalhador, sua higidez física e mental, além de regras de tutela do próprio contrato, necessárias ante a desigualdade dos atores contratantes. Tome-se, como único e expres-

---

54. Andrea Proto Pisani, *Studi di Diritto Processuale del Lavoro*, Milão, Franco Angeli Editore, 1976, p. 101.
55. Andrea Proto Pisani, *Appunti Sulla Giustizia Civile*, Bari, Cacucci Editore, 1982, p. 9.
56. Arnaldo Sussekind, *Curso de Direito do Trabalho*, Rio de Janeiro/São Paulo, Renovar, 2002, p. 138.

sivo exemplo, a limitação da jornada. Num ambiente em que o "pleno emprego" é, a par de objetivo da Constituição da República, apenas um sonho, qualquer empregado, convidado a assinar um contrato de trabalho com cláusula que fixasse a jornada diária em 20 horas, de pronto a aceitaria, o que exige a sublimação da autonomia privada da vontade, como único meio de assegurar a implementação dos direitos sociais do trabalho.

Cuidando de matéria dessa modalidade, imperioso é concluir pela possibilidade tênue de transação, mesmo após o término da avença laboral, acerca dos direitos trabalhistas. De renúncia, então, nem se cogita! Neste quadro, busque-se a aplicação da arbitragem.

Como já visto, o sistema de arbitragem traz por traços característicos sua natureza privada, a celeridade e a autonomia do árbitro. Daí emanam as duas primeiras dificuldades para implementação do método na solução de dissídios individuais de trabalho: o custo e a confiança no árbitro.

Com efeito, o fundamento da qualidade das decisões arbitrais – e seu caráter eficazmente terminativo – emerge da confiança recíproca das partes sobre a pessoa do árbitro. Num contrato em que a adesão é traço marcante, não existindo, com a ressalva de situações especialíssimas, qualquer participação da vontade do trabalhador no desenho dos limites da avença, não há como imaginar a indicação de um árbitro que possa atingir o grau de confiança de ambas as partes, como medida da eficácia de sua decisão. Neste ponto, solução viável para superar a primeira dificuldade encontra-se na eleição dos árbitros – ou câmaras de arbitragem – por meio de acordo coletivo de trabalho ou de convenção coletiva de trabalho. Representado pelo sindicato nas negociações coletivas, o empregado poderia ter a certeza da isenção do árbitro designado pelo contrato coletivo de trabalho.

Quanto ao custo, para o trabalhador é imensuravelmente mais barato o acesso ao Judiciário, já que prescinde do mister de advogado[57]

---

57. De forma alguma o autor defende o *jus postulandi* da parte no processo trabalhista, por sua crença insofismável na necessidade de ser o acesso ao Judiciário um acesso técnico, hipótese em que a cooperação do profissional da Advocacia é fundamental. O sistema imposto pela Consolidação das Leis do Trabalho fez, no entanto, construir-se uma prática de Advocacia *ad exitum*, cobrando-se os honorários apenas e se atingido o sucesso da demanda – com o quê resta facilitado, mesmo com a companhia de advogado, o acesso à Justiça do Trabalho.

(art. 791 da CLT) e não antecipa custas (art. 789 da CLT). Sem poder suportar os honorários do árbitro, o empregado tende a não cogitar da aplicação da arbitragem para solução de seus dissídios. De outro lado, a transferência deste custo apenas ao empregador mitigará a isenção do julgador privado, ao menos aos olhos da parte contrária, que não confiará naquele que resta pago pelo outro litigante. A utilização do Ministério Público do Trabalho, como prevê a Lei Complementar 75/1993, art. 83, como árbitro pode funcionar como alternativa a este impasse.

A questão central, no entanto, não se resolve e vem contida na feliz expressão de Jorge Souto Maior:[58] "como garantir que as técnicas extrajudiciais se constituam uma alternativa eficaz para a efetivação da ordem jurídica social"?

O objeto do litígio trabalhista puro – isto é, o que deflui das relações de emprego – transborda a relação individual, caminhando para imersão no universo da ordem jurídica social. Solucionar um conflito individual é confirmar ou negar a eficácia desta ordem, de inestimável valor para a sociedade, porque garantidora do respeito à dignidade humana. Com vistas a garantir a proteção da ordem social, o mesmo jurista propõe, em uma de suas conclusões, que este experimento deve evitar "servir ao propósito de institucionalizar a renúncia dos direitos sociais".[59]

A celeridade na decisão da lide funciona, ao reverso, como atrativo inquestionável em prol da arbitragem, na medida em que o julgador privado encontra-se imune aos regramentos processuais, e sua decisão, aos recursos. Mesmo num sistema ágil e enxuto, como é o processo do trabalho, a interposição de pelo menos dois recursos na fase de conhecimento e um terceiro na fase de execução impende o processo a percorrer, entre a distribuição do pedido e o recebimento da prestação obrigacional prevista no julgado, nunca menos que cinco anos – tempo absurdo e inadmissível, tratando-se de prestação alimentícia (art. 100 da CF).

A autonomia do árbitro, que é juiz de fato e de direito, encontra limites na irrenunciabilidade dos direitos trabalhistas, uma vez que esta natureza impede a aplicação do maior mecanismo de autoridade atri-

---

58. Jorge Souto Maior, "Os modos extrajudiciais de solução dos conflitos individuais do trabalho", revista *LTr* 6/685, Ano 66, São Paulo, LTr.
59. Idem, p. 687, conclusão "f".

buído à arbitragem, que é a eqüidade. Privado ou público, o julgador dos dissídios individuais do trabalho encontra-se adstrito a um regramento severo, fechado, intervencionista e extremamente positivado.[60] No plano do mérito das decisões, pois, não haveria significativa mudança entre os julgamentos hoje prolatados pelo Estado-juiz e os que viriam a ser pelo árbitro privado.

Se fosse possível conceber relações de trabalho sem subordinação expressiva, aí haveria ampla aplicação do instituto da arbitragem. Imagine-se que empregados de alto escalão, altamente especializados, cujos currículos os excluem das dificuldades de recolocação no mercado, possam, com maior autonomia, optar pela solução arbitrada. Não é esta a convicção do autor, no entanto. O traço de subordinação nada guarda de vinculação às idéias de "esclarecimento" ou "valor da remuneração". É, pelo contrário, fundamento da própria constituição da relação trabalhista de emprego. O mais alto executivo da companhia encontra-se subordinado – e, nesta condição, não tem autonomia para eleição do árbitro. Aceitável, no entanto, que para essa modalidade de contratados, com assistência sindical para garantia da isenção do árbitro, a medida se torne aplicável.

Registre-se, ainda, a ampliação da competência da Justiça do Trabalho[61] promovida pela Emenda Constitucional 45/2004, responsável pela transferência dos litígios fundados em quaisquer relações de *trabalho*, não só as de emprego, para a Justiça Especializada. Para estes novos conflitos – entre médico e paciente, entre corretor de imóveis e comprador, entre transportador autônomo e empresa de transportes, entre cooperados e cooperativas etc. – não se impõem os mesmos limites enxergados para a aplicação da arbitragem aos conflitos decorrentes das relações de emprego, de trabalho subordinado, justamente porque nas novéis figuras da competência trabalhista não há o traço marcante da desigualdade entre os contratantes.

---

60. As normas do trabalho, que encontram na Consolidação das Leis do Trabalho apenas um arcabouço básico, mostram-se minudentes, fixando, por exemplo, até a altura do corrimão nas escadas da fábrica!

61. Significativa alteração houve na redação do art. 114 da CF, a partir da Emenda Constitucional 45/2004, modificando-se a competência para a solução dos litígios oriundos das relações *de trabalho*, não mais das relações *de emprego*. Questões que envolvam trabalho *não-subordinado* passam a submeter-se à Justiça do Trabalho.

7. Conclusões

O instituto da arbitragem, antigo e valioso, ganha, com a lei que vigora há 10 anos, vigor antes não conhecido, quer pela qualidade técnica do texto, quer por se desamarrar, cabalmente, a atividade do árbitro do Poder Judiciário.

No âmbito das relações coletivas de trabalho, por expressa autorização do Texto Constitucional, a arbitragem tem espaço garantido, não obstante, na prática, parcos sejam os registros de aplicação do instituto. Com a Emenda Constitucional 45/2004, que esvaziou, em grande medida, o poder normativo dos Tribunais do Trabalho, o tempo deverá abonar a utilização da arbitragem para solucionar os litígios entre categorias profissional e econômica. Pendem, no entanto, de avaliação pelo STF diversas ações diretas de inconstitucionalidade quanto à mitigação do poder normativo. Apenas com a última manifestação da Corte Constitucional é que se terá diretriz segura a incentivar o manejo das soluções extrajudiciais para esta modalidade de conflito.

Quanto à lide individual, a omissão da Constituição da República estimula a conclusão da inviabilidade do uso da arbitragem privada, o que se confirma pelo apelo cultural do recurso às soluções judiciais. Outro empecilho grave que milita em desfavor do uso da arbitragem como via de pacificação dos litígios individuais oriundos da relação de emprego.

A desigualdade de condições entre os contratantes da avença de emprego impede o exercício da autonomia privada da vontade, convertendo todos os aspectos da contratação em *contrato de adesão*, espécie de tratativa em que apenas uma das partes desenha as obrigações de ambas, limitada, apenas, pelos regramentos legais. A eleição livre e desimpedida de árbitros privados, neste contexto, é frágil e pode, a qualquer tempo, ser revista pelo Judiciário Trabalhista, o que esvazia a segurança jurídica das partes, inibindo o uso do mecanismo extrajudicial em análise.

Ainda que se imagine – como não ocorre – a mitigação do traço subordinativo da relação de trabalho (emprego) quando presentes altos executivos, profissionais de distinta competência técnica e que tais, a eloqüente omissão da Carta Política desestimula o uso seguro da arbitragem privada nesses conflitos.

Resta aplicável, sem sombra de dúvidas, a arbitragem para solução de conflitos oriundos das relações de trabalho não-subordinado, hipóteses de contratação em que não se faz presente traço de subordinação expressivo – e, via de conseqüência, desigualdade escandalosa entre os contratantes.

RECONHECIMENTO E EXECUÇÃO DE SENTENÇAS ARBITRAIS BRASILEIRAS NA ALEMANHA

Francisco Florence

1. O acúmulo de processos no Poder Judiciário Brasileiro, em todas as suas instâncias, e o reconhecimento da constitucionalidade da Lei 9.307, de 23.9.1996, intensificaram o interesse de advogados pela solução de pendências entre seus clientes mediante submissão das mesmas ao juízo arbitral, competente para dirimir questões sobre direitos patrimoniais disponíveis, nos termos do art. 1º da referida lei, *verbis*: "Art. 1º. As pessoas capazes de contratar poderão valer-se da arbitragem para dirimir litígios relativos a direitos patrimoniais disponíveis".

2. O reconhecimento e a execução de sentenças arbitrais no Brasil acham-se disciplinados nos demais artigos do diploma legal supracitado.

3. O propósito deste artigo é examinar como se darão o reconhecimento e a execução quando a sentença tiver de ser executada no Exterior, especialmente na Alemanha, mercê da participação expressiva do capital alemão na economia nacional.

4. O reconhecimento e a execução de sentenças arbitrais estrangeiras estão escoimados de dúvidas, como acentua Carlos Alberto Carmona, às pp. 47 e s. da 2ª edição de seu livro *Arbitragem e Processo*.

Obedecidas as condições dos arts. 34 e ss. da citada Lei 9.307, são reconhecidas e executáveis no Brasil, por homologação do STF, as sentenças arbitrais estrangeiras – e, entre elas, as que provenham da Alemanha.

5. Como lembra Carlos Alberto Carmona à p. 348 da citada obra, o reconhecimento e a execução em cada país sujeitam-se às regras processuais internas de cada um.

A legislação brasileira optou pela solução territorialista, segundo a qual será estrangeiro o laudo arbitral se proferido fora do território nacional, ainda que sejam as partes brasileiras, resolvendo controvérsia decorrente de contrato celebrado no Brasil e que aqui deva ser cumprido.

Se, porém, o laudo arbitral for proferido no Brasil, a decisão será nacional.

Proferida decisão no país, entre todas as partes ou só uma delas com sede no exterior, será competente pela lei brasileira a arbitragem nacional.

Surge, aqui, a possibilidade de conflito se a legislação estrangeira negar essa competência em relação ao nacional de seu país, pois o referido comentarista acentua que o reconhecimento e a execução dependem da legislação interna de cada país: "De forma geral, assim comporta-se a legislação de todos os países signatários da Convenção de Nova York (1958)".

Restaria, portanto, indagar se a submissão a esta Convenção importaria reconhecer seus dispositivos como norma interna para cada signatário. Esta questão merece exame mais aprofundado, que não cabe no âmbito destas breves notas.

6. Alemanha e Brasil são signatários da Convenção sobre o Reconhecimento e Execução de Sentenças Arbitrais Estrangeiras, da Comissão das Leis Internacionais do Comércio, ONU, de 10.6.1958, e atualizada regularmente.

7. Primeiramente, a República Federal da Alemanha foi signatária em 1958, com ratificação em 30.6.1961 e entrada em vigor em 28. 9.1961.

A essa época ainda existia a República Democrática Alemã, que também foi signatária da Convenção em 20.2.1975, com reservas.

Em 31.8.1998 a atual República Federal da Alemanha, que incorporara a República Democrática, após a queda do Muro de Berlim, cancelou as reservas.

8. O Brasil, por sua vez, tornou-se signatário em 7.6.2002, com ratificação em 5.9.2002.

9. Proferida sentença arbitral no Brasil, em que o reconhecimento e a execução devam ocorrer na Alemanha, deve ser observado o § 1.061 do 10º Livro do Código de Processo Civil Alemão (*ZPO*), *verbis*:

"§ 1.061 **Ausländische Schiedssprüche**

"(1) Die Anerkennung und Vollstreckung ausländischer Schiedssprüche richtet sich nach dem Übereinkommen vom 10 Juni 1958 über die Anerkennung und Vollstreckung ausländischer Schiedssprüche (BGBI. 1961 II S. 121). Die Vorschriften in anderen Staatsverträgen über die Anerkennung und Vollstreckung von Schiedssprüchen bleiben unberührt.

"(2) Ist die Vollstreckbarerklärung abzulehnen, stellt das Gericht fest, dass der Schiedsspruch im Inland nicht anzuerkennen ist.

"(3) Wird der Schiedsspruch, nachdem er für vollstreckbar erklärt worden ist, im Ausland aufgehoben, so kann die Aufhebung der Vollstreckbarerklärung beantragt werden."

Em vernáculo:

"§ 1.061 **Sentenças arbitrais estrangeiras**

"(1) O reconhecimento e a execução de sentenças arbitrais estrangeiras obedece à Convenção de 10 de junho de 1958 sobre o Reconhecimento e Execução de Sentenças Arbitrais Estrangeiras (BGBI. 1961 II S. 121). As regras constantes de outros contratos estatais sobre o reconhecimento e execução de sentenças arbitrais não são afetadas.

"(2) Recusada a execução, cabe ao Judiciário declarar que a sentença não será reconhecida no país.

"(3) Caso a sentença arbitral, mesmo após declarada exeqüível, venha a ser suspensa no Exterior, poderá ser requerida a suspensão do reconhecimento."

O Livro 10, que compreende os §§ 1.025 a 1.066, trata do processo arbitral interno e no § 1.061 cuida de sentenças arbitrais estrangeiras. E, como se viu da transcrição supra, o legislador alemão, em regra detalhista na formulação de textos legais, foi avaro ao tratar do assunto.

10. O reconhecimento e a execução da sentença são processados perante o juízo competente para julgar a parte contra a qual deva ser executada a decisão.

11. Na eleição do juízo arbitral deve ser pesquisada primeiramente a jurisdição competente a que estará sujeita a parte eventualmente sujeita à sentença arbitral a ser reconhecida e executada na Alemanha.

ARBITRATION IN LATIN AMERICA: WAS CARLOS CALVO MISUNDERSTOOD?

NIGEL BLACKABY
JAN PAULSSON

1. Gunboat diplomacy. 2. The Calvo Doctrine. 3. The first inroad – Inter-state arbitration. 4. The second inroad – The multilateral convention. 5. The third inroad – International arbitration at home. 6. The fourth inroad – Investment treaties. 7. Whither Calvo?

1. Gunboat Diplomacy

Sir James Mackintosh was a passionate advocate of British recognition for the new states of Latin America. In June 1824, he addressed the House of Commons in London in the following terms: "When Great Britain, I hope soon, recognizes the states of Spanish America, it will not be a concession to them, because they do not need such recognition: it will be for the own interest of England, to protect commerce and shipping of its subjects, to achieve the best methods of cultivating friendly relations with important countries, and settle, through negotiations differences that otherwise might end in war".

Mr. Mackintosh's enthusiasm for such recognition was fully understandable: in February 1821, he had signed a contract in London with Luis López, a representative of the newly independent Gran Colombia, for the provision of ships, arms and uniforms for 10.000 men. The price was no less than £ 186.000, paid for by Gran Colombia in government bonds issued with a face value of £ 310.000. The material arrived on time in Cartagena de Indias in April 1822. However, Vice President Santander initially refused delivery in light of the excessive cost. After a debate concerning a renegotiation of the price, none other than Simon Bolívar acknowledged the contract.

Repayment under the bonds was not forthcoming and a minister, Manuel José Hurtado, was sent to London to negotiate the debt. Attempts to settle amicably failed. No doubt conscious that a debt owed by a state recognized by the British Government would be a better credit risk, Mackintosh made his impassioned speech to the British Parliament.

After the disintegration of Gran Colombia in 1830 into the states of Nueva Granada (Colombia), Venezuela, and Ecuador, repayment became even more problematic. After many years of renegotiation and failed settlements, patience ran out and, in an action far removed from the peaceful settlement of disputes advocated by Mackintosh in 1824, a squadron of five warships was dispatched by the British government to Cartagena to defend Mackintosh's claims. On their arrival at daybreak on April 23, 1857 an ultimatum was sent by British Vice Admiral Houston Stewart to the Governor Narciso Jimenéz to pay the outstanding debt or risk bombardment. By an irony of fate, before the deadline expired, tropical disease broke out on the ships and Stewart had to seek the permission of the city authorities to bury the dead in the city cemetery. The magnanimity of the local population in caring for the sick caused the Vice Admiral to seek a revocation of the order to bombard which, in the best British, spirit of "fair play", was granted.

2. The Calvo Doctrine

Carlos Calvo would have been well aware of the Mackintosh incident. In 1857, he was vice consul of Argentina in Montevideo at the beginning of an illustrious diplomatic and legal career. Eleven years later, in an effort to stop such gunboat diplomacy, his *magnus opus Derecho Internacional Teórico y Práctico* set out a theory of international law which would enter the psyche of Latin American states and leave its mark well in to the late twentieth century. The theory was founded on a basic premise: foreigners who invest in a state (or contract a debt with a state) have the same rights to protection as nationals of that state and cannot claim broader protection. If they suffer a loss, they may only complain to the courts of the host state. Its fundamental aim was to remove disputes arising from foreign investments from the realm of diplomatic protection which, in the case of James Mackintosh, had been exercised by the British Government through the mission of Her Majesty's Navy.

Calvo's theory would soon be tested: in 1873, the Mexican Minister of Foreign Affairs sent a note to the US ambassador, stating that Mexico was not responsible for the harm caused to foreigners during the civil war as clearly indicated by Dr. Calvo's theory. The ambassador responded that Dr. Calvo was a young lawyer whose theories had not been accepted internationally. This was the first of many rejections of the theory by the United States.

As capital importers, the Latin American states saw the Calvo doctrine as a means of safeguarding national sovereignty. It removed the unilateral right of the investor's state to interfere militarily or politically on behalf of the investor. If the doctrine had been applied in the Mackintosh contract through the inclusion of the so-called Calvo clause, Mr. Mackintosh would only have had a right of redress before the Colombian courts for repayment of his debt.

More formal recognition of the doctrine was not long in coming. At the First International Conference of American States held in Washington in 1889, the *ad hoc* commission for international law made the following recommendation:

"Foreigners are entitled to enjoy all civil rights enjoyed by natives, and they shall be accorded all the benefits of said rights in all that is essential as well as in the form or procedure, and the legal remedies incident thereto, absolutely in like manner as said natives. A nation has not, nor recognizes in favor to foreigners, any other obligations or responsibilities than those which in favor of the natives are established in like cases by the constitution and the laws."

This recommendation was unanimously adopted by the participating Latin American states, with the exception of Haiti.

Taken in its proper historical and political context, the Calvo doctrine was a remarkably brave attempt to rid the newly independent states of the yoke of foreign oppression. Latin American states were sometimes able to convince their European partners of its utility. For example, Article 21 of the Treaty of Friendship, Commerce and Navigation between Italy and Colombia of 1894 states:

"Both Contracting Parties wish to avoid disputes which could affect their friendly relationship and agree that in connection with disputes involving private parties arising out of criminal, civil or administrative matters, their diplomatic agents will abstain from intervention, save in case of denial of justice or extraordinary or unlawful delay in the administration of justice..."

The doctrine was invoked frequently by Latin American governments when faced with military or diplomatic action. For example, exactly 100 years ago, the Venezuelan dictator Cipriano Castro invoked the doctrine when faced with a blockade by German, Italian and British ships following his government's default on its external debt. He issued a decree making it clear that the foreigners' claims were a purely internal Venezuelan affair under the jurisdiction of the Venezuelan courts.

In its most rigid form, the Calvo doctrine polarized the positions of the United States and Europe on the one hand, and Latin America on the other. The "old continent" and the United States did not believe that local courts would dispense justice to foreigners and so they rejected the Calvo doctrine as a whole. It replaced one form of unilateralism, the gunboat of the investor's state, with another, the courts of the host state. Insofar as it remained *"doctrina hispanoamericana"* rather than *"doctrina universal"* it never became part of customary international law. In order to reach a workable compromise, some movement was needed on both sides in an attempt to identify a mutually acceptable neutral ground.

The neutral ground was discovered at the Second International Peace Conference held in The Hague in 1907. It was at that conference that the Convention for the Peaceful Resolution of International Disputes was signed. All of the Latin American states signed up to the Convention, which promoted the institution of compulsory bilateral arbitration treaties. Under these treaties, in the event of a dispute between two states arising out of a private investor's interests, there would be neither gunboat nor local court, but an independent arbitral tribunal.

3. The first inroad – Inter-state arbitration

Strict adherence to the Calvo doctrine was understandable when international law offered no options other than the local courts or the gunboat. But the 1907 Convention created a new tool to ensure equality between states at the moment of dispute resolution, notwithstanding huge differences in economic or military power. Examples of early bilateral treaties include the Honduras-Italy treaty of 1913 which provided for state-to-state arbitration of disputes arising from "unlawful acts or omissions" of either state or its public authorities that caused financial loss to the nationals of the other state. This treaty provides that, in the event of such a dispute, Honduras and Italy should sign a special agreement setting out the procedure for the resulting arbitration. If such an agreement were not signed, the arbitration would be conducted by a tribunal appointed by the Permanent Court of Arbitration in The Hague, in accordance with the rules set out in the Convention for the Peaceful Settlement of International Disputes of 1899 and the resolutions of The Hague Conference of 1899.

Inter-state arbitration as envisaged by the Italy-Honduras Treaty was clearly an inroad into the Calvo doctrine since it enabled an aggrieved foreign investor to seek the espousal by its home state of a claim which could then be resolved before an international tribunal. Yet at the same time it was an affirmation of one of the underlying principles of the doctrine: equality between foreign and local citizens. The theme was taken up again in the famous mixed claims commissions, which had been constituted in respect of alleged expropriated property in Venezuela and Mexico.

4. The second inroad – The multilateral conventions

The next step forward for international law in the context of foreign investment disputes was the 1923 Geneva Protocol on Arbitration Clauses. This addressed the resolution of private disputes through arbitration agreements without any state espousal of the claims. Through this Protocol, sponsored by the League of Nations, signatory states agreed to recognize the validity of arbitration agreements, whether relating to existing or future differences between parties subject to the jurisdiction of different Contracting States. Further, they agreed that their domestic courts, when faced with such an agreement, would enforce it and send the parties to arbitration.

This Convention was not a success in Latin America. Although an arbitration clause was clearly a question for the consent of the parties, there was a lingering concern that parties should not be able to waive their basic right to court jurisdiction under the Calvo doctrine before they knew the nature of the dispute. This approach had been sanctified by most of the region's arbitration laws through a two-stage arbitration process in which the mere inclusion of an arbitration clause in the contract was not enough to ensure arbitration. Such a clause, known as the *cláusula compromisoria*, would have to be complemented by a specific submission agreement (the *compromiso*), once a dispute had arisen. The *compromiso* would usually have to include a precise description of the dispute submitted for arbitration, the identify of the arbitrators, the parties and their representatives. If one of the parties refused to conclude such a *compromiso*, the state courts would retain jurisdiction and resolve the dispute, notwithstanding the existence of the arbitration clause. Obviously the reference of the Geneva Protocol to the validity of agreements to refer future disputes to arbitration cut straight across Latin American orthodoxy. It is therefore perhaps an accident of history that Brazil, the last major state of Latin American to sign the New York Convention (in 2002), was actually at the forefront of arbitration in 1923 as the sole Latin American signatory to the Protocol.

The New York Convention of 1958 on the Recognition and Enforcement of Foreign Arbitral Awards represented a fundamental step in the history of international commercial arbitration and has been described as "the single most important pillar on which the edifice of international arbitration rests". It contains two key principles: firstly, all of the Contracting States agree that their state courts would defer to an arbitration clause; secondly, they would recognize and enforce any award made by a foreign arbitral tribunal without examining the merits of the dispute question.

In the same way as the Geneva Protocol, Article II of the New York Convention made no distinction between the *cláusula compromisoria* and the *compromiso*. The mere existence of an arbitration agreement, whether in the contract or pursuant to a specific submission, was sufficient to oust the jurisdiction of the state courts on the merits of the dispute.

Little enthusiasm for the New York Convention was shown by the Latin American states at the time of its promulgation for the same reasons underlying their rejection of the Geneva Protocol. However, as time passed, the countries of the region began to recognize that investment flows penalized non-signatory states given the additional legal risk for the foreign investor in finding its dispute before an unsympathetic state court. Promotion of international arbitration was first undertaken on a regional basis. The Inter-American Convention on Commercial Arbitration of 1975 (the Panama Convention) was adopted under the auspices of the Organization of American States. This Convention reflected the objectives of the New York Convention within the context of the Americas: a written arbitration agreement for the resolution of commercial disputes (including future disputes) was to be given full effect and the Contracting States had to recognize and enforce arbitral awards made in other signatory states, subject to very limited exceptions based on procedural irregularity or public policy.

The Panama Convention rejected the central tenet of the Calvo doctrine by making it possible to avoid state court jurisdiction in respect of foreign investment contracts. Perhaps the states considered that the protection afforded by the Calvo doctrine was not necessary between the Latin American states themselves. Nevertheless, the philosophical objection to arbitration as a means of foreign investment dispute resolution had been irremediably compromised. As a consequence, and no doubt conscious of the need to attract foreign investment outside the hemisphere, many Latin American countries subsequently adhered to the New York Convention.

1975 was thus a turning point for the future of international arbitration in the region. Finally, Latin American states had realized the importance of arbitration as part of an institutional structure to attract foreign investment. At the same time, the Inter-American Commercial Arbitration Commission (IACAC) linked to the Organization of American States was founded. This institution established arbitral rules based on the Arbitration Rules of the United Nations Committee on International Trade Law (UNCITRAL). These rules benefit from a privileged status under the Panama Convention since it requires their automatic application to any arbitration agreement falling within the ambit of the Convention unless the parties express otherwise.

5. *The third inroad – International arbitration at home*

Once the multilateral conventions had been ratified, the region could begin to consider how best to use this new tool of international arbitration to its advantage. The obvious response was to renew antiquated laws on the subject in order to create attractive seats for international arbitration, thereby aiming to retain the resolution of foreign investment disputes within the state of investment.

In 1985, UNCITRAL published its Model Law on International Arbitration. The idea behind the Model Law was to promote a text which any country could adopt with minimal changes in order to facilitate the harmonization, not only of the recognition and enforcement of awards, but also of the arbitral procedure and the respective roles of state courts and arbitral tribunals in the country in question. The initiative had been carried to fruition by lengthy plenary sessions in Vienna involving active delegations from all continents. The result was a coherent model well adapted to the needs of international commerce.

The arrival of the Model Law was well timed for Latin America: it offered legislators a means of integrating a new and modern legislation without the need to "reinvent the wheel" and ensured that the lack of on an arbitral tradition did not prejudice the quality of any new law. It was the best starting point for Latin America. Each country only had to examine whether or not it was necessary to add or reject certain elements in order to enable the law to be coherent with the legal system of the country in question. Mexico was the first country in the region to adopt the Model Law in 1993, and as a result gained a competitive advantage. Other countries in the region that have followed the same route include Guatemala, Peru and Venezuela. There are draft laws based on the Model Law under consideration in Chile and Argentina.

Unfortunately, several countries did not opt for the Model Law but insisted on developing their own projects. They took certain elements of the Model Law but introduced aspects of their own historic arbitral procedures that they considered appropriate or which raised issues of public policy, without examining the effect of these elements on foreign parties.

Whilst the movement towards new arbitration laws has been a regional one, the approach adopted by the various states has been far from uniform. It is therefore difficult to draw many common themes. However, the following basic principles have been adopted in the new laws: abolition of appeal rights on the merits to the local courts and limitation of challenge to issues of procedural fairness; separability of the arbitration clause (*i.e.*, it cannot be argued that the arbitration clause is invalid because of some other invalidity affecting the agreement); the favouring of institutional arbitration (various laws specifically highlight the function of institutional arbitration.) For example, the Brazilian law (on its face) does not require the conclusion of a submission agreement in respect of institutional arbitrations. Likewise, the new Ecuadorian law makes it clear that the submission to institutional rules will govern the procedure as a whole.

In summary, the number of new laws passed in recent years demonstrates the priority being accorded by the region to arbitration as an effective means of dispute resolution and its importance to foreign investment. That said, only a few arbitrations involving Latin American investments have their seat in the region, as foreign investors remain wary about a "second look" by the local courts at the merits, perhaps recognizing that the ghost of Calvo may still haunt the corridors of the Palaces of Justice.

6. The fourth inroad – Investment treaties

Throughout the 1990s, Latin American states ratified ever-increasing numbers of bilateral treaties for the promotion and protection of investment (BITs). These treaties are the natural descendants of the Bilateral Arbitration Treaties resulting from the 1907 Peace Conference. They usually contain the unilateral right for a foreign investor to resolve by arbitration any dispute with the host state of the investment where the substantive protections provided by the treaty have been breached, thereby bypassing any need for diplomatic protection through espousal of the claim. There are over 300 such treaties involving the region, more than twice the number in existence four years ago. The difficult economic climate has caused many investors to put their provisions to the test: Latin American states currently account for over 50 per cent of the outstanding caseload of ICSID, the institution of the World Bank that administers most of these claims.

In addition to the Bilateral Investment Treaties, aggrieved parties may also consider the options available under the multilateral treaties of the trading regions, such as NAFTA and Mercosur (Brazil, Argentina, Paraguay and Uruguay), which contain similar provisions for intra-regional investment disputes (see NAFTA Chapter 11 and the 1994 Colonia and Buenos Aires protocols for Mercosur).

These tools take forward the ideas first embraced at the 1907 Peace Conference by providing a readily accessible neutral forum for the resolution of investment disputes that respects the equality of the parties. By placing arbitration firmly in the hands of the investor and not of the state they have also effectively depoliticized the remedy.

7. *Whither Calvo?*

Notwithstanding the practical erosion of the Calvo doctrine throughout the course of the 20th century, it has retained a mythical status amongst public lawyers in Latin America who enshrined it in the constitutions of their states. From Guatemala to Peru and from El Salvador to Bolivia, the famous Calvo clause has found itself a place in the *magna charta*. Not surprisingly, clashes with the developments described above have been frequent, but often resolved by virtue of the superior status of international law over domestic law.

As a practical consequence, by the turn of the new millennium, and nearly a century after his death, Calvo's legacy in Latin America may appear limited. Throughout the region, states have recognized the need to evolve and provide protections for foreign investors as one of the enticements to invest. Once democracy had re-established itself as the norm by the beginning of the 1990s, many countries were quick to adopt a free market economic model that advocated privatization and liberal access for foreign investment. In order to attract that investment, the region needed to provide a secure legal framework. A strict approach to the Calvo doctrine would simply send would-be investors to other markets. Does that mean we should consign Dr. Calvo to the history books?

The mischief that Calvo was seeking to avoid through his doctrine was the perpetuation of the medieval regime of reprisals, with its unilateralist feature of a state being a judge in its own cause, seeking remedies at the point of a cannon. The underlying principle of the Calvo doctrine was to prevent such inequity by a doctrine proposing equality between the domestic party and the foreigner: the home state of the investor and the host state of the investment. So perhaps we should be paying homage to Dr Calvo as the man whose doctrine heralded rather than poisoned modern international arbitration: his purpose was equal arms, not xenophobia.